Clean Code
Cookbook

실무로 통하는 클린 코드

| 표지 설명 |

표지 동물은 회색물범(학명: *Halichoerus grypus*)입니다. 뚜렷하고 큰 코 때문에 '말의 머리', '바다의 매부리코 돼지'라는 애칭으로도 불립니다. 회색물범의 몸길이는 약 2.2~3 미터이고 몸무게는 약 250~400 킬로그램입니다. 육지에서는 짧은 오리발을 이용해 애벌레처럼 꿈틀꿈틀 움직입니다. 최대 35년까지 살 수 있으며 수심 300 미터 이상에서 한 시간 동안 잠수할 수 있습니다.

회색물범은 예리한 시각과 청각을 보유한 뛰어난 사냥꾼입니다. 종종 무리를 지어 사냥하며 다양한 물고기와 갑각류, 오징어, 문어, 가끔 바닷새도 먹으며 매일 체중의 4~6%를 먹이로 섭취합니다. 회색물범은 북대서양(캐나다 동부 및 미국 북동부), 북대서양 동부(영국, 아이슬란드, 노르웨이, 덴마크, 페로 제도, 러시아), 발트해에서 서식하며 주로 바위틈, 섬, 모래톱, 빙붕, 빙산 등에서 생활합니다.

회색물범은 어망에 얽히거나 화학 물질 오염, 기름 유출, 선박 및 차량 충돌, 불법 사냥 등 여러 위협에 노출되어 있습니다. 미국에서는 보호 대상 해양 포유류이지만 일부 국가에서는 개체 수 조절과 상업적으로 중요한 어족 자원에 대한 물범의 영향을 최소화하기 위해 합법적인 사살을 허용합니다. 이러한 문제에도 불구하고 회색물범의 개체 수는 아직 많으며 멸종 위기종 목록에서 가장 우려가 적은 종으로 간주됩니다.

오라일리 표지에 등장하는 많은 동물은 멸종 위기에 처해 있으며, 모두 세상에 중요한 존재입니다.

표지 그림은 『British Quadrupeds』의 골동품 판화를 바탕으로 캐런 몽고메리Karen Montgomery가 그렸습니다.

실무로 통하는 클린 코드

코드 품질과 디자인을 개선하는 208가지 실전 레시피

초판 1쇄 발행 2024년 08월 05일

지은이 막시밀리아노 콘티에리 / **옮긴이** 이태영 / **펴낸이** 전태호
펴낸곳 한빛미디어(주) / **주소** 서울시 서대문구 연희로2길 62 한빛미디어(주) IT출판2부
전화 02-325-5544 / **팩스** 02-336-7124
등록 1999년 6월 24일 제25100-2017-000058호 / **ISBN** 979-11-6921-277-9 93000

총괄 송경석 / **책임편집** 박지영 / **기획 · 편집** 정지수
베타리더 김규민, 김효진, 이동규, 이장훈, 임혁, 전현준, 정현석, 최성욱, 추상원, 허민
디자인 표지 이아란 내지 최연희 / **전산편집** 이경숙
영업 김형진, 장경환, 조유미 / **마케팅** 박상용, 한종진, 이행은, 김선아, 고광일, 성화정, 김한솔 / **제작** 박성우, 김정우

이 책에 대한 의견이나 오탈자 및 잘못된 내용은 출판사 홈페이지나 아래 이메일로 알려주십시오.
파본은 구매처에서 교환하실 수 있습니다. 책값은 뒤표지에 표시되어 있습니다.
한빛미디어 홈페이지 www.hanbit.co.kr / **이메일** ask@hanbit.co.kr

지금 하지 않으면 할 수 없는 일이 있습니다.
책으로 펴내고 싶은 아이디어나 원고를 메일(writer@hanbit.co.kr)로 보내주세요.
한빛미디어(주)는 여러분의 소중한 경험과 지식을 기다리고 있습니다.

Clean Code
Cookbook

실무로 통하는 클린 코드

O'REILLY® **I-B** 한빛미디어
Hanbit Media, Inc.

지은이 **막시밀리아노 콘티에리** Maximiliano Contieri

25년 동안 소프트웨어 업계에 종사했으며 동시에 대학에서도 강의를 해왔습니다. 클린 코드, 리팩터링, 테스트 주도 개발 및 코드 스멜에 관해 꾸준히 글을 쓰고 있으며 인기 블로그 플랫폼에 매주 두어 편의 기사를 작성합니다. 선언적 및 행동적 코드의 팬이며 소프트웨어 기본 사항을 사용해 우아하고 강력한 솔루션을 구축하기를 즐깁니다.

옮긴이 **이태영**

해외에서 유년 시절을 보내면서 컴퓨터 공학 학사, 석사 학위를 취득하고 이후에는 스타트업부터 대규모 기업 들을 다니면서 애드테크, 마케팅 등의 도메인에서 필요로 한 소프트웨어 개발 업무 경험을 쌓아왔습니다. 다양한 개발 경험을 기반으로 현재는 스타트업에서 소프트웨어 엔지니어로 일합니다.

이 책은 코드를 작성하며 마주칠 다양한 문제에 대한 해결 방법을 레시피 형식으로 제공해, 클린 코드에 대한 사고의 폭을 넓힐 수 있는 기회를 제공합니다. 저자가 세심하게 덧붙인 풍부한 참고 자료를 통해 더 깊이 있는 학습을 시작하기에도 좋습니다.

김규민, 백엔드 개발자

모든 소프트웨어 개발자는 클린 코드의 중요성을 인식하고 있지만, 실제로 코드를 작성하는 과정에서 클린 코드를 적용하기란 결코 쉽지 않습니다. 이 책은 클린 코드 원칙을 명확하고 체계적으로 제시하고 항목별 문제점과 해결 방법, 실제 적용 예시를 통해 실무에 어떻게 적용해야 하는지 명확하게 보여줍니다. 개인적인 이해와 학습을 넘어 팀원들과 함께하는 코드 검토나 표준 정의 과정에서도 훌륭한 가이드가 되어줄 겁니다.

김효진, 스타트업 개발자

좋은 품질의 코드를 만드는 건 자신과 동료를 위한 의무입니다. 이 책은 좋은 코드를 만들기 위한 레시피로 가득합니다. 평소 코드 품질에 대한 고민이 있었다면 이 책을 통해 바로 적용해보기를 추천합니다.

이동규, 데이터 엔지니어

처음 개발에 입문할 때는 끝없는 if 문과 for 문의 굴레에서 헤엄치는 경험을 아마 많이 해보셨을 겁니다. 개발을 처음 배울 때는 문법을 익히고 구현하는 것도 중요하지만, 그 과정에만 매몰되다 보면 서비스가 점점 커지면서 유지 보수나 확장이 어려워지게 됩니다. 따라서 프로그래밍 언어를 학습할 때 이 책도 함께 학습하기를 강력히 추천합니다. 쉽고 자세한 예시와 다양한 케이스를 통해 학습하다 보면 코드를 보는 시각이 한 단계 업그레이드될 것입니다.

이장훈, 데브옵스 엔지니어

가독성이 높고 혼동을 줄이며 오류 발생 가능성이 낮은 코드를 작성하는 방법을 소개하는 책이 나왔습니다. 이 책은 다양한 프로그래밍 언어에서 발생할 수 있는 '클린하지 않은' 코드를 개선하는 방법을 케이스별로 깊이 있게 알아봅니다. 간결한 코드를 예시로 사용하기 때문에 클린 코드를 지향하는 분이라면 어떤 언어로 작성된 코드든 쉽게 이해할 수 있을 것입니다. 클린 코드가 어렵고 추상적이라고 생각했지만, 구체적인 사례와 예시 코드를 통해 명확하게 이해할 수 있었습니다. 저 역시 클린 코드를 기술 부채로 여겼던 적이 있었는데 이 책을 통해 클린 코드 적용에 대해 충분히 고민해볼 수 있었습니다.

임혁, 휴노 파이썬 개발자

클린 코드를 어떻게 구성하는지에 제대로 집중한 책입니다. 많은 개발자가 매번 클린 코드를 만들기 위해 고민하지만, 그렇게 하지 못하거나 방법을 몰라 헤매던 시간이 있었을 것입니다. 하지만 이 책을 읽게 될 여러분은 그러한 시간을 거치지 않고도 바로 좋은 코드를 구성할 수 있는 운이 좋은 분들입니다!

전현준, OneLineAI CTO

"모두 기억할 수는 없다 해도 당신이 읽은 것이 당신을 만든다(You Are What You Read, Even If You Don't Always Remember It)"라는 말이 있습니다. 이 책에서 제시하는 방대한 레시피를 모두 외우지는 못하겠지만, 책을 읽으며 이해하고 공감하며 때로는 의문이나 반론을 제기해보세요. 그러다 마지막 페이지를 덮고 나면 여러분은 분명 한층 성장한 개발자가 되어 있을 것입니다.

레시피를 전달하기 위해 이 책이 선택한 형식이나 다양한 언어로 예제를 설명하는 전략이 조금 부담스러울 수 있습니다. 하지만 그럼에도 불구하고 마음에 새겨야 할 내용과, 나아가 도그마처럼 여겨졌던 관행에 대해 용감하게 이의를 제기하는 내용으로 가득 찬 이 책은 끈기 있게 읽어낼 가치가 있습니다.

정현석, 일루미나리안 백엔드 개발자

밥 아저씨로도 알려진 로버트 C. 마틴의 유명한 도서, 『Clean Code(클린 코드)』(인사이트, 2013)가 출간된 지도 벌써 15년이 넘었습니다. 『Clean Code(클린 코드)』가 이론적 배경과 원칙 그리고 실제 코드에 클린 코드를 적용하는 일반적인 방법을 주로 설명하고 있다면, 이 책은 구체적인 예제 코드와 실제 개발 상황에 바로 적용할 수 있는 해결책을 제시하는 실용적인 도서입니다.

원서 제목에 있는 'Cookbook(쿡북)'에서도 유추할 수 있듯이 각 장과 세부 절이 마치 요리 레시피처럼 독립적인 형태로 구성되어 있어, 특정 문제에 대한 해결책을 목차를 통해 빠르게 찾아볼 수 있습니다. 하지만 가능하다면 처음부터 끝까지 한 번은 정독하길 권장하며, 이 책의 내용은 향후 코드 검토나 리팩터링을 진행할 때 분명 큰 도움이 될 것입니다. 이 책을 읽으면서 과거 개발 속도만을 중시하며 주먹구구식으로 빠르게 코드를 작성하고, 작성된 코드를 검토하거나 개선하지 않고 그대로 방치했던 제 과오가 떠올랐습니다. 만약 그때 이 책을 읽었다면 당시의 제 코드 품질이 훨씬 올라갔을 텐데 말입니다.

최성욱, 삼성전자 VD사업부 Security Lab

이 책은 클린 코드를 적용했을 때와 그렇지 않을 때의 장단점을 저자의 경험을 바탕으로 상세하게 설명합니다. 여러 프로그래밍 언어로 제공하는 예제는 이해하기 쉽고 따라 하기 간단한 코드로 구성되어 있어 저자가 전달하려는 개념을 쉽게 파악할 수 있습니다. 조잡하게 작성한 코드를 클린 코드로 개선하는 방법을 갈망하는 분들에게 이 책을 추천합니다.

추상원, 대구대학교 정보보호전공

종속성을 제거하거나 결합을 방지하는 방법, if 문을 다형성으로 대체하는 방법 등 클린 코드 작성을 위한 다양한 레시피를 '문제-해결-설명' 구조로 제공하는 책입니다. 프로그램의 모델 개념과 실세계의 도메인을 수학의 전단사 개념으로 연결해 비교하는 MAPPER 개념을 도입한 것이 특징입니다. 수학의 공리 개념을 차용해 MAPPER를 통해 전제 조건을 명확히 하고 추상화의 늪에 빠지지 않도록 구체적인 틀을 잡아주는 점이 인상적입니다.

그 외 데메테르의 법칙 등 레시피 개념에 차용된 실제 철학의 아이디어를 노트로 보충 설명해 주제별로 깊이 있는 이해를 할 수 있게 도와줍니다. 예제는 15여 종의 다양한 언어로 구현되어 있으며 여러분에게 익숙하지 않은 언어를 사용한 예제일 경우에는 챗GPT와 같은 LLM이나 깃허브 코파일럿 등을 활용하면 도움이 될 것입니다. 『실용주의 프로그래머』(인사이트, 2022), 『리팩터링 2판』(한빛미디어, 2020) 등의 명저들과 함께, 프로그래머라면 누구나 한 번쯤은 정독해야 할 필독서라 생각합니다.

허민, 한국외국어대학교 데이터 분석가

"소프트웨어가 세상을 집어삼키고 있습니다."

마크 앤드리슨^{Marc Andreessen}의 이 유명한 문구는 제가 가장 좋아하는 명언 중 하나이며, 현재 상황을 잘 드러내는 밈^{meme}과 같습니다. 인류 역사상 이렇게 많은 소프트웨어가 존재한 적도 없을뿐더러 이렇게 많은 일을 소프트웨어가 담당한 적도 없습니다. 우리 주변에 소프트웨어가 관리하지 않는 것이 거의 없을 정도입니다. 매년 더 많은 통제권이 소프트웨어에 위임되고, 인공지능의 폭발적이고 파괴적인 출현으로 더욱 가속화되고 있습니다. 더군다나 우리가 상호 작용하는 인공지능 또한 소프트웨어입니다.

저는 소프트웨어 사용자이기 전에 프로그래머였습니다. 16살에 처음 개발에 발을 들였고, 작은 프로그램에서부터 시작했습니다. 18살에는 더 큰 시스템에서 작업하게 되었고, 점점 더 많은 것이 의존하는 소프트웨어는 인간이 만든다는 사실에 직면했습니다. 즉, 코드가 소프트웨어를 만들고, 그 코드의 품질은 소프트웨어의 품질과 유지 보수성, 수명, 비용, 성능에 직접적으로 반영된다는 것을 깨달았습니다.

두세 명으로 구성된 아주 작은 팀이 프로그래밍한 초기 시스템을 살펴보면서 왜 클린 코드가 더 이점이 있는지 뼈저리게 배웠습니다. 그때 이 책이 있었다면 시간을 상당히 절약할 수 있었을 겁니다.

그렇다고 해서 이 책이 컴퓨터의 태동기에 쓰인 책이거나 기초를 배워야 하는 초보 프로그래머를 위한 책이라는 뜻은 아닙니다. 오히려 그 반대죠.

이 책에서는 코드의 수많은 함정과 일반적인 오류, 함정을 피하는 방법을 문제-해결-설명 순서대로 소개합니다. 각 레시피를 살펴보며 특정 주제를 제기하고 토론함으로써 문제를 해결하는 방법을 고찰하고, 해결책의 깔끔함도 평가해볼 수 있습니다. 저자의 설명 스타일은 매우 간결하고 직설적이며 명확합니다. 각 레시피에는 예제 코드가 있어 여러분의 상황에 적절히 적용할 수 있습니다.

코드의 깔끔함과 명확성은 프로그래머만의 문제나 책임처럼 보일 수 있습니다. 그러나 실제로 코드 문제는 설계 단계 훨씬 이전부터 시작되어 자원 할당, 개발 정책, 프로젝트 및 팀 관리, 유지 관리 및 발전 단계로 확장됩니다. 이 책은 소프트웨어의 근간인 '코드'의 일반적인 문제를 잘 설명하고 있어 소프트웨어 업계 종사자들에게 많은 도움이 될 것입니다.

코드 작성은 이제 과거의 일이고 생성 AI와 대규모 언어 모델(LLM)이 사람의 개입 없이 코드를 생성할 것이라고 여길 수 있습니다. 하지만 제가 매일 겪는 사례들을 보면 아직은 불가능합니다. 인공지능이 작성한 코드에서 나타나는 '할루시네이션(환각)hallucination', 즉 기본적인 오류, 해석 문제, 취약성 및 유지 관리 문제의 양이 너무 많습니다. 그러나 우리는 분명 과도기에 놓여 있습니다. 현 단계에서는 자동화된 시스템이 생성한 코드를 숙련된 프로그래머가 감독하고 수정 및 개선하는 '기술 중심주의'가 도래할 것입니다. 이처럼 사람의 눈으로 코드를 읽고 유지 관리해야 한다면 이 책에서 가르치는 대로 깔끔한 코드, 즉 클린 코드를 이해해야 합니다.

카를로스 E. 페로
Quorum Software 수석 소프트웨어 엔지니어

개발자로 일하면서 다양한 프로젝트와 도전에 직면해왔습니다. 처음에는 단순히 문제를 해결하고 기능을 구현하는 데 집중했지만, 경험이 점차 쌓이고 협업이 늘어나면서 코드 작성에 대한 새로운 질문들이 생기기 시작했습니다.

- 사람들이 이해하기 쉬운 코드를 작성하려면 어떻게 해야 할까?
- 코드를 오랫동안 안전하게 유지 보수할 수 있는 방법은 무엇일까?

시간이 흘러가면서 환경은 점차 변화하고, 회사는 이러한 변화에 맞춰 빠르게 움직이고자 새로운 기술 비전과 함께 새로운 인재들을 통해 회사의 성장을 이어나갑니다. 이 과정에서 기존의 문서와 기술 스택은 점차 쇠퇴하게 되고, 이를 개선하고자 새로운 기술과 프로세스를 도입해 비즈니스 문제를 해결해나갑니다. 이러한 상황은 많은 기술 중심 회사와 스타트업에서 흔히 볼 수 있습니다.

결국 개발자는 코드로 소통합니다. 잘 작성된 코드는 다른 개발자와의 원활한 소통을 가능하게 하고, 협업의 효율성을 높이며, 장기적으로 유지 보수하기 쉬운 시스템을 구축할 수 있게 합니다.

이 책은 이러한 변화 속에서 개발자들이 가지는 질문들을 해소할 수 있는 200가지 이상의 클린 코드 작성 방법과 노하우를 담고 있습니다. 누구나 쉽게 따라 할 수 있는 설명과 다양한 언어로 작성된 예제 덕분에 더 폭넓은 개발을 경험할 수 있도록 도와줍니다. 각 방법은 단순히 코드를 작성하는 기술뿐만 아니라, 코드의 가독성, 유지 보수성, 그리고 안정성을 높이는 데 중점을 두고 있습니다. 이들은 레시피 형태로 구성되어 있어 필요할 때 적재적소에 도움을 줄 수 있습니다.

번역은 가능한 한 쉽게 저자의 의도를 잘 표현하고자 많은 분의 도움을 받았습니다. 이를 가능하게 해주신 정지수 편집자님과 베타리더분들께 감사하다는 말씀을 전합니다.

이태영

코드는 어디에나 존재합니다. 웹 개발부터 스마트 계약, 임베디드 시스템, 블록체인, 제임스 웹 우주 망원경에 내장된 소프트웨어 시스템, 수술용 로봇 그리고 기타 다양한 분야에까지 말이죠. 현재 소프트웨어는 사실상 전 세계를 장악하고 있으며, 우리는 전문적인 수준으로 인공지능 코드를 생성하는 도구의 성장을 목격하고 있습니다. 이는 클린 코드가 그 어느 때보다도 중요하다는 의미입니다. 프로젝트 규모가 계속 커지는 독점 또는 오픈 소스와 같은 작업 환경에서 작업을 이어나갈 때, 클린 코드는 소프트웨어를 원활하게 유지하고 더 나아가 발전시킬 수 있는 도구입니다.

대상 독자

이 책은 코드베이스에서 발생하는 일반적인 문제를 식별하는 방법과 그 결과를 살펴봅니다. 그리고 따라 하기 쉬운 레시피를 제공해 이러한 문제를 미연에 방지할 수 있도록 합니다. 프로그래머, 코드 리뷰어, 아키텍트, 학생들에게 유용한 내용을 다루므로 이 책을 읽고 나면 코드 기술을 향상하고 기존 시스템을 개선하는 능력도 갖출 수 있을 것입니다.

이 책의 구성

이 책은 25개 장으로 구성됩니다. 각 장은 클린 코드를 올바르게 적용했을 때와 그렇지 않았을 때의 장단점을 보여주는 여러 원칙과 기본 사항으로 시작합니다. 첫 번째 장에서는 클린 코드의 기본 원칙인 실제 엔티티entity와 디자인을 1:1로 매핑하는 방법을 자세히 설명합니다. 해당 원칙은 이후의 모든 장에서도 적용할 수 있는 기반이 됩니다.

각 장은 코드를 개선하고 변경하는 데 도움이 되는 도구와 조언을 주제별로 정리한 레시피를 제공합니다. 모든 레시피의 목적은 현재 상황을 긍정적으로 변화하고 코드의 품질을 향상하는 데 도움을 주기 위함입니다. 레시피와 예제뿐만 아니라 다양한 소프트웨어 설계 원칙, 휴리스틱heuristic[1]과 규칙도 소개합니다. 클린 코드는 특정 프로그래밍 언어에 제한되지 않으므로, 레시

---

1 옮긴이_ 복잡한 문제를 해결하기 위해 경험적 규칙이나 직관을 사용하는 방법을 의미합니다.

피 속 예제 코드는 여러 프로그래밍 언어를 사용합니다.[2] 시중에 출간된 많은 리팩터링 서적은 단일 언어에 의존하기에 유행하는 프로그래밍 언어의 최신 버전으로 저자가 내용을 업데이트 해야 하지만, 이 책은 최신 프로그래밍 언어와 버전에 구애받지 않으며 대부분의 레시피는 여러 언어에 적용 가능합니다.

대부분의 코드가 그대로 실행되더라도 의사코드pseudocode로 이해해야 합니다. 이 책은 가독성과 성능 중 하나를 선택해야 하는 경우라면 가독성을 우선시합니다. 책 전체에 걸쳐 일반적인 용어에 대한 정의를 제공하며, 필요한 경우 책 뒷부분에 제공하는 용어 사전에서 해당 용어를 찾아볼 수 있습니다.

예제 코드

이 책의 예제 코드와 연습 문제는 `https://github.com/xosuma/clean-code-cookbook` 에서 다운로드할 수 있습니다.[3]

예제 코드를 실행하려면 오라일리 샌드박스(`https://learning.oreilly.com/interactive`) 또는 리플릿Replit(`https://replit.com`)과 같은 작업 환경이 필요합니다. 필자는 예제 코드를 여러분이 선호하는 프로그래밍 언어로 작성해보기를 적극 장려합니다. 무료 인공지능 코드 생성 도구를 사용하면 쉽게 작성할 수 있습니다. 이 책의 예제 코드는 깃허브 코파일럿GitHub Copilot, 오픈AI 코덱스OpenAI Codex, 바드Bard, 챗GPT ChatGPT 등과 같은 도구로 작성했습니다. 필자는 이러한 도구 덕분에 다양한 언어의 전문가가 아님에도 불구하고 15개 이상의 다양한 프로그래밍 언어로 작업할 수 있었습니다. 여러분도 도전해보세요!

---

2 옮긴이_ 예제 코드가 어떤 프로그래밍 언어로 작성되었는지 각 코드 블록의 우측 상단에 표시해놓았습니다.
3 옮긴이_ 원서의 깃허브 주소는 `https://github.com/mcsee/clean-code-cookbook`입니다.

● 감사의 말

항상 제게 사랑과 지지를 보내준 아내 마리아 버지니아[Maria Virginia], 사랑하는 딸 말레나[Malena]와 미란다[Miranda], 부모님 후안 카를로스[Juan Carlos]와 알리시아[Alicia]에게 이 책을 바칩니다.

이 책을 집필하는 데 많은 도움을 준 막시모 프리에토[Maximo Prieto]와 허넌 윌킨슨[Hernan Wilkinson]에게 고마움을 전합니다. 그들의 귀중한 통찰과 지식에 큰 빚을 졌습니다. 아울러 아이디어를 공유해준 소프트웨어 엔지니어링 동료들과 수년 동안 지식과 전문 기술을 공유해준 부에노스아이레스 대학교[Universidad de Buenos Aires]의 정밀과학 동료 교사들에게도 감사를 표합니다.

마지막으로 이 책을 개선하는 데 많은 도움을 준 기술 검토자 루벤 알렉산드로프[Luben Alexandrov], 대니얼 모카[Daniel Moka], 카를로스 E. 페로[Carolos E. Ferro]와 편집자 사라 헌터[Sara Hunter]에게 고마움을 전합니다.

막시밀리아노 콘티에리

● CONTENTS

CHAPTER **1** **클린 코드**

● CONTENTS

● CONTENTS ———————————————

CHAPTER 8 **주석**

CHAPTER **9**　**표준**

CHAPTER **10**　**복잡성**

CHAPTER 11 블로터

CHAPTER 12 YAGNI 원칙

● CONTENTS

CHAPTER **15** **null**

CHAPTER **16** **섣부른 최적화**

CHAPTER **17 결합도**

CHAPTER **20** **테스트**

CHAPTER **21** **기술 부채**

◖● CONTENTS

CHAPTER 25 보안

클린 코드

1999년, 마틴 파울러는 그의 저서 『리팩터링』[1]을 통해 리팩터링의 정의와 이점, 그리고 리팩터링을 수행해야 하는 이유를 설명했습니다. 다행히 20년이 지난 지금, 대부분의 개발자는 리팩터링의 개념과 코드 스멜code smell을 이해합니다. 그들은 매일 기술 부채를 다루며, 리팩터링은 소프트웨어 개발의 핵심이 되었습니다. 마틴 파울러의 저서에서도 코드 스멜을 해결하는 데 리팩터링을 사용했습니다. 이 책에서는 여러분의 해결책을 개선하는 데 전반적으로 활용할 수 있는 레시피를 소개합니다.

1.1 코드 스멜이란 무엇인가요?

코드 스멜은 문제의 증상입니다. 사람들은 코드 스멜을 맡으면 전체 엔티티entity를 분리하고 재구성해야 한다고 생각하는 경향이 있습니다. 하지만 코드 스멜은 단순히 개선의 기회를 나타내는 지표일 뿐입니다. 즉, 무엇이 잘못되었는지를 의미하기보다 특별히 주의를 기울여야 한다는 신호로 이해해야 합니다.

이 책의 레시피는 코드 스멜과 관련된 다양한 증상을 해결하는 방법을 제공합니다. 하지만 여기서 소개하는 레시피는 선택 사항이며, 여러 코드 스멜을 해결하는 데 적용해야 하는 엄격한

---

1 옮긴이_ 번역본은 2012년에 한빛미디어에서 출간했고, 개정판은 『리팩터링 2판』이라는 제목으로 2020년에 출간되었습니다.

규칙이 아닌 가이드라인이자 휴리스틱heuristic[2]입니다. 레시피를 맹목적으로 적용하기보다는 먼저 문제를 이해하고 해당 디자인과 코드 변경의 비용과 이점을 평가하는 것이 중요합니다. 좋은 코드 디자인이란 실용성과 상황의 맥락을 고려해 적절히 가이드라인을 적용하는 것입니다.

1.2 리팩터링은 무엇인가요?

마틴 파울러의 책으로 돌아가서, 그가 내린 두 가지 상호 보완적인 정의를 살펴봅시다.

- **리팩터링**: [명사] 소프트웨어의 겉보기 동작은 그대로 유지한 채, 코드를 이해하고 수정하기 쉽도록 내부 구조를 변경하는 기법
- **리팩터링(하다)**: [동사] 소프트웨어의 겉보기 동작은 그대로 유지한 채, 여러 가지 리팩터링 기법을 적용해서 소프트웨어를 재구성하는 것

리팩터링은 윌리엄 옵다이크William Opdyke의 1992년 박사 학위 논문인 「객체 지향 프레임워크 리팩터링」에서 처음 제안되었으며, 이후 마틴 파울러의 저서를 통해 널리 알려졌습니다. 이 개념은 마틴 파울러의 정의 이후에도 지속적으로 발전해왔습니다. 현재 대부분의 최신 통합 개발 환경(IDE)은 자동 리팩터링을 지원하며, 이러한 자동화된 리팩터링은 시스템의 동작을 변경하지 않고도 안전하게 구조를 변경합니다. 이 책에는 안전하면서도 자동화된 리팩터링에 관한 다양한 레시피뿐만 아니라 시맨틱 리팩터링semantic refactoring[3]도 포함되어 있습니다. 그러나 시맨틱 리팩터링은 시스템 동작의 일부를 변경할 수 있기에 안정성이 보장되지 않습니다. 시맨틱 리팩터링으로 인해 소프트웨어가 손상될 수 있어 신중히 적용해야 합니다. 따라서 이 책에서 소개하는 레시피에 시맨틱 리팩터링이 적용되었는지 여부를 표기했습니다. 만약 예외까지 고려한 상황에 대한 코드 커버리지가 충분하다면, 중요한 비즈니스 시나리오가 손상되지 않을 것이라고 확신할 수 있습니다. 하지만 결함을 수정하거나 새로운 기능을 개발할 때 여러 개의 리팩터링 레시피를 동시에 적용하는 것은 피해야 합니다.

대부분의 최신 조직은 지속적 통합/지속적 배포(CI/CD) 파이프라인에 강력한 테스트 커버리지 도구와 프로세스를 갖추고 있습니다. 이러한 테스트 커버리지 제품군을 보유하고 있는지 확

---

2 옮긴이_ 복잡한 문제를 해결하기 위해 경험적 규칙이나 직관을 사용하는 방법을 의미합니다.
3 옮긴이_ 코드의 의미나 동작을 유지하면서 구조를 개선하는 소프트웨어 엔지니어링 기법입니다.

인하고 싶다면 『구글 엔지니어는 이렇게 일한다』(한빛미디어, 2022)를 참조하세요.

1.3 레시피는 무엇인가요?

이 책에서 레시피의 의미는 조금 더 가볍습니다. 레시피는 무언가를 만들거나 변경하기 위한 일련의 지침으로 구성됩니다. 이 책의 레시피는 레시피의 정신을 이해하고, 여러분의 취향에 맞게 적용할 수 있을 때 가장 효과적입니다. 여타 쿡북 시리즈의 레시피는 단계별 해결책을 더 구체적으로 제시하곤 합니다. 이 책의 레시피를 최대한으로 활용하려면 해당 레시피를 여러분이 사용하는 프로그래밍 언어와 디자인 솔루션으로 변환해 적용하기를 추천합니다. 레시피를 통해 문제를 이해하고, 원하는 결과를 파악하고, 코드를 개선하는 방법을 배워보세요.

1.4 왜 클린 코드인가요?

클린 코드는 읽고, 이해하고, 유지 보수하기 쉬운 코드를 의미합니다. 이를 위해 잘 구조화되고 간결하며 변수, 함수, 클래스에 의미 있는 이름을 사용합니다. 또한 모범 사례와 디자인 패턴을 따르며 성능과 구현 세부 사항보다 코드의 가독성과 동작을 우선시합니다.

클린 코드는 매일 변경이 일어나면서 확장하는 시스템에서 매우 중요합니다. 특히 원하는 만큼 빠르게 업데이트를 구현할 수 없는 특정 환경에서는 더욱 중요합니다. 예를 들면 임베디드 시스템, 우주 탐사선, 스마트 계약, 모바일 앱 및 기타 다양한 애플리케이션 환경입니다.

기존의 리팩터링 책, 웹사이트나 통합 개발 환경은 시스템의 동작을 변경하지 않는 리팩터링에 초점을 맞춰 소개합니다. 하지만 이 책에서는 안전한 이름 바꾸기와 같은 시나리오와 관련된 레시피도 소개합니다. 또한 일부 문제를 해결하는 방식을 변경하는 시맨틱 리팩터링과 관련된 다른 레시피도 소개합니다. 다만 코드를 적절히 변경하기 위해서는 코드의 이해도와 문제점, 그리고 해당 레시피를 충분히 이해해야 한다는 점을 명심하세요.

1.5 가독성, 성능 혹은 둘 다

이 책은 클린 코드에 관한 책입니다. 레시피 중 일부는 성능보다 가독성을 우선시하는 접근 방식을 취하기도 합니다. 특히, 성능 문제를 해결하기 위해 충분한 증거 없이 접근하는 '섣부른 최적화'에 대한 내용을 16장 전체를 할애해 소개합니다.

성능이 핵심 요소인 경우, 가장 좋은 전략은 클린 코드를 작성하고 테스트로 검증한 다음 파레토Pareto 법칙을 활용해 병목 현상을 개선하는 것입니다. 소프트웨어에 적용되는 파레토 법칙에 따르면, 중요한 부분 20%를 해결하면 소프트웨어 성능을 80%까지 향상시킬 수 있습니다. 즉, 성능 저하의 20%를 개선하면 시스템 속도가 80% 향상될 가능성이 높습니다.

그러나 이러한 최적화 작업은 증거 기반으로 이루어져야 하며, 증거 없이 섣부르게 최적화를 시도하면 효과적이지 않거나 클린 코드를 손상할 수 있으므로 권장하지 않습니다.

1.6 소프트웨어 유형

이 책에서 소개하는 대부분의 레시피는 복잡한 비즈니스 규칙이 있는 백엔드 시스템 대상입니다. 2장부터 만들어볼 시뮬레이터가 이에 매우 적합합니다. 레시피는 특정 도메인에 구애받지 않으므로 대부분의 내용을 프런트엔드 개발, 데이터베이스, 임베디드 시스템, 블록체인 및 기타 다양한 시나리오에도 적용할 수 있습니다. UX, 프런트엔드, 스마트 계약 및 기타 특정 도메인에 관련된 예제 코드가 포함된 특정 레시피도 소개합니다. 예를 들어 최종 사용자로부터 저수준 오류를 숨기는 방법은 22.7절 '최종 사용자로부터 저수준 오류 숨기기'에서 설명합니다.

1.7 기계 생성 코드

코드를 생성하는 도구가 많아짐에도 불구하고 클린 코드가 필요할까요? 집필 시점인 2023년 필자의 대답은 '그렇다'입니다. 그 어느 때보다 더 많이요. 현재 많은 상용 소프트웨어 코딩 어시스턴트가 있습니다. 하지만 이들은 아직은 완전한 제어권을 가지지 못하며 부조종사이자 도우미일 뿐, 설계 결정을 내리는 주체는 여전히 사람입니다.

이 책을 집필하는 시점 기준 대부분의 상용 및 인공지능 도구는 빈약한 결괏값과 표준 알고리즘을 작성했습니다. 하지만 작은 함수를 만드는 방법이 기억나지 않을 때 이 도구를 이용하면 놀라울 정도로 유용하고, 프로그래밍 언어 간에 코드를 변환하기에도 유용합니다. 필자는 이 책을 집필하면서 다양한 도구를 많이 사용했습니다. 비록 레시피에 사용한 15개 이상의 언어를 모두 마스터하지는 못했지만, 여러 보조 도구를 사용해 다양한 언어로 코드 스니펫^{code snippet}을 변환하고 테스트했습니다. 여러분도 사용 가능한 모든 도구를 이용해 이 책의 레시피를 원하는 언어로 변환해보세요. 도구는 앞으로도 계속 사용될 것이며, 미래의 개발자는 머지않아 반은 인간이고 반은 기계인 기술 중심적인 존재가 될 것입니다.

1.8 이 책에서 사용하는 표현

이 책에서는 다음 용어를 번갈아가면서 사용합니다.

- 메서드^{method}/함수^{function}/프로시저^{procedure}
- 속성^{attribute, property}/인스턴스 변수^{instance variable}
- 프로토콜^{protocol}/행동, 동작^{behavior}/인터페이스^{interface}
- 인자^{argument}/매개변수^{parameter}
- 익명 함수^{anonymous function}/클로저^{closure}/람다^{lambda}

이 용어 간의 차이는 미묘하고 때로는 언어에 따라 다릅니다. 사용법을 명확히 하기 위해 필요한 경우 메모를 추가해두었습니다.

1.9 디자인 패턴

이 책은 독자가 객체 지향 디자인에 대한 기본 개념을 이해하고 있다고 가정합니다. 이 책의 일부 레시피는 『GoF의 디자인 패턴』(프로텍미디어, 2015)에서 설명하는 디자인 패턴과 널리 사용하는 디자인 패턴을 기반으로 합니다. null 객체 및 메서드 객체와 같이 잘 알려지지 않은 패턴도 사용합니다. 또한 17.2절 '싱글턴 대체하기'에서 소개하는 싱글턴 패턴과 같이 현재 안티패턴으로 간주되는 패턴을 설명하고, 이를 대체하는 방법도 안내합니다.

1.10 프로그래밍 언어 패러다임

데이비드 팔리[David Farley]는 저서 『Modern Software Engineering(현대 소프트웨어 공학)』
(Addison-Wesley Professional, 2021)에서 다음과 같이 주장했습니다.

> 기술 산업에서 언어와 도구에 대한 집착은 우리 직업에 해를 끼치고 있습니다. 그렇다고
> 언어 디자인에 발전이 없는 것은 아니지만, 대부분의 언어 디자인 작업은 구조적 발전보
> 다는 구문적 발전과 같은 잘못된 종류에 집중하는 것처럼 보입니다.

이 책에서 제시하는 클린 코드 개념은 다양한 프로그래밍 패러다임에 적용할 수 있습니다. 아
이디어 중 상당수는 구조적 프로그래밍과 함수형 프로그래밍에 뿌리를 두고 있으며, 일부는 객
체 지향 세계에서 비롯된 것입니다. 이러한 개념은 어떠한 패러다임에서든 더 우아하고 효율적
인 코드를 작성하는 데 도움됩니다.

필자는 대부분의 레시피를 객체 지향 언어로 사용하고, 객체를 실제 엔티티에 대한 은유로 사
용하는 시뮬레이터(여기서 MAPPER라고 부릅니다)를 구축하며 설명합니다. 이 책 전반에 걸
쳐 MAPPER 개념을 자주 언급할 예정이며, 레시피 상당수가 구현 코드 대신 동작 및 선언적
코드(6장 '선언적 코드' 참조)를 떠오르게 할 것입니다.

1.11 객체 vs. 클래스

이 책의 레시피 대부분은 클래스가 아닌 객체에 대해 설명합니다(분류에 대해서는 19장 '계층'
을 참조하세요). 예를 들어 3.2절의 제목은 '클래스의 본질 파악하기'가 아니라 '객체의 본질 파
악하기'입니다. 이 책에서는 객체로 실제 객체를 매핑하는 방법을 설명합니다.

이러한 객체를 생성할 때는 우발적이며, 이들은 분류, 프로토타이핑, 팩토리, 복제 등을 사용
해 생성이 가능합니다. 2장에서는 객체 매핑의 중요성과 현실에서 볼 수 있는 사물을 모델링해

야 하는 필요성을 설명합니다. 객체를 생성하기 위해 많은 언어에서 클래스를 사용하는데, 이는 인간이 이를 포용하기 위해 생성한 인공물이며 실제 사례와 다릅니다. 만약 분류 언어를 사용하고자 할 때는 클래스가 필요합니다. 하지만 클래스는 레시피의 주요 초점이 아닙니다.

1.12 변경성

클린 코드는 소프트웨어가 올바르게 작동하도록 보장하는 것뿐만 아니라 유지 관리 및 발전이 용이하도록 합니다. 다시 한번 강조하지만, 1.10절에서 언급한 데이비드 팔리의 저서에 따르면 여러분은 변화에 대비하기 위해 소프트웨어를 학습하고 만드는 데 전문가가 되어야 합니다. 이는 기술 산업의 주요 과제이며, 여러분의 발전에 이 책이 도움이 되기를 바랍니다.

## CHAPTER 2

공리 설정

2.0 소개

일반적인 소프트웨어의 정의를 살펴보면 다음과 같습니다(https://oreil.ly/MqGxG).

> 컴퓨터가 실행하는 물리적 장치(하드웨어)와 달리 컴퓨터에서 실행되는 명령어입니다.

소프트웨어는 하드웨어가 아닌 모든 것, 즉 그 반대 개념으로 정의됩니다. 하지만 소프트웨어가 실제로 어떤 역할을 하는지 잘 나타내는 정의는 아닙니다. 널리 사용되는 또 다른 정의는 다음과 같습니다(https://oreil.ly/SVbXv).

> 소프트웨어는 컴퓨터가 수행할 작업을 지시하는 명령어입니다. 소프트웨어는 컴퓨터 시스템 작동과 관련된 프로그램, 프로시저, 루틴의 모음으로 구성됩니다. 이 용어는 컴퓨터 시스템의 물리적 구성 요소인 하드웨어와 이러한 명령어를 구분하기 위해 만들어졌습니다. 컴퓨터의 하드웨어가 작업을 수행하도록 지시하는 일련의 명령어를 프로그램 또는 소프트웨어 프로그램이라고 합니다.

수십 년 전, 소프트웨어 개발자들은 소프트웨어가 명령어 그 이상이라는 것을 깨달았습니다. 여러분은 이 책을 통해 시스템이 수행하는 동작을 고찰해보고, 소프트웨어의 주된 목적이 다음과 같다는 것을 깨닫게 될 것입니다.

소프트웨어는 현실에서 일어나는 가능한 일을 묘사^{mimic}하는 것입니다.

이러한 개념은 시뮬라와 같은 현대 프로그래밍 언어의 기원으로 거슬러 올라갑니다.

> **노트** **시뮬라**
>
> 시뮬라^{Simula}는 분류를 통합한 최초의 객체 지향 프로그래밍 언어입니다. 시뮬라라는 이름은 소프트웨어를 구축
> 하는 주요 목적이 시뮬레이터를 만드는 것임을 명확하게 나타냅니다. 이러한 접근 방식은 오늘날 대부분의 컴퓨
> 터 소프트웨어 애플리케이션에서도 여전히 중요한 개념입니다.

과학에서는 과거를 이해하고 미래를 예측하기 위해 시뮬레이터를 만듭니다. 플라톤 시대부터
인간은 현실에 대한 좋은 모델을 만들려고 노력해왔습니다. 소프트웨어는 시뮬레이터를 구축
하는 것과 같으며 **MAPPER**(매퍼)라는 약어로 표현합니다.

Model: Abstract Partial and Programmable Explaining Reality

(모델은 부분적 추상화와 프로그래밍을 통해 현실을 묘사해야 함)

이 약어는 책 전체에 걸쳐 자주 등장할 것입니다. MAPPER의 구성 요소가 무엇인지 자세히 알
아보겠습니다.

2.1 왜 모델인가요?

모델은 현실의 특정 측면을 특별한 패러다임을 사용해 구체적인 시선과 관점에서 바라본 결과
물입니다. 이 모델은 절대적으로 변하지 않는 진리가 아닌 현재 가장 정확하게 이해하고 있는
지식을 바탕으로 구성됩니다. 다른 모델과 마찬가지로 소프트웨어 모델의 목표는 실제 행동을
예측하는 것입니다.

2.2 왜 추상적인가요?

모델은 여러 부품의 모음입니다. 하지만 구성 요소 일부만 보고는 모델을 완전히 이해할 수 없습니다. 모델은 정해진 규약과 그에 해당하는 동작을 기반으로 작동하지만, 이를 어떻게 실현해야 하는지 자세히 설명하지는 않습니다.

2.3 왜 프로그래밍이 가능해야 하나요?

모델은 최신 상용 컴퓨터와 같은 튜링 모델 또는 미래형 컴퓨터인 양자 컴퓨터, 모델의 진화를 따라잡을 수 있는 또 다른 유형의 시뮬레이터 등 원하는 조건을 재현하는 시뮬레이터에서 실행할 수 있어야 합니다. 특정 방식으로 사용자의 행동에 반응하도록 모델을 프로그래밍한 다음, 모델이 스스로 진화하는 과정을 관찰할 수도 있습니다.

---

[1] https://pages.cs.wisc.edu/~remzi/Naur.pdf

2.4 왜 부분적인가요?

관심 있는 문제를 모델링하기 위해서는 현실의 일부만 고려해야 합니다. 일반적으로 과학 모델에서는 관련성이 없는 특정 측면을 단순화하는 방식으로 문제를 분리합니다. 과학 실험에서 가설을 테스트할 때 특정 변수를 분리한 뒤, 나머지를 수정하는 방식이죠.

시뮬레이터에서는 현실 전체를 모델링할 수 없기에 관련 부분만 모델링합니다. 관찰 대상 전체 (즉, 실제 세계)를 모델링할 필요 없이 여러분이 관심 있는 행동만 모델링하면 됩니다. 이 책에 수록된 많은 레시피는 불필요한 세부 사항을 포함함으로써 모델을 과도하게 설계하는 문제를 다룹니다.

2.5 왜 설명 가능해야 하나요?

모델은 모델링하는 현실에서 행동을 추론하고 예측하는 데 도움이 되고, 이에 대한 변화를 관찰할 수 있을 만큼 선언적이어야 합니다. 모델이 무엇을 하고 있고 어떻게 작동하는지 설명할 수 있어야 합니다. 많은 최신 머신러닝 알고리듬은 출력값에 도달하는 방법에 대한 정보를 제공하지 않지만(때로는 할루시네이션hallucination이 발생하는 경우도 있음), 모델은 이를 달성하기 위해 취한 구체적인 단계를 밝히지 않더라도 수행한 작업을 설명할 수 있어야 합니다.

> **노트** **설명의 의미**
>
> 아리스토텔레스는 "설명이란 원인을 찾는 것"이라고 말했습니다. 그의 관점에 따르면 모든 현상이나 사건에는 그것을 야기하거나 결정하는 하나 혹은 여러 원인이 존재합니다. 과학의 목적은 자연 현상의 원인을 발견하고 이해하는 것이며, 이를 바탕으로 미래에 어떻게 그 현상이 발생할지 예측하는 것입니다.
>
> 아리스토텔레스에게 '설명'이란 이러한 모든 원인을 파악하고 이해하며, 이 원인들이 어떻게 상호 작용해 특정 현상을 일으키는지를 규명하는 것을 의미합니다. 반면에 '예측'이란 이러한 원인에 대한 이해를 바탕으로 현상이 미래에 어떻게 작용할지 예상하는 능력을 의미합니다.

2.6 왜 현실에 관한 것인가요?

모델은 관찰 가능한 환경에서 일어나는 상황을 재현해야 합니다. 궁극적인 목표는 다른 시뮬레이션과 마찬가지로 실제 세계를 예측하는 것이죠. 이 책에서는 현실과 현실 엔티티에 대해 자주 언급하며, 현실 세계는 결국 진실의 원천이 될 것입니다.

2.7 규칙 유추하기

이제 소프트웨어가 무엇인지 기본적인 이해를 갖게 되었으니 좋은 모델링과 디자인 관행을 유추해볼 수 있습니다. 이 책의 곳곳에서 MAPPER 원칙이 등장합니다.

이번 장에서 소개한 간단한 공리(모델은 부분적 추상화와 프로그래밍을 통해 현실을 묘사해야 함)를 시작으로 다음 장에서는 우수한 소프트웨어 모델을 구축하기 위한 여러 원칙, 휴리스틱, 레시피, 규칙을 알아봅니다. 유념하세요, 이 책에서는 소프트웨어를 'MAPPER를 따르는 시뮬레이터'로 정의합니다.

> **노트 공리**
>
> 공리란 증명 없이 명백한 진리로 받아들여지는 진술이나 명제를 의미합니다. 공리를 통해 추론과 논리적인 틀을 구축할 수 있으며, 이를 통해 더 많은 진리를 도출할 수 있는 일련의 기본 개념과 관계를 설정할 수 있습니다.

2.8 유일무이한 소프트웨어 설계 원칙

하나의 규칙에 따라 소프트웨어 전체 패러다임을 설계하면 단순하고 우수한 모델을 만들 수 있습니다. 미니멀리즘과 공리주의를 추구하는 것은 하나의 정의에서 일련의 규칙을 도출한다는 의미입니다.

각 요소의 동작은 해당 동작이 시스템에 관해 추론하는 데 도움이 되는 한, 아키텍처의 일부분이다. 요소의 동작은 요소가 요소 간에 그리고 환경과 어떤 식으로 상호 작용하는지 구체화한다. 이는 우리의 아키텍처에 관한 정의의 일부분이고, 시스템의 런타임 성능과 같은 시스템이 나타내는 특성에도 영향을 줄 것이다.

『소프트웨어 아키텍처 이론과 실제』(에이콘출판, 2022),
31쪽, '아키텍처는 동작을 포함한다'

소프트웨어의 품질 특성 중 가장 과소평가되는 특성은 **예측 가능성**predictable입니다. 소프트웨어는 빠르고 안정적이면서 견고하고 관찰 가능하며 안전해야 한다고 가르치는 경우가 많습니다. 하지만 예측 가능성은 설계의 우선순위 5위 안에 드는 경우가 거의 없습니다. 한 가지 원칙에 따라 객체 지향 소프트웨어를 설계한다고 상상해봅시다(그림 2-1). 이번에 따른 원칙은 다음과 같습니다. '각 도메인 객체는 계산 가능한 모델에서 하나의 객체로 표현되어야 하며, 그 반대의 경우도 마찬가지입니다.' 그런 다음, 이 책의 레시피에 따라 소프트웨어를 예측 가능하게 만들기 위해 단일 전제에서 모든 설계 규칙, 휴리스틱, 레시피를 도출해보세요.

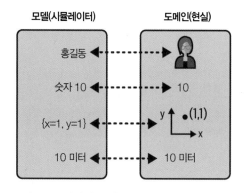

그림 2-1 모델의 객체와 현실 세계의 엔티티 간의 관계는 일대일입니다.

문제

이 클린 코드 레시피를 읽고 나면 업계에서 사용하는 대부분의 언어 구현이 단일 공리 규칙을 무시해 엄청난 문제를 일으킨다는 사실을 이해하게 될 것입니다. 대부분의 최신 언어는 리소스가 부족하고 프로그래머가 계산을 최적화해야 했던 3~40년 전 소프트웨어 구축 과정에서 발생한 구현상의 어려움을 해결하도록 설계됐습니다. 하지만 이제 이러한 문제는 극소수의 도메인에서만 발생합니다. 이 책은 여러분이 이러한 문제를 인식하고, 이해하며, 해결하는 데 도움을 줄 것입니다.

모델로 구현하기

모든 모델을 구축할 때는 실제 세계에서 발생하는 조건을 시뮬레이션하는 것이 중요합니다. 시뮬레이션을 통해 관심 있는 각 요소를 추적하고 실제 세계와 동일한 방식으로 변화하는지 관찰할 수 있습니다. 많은 과학 분야는 시뮬레이션에 의존합니다. 기상학자는 수학적 모델을 사용해 날씨를 예측해 예보하며, 물리학에서는 실제 세계의 규칙을 이해하고 예측하기 위해 통합된 모델을 찾습니다. 머신러닝의 등장으로 불투명 모델opaque model[2]을 구축해 실생활의 행동을 시각화할 수도 있습니다.

전단사의 중요성

수학에서 **전단사**bijection는 일대일 함수로, 도메인의 모든 요소를 범위의 고유 요소에 매핑하고, 범위의 모든 요소를 도메인의 고유 요소로 다시 추적할 수 있음을 의미합니다. 다시 말해 전단사는 두 집합의 요소 간에 **일대일 대응**을 설정하는 함수입니다.

반면 **동형**isomorphism은 두 수학적 구조를 연결하는 더 강력한 대응 유형으로, 연결된 객체의 구조를 보존합니다. 구체적으로 살펴보면, 동형은 구조의 동작을 보존하는 전단사 함수입니다. 여기서 전단사는 두 집합 간의 일대일 대응입니다.

소프트웨어 영역에서는 실제 엔티티를 나타내는 객체가 항상 하나만 존재합니다. 전단사 원칙을 준수하지 않으면 어떤 일이 발생하는지 살펴봅시다.

전단사를 위반하는 일반적인 사례

다음은 전단사 원칙을 위반하는 네 가지 일반적인 사례입니다.

사례 1

계산 가능한 모델에 하나 이상의 실제 엔티티를 나타내는 객체가 있습니다. 예를 들어, 많은 프

---

2 옮긴이_ 불투명 모델은 내부 구조와 작동 원리를 이해하기 어려운 블랙박스 형태의 머신러닝 모델로, 주로 예측 성능이 중요한 경우에 사용됩니다. 이와 반대되는 개념은 투명한 모델(transparent model)이며 내부 동작을 명확하게 이해할 수 있는 모델입니다. 해석 가능성과 신뢰성이 중요한 경우에 이 모델을 사용합니다.

로그래밍 언어에서는 대수 측정값을 모델링할 때 스칼라 크기만큼 사용해 측정합니다. [그림 2-2]에 표시된 것처럼 이번 사례에서 일어나는 일은 다음과 같습니다.

- 10 미터와 10 인치(현실 세계에서는 완전히 다른 두 가지 엔티티)를 하나의 객체(숫자 10)로 나타낼 수 있습니다.
- 모델이 10 미터를 나타내는 숫자 10과 10 인치를 나타내는 숫자 10을 더했을 때, 그 결괏값을 숫자 20으로 나타낼 수 있습니다. 다만 단위가 다른 값을 단순히 숫자로 처리한 결과, 숫자 20이 실제로 무엇을 의미하는지 명확하지 않습니다.

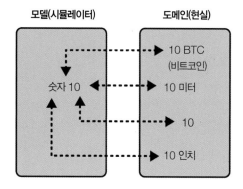

그림 2-2 숫자 10은 하나 이상의 실제 엔티티를 나타냅니다.

전단사 원칙을 지키지 않을 경우, 오류가 제때 드러나지 않는 문제가 발생합니다. 이는 의미론적인 문제이기 때문에 실패한 지 한참 후에 오류가 발견됩니다. 마치 화성 기후 궤도선의 유명한 사례처럼요.

> **노트** **화성 기후 궤도선 사건**
>
> 화성 기후 궤도선은 화성의 기후와 대기를 연구하기 위해 1998년 나사에서 발사한 로봇 우주 탐사선입니다. 하지만 이 탐사선의 임무는 항행상의 문제로 인해 결국 실패로 돌아갔습니다. 탐사선의 추진기는 미터법을 사용하도록 프로그래밍되어 있었지만 지상관제 팀은 영국식 야드파운드법을 사용했던 것입니다. 이 오류로 인해 탐사선이 행성 표면에 너무 가까이 다가갔고, 화성 대기권에 진입하자마자 대기 압력과 마찰을 견디지 못하고 파괴되었습니다. 화성 기후 궤도선의 문제는 측정 단위를 적절하게 조정하고 변환하지 못해 탐사선의 궤도에 치명적인 오류를 초래한 것입니다. 서로 다른 측정 단위를 혼용해 탐사선이 폭발한 것이죠. 그 결과, 나사에는 큰 차질이 생겼고 1억 2,500만 달러의 손실을 초래했습니다. 이 실패로 인해 나사에는 안전 및 임무 보증 부서가 신설되는 등 여러 가지 변화가 생겼습니다(17.1절 '숨겨진 가정을 명시적으로 표현하기' 참조).

사례 2

[그림 2-3]의 계산 가능한 모델은 현실 세계의 동일한 엔티티를 두 개의 객체로 나타냅니다. 현실 세계에서 운동선수인 제인은 한 종목에 출전하는 선수이지만 다른 종목의 심판이기도 합니다. 현실 세계에서의 한 사람은 계산 가능한 모델에서 하나의 객체여야 합니다. 부분적인 시뮬레이션을 수행하기 위해 필요한 최소한의 동작만 모델링해야 합니다.

만약 제인을 나타내는 서로 다른 두 객체(운동선수와 심판)가 있는 경우, 둘 중 하나에 책임을 부여하고 다른 하나에 반영하지 않으면 추후에 불일치가 발생할 수 있습니다.

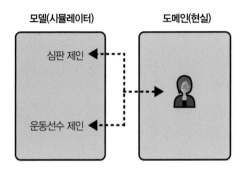

그림 2-3 모델에서 제인은 두 개의 서로 다른 엔티티로 표현됐습니다.

사례 3

비트코인 지갑은 주소, 잔액 등과 같은 속성을 가진 빈약한 객체(3.1절 '빈약한 객체를 풍성한 객체로 변환하기' 참조)로 나타낼 수도 있고, 거래를 받아들이거나 블록체인에 기록을 남기고, 잔액을 알려주는 등의 책임을 지닌 풍성한 객체로도 표현할 수 있습니다. 이는 둘 다 같은 개념에 연관되어 있기 때문입니다.

엔티티를 단지 속성이 있는 데이터 구조로만 바라보지 말고, 객체로 바라보아야 합니다. 상호작용하는 맥락에 따라 다양한 역할을 수행할 수 있는 동일한 객체임을 이해해야 합니다. 3장 '빈약한 모델'에서는 객체를 재정의하고 이를 행동하는 엔티티로 변환하는 데 도움이 되는 몇 가지 방법을 소개합니다.

사례 4

대부분의 최신 객체 프로그래밍 언어에서는 일, 월, 연도를 사용해 날짜를 구성합니다. 만약 2023년 11월 31일이라는 존재할 수 없는 날짜를 입력하면, 많은 프로그래밍 언어는 유효한 객체(아마도 2023년 12월 1일)를 반환합니다.

이는 장점으로 간주되지만 데이터를 로딩하는 과정에서 발생할 수 있는 특정 오류를 감춥니다. 이러한 유효하지 않은 날짜를 근본적으로 발생한 시점과 별개의 시점에 처리할 경우 오류가 발생하고, 이는 빠르게 실패하기 원칙을 위반합니다(13장 '빠른 실패' 참조).

모델 생성 시 언어에 미치는 영향

이 책은 지저분하면서 선언적이지 않고, 이해하기 어려움과 더불어 너무 일찍 최적화된 코드를 개선하는 방법을 설명하는 책입니다. 세상을 이해하는 지식은 우리가 사용하는 언어에 의해 정의되며, 사피어-워프 가설이 제안하는 것처럼 객체와 행동에 대한 좋은 은유가 필요합니다.

객체를 단순히 '데이터 보유자'로 생각한다면 모델은 전단사 원칙을 잃어버리고 MAPPER를 위반할 것입니다. 3장 '빈약한 모델'에서 관련된 레시피를 찾을 수 있습니다. 만약 객체를 데이터 보유자로만 취급한다면, 계산 모델(여러분이 만들고 있는 소프트웨어)은 실제 세계를 정확하게 예측하는 것과 시뮬레이션을 할 수 없게 됩니다. 그 결과 여러분의 고객은 업무를 수행할 때 소프트웨어가 더 이상 유용하지 않다는 것을 알게 될 것입니다. 이는 소프트웨어 결함의 일반적인 원인입니다(일반적으로 부적절하게 '버그'라고 불립니다).

> **노트 버그**
>
> 버그bug는 업계에서 흔히 오해하는 용어입니다. 이 책에서는 버그 대신 결함에 대해 이야기합니다. 원래 버그는 외부 곤충이 따뜻한 회로에 들어가 소프트웨어 출력을 엉망으로 만드는 것과 관련이 있었습니다. 하지만 이제는 더 이상 그런 상황이 발생하지 않습니다. 오히려 외부 침입자가 아닌 어디선가 도입된 무언가로 인해 발생하므로 결함이라는 용어를 사용하는 것이 좋습니다.

## CHAPTER 3

빈약한 모델

정확성은 분명 최고의 품질입니다. 만약 시스템이 해야 할 일을 제대로 수행하지 못한다면 다른 어떤 것도 중요하지 않습니다.

베르트랑 머예르[Bertrand Meyer], 『Object-Oriented Software Construction』

(Pearson College Div, 2000)

3.0 소개

빈약한 도메인 모델이나 빈약한 객체들은 여러 속성으로 구성되었지만, 실질적으로 동작이 결여된 객체입니다. 빈약한 객체는 주로 데이터를 저장하는 역할을 하지만, 해당 데이터에 대해 수행할 수 있는 의미 있는 메서드나 연산이 없기 때문에 흔히 '데이터 객체'라고도 부릅니다.

데이터를 외부에 노출하기 위해 **게터**[getter]와 **세터**[setter]를 사용하면 객체 자체에 데이터를 보관하지 않고 외부 소스가 객체 내의 데이터에 접근하고, 잠재적으로 수정할 수 있으므로 캡슐화 원칙에 위배될 수 있습니다. 이로 인해 객체가 손상되거나 의도하지 않은 변경에 더 취약해질 수 있습니다.

또한 빈약한 설계 방식은 의미 있는 동작들을 포괄하는 객체 캡슐화보다 데이터를 조작하는 데 중점을 두는 프로시저 스타일의 프로그래밍으로 이어질 수 있습니다. 이 책은 풍성한 객체를 만드는 것을 권장합니다. 풍성한 객체에는 의미 있는 연산을 수행할 수 있고, 반복되는 로직은 피하며, 단일 접근 지점을 제공하는 보다 강력한 동작과 메서드 집합이 있습니다.

> **노트 캡슐화**
>
> **캡슐화**encapsulation는 객체의 책임을 보호하는 것을 의미합니다. 일반적으로 내부 구현을 추상화하는 방법을 사용하며, 이를 통해 객체의 메서드에 대한 접근을 제어하는 방법도 제공합니다. 많은 프로그래밍 언어에서는 객체의 속성 및 메서드의 가시성을 지정해 프로그램의 다른 부분에서 접근하거나 수정할 수 있는지 여부를 결정합니다. 이를 통해 개발자는 객체의 내부 구현과 세부 정보를 숨기고, 프로그램의 다른 부분에서 사용되는 필요한 동작만 노출할 수 있습니다.

3.1 빈약한 객체를 풍성한 객체로 변환하기

문제 외부 조작으로부터 객체를 보호하고 데이터와 구조 대신 동작을 노출해 변경의 영향을 최소화하고 싶습니다.

해결 모든 속성을 private으로 변환하세요.

설명 도메인이 발전함에 따라, 음악 업계의 고객 비즈니스 규칙을 따라가야 한다고 상상해보세요. 이제 각 노래는 특정 장르와 연관되어야 하며, 해당 장르를 추가해야 합니다. 하지만 노래의 필수 속성은 보호하고 싶습니다. 다음은 실제 세계의 노래(Song) 메타데이터를 나타내는 클래스 정의입니다.

```Java
public class Song {
    String name;
    String authorName;
    String albumName;
}
```

예제에서는 Song을 튜플(고정된 요소의 집합)로 다룹니다. 여기서 목표는 코드 전반에 걸쳐 여러 번 반복되는 위치에서 그 속성을 조작해 작곡가나 앨범을 편집하는 것입니다. 노래 조작이 반복되므로 변경 사항의 영향이 여러 곳에서 발생할 수 있습니다.

속성의 표시 여부(가시성)를 public에서 private으로 변경하세요.

```java
public class Song {
    private String name;
    private Artist author; // 기본 데이터 유형 대신
    private Album album;    // 풍부한 객체를 참조함

    public String albumName() {
        return album.name() ;
    }
}
```

이제부터는 Song의 공개된 동작에 의존하며, 이는 캡슐화를 지향하는 것을 의미합니다.

public을 private으로 변경하면 속성을 처리하는 새로운 메서드를 추가할 때까지 속성에 접근할 수 없습니다. 외부 조작은 일반적으로 시스템 전반에 걸쳐 중복됩니다(10.1절 '반복되는 코드 제거하기' 참조). 만약 객체에 public 속성이 있는 경우, 예기치 않게 변경될 수 있습니다.

2장에서 정의한 MAPPER에 의하면, 객체를 디자인할 때 데이터만 모델링하는 빈약한 객체를 만들기보다는, 객체의 동작을 기반으로 객체를 디자인해야 합니다. 자바, C++, C#, 루비Ruby와 같은 언어들은 속성에 대한 가시성을 제공하는 반면, 자바스크립트와 같은 언어는 속성에 대한 가시성을 제공하지 않는다는 점에 유의하세요. 파이썬이나 스몰토크Smalltalk와 같은 일부 언어는 가시성이 문서화되어 있지만 강제하지는 않는 언어 관습을 따릅니다. 이는 1장에서 정의한 안전한 리팩터링이 아닙니다. 속성의 가시성을 변경하면 기존 의존성이 깨질 수 있습니다.

> **주의** 이 방법과 다른 여러 방법을 적용하려면 코드의 동작을 변경하는 동안 잠재적인 결함에 대한 안전망 역할을 하는 포괄적인 테스트 스위트test suite가 필요합니다. 마이클 페더스Michael Feathers는 그의 저서 『레거시 코드 활용 전략』(에이콘출판, 2018)에서 이러한 안전망을 만들고 유지하는 방법에 대해 설명합니다.

관련 레시피

- 3.5절 '자동으로 구현된 속성 제거하기'
- 10.1절 '반복되는 코드 제거하기'

3.2 객체의 본질 파악하기

문제 객체에서 불변성(13.2절 '전제 조건 적용하기' 참조)을 생성하고 이를 항상 유효하게 유지하고 싶습니다.

해결 필수 속성이나 동작에 대한 변경을 허용하지 마세요. 객체를 생성하는 동안 필수 속성을 설정하고 객체를 생성한 후에는 이 속성이 변경되지 않도록 보호하세요.

설명 모든 현실 세계에서의 엔티티는 필수 동작을 가지고 있습니다. 이 동작은 그것이 특정 객체인지를 식별하는 데 결정적인 역할을 합니다. 이러한 동작은 현실과 매핑된 **전단사**에 존재합니다. 여기서 본질은 객체의 DNA입니다. 한 번 생성되면 변할 수 없으며 마음대로 조작할 수도 없습니다. 객체는 우연히 변할 수 있지만, 본질적인 방식으로 변하지는 않습니다.

노트 본질과 우연

컴퓨터 과학자 프레더릭 브룩스는 그의 저서 『맨머스 미신』(인사이트, 2015)에서 아리스토텔레스의 정의를 따라 소프트웨어 엔지니어링에서 '우발적accidental'과 '본질적essential'이라는 용어를 사용해 두 가지 유형의 복잡성을 설명합니다.

본질적 복잡성은 해결하려는 문제에 내재되어 있으며, 시스템이 의도한 대로 작동하고 현실 세계에 존재하는 데 필요한 복잡성이기 때문에 피할 수 없습니다. 예를 들어 우주 착륙 시스템의 복잡성은 탐사선을 안전하게 착륙시키는 데 필요하므로 필수적입니다.

우발적인 복잡성은 해결해야 하는 문제의 특성보다는 시스템이 설계되고 구현되는 방식에서 마주하게 됩니다. 따라서 우발적인 복잡성은 좋은 설계를 통해 줄일 수 있습니다. 불필요한 우발적인 복잡성은 소프트웨어에서 주요한 문제 중 하나이며, 이 책에서는 이러한 문제에 대한 다양한 해결책을 제시합니다.

날짜(Date)의 월을 변경하면 어떤 일이 일어나는지 살펴봅시다.

JavaScript
```javascript
const date = new Date();
date.setMonth(4);
```

월은 모든 날짜에 필수적인 요소이기에 현실에서는 이러한 변경이 유효하지 않지만, 많은 프로그래밍 언어에서는 유효합니다. 월을 변경하면 현실에서는 전혀 다른 날짜가 됩니다. 단일 인수로 setMonth()를 호출하면 월의 값만 설정되고 일과 연도의 값은 변경되지 않습니다.

이제 이 날짜에 의존하는 다른 모든 객체는 파급 효과에 의해 변경됩니다. 이전에 생성한 날짜에 결제 기한이 있는 경우, 날짜의 본질을 변경하면 결제 또한 영향을 받게 됩니다. 더 나은 해결책은 defer()와 같은 실제 프로토콜을 호출해 결제 참조를 새로운 날짜로 변경하는 것입니다. 이 변경은 결제 객체에만 영향을 미치며 파급 효과는 제한적입니다.

> **노트 파급 효과**
>
> **파급 효과**ripple effect란 시스템의 한 부분을 변경하거나 수정하면 시스템의 다른 부분에 의도하지 않은 결과를 초래할 수 있는 현상을 말합니다. 특정 객체를 변경하면 해당 객체에 의존하는 시스템의 다른 부분에 잠재적으로 영향을 미칠 수 있습니다. 이로 인해 시스템의 다른 부분에서 오류나 예기치 않은 동작이 발생할 수 있습니다.

더 나은 옵션은 다음과 같습니다.

```javascript
const date = new ImmutableDate("2022-03-25");
// 날짜의 본질이 식별되었고, 생성된 이후로는 절대 변경될 일이 없습니다.
```

날짜를 생성하면, 해당 값은 불변이기에 변경이 불가능합니다. 동일한 현실 엔티티와 영원히 매핑된다고 신뢰해도 됩니다. 모델링할 때는 어떤 속성이나 행동이 필수적이고, 어떤 것이 우발적인지 파악하는 게 중요합니다. 실제 세계에서 필수적인 것은 모델에서도 필수적이어야 하며, 그 반대의 경우도 마찬가지입니다.

> **주의** 많은 현대 언어가 객체의 본질을 식별하고 보호하는 데 실패합니다. Date 클래스가 대표적인 예입니다. 그럼에도 불구하고 대부분의 언어에는 달력 조작에 사용할 수 있는 강력한 대체 패키지가 있습니다.

관련 레시피

- 5.3절 '본질 변경 금지하기'
- 17.11절 '파급 효과 피하기'

3.3 객체에서 세터 제거하기

문제 세터를 사용한 외부 조작으로부터 객체를 보호하고 불변성을 원합니다.

해결 속성을 private으로 만든 후(3.1절 '빈약한 객체를 풍성한 객체로 변환하기' 참조), 모든 세터를 제거합니다.

설명 다음은 세터가 있는 포인트(Point) 클래스의 전형적인 예제입니다.

```java
public class Point {
    protected int x;
    protected int y;

    public Point() { }

    public void setX(int x) {
        this.x = x;
    }

    public void setY(int y) {
        this.y = y;
    }
}

Point location = new Point();
// 현재 기점으로 어떤 포인트들이 표시되는지 명확하지 않습니다.
// 생성자의 결정에 종속되어 있으며,
// 값의 종류는 null 혹은 다른 관행에 따라 다릅니다.

location.setX(1);
// 이제 (1, 0)인 포인트가 생겼습니다.

location.setY(2);
// 이제 (1, 2)인 포인트가 되었습니다.
// 만약 필수 속성을 설정해야 하는 경우,
// 이들을 생성자로 이동하고 세터 메서드를 제거하세요.
```

다음은 레시피를 적용하고 세터를 제거한 후의 짧은 버전입니다.

```java
public class Point {
    public Point(int x, int y) {
        this.x = x;
        this.y = y;
    // 세터를 제거합니다.
    }

Point location = new Point(1, 2);
```

세터 메서드는 객체의 가변성(5장 '가변성' 참조)과 빈약한 모델을 지향합니다. 변경을 부차적인 효과로 하는 경우일 때만 메서드를 호출해서 객체를 변경해야 하며, 이는 '묻지 말고 말하라'는 원칙을 따릅니다.

> **노트 '묻지 말고 말하라' 원칙**
>
> '묻지 말고 말하라Tell, Don't Ask(TDA)' 원칙은 객체에 데이터를 요청하는 대신 메서드를 호출해 객체와 상호 작용하는 방법을 정의합니다.

객체에 세터를 추가하면 예상치 못한 방식으로 변경이 가능해지며, 여러 곳에 불변 무결성을 검증하는 코드를 추가해야 합니다. 이로 인해 코드가 반복됩니다(10.1절 '반복되는 코드 제거하기' 참조). setXXX()라는 이름을 가진 메서드는 현실 세계에 거의 존재하지 않기 때문에 MAPPER 네이밍 규칙을 위반합니다. 또한 객체의 본질을 절대 변경해서는 안 되며 이와 관련해서는 4장에서 살펴봅니다. 많은 언어들이 날짜 변경을 지원하지만(예: date.setMonth(5) 사용), 이러한 연산은 변경된 날짜에 의존하는 모든 객체에 파급 효과를 일으킵니다.

관련 레시피

- 3.5절 '자동으로 구현된 속성 제거하기'
- 3.7절 '빈 생성자 완성하기'
- 3.8절 '게터 제거하기'

3.4 빈약한 코드 생성기 제거하기

문제 빈약한 코드 생성기를 사용하고 있지만 속성을 더 잘 제어해 풍성한 객체로 만들고, 코드 중복을 방지하고, 데이터 대신 동작에 집중하고 싶습니다.

해결 코드 마법사와 생성기를 제거하세요. 반복 작업을 피하려면 10.1절 '반복되는 코드 제거하기'에서 설명하는 방법을 적용하고 반복되는 동작을 포함하는 중간 객체를 만들어야 합니다.

설명 코드 마법사는 90년대에 인기를 끌었습니다. 그 당시 많은 프로젝트가 코드의 양으로 평가되었고, 코드베이스가 큰 것이 트렌드였습니다. 이때는 속성이 있는 클래스 템플릿을 입력하면 자동으로 코드가 생성되는 자동 코드 생성기를 사용했습니다. 이로 인해 코드 중복이 발생했고 시스템을 유지 관리하기가 어려웠습니다.

오늘날에는 코덱스^{Codex}, 코드 위스퍼러$^{Code\ Whisperer}$, 챗GPT^{ChatGPT} 또는 깃허브 코파일럿$^{GitHub\ Copilot}$과 같은 코드 어시스턴트에 메시지를 입력하면 이전과 유사한 방식으로 코드를 생성합니다. 하지만 앞서 설명했듯이 빈약한 코드는 피해야 하는데, 현재 인공지능 코드 어시스턴트가 빈약한 코드를 생성합니다.

다음은 메타프로그래밍으로 생성된 빈약한 클래스의 예제입니다(23장 '메타프로그래밍' 참조).

```php
AnemicClassCreator::create(
    'Employee',
    [
        new AutoGeneratedField(
            'id', '$validators->getIntegerValidator()'),
        new AutoGeneratedField(
            'name', '$validators->getStringValidator()'),
        new AutoGeneratedField(
            'currentlyWorking', '$validators->getBooleanValidator()')
    ]);
```

메타프로그래밍은 내부에 매직 세터와 게터를 생성합니다.

```php
getId(), setId(), getName(), ....
// 유효성 검사가 명시적이지 않습니다.
```

클래스 오토로더autoloader를 사용해 클래스를 로드합니다.

```PHP
$john = new Employee;
$john->setId(1);
$john->setName('John');
$john->setCurrentlyWorking(true);

$john->getName();
// 'John' 반환
```

이 레시피를 적용하려면 코드를 명시적이고 읽기 쉬우며 디버깅할 수 있도록 만들어야 합니다.

```PHP
final class Employee {  // 직원
    private $name;
    private $workingStatus;  // 직원 업무 여부

    public function __construct(string $name, WorkingStatus $workingStatus) {
        // 이 부분에 생성자 및 초기 설정 코드를 작성합니다.
    }

    public function name(): string {
        return $this->name;
        // 이것은 게터가 아닙니다.
        // 이는 직원의 책임 중 하나인 원래 이름을 알리는 부분입니다.
        // 실수로 같은 이름(name)으로 속성을 구현했습니다.
    }
}

// 매직 세터 혹은 게터가 없습니다.
// 모든 메서드는 실제로 디버깅이 가능합니다.
// WorkingStatue 객체는 구조상 유효하므로 유효성 검사는 암시적입니다.

$john = new Employee('John', new HiredWorkingStatus()); // 고용 여부
$john->name(); // 'John' 반환
```

뻔해 보일 수 있지만, 명시적 코드를 처리하기 위해 누락된 추상화를 찾는 것이 빈약한 코드를
생성하는 것보다 훨씬 낫습니다.

관련 레시피

- 10.1절 '반복되는 코드 제거하기'
- 23.1절 '메타프로그래밍 사용처 제거하기'

3.5 자동으로 구현된 속성 제거하기

문제 동작에 대해 생각하기 전에 단순히 제어 없이 빠르게 빈약한 객체를 생성하는 데 유리한 자동으로 구현된 속성을 사용하는 코드가 있습니다.

해결 자동으로 구현된 속성을 제거하세요. 필요한 속성만 직접 생성하고 MAPPER 기준에 따라 명확한 동작을 구현하세요.

설명 빈약한 객체와 세터는 무결성 제어와 빠르게 실패하기 원칙을 위반합니다. 13장 '빠른 실패'에서 이 주제에 대해 자세히 설명합니다. 다음은 자동 이름 속성이 있는 **Person** 객체로, **getName()**, **setName()**과 같은 빈약한 접근자를 생성합니다.

```csharp
class Person
{
  public string name
  { get; set; }
}
```

자동으로 속성을 생성하는 도구는 빈약한 객체를 선호합니다. 해결책은 이를 명시하는 것입니다.

```csharp
class Person
{
  private string name;

  public Person(string personName)
  {
    name = personName;
    // 불변
```

```
    // 게터와 세터가 없습니다.
  }

  // ... 다른 프로토콜(private 변수명 접근 등)
}
```

> **주의**   세터와 게터는 업계의 나쁜 관행입니다. 이는 언어적인 특성이며 많은 IDE에서도 이러한 관행을 선호합니다. 속성을 실수로 노출하기 전에 신중하게 생각해야 합니다.

일부 언어에서는 빈약한 모델과 DTO를 구축하기 위한 명시적인 지원을 제공합니다(3.6절 'DTO 제거하기' 참조). 여러분은 이러한 종류의 기능을 사용할 때 발생하는 결과를 이해하는 것이 중요합니다. 첫 번째 단계는 속성에 대한 생각을 멈추고 동작에만 집중하는 것입니다.

관련 레시피

- 3.1절 '빈약한 객체를 풍성한 객체로 변환하기'
- 3.3절 '객체에서 세터 제거하기'
- 3.4절 '빈약한 코드 생성기 제거하기'
- 3.6절 'DTO 제거하기'
- 3.8절 '게터 제거하기'
- 4.8절 '불필요한 속성 제거하기'

3.6 DTO 제거하기

문제 레이어 간에 완전한 객체를 전송하고 싶습니다.

해결 데이터 객체 사용을 피하고 실제 객체를 사용하세요. 대신 배열이나 딕셔너리를 사용해 빈약한 데이터를 전송할 수 있으며, 만약 부분 객체를 전송해야 하는 경우 프록시 또는 null 객체(15.1절 'null 객체 생성하기' 참조)를 사용해 참조 그래프[1]를 끊을 수 있습니다.

---

1 옮긴이_ 소프트웨어 프로그램에서 객체나 변수 간의 참조 관계를 시각적으로 표현한 그래프입니다.

설명 DTO 또는 데이터 클래스는 널리 사용되는 빈약한 객체 도구입니다. 이 도구는 비즈니스 규칙을 강제하지 않으며, 해당 규칙을 처리하는 로직이 중복되는 경우가 많습니다. 일부 아키텍처 스타일은 실제 객체를 반영하기 위해 많은 DTO를 생성하는 것을 선호합니다. 이런 해결책은 빈약한 객체로 네임스페이스를 오염시키고 시스템을 유지 관리하기 어렵게 만듭니다. 객체를 변경해야 하는 경우, DTO도 업데이트해야 하므로 중복 작업이 많이 발생합니다.

> **노트** **DTO**
>
> **DTO**data transfer object(데이터 전송 객체)는 애플리케이션의 서로 다른 계층 간에 데이터를 전송하는 데 사용됩니다. 이는 애플리케이션 클라이언트와 서버 간의 데이터를 전달하는 단순하고 직렬화 가능한, 불변의 객체입니다. DTO의 유일한 목적은 애플리케이션의 여러 부분 간에 데이터를 교환하는 표준 방법을 제공하는 것입니다.

DTO는 빈약하고, 일관되지 않은 데이터를 전달할 수 있으며, 코드 중복을 강제하고, 쓸모없는 클래스로 네임스페이스(18.4절 '전역 클래스 제거하기' 참조)를 오염시키고, 파급 효과를 일으킬 수 있습니다. 또한 데이터 무결성은 시스템 전체에서 중복될 수 있으므로 적용하기가 더 어렵습니다.

다음은 한곳에서 다른 곳으로 정보를 전달하는 예제입니다. 도메인 클래스 `SocialNetworkProfile`과 이와 연결된 DTO, `SocialNetworkProfileDTO`의 코드입니다.

```PHP
final class SocialNetworkProfile {

    private $userName;
    private $friends; // friends는 대규모 컬렉션에 대한 참조
    private $feed; // feed는 전체 사용자 피드를 참조

    public function __construct($userName, $friends, UserFeed $feed) {
        $this->assertUsernameIsValid($userName);
        $this->assertNoFriendDuplicates($friends);
        $this->userName = $userName;
        $this->friends = $friends;
        $this->feed = $feed;
        $this->assertNoFriendofMyself($friends);
    }
}

// 외부 시스템으로 이전해야 하는 경우, 구조를 복제(및 유지)해야 합니다.
```

```php
final class SocialNetworkProfileDTO {

    private $userName; // 동기화를 위해 중복 복제
    private $friends;  // 동기화를 위해 중복 복제
    private $feed;     // 동기화를 위해 중복 복제
    public function __construct() {
        // 유효성 검사가 없는 빈 생성자
    }

    // 비어 있는 프로토콜. 오직 직렬화만 있습니다.
}

// 외부 시스템으로 이전해야 하는 경우, 빈약한 DTO를 생성해야 합니다.
$janesProfileToTransfer = new SocialNetworkProfileDTO();
```

다음은 빈약한 DTO가 없고 명시적으로 나타낸 버전입니다.

```php
final class SocialNetworkProfile {

    private $userName;
    private $friends;
    private $feed;

    public function __construct(
        $userName,
        FriendsCollection $friends,
        UserFeedBehavior $feed)
        {
            $this->assertUsernameIsValid($userName);
            $this->assertNoFriendDuplicates($friends);
            $this->userName = $userName;
            $this->friends = $friends;
            $this->feed = $feed;
            $this->assertNoFriendOfMyself($friends);
        }
    // 프로필과 연관된 수많은 프로토콜
    // 직렬화 프로토콜이나 동작 혹은 속성 중복 복제가 없습니다.
}

interface FriendsCollectionProtocol { }
final class FriendsCollection implements FriendsCollectionProtocol { }
final class FriendsCollectionProxy implements FriendsCollectionProtocol {
```

```
    // 프록시 프로토콜은 경량 객체로 이동해 요청 시 콘텐츠를 가져올 수 있습니다.
}

abstract class UserFeedBehavior { }
final class UserFeed extends UserFeedBehavior { }
final class NullFeed extends UserFeedBehavior {
    // 동작을 요청할 때 오류를 발생시킵니다.
}

// 외부 시스템으로 전송해야 하는 경우 유효한 객체 생성
$janesProfileToTransfer = new SocialNetworkProfile(
    'Jane',
    new FriendsCollectionProxy(),
    new NullFeed()
);
```

비즈니스 객체 동작이 없는 빈약한 클래스(직렬화, 생성자, 뮤테이터 등 제거)가 있는지 확인할 수 있습니다.

> **주의** 일부 언어에서 DTO는 도구이자 확립된 관행입니다. 신중하고 책임감 있게 사용해야 하며, 객체를 분해해 영역 밖으로 보내야 하는 경우라면 분해된 객체에는 무결성을 고려할 수 없으므로 매우 주의해야 합니다.

관련 레시피

- 3.1절 '빈약한 객체를 풍성한 객체로 변환하기'

- 3.7절 '빈 생성자 완성하기'

- 16.1절 '객체 ID 피하기'

- 17.13절 '사용자 인터페이스에서 비즈니스 코드 제거하기'

함께 보기

- DTO 남용에 대한 마틴 파울러의 블로그 게시물(https://oreil.ly/OmEg8)

- 리팩터링 구루Refactoring Guru의 'Data Class'(https://oreil.ly/XdV_U)

3.7 빈 생성자 완성하기

문제 아무런 초기 설정이 없는 빈 생성자가 있습니다(실제 세계에 존재하지 않는 빈 객체를 나타냅니다). 이 객체가 항상 완전하고 유효하게 유지되도록 보장하고 싶습니다.

해결 객체를 생성할 때 모든 필수 인수를 전달하고, 하나의 완전한 단일 생성자를 사용하세요.

설명 인수 없이 생성된 객체는 대체로 변경 가능하고 예측할 수 없으며 일관성이 없는 경우가 많습니다. 매개변수가 없는 생성자는 잘못된 객체가 위험하게 변이될 수 있는 악취가 나는 코드입니다. 불완전한 객체는 많은 문제를 일으키므로 객체를 생성한 후에는 객체의 필수 동작을 변경해서는 안 됩니다. 만약 객체를 변경할 수 있다면 그 시점부터 모든 참조를 신뢰할 수 없게 됩니다. 5장 '가변성'에서 이 문제에 대해 자세히 설명합니다. 많은 언어에서 유효하지 않은 객체(예: 빈 날짜)를 만들 수 있습니다.

다음은 빈약하고 가변적이며 일관성이 없는 사람(Person)의 예제입니다.

```Java
public Person();
// 빈약하고 변이될 수 있습니다.
// 유효한 사람이 되기 위한 본질이 없습니다.
```

필수 속성을 갖춘 더 나은 Person 모델은 다음과 같습니다.

```Java
public Person(String name, int age) {
    this.name = name;
    this.age = age;
}

// 본질을 객체에 전달함으로써 변형할 수 없게 합니다.
```

무상태 객체는 이 예제의 올바른 반례입니다. 이 레시피를 무상태 객체에 적용해서는 안 됩니다.

주의 정적으로 타입이 지정된 언어의 일부 프레임워크는 빈 생성자를 필요로 합니다. 하지만 이는 잘못된 판단입니다. 이를 수용할 수는 있지만, 잘못된 모델을 위한 부정한 방법이므로 항상 완전한 객체를 생성하고 그 본질을 변경 불가능하게 만들어 시간이 지나도 변하지 않도록 해야 합니다.

모든 객체는 처음 생성될 때 그 본질이 유효해야 합니다. 이는 본질 불변성에 대한 플라톤의 생각과도 연관됩니다. 나이나 물리적 위치와 같은 우발적인 측면은 변할 수 있지만, 불변의 객체는 전단사를 추구하며 시간이 지나도 살아남습니다.

관련 레시피

- 3.1절 '빈약한 객체를 풍성한 객체로 변환하기'
- 3.3절 '객체에서 세터 제거하기'
- 3.8절 '게터 제거하기'
- 11.2절 '과도한 인수 줄이기'

3.8 게터 제거하기

문제 객체 접근을 엄격하게 제어하면서 우발적으로 표시되는 것을 최소화하고, 소프트웨어를 손상시키지 않으면서도 변경 가능한 유연성을 확보하고 싶습니다.

해결 게터 메서드를 제거하고 데이터가 아닌 동작을 기반으로 한 명시적인 메서드를 호출해 구현 결정을 보호해야 합니다. 도메인 이름을 활용해보세요.

설명 getXXX 접두사 사용을 피함으로써 정보 은닉과 캡슐화 원칙을 적용하고, 더 유연한 설계를 가능하게 합니다. 일반적으로 게터가 있는 모델은 긴밀하게 결합되어 있고 캡슐화가 부족한 경향이 있습니다.

> **노트** **정보 은닉**
>
> 정보 은닉은 소프트웨어 시스템의 내부 작업과 외부 인터페이스를 분리해 시스템의 복잡성을 줄이는 것이 목표입니다. 이를 통해 다른 시스템이나 사용자가 사용하는 방식에 영향을 주지 않고 시스템의 내부 구현을 변경할 수 있습니다.
>
> 정보 은닉을 달성하는 한 가지 방법은 기본 세부 정보를 숨기는 추상화를 MAPPER에 사용하는 것입니다. 이를 통해 시스템 기능에 대한 단순화된 보기를 제공하고, 세부 정보를 숨길 수 있습니다.

다음은 창문(Window)을 구현하는 고전적인 예제입니다.

```php
final class Window {
    public $width;
    public $height;
    public $children;

    public function getWidth() {
        return $this->width;
    }

    public function getArea() {
        return $this->width * $this->height;
    }

    public function getChildren() {
        return $this->children;
    }
}
```

창문의 속성은 이러한 게터로 접근해서는 안 됩니다. 다음 버전은 실제 창문의 동작에 초점을 맞춘 개선된 버전입니다.

```php
final class Window {
    private $width;
    private $height;
    private $children;

    public function width() {
        return $this->width;
    }

    public function area() {
        return $this->height * $this->width;
    }

    public function addChildren($aChild) {
        // 내부 속성을 노출하지 마세요.
        return $this->children[] = $aChild;
    }
}
```

게터는 특정 시나리오에서 실제 책임과 일치할 수 있습니다. 예를 들어 창문이 자신의 색상을 반환하는 것이 합리적이고, 실수로 속성을 창문의 색상으로 저장할 수도 있습니다. 따라서 속성 색상을 반환하는 color() 메서드가 좋은 해결책이 될 수 있습니다. getColor()는 구현형이고 MAPPER에 실제 대응하는 메서드가 없으므로 전단사 규칙을 위반합니다.

일부 언어는 private 객체에 대한 참조가 있는 게터를 반환합니다. 이는 캡슐화를 위반합니다. 일부는 복사본 대신 내부 컬렉션을 반환하므로 클라이언트가 더 안전하고 보호적인 프로토콜을 호출하지 않고도 요소를 수정, 추가 또는 제거할 수 있습니다. 이 또한 **데메테르의 법칙**을 위반합니다.

> **노트** **데메테르의 법칙**
>
> 데메테르의 법칙Demeter's law이란 객체는 바로 옆의 이웃 객체와만 소통해야 하며 다른 객체의 내부 작동 방식을 알면 안 된다는 원칙입니다. 데메테르의 법칙을 따르기 위해서는 느슨하게 결합된, 즉 서로에게 크게 의존하지 않는 객체를 만들어야 합니다. 이렇게 하면 한 객체를 변경해도 다른 객체에 의도하지 않은 결과를 초래할 가능성이 적기 때문에 시스템을 보다 유연하고 쉽게 유지 관리할 수 있습니다.
>
> 한 객체는 다른 객체의 내부에 접근하기 위해 다른 객체에 접근하지 않고, 바로 옆 객체의 메서드에만 접근해야 합니다. 이렇게 하면 객체 간의 결합도 수준을 낮추고 시스템을 보다 모듈적이고 유연하게 만들 수 있습니다.

```Java
public class MyClass {
  private ArrayList<Integer> data;

  public MyClass() {
    data = new ArrayList<Integer>();
  }

  public void addData(int value) {
    data.add(value);
  }

  public ArrayList<Integer> getData() {
    return data; // 캡슐화를 위반합니다.
  }
}
```

자바로 작성된 이 예제에서 getData() 메서드는 내부 데이터 컬렉션의 복사본을 만드는 대신 내부 데이터 컬렉션에 대한 참조를 반환합니다. 즉, 클래스 외부에서 컬렉션을 변경하면 내부 데이터에 직접 반영되어 코드에 예기치 않은 동작이나 결함이 발생할 수 있습니다.

> **주의** 여기서 보안상의 취약점이 발생할 수 있습니다. 클라이언트가 의도한 대로 클래스의 메서드를 사용하지 않고 객체의 내부 상태를 수정할 수 있다는 점을 유의하세요(25장 '보안' 참조).

관련 레시피

- 3.1절 '빈약한 객체를 풍성한 객체로 변환하기'
- 3.3절 '객체에서 세터 제거하기'
- 3.5절 '자동으로 구현된 속성 제거하기'
- 8.4절 '게터 주석 제거하기'
- 17.16절 '부적절한 친밀성 분리하기'

3.9 객체의 난장판 방지하기

> **문제** 다른 객체의 캡슐화된 속성 규칙을 위반하는 코드가 있습니다.

> **해결** 속성을 보호하고 동작만 노출합니다.

> **노트 객체 난장판**
>
> 객체 난장판object orgy은 객체가 불충분하게 캡슐화되어 내부에 제한 없이 접근할 수 있는 상황입니다. 객체 지향 설계에서 흔히 볼 수 있는 안티패턴이며 유지 관리 횟수와 복잡성이 증가할 수 있습니다.

> **설명** 만약 객체를 데이터 보유자data holder로 간주하게 되면 캡슐화를 위반하게 되므로 이 방법은 지양하세요. 실생활에서와 마찬가지로 항상 동의를 구해야 합니다. 다른 객체의 속성에 접근하면 정보 은닉 원칙이 깨지고 강력한 결합이 발생합니다.

필수 동작, 인터페이스, 프로토콜에 결합하는 것이 데이터나 우발적인 구현과 결합하는 것보다 더 나은 결정이라는 점에 유의하세요.

익숙한 Point 클래스 예제입니다.

```php
final class Point {
    public $x;
    public $y;
}

final class DistanceCalculator {
    function distanceBetween(Point $origin, Point $destination) {
        return sqrt((($destination->x - $origin->x) ^ 2) +
            (($destination->y - $origin->y) ^ 2));
    }
}
```

다음은 정보를 저장하는 방법에 의존하지 않고 '묻지 말고 말하라'는 원칙을 따르는 좀 더 추상적인 Point 클래스입니다(3.3절 '객체에서 세터 제거하기' 참조). 이 Point 클래스는 내부의 우발적인 개념을 변경했고 극좌표를 사용해 위치를 저장합니다.

```php
final class Point {
    private $rho;
    private $theta;

    public function x() {
        return $this->rho * cos($this->theta);
    }

    public function y() {
        return $this->rho * sin($this->theta);
    }
}

final class DistanceCalculator {
    function distanceBetween(Point $origin, Point $destination) {
        return sqrt((($destination->x() - $origin->x() ^ 2) +
            (($destination->y() - $origin->y()) ^ 2)));
    }
}
```

만약 클래스가 세터, 게터, public 메서드로 인해 오염된 경우, 해당 클래스는 우발적으로 구현된 메서드에 결합될 수 있다는 것을 알게 될 것입니다.

관련 레시피

- 3.1절 '빈약한 객체를 풍성한 객체로 변환하기'

- 3.3절 '객체에서 세터 제거하기'

3.10 동적 속성 제거하기

문제 클래스에서 속성을 선언하지 않고 사용합니다.

해결 속성을 명시적으로 선언하세요.

설명 동적 속성은 코드를 읽기 어렵게 만들며 범위 정의가 명확하지 않고 오타를 발견하기 어렵게 합니다. 따라서 여러분은 동적 속성을 금지하는 언어를 선호해야 합니다. 동적 속성은 실수로 오타를 만들거나 잘못된 속성 이름을 사용하기 쉽기 때문에 타입 안전성을 악화시킵니다. 특히 대규모 코드베이스에서는 이로 인해 디버깅하기 어려운 런타임 오류로 이어질 수 있습니다. 또한 동적 속성은 클래스나 객체에 이미 정의된 속성과 동일한 이름을 가질 수 있어서 명명 충돌 가능성을 초래해 예기치 않은 동작을 유발할 수 있습니다.

다음은 속성을 정의하지 않은 예제입니다.

```Python
class Dream:
    pass

nightmare = Dream()

nightmare.presentation = "나는 스파이더맨"
# presentation은 정의되지 않았습니다.
# 이는 동적 속성입니다.

print(nightmare.presentation)
# 결과: "나는 스파이더맨"
```

클래스에서 정의하는 경우의 예제입니다.

```python
class Dream:
    def __init__(self):
        self.presentation = ""

nightmare = Dream()

nightmare.presentation = "나는 스파이더맨"

print(nightmare.presentation)
# 결과: "나는 스파이더맨"
```

동적 속성은 PHP, 파이썬, 루비, 자바스크립트, C#, 오브젝티브-C^Objective-C, 스위프트^Swift, 코틀린^Kotlin 등과 같은 많은 프로그래밍 언어에서 지원하며, 대부분의 언어에는 이를 방지하는 컴파일러 옵션이 있습니다. 이러한 언어에서 런타임 시 객체에 동적 속성을 추가할 수 있으며, 객체의 속성 접근자 구문을 사용해 접근할 수 있습니다.

관련 레시피

- 3.1절 '빈약한 객체를 풍성한 객체로 변환하기'
- 3.5절 '자동으로 구현된 속성 제거하기'

기본형 집착

기본형 타입에 대한 강박관념은 기본형 집착입니다.

리치 히키[Rich Hickey]

4.0 소개

소프트웨어 엔지니어 대다수는 소프트웨어가 '데이터를 이동하는 것'이라고 생각합니다. 객체 지향을 가르치는 학교와 교과서에서는 데이터와 속성에 초점을 맞춰 실제 세계 모델링을 가르 치곤 했습니다. 이는 80년대와 90년대에 대학에서 가르친 문화적 편견이었습니다. 하지만 업 계 트렌드에 따라 엔지니어는 동작에 초점을 맞추는 대신 엔티티−관계 다이어그램(ERD)을 작성하고 비즈니스 데이터에 대해 추론하게 되었습니다.

데이터가 그 어느 때보다 중요한 시대에 우리는 살고 있습니다. 데이터 과학은 성장하고 있으 며 세상은 데이터를 중심으로 돌아갑니다. 데이터를 관리 및 보호하고 동작을 노출하는 동시에 정보와 우발적인 표현을 숨겨 결합을 피할 수 있는 시뮬레이터를 만들어야 합니다. 이 장의 레 시피는 작은 객체를 식별하고 우발적인 표현을 숨기는 데 유용한 방법을 설명합니다. 응집력 있는 작은 객체를 많이 발견하고 다양한 맥락에서 재사용할 수 있습니다.

4.1 작은 객체 생성하기

문제 기본형 타입만 필드로 포함하는 큰 객체가 있습니다.

해결 작은 객체에 대한 책임을 MAPPER에서 찾고 이를 구체화합니다.

설명 컴퓨팅 초창기부터 엔지니어는 보이는 모든 것을 문자열, 정수, 컬렉션과 같은 익숙한 기본 데이터 유형에 매핑했습니다. 이러한 데이터 유형에 매핑하는 것은 때때로 추상화에 위배되고 빠르게 실패하기 원칙에 어긋납니다. 다음 예제에서 볼 수 있듯이 사람(**Person**)의 이름은 문자열과 다르게 동작합니다.

```java
public class Person {
    private final String name;

    public Person(String name) {
        this.name = name;
    }
}
```

다음은 이름의 개념을 구체화한 예제입니다.

```java
public class Name {
    private final String name;

    public Name(String name) {
```

```
        this.name = name;
        // 이름에는 자체적으로 고유한 생성 규칙, 비교 등이 있습니다.
        // 문자열과 다를 수 있습니다.
    }
}

public class Person {
    private final Name name;

    public Person(Name name) {
        // 유효한 이름으로 생성됩니다.
        // 이곳에 유효성 검증을 추가하지 않아도 됩니다.
        this.name = name;
    }
}
```

워들Wordle 게임의 5글자 단어를 예로 들어보겠습니다. 워들 단어는 char(5)와 같은 역할을 하지 않으며 전단사에 매핑되지 않습니다. 워들 게임을 만들려는 경우, 동일한 책임을 갖지 않기 때문에 문자열이나 char(5)와 다른 워들 단어 사이에 전단사가 보일 겁니다. 예를 들어 비밀스런 워들 단어와 일치하는 단어가 몇 개나 있는지 찾는 것은 문자열의 책임이 아닙니다. 그리고 문자열에 대한 연결은 워들 단어의 책임이 아닙니다.

> **노트 워들**
>
> 워들은 게임에서 선택한 5글자 단어를 맞추기 위해 6번의 기회가 있는 인기 온라인 단어 추측 게임입니다. 다섯 글자로 된 단어를 입력하면 게임에서 어떤 글자가 맞고 올바른 위치(녹색 사각형으로 표시)에 있는지, 어떤 글자가 맞지만 잘못된 위치(노란색 사각형으로 표시)에 있는지 표시합니다.

극소수의 미션 크리티컬 시스템[1]에서는 추상화와 성능 간에 절충점trade-off이 존재합니다. 그러나 섣부른 최적화(16장 '섣부른 최적화' 참조)를 피하려면 최신 컴퓨터와 가상 머신 최적화에 의존해야 하며, 항상 그렇듯이 실제 시나리오에서 나오는 근거를 기반으로 따라야 합니다. 작은 객체를 찾는 것은 매우 어려운 작업이며, 좋은 작업을 수행하고 과도한 설계를 피하려면 경험이 필요합니다. 매핑 방법과 시기를 선택하는 데는 정답이 없습니다.

---

1 옮긴이_ 미션 크리티컬(mission critical) 시스템은 사업이나 조직의 생존에 필수적인 시스템입니다. 미션 크리티컬 시스템이 실패하거나 간섭을 받으면 사업 운영에 상당한 영향을 받습니다.

'은빛 총알은 없다^{No Silver Bullet}'는 개념은 컴퓨터 과학자이자 소프트웨어 엔지니어링의 선구자인 프레더릭 브룩스
가 1986년에 발표현 논문 「No Silver Bullet -Essence and Accident in Software Engineering(은
빛 총알은 없다—소프트웨어 엔지니어링의 본질과 사고)」(https://oreil.ly/Xe08Y)에서 사용한 문구입니다.
브룩스는 모든 문제를 해결하거나 소프트웨어 개발의 생산성과 효율성을 크게 향상시킬 수 있는 단일 해결책이
나 접근 방식은 존재하지 않는다고 주장합니다.

관련 레시피

- 4.2절 '기본형 데이터 구체화하기'
- 4.9절 '날짜 구간 생성하기'

4.2 기본형 데이터 구체화하기

문제 **기본형 타입이 난무하는 객체가 있습니다.**

해결 기본형 타입 대신 작은 객체들을 사용하세요.

설명 다음과 같이 웹 서버를 구축한다고 가정해봅시다.

```Java
int port = 8080;
InetSocketAddress in = open("example.org", port);
String uri = urifromPort("example.org", port);
String address = addressFromPort("example.org", port);
String path = pathFromPort("example.org", port);
```

이 간단한 예제에는 많은 문제가 있습니다. '묻지 말고 말하라'는 원칙(3.3절 '객체에서 세터 제
거하기' 참조)과 빠르게 실패하기 원칙에 위배됩니다. 또한 MAPPER 설계 규칙을 따르지 않
고 하위 집합^{subset} 원칙을 위반합니다. '무엇'과 '어떻게'를 명확하게 구분하지 않기 때문에 이러
한 객체를 사용하는 데 필요한 코드 조작이 곳곳에 중복되어 있습니다.

업계에서는 작은 객체를 만들고 '무엇'과 '어떻게'를 분리하는 작업을 게을리하는 경향이 있습니다. 이러한 추상화를 발견하기 위해서는 더 많은 노력이 필요하기 때문입니다. 작은 구성 요소의 프로토콜과 동작을 주의 깊게 고려하는 것이 중요하며, 내부 동작에 대한 과도한 이해를 추구하는 것은 지양해야 합니다. 전단사 호환을 해결하는 방법은 다음과 같습니다.

```Java
Port server = Port.parse(this, "www.example.org:8080");
// 포트(Port)는 책임과 프로토콜이 있는 작은 객체입니다.

Port in = server.open(this); // 숫자가 아닌 포트를 반환합니다.
URI uri = server.asUri(this); // 하나의 URI를 반환합니다.
InetSocketAddress address = server.asInetSocketAddress();
// 하나의 Address를 반환합니다.
Path path = server.path(this, "/index.html"); // Path를 반환합니다.
// 모두 매우 적고 정확한 책임이 있는, 검증된 작은 전단사 객체입니다.
```

관련 레시피

- 4.1절 '작은 객체 생성하기'
- 4.4절 '문자열 남용 제거하기'
- 4.7절 '문자열 유효성 검증 구체화하기'
- 17.15절 '데이터 덩어리 리팩터링하기'

함께 보기

- 리팩터링 구루의 'Primitive Obsession'(https://oreil.ly/ByDW-)

4.3 연관 배열 재구성하기

문제 연관(키/값) 배열을 통해 실제 세상의 객체를 빈약하게 나타내고 있습니다.

해결 신속한 프로토타이핑에는 배열을 사용하고 중요한 비즈니스에는 객체를 사용하세요.

설명 연관 배열은 빈약한 객체로 표현되기 쉽습니다. 만약 코드에서 이러한 객체를 발견하면 이 레시피를 통해 개념을 명확히 하고 대체하세요. 풍성한 객체를 보유하면 코드를 깔끔하게 정리할 수 있어 빠르게 실패하고 무결성을 유지하며 코드 중복을 피하고 일관성을 확보할 수 있습니다.

많은 사람이 기본형 집착에 시달리며 이것이 과잉 설계라고 생각합니다. 소프트웨어 설계는 의사 결정을 내리고 절충점을 고려하는 작업입니다. 오늘날에는 현대의 가상 머신이 수명이 짧은 작은 객체를 효율적으로 처리하므로 성능에 대한 논증은 유효하지 않습니다.

> **노트** **신속한 프로토타이핑**
>
> **신속한 프로토타이핑**rapid prototyping은 제품 개발에서 최종 사용자에게 검증 가능한 작동 프로토타입을 빠르게 생성하는 기술입니다. 이 기술을 사용하면 디자이너와 엔지니어가 테스트하고 개선하는 기회를 가지며, 최종적으로 일관되고 강력하며 우아한 코드를 작성하기 전에 먼저 디자인을 검증할 수 있습니다.

다음은 빈약하고 기본형 집착인 코드의 예제입니다.

```PHP
$coordinate = array('latitude'=>1000, 'longitude'=>2000);
// 수많은 기본 데이터를 가진 배열일 뿐입니다.
```

다음은 전단사 개념에 의해 더 정확해진 예제입니다.

```PHP
final class GeographicCoordinate {
    function __construct($latitudeInDegrees, $longitudeInDegrees) {
        $this->longitude = $longitudeInDegrees;
        $this->latitude = $latitudeInDegrees;
    }
}

$coordinate = new GeographicCoordinate(1000, 2000);
// 이 값은 지구상에 존재하지 않으므로 오류를 발생시켜야 합니다.
```

처음부터 유효한 객체가 있어야 합니다.

```PHP
final class GeographicCoordinate {
    function __construct($latitudeInDegrees, $longitudeInDegrees) {
```

```php
        $this->longitude = $longitudeInDegrees;
        $this->latitude = $latitudeInDegrees;
    }
}

$coordinate = new GeographicCoordinate(1000, 2000);
// 이 값은 지구상에 존재하지 않으므로 오류를 발생시켜야 합니다.

final class GeographicCoordinate {
    function __construct($latitudeInDegrees, $longitudeInDegrees) {
        if (!$this->isValidLatitude($latitudeInDegrees)) {
            throw new InvalidLatitudeException($latitudeInDegrees);
        }
        $this->longitude = $longitudeInDegrees;
        $this->latitude = $latitudeInDegrees;
    }
}

$coordinate = new GeographicCoordinate(1000, 2000);
// 지구상에 존재하지 않으므로 오류가 발생합니다.
```

위도(Latitude)를 모델링하고자 아직 구체화가 되지 않은 작은 객체(4.1절 '작은 객체 생성하기' 참조)가 있습니다.

```php
final class Latitude {
    function __construct($degrees) {
        if (!$degrees->between(-90, 90)) {
            throw new InvalidLatitudeException($degrees);
        }
    }
}

final class GeographicCoordinate {

    function distanceTo(GeographicCoordinate $coordinate) { }
    function pointInPolygon(Polygon $polygon) { }
}

// 여러분은 더 이상 배열의 세계가 아닌 기하학의 세계에 있습니다.
// 여러 가지 흥미로운 일을 안전하게 할 수 있습니다.
```

객체를 생성할 때, 객체를 단순히 데이터로만 생각해서는 안 됩니다. 이는 일반적으로 잘못된 접근 방식입니다. 여러분은 전단사의 개념에 충실하고 실제 객체를 발견해야 합니다.

관련 레시피

- 3.1절 '빈약한 객체를 풍성한 객체로 변환하기'

4.4 문자열 남용 제거하기

문제 구문 분석, 구문 분해, 정규 표현식, 문자열 비교, 하위 문자열 검색 및 기타 문자열 조작 함수가 너무 많이 있습니다.

해결 실제 추상화와 실제 객체로 우발적 문자열 조작을 대체하세요.

설명 문자열을 남용하지 말고, 실제 객체를 선호하세요. 놓치고 있는 개념을 세분화해 문자열로부터 구별하세요. 다음은 기본적인 문자열 조작을 많이 수행하는 예제입니다.

```PHP
$schoolDescription = 'College of Springfield';

preg_match('/[^ ]*$/', $schoolDescription, $results);
$location = $results[0]; // $location = 'Springfield'.

$school = preg_split('/[\s,]+/', $schoolDescription, 3)[0]; //'College'
```

더 선언적인 버전으로 변환한 코드는 다음과 같습니다.

```PHP
class School {
    private $name;
    private $location;

    function description() {
        return $this->name . ' of ' . $this->location->name;
    }
}
```

MAPPER에 존재하는 객체를 찾으면 코드가 더 선언적이고, 더 많은 테스트를 수행할 수 있으며, 더 빠르게 진화하고 변경할 수 있습니다. 또한 새로운 추상화에 제약 조건을 추가할 수도 있습니다. 문자열을 사용해 실제 객체를 매핑하는 것은 기본형 집착이자 섣부른 최적화의 증상입니다(16장 '섣부른 최적화' 참조). 때로는 문자열 버전이 조금 더 성능이 좋습니다. 이 레시피를 적용할지 저수준low level 조작을 할지를 결정해야 한다면 항상 실제 사용 시나리오를 만들어 결정적이고 중요한 개선점을 찾아보세요.

관련 레시피

- 4.2절 '기본형 데이터 구체화하기'
- 4.7절 '문자열 유효성 검증 구체화하기'

4.5 타임스탬프 구체화하기

문제 코드가 순서 지정(시퀀싱sequencing)에만 필요함에도 불구하고 타임스탬프에 의존하고 있습니다.

해결 시퀀싱을 위해 타임스탬프를 사용하지 마세요. 시간 발급을 중앙화하고 접근을 제한하세요.

설명 서로 다른 시차를 가진 타임스탬프를 동시성이 높은 시나리오에서 관리하는 것은 잘 알려진 문제입니다. 때로는 순차적이고 정렬된 목록이 필요한 문제를 타임스탬프를 적용하는 잠재적 해결책과 혼동할 수 있습니다. 항상 그렇듯이, 우발적인 구현을 고민하기 전에 해결해야 할 본질적인 문제를 이해해야 합니다.

한 가지 해결책은 접근 권한을 중앙화하거나 복잡하지만 탈중앙화임에도 이를 해결할 수 있는 알고리듬을 사용하는 것입니다. 이 레시피는 순서가 정해진 시퀀스만 필요할 때 타임스탬프의 필요성에 대해 의문을 제기합니다. 타임스탬프는 다양한 프로그래밍 언어와 환경에서 보편적으로 사용됩니다. 따라서 타임스탬프를 모델링할 때, 해당 모델을 전단사에서 찾을 수 있는 경우 내장된 타임스탬프를 사용하는 것이 좋습니다.

다음은 타임스탬프와 관련된 몇 가지 문제입니다.

```python
                                                                        Python
import time
# ts1과 ts2는 시간을 초 단위로 저장합니다.
ts1 = time.time()
ts2 = time.time() # 똑같을 수 있습니다!
```

시퀀싱 동작만 필요하므로 타임스탬프가 없는 더 나은 해결책은 다음과 같습니다.

```python
                                                                        Python
numbers = range(1, 100000)
# 일련의 숫자를 생성해 중요한 곳에서 사용하세요.

# 또는 이런 방밥도 있습니다.
sequence = nextNumber()
```

관련 레시피

- 17.2절 '싱글턴 대체하기'

- 18.5절 '전역 날짜 생성 변경하기'

- 24.3절 '부동 소수점을 십진수로 변경하기'

4.6 하위 집합을 객체로 구체화하기

문제 상위 집합superset 도메인에서 객체를 모델링하고 유효성 검증 중복이 많이 존재합니다.

해결 작은 객체들을 생성하고 제한된 도메인에 대해 유효성을 검증하세요.

설명 하위 집합은 기본형 집착이 의심 가는 특이한 경우입니다. 하위 집합 객체는 전단사에 존재하기에 무조건 시뮬레이터에서 생성해야 합니다. 또한 유효하지 않은 객체를 생성하려고 할 때 빠르게 실패하기 원칙에 따라 중단되어야 합니다(13장 '빠른 실패' 참조). 하위 집합 원칙을 위반하는 몇 가지 예로 이메일은 문자열의 하위 집합, 유효한 나이는 실수의 하위 집합, 포트는 정수의 하위 집합 등이 있습니다. 보이지 않는 객체에는 어느 순간에 적용해야 하는 규칙들이 있습니다.

다음 예제를 살펴보겠습니다.

```csharp
validDestination = "destination@example.com"
invalidDestination = "destination.example.com"
// 오류가 발생하지 않습니다.
```

더 나은 도메인 제한은 다음과 같습니다.

```csharp
public class EmailAddress {
    public String emailAddress;

    public EmailAddress(String address) {
        string expressions = @"^\w+([-+.']\w+)*@\w+([-.]\w+)*\.\w+([-.]\w+)*$";
        if (!Regex.IsMatch(email, expressions) {
          throw new Exception('이메일 주소가 유효하지 않습니다.');
        }
        this.emailAddress = address;
    }
}

destination = new EmailAddress("destination@example.com");
```

자바 언어에서 제공하는 빈약한 **EmailAddress**와 이 해결책을 혼동해서는 안 됩니다. 현실 세계의 전단사에 충실해야 합니다.

관련 레시피

- 4.2절 '기본형 데이터 구체화하기'
- 25.1절 '입력값 검열하기'

4.7 문자열 유효성 검증 구체화하기

문제 문자열의 하위 집합에 대해 유효성을 검증하고 있습니다.

해결 문자열 유효성 검증 시 누락된 도메인 객체를 찾아내고 이를 구체화합니다.

설명 심각한 소프트웨어에는 문자열 유효성 검증이 매우 많습니다. 이따금 올바른 위치에 있지 않아 취약하거나 손상된 소프트웨어로 이어지는 경우가 흔합니다. 간단한 해결책은 현실적이고 유효한 추상화만 구축하는 것입니다.

```PHP
// 첫 번째 예제: 주소 유효성 검증
class Address {
  function __construct(string $emailAddress) {
    // Address 클래스에 대한 문자열 유효성 검증이
    // 단일 책임 원칙을 위반합니다.
    $this->validateEmail($emailAddress);
    // ...
  }

  private function validateEmail(string $emailAddress) {
    $regex = "/[a-zA-Z0-9_-.+]+@[a-zA-Z0-9-]+.[a-zA-Z]+/";
    // 정규 표현식은 예시일 뿐이며 틀릴 수도 있습니다.
    // 이메일과 URL은 객체여야 합니다.

    if (!preg_match($regex, $emailAddress))
    {
      throw new Exception('이메일 주소가 유효하지 않습니다: ' . emailAddress);
    }
  }
}

// 두 번째 예제: 워들

class Wordle {
  function validateWord(string $wordleword) {
    // 워들의 단어는 현실 세계의 엔티티여야 합니다. 문자열의 하위 집합이 아닙니다.
  }
}
```

더 나은 해결책이 있습니다.

```PHP
// 첫 번째 예제: 주소 유효성 검증
class Address {
  function __construct(EmailAddress $emailAddress) {
    // 이메일은 늘 유효합니다. 코드는 더 깔끔해지고 중복되지 않습니다.
    // ...
  }
```

```
    }

    class EmailAddress {
      // 복사 붙여넣기를 사용하지 않고 이 객체를 여러 번 재사용할 수 있습니다.
      string $address;
      private function __construct(string $emailAddress) {
        $regex = "/[a-zA-Z0-9_-.+]+@[a-zA-Z0-9-]+.[a-zA-Z]+/";
        // 정규 표현식은 예시일 뿐이며 틀릴 수도 있습니다.
        // 이메일과 URL은 객체여야 합니다.

        if (!preg_match($regex, $emailAddress))
        {
          throw new Exception('이메일 주소가 유효하지 않습니다: ' . emailAddress);
        }
        $this->address = $emailAddress;
      }
    }

    // 두 번째 예제: 워들
    class Wordle {
      function validateWord(WordleWord $wordleword) {
        // 워들의 단어는 현실 세계의 엔티티여야 합니다. 문자열의 하위 집합이 아닙니다.
      }
    }

    class WordleWord {
      function __construct(string $word) {
        // 잘못된 워들 단어 만들기를 방지합니다.
        // 예를 들어 length != 5와 같이 길이가 5가 아닌 단어를 제한합니다.
      }
    }
```

노트 단일 책임 원칙

소프트웨어 시스템의 모든 모듈이나 클래스는 소프트웨어가 제공하는 기능 중 하나의 책임만 가져야 하며, 그 책임은 클래스에 의해 완전히 캡슐화되어야 한다는 원칙이 바로 **단일 책임 원칙**single responsibility principle입니다. 즉, 클래스를 변경해야 할 이유는 오직 하나여야만 합니다.

작은 객체(4.1절 '작은 객체 생성하기' 참조)는 정말 찾기 어렵습니다. 하지만 이들을 가지고 유효하지 않은 객체를 만들려고 할 때는 빠르게 실패하기 원칙을 따릅니다. 새롭게 구체화된 객체 역시 **단일 책임 원칙**과 **중복 배제 원칙**을 따릅니다. 이러한 추상화는 캡슐화된 객체에서 이미 사용할 수 있는 특정 동작을 어쩔 수 없이 구현하게 합니다. 예를 들어 `WordleWord`는 문자열이 아니지만 일부 함수가 필요할 수 있습니다.

> **노트** **중복 배제 원칙**
>
> **중복 배제**Don't repeat yourself(DRY) 원칙은 소프트웨어 시스템에서 코드의 중복과 반복을 피해야 한다는 원칙입니다. 중복 배제 원칙의 목표는 중복되는 지식, 코드, 정보의 양을 줄여 소프트웨어의 유지 보수성, 유연성, 이해도를 개선하는 것입니다.

고객의 실제 사용 시나리오에서 상당한 불이익이 발생한다는 구체적인 증거가 없는 한, 이러한 새로운 간접 효과를 피하는 효율성에 대한 반론은 **섣부른 최적화**라고 간주할 수 있습니다. 이와 같은 새로운 작은 개념을 도입함으로써 모델이 전단사 원칙을 따르고 항상 좋은 상태를 유지할 수 있습니다.

> **노트** **SOLID 원칙**
>
> SOLID는 객체 지향 프로그래밍의 다섯 가지 원칙을 나타내는 니모닉[2]입니다. 로버트 C. 마틴Robert C. Martin(https://oreil.ly/nzwH1)이 정의한 것으로, 엄격한 규칙이 아닌 가이드라인이자 휴리스틱입니다. 이 원칙은 다음과 같으며 관련 절에 정의되어 있습니다.
>
> - 단일 책임 원칙(4.7절 '문자열 유효성 검증 구체화하기' 참조)
> - 개방-폐쇄 원칙(14.3절 'boolean 변수 재구성하기' 참조)
> - 리스코프 치환 원칙(19.1절 '깊은 상속 끊기' 참조)
> - 인터페이스 분리 원칙(11.9절 '뚱뚱한 인터페이스 분리하기' 참조)
> - 의존성 역전 원칙(12.4절 '일회성 인터페이스 제거하기' 참조)

관련 레시피

- 4.4절 '문자열 남용 제거하기'
- 6.10절 '정규 표현식 문서화하기'

---

2 옮긴이_ 니모닉(mnemonic)은 정보를 기억하기 위한 방법으로, 특히 숫자의 나열처럼 직관적인 관계가 없어 외우기 어려운 정보에 다른 정보를 연결해 외우기 쉽도록 하는 방법입니다.

4.8 불필요한 속성 제거하기

문제 동작이 아닌 속성을 기반으로 생성된 객체들이 있습니다.

해결 우발적 속성을 제거합니다. 필요한 동작을 추가한 다음, 해당 동작에 필요한 속성을 추가합니다.

설명 많은 프로그래밍 학교에서는 객체의 요소들을 빠르게 식별한 다음 이를 중심으로 함수를 작성하라고 가르칩니다. 하지만 이러한 모델은 원하는 동작을 기반으로 만든 모델보다 결합되어 있고 유지 보수하기가 어렵습니다. YAGNI의 전제(12장 'YAGNI 원칙' 참조)를 따르다 보면 이와 같은 개념이 필요하지 않은 경우가 많습니다.

주니어 프로그래머나 학생들은 사람이나 직원을 모델링하려고 할 때, 정말로 필요한지 심사숙고하지 않고 속성 ID나 이름을 무분별하게 추가하곤 합니다. 하지만 동작에 필요하다는 충분한 근거가 있을 때 속성을 추가해야 합니다. 객체는 '데이터 보유자'가 아닙니다.

다음은 전형적인 예제입니다.

```Ruby
class PersonInQueue
  attr_accessor :name, :job

  def initialize(name, job)
    @name = name
    @job = job
  end
end
```

만약 동작에 집중하기 시작하면, 다음처럼 더 나은 모델을 구축할 수 있습니다.

```Ruby
class PersonInQueue

  def moveForwardOnePosition
    # 프로토콜을 구현하세요.
  end
end
```

동작을 발견하기 위한 효과적인 기법 중 하나는 테스트 주도 개발입니다. 동작과 프로토콜을 반복적으로 정의함으로써 우발적인 구현을 가능한 한 최소화하는 기법입니다.

> **노트 테스트 주도 개발**
>
> **테스트 주도 개발**test-driven development(TDD)은 매우 짧은 개발 주기를 반복하는 소프트웨어 개발 프로세스입니다. 이 프로세스에서 개발자는 먼저 원하는 개선 사항이나 새로운 동작을 정의하는 실패한 자동 테스트 케이스를 작성한 다음, 해당 테스트를 통과하기 위해 최소한의 프로덕션 코드를 생성하고 마지막으로 새로운 코드를 허용 가능한 표준에 맞게 리팩터링하는 방식입니다. TDD의 주요 목표 중 하나는 코드가 잘 구조화되고 좋은 디자인 원칙을 따르도록 해 유지 보수가 더 쉬워지도록 하는 것입니다. 또한 개발자가 코드를 작성할 때 테스트를 바로 수행할 수 있어 개발 프로세스 초기에 결함을 발견하고 수정하는 데 효율적입니다.

관련 레시피

- 3.1절 '빈약한 객체를 풍성한 객체로 변환하기'
- 3.5절 '자동으로 구현된 속성 제거하기'
- 3.6절 'DTO 제거하기'
- 17.17절 '대체 가능한 객체 대체하기'

4.9 날짜 구간 생성하기

문제 실제 구간을 모델링해야 할 때 '시작 날짜'와 '종료 날짜' 같은 정보는 있지만, '시작 날짜가 종료 날짜보다 이전이어야 한다'와 같은 불변 규칙은 없습니다.

해결 해당 객체가 MAPPER 원칙을 준수하게끔 구체화하세요.

설명 이 레시피는 놓칠 수 있는 매우 일반적인 추상화를 제시하며 이 장의 다른 레시피에서 봤던 것과 동일한 문제, 즉 추상화 누락, 중복 코드, 강제되지 않은 불변성(13.2절 '전제 조건 적용하기' 참조), 기본형 집착, 빠르게 실패하기 원칙 위반 문제를 갖습니다. '시작 날짜가 종료 날짜보다 이전이어야 한다'는 제약은 특정 간격의 시작 날짜가 같은 간격의 종료 날짜보다 먼저 발생해야 함을 의미합니다.

시작 날짜는 종료 날짜보다 시간적으로 앞선 날짜여야 합니다. 이 제약은 정의되는 구간이 논리적으로 의미가 있고 구간을 정의하는 데 사용된 날짜가 올바른 순서인지 확인하기 위함입니다. 구간(Interval) 객체를 만드는 것을 이미 알고 있음에도 잊어버렸습니다. 세 개의 정수 숫자 쌍으로 날짜를 생성할까요? 당연히 아닙니다.

다음은 빈약함을 나타내는 예제입니다.

```Kotlin
val from = LocalDate.of(2018, 12, 9)
val to = LocalDate.of(2022, 12, 22)
val elapsed = elapsedDays(from, to)

fun elapsedDays(fromDate: LocalDate, toDate: LocalDate): Long {
    return ChronoUnit.DAYS.between(fromDate, toDate)
}
// 이 짧은 함수 또는 인라인 버전을 코드에 여러 번 적용해야 합니다.
// 시작 날짜(fromDate)가 종료 날짜(toDate)보다 작다는 검증을 하지 않습니다.
// 계산된 숫자가 음숫값일 수 있습니다.
```

구간(Interval) 객체를 구체화하면 다음과 같습니다.

```Kotlin
data class Interval(val fromDate: LocalDate, val toDate: LocalDate) {
    init {
        if (fromDate >= toDate) {
            throw IllegalArgumentException(
                "시작 날짜는 종료 날짜보다 이전이어야 합니다.")
        }
        // 물론 구간(Interval)은 불변이어야 합니다.
        // 'data' 키워드를 사용하세요.
    }

    fun elapsedDays(): Long {
        return ChronoUnit.DAYS.between(fromDate, toDate)
    }
}

val from = LocalDate.of(2018, 12, 9)
val to = LocalDate.of(2002, 12, 22)

val interval = Interval(from, to) // 유효하지 않습니다.
```

이것은 기본형 집착을 의미하며, 이는 사물을 모델링하는 방식과 관련됩니다. 만약 간단한 유효성 검증이 누락된 소프트웨어를 발견하게 된다면, 반드시 이를 구체화해야 합니다.

관련 레시피

- 4.1절 '작은 객체 생성하기'
- 4.2절 '기본형 데이터 구체화하기'
- 10.1절 '반복되는 코드 제거하기'

## CHAPTER 5

가변성

우리는 같은 강에 두 번 발을 담글 수 없습니다. 강은 머무르지 않고, 두 번째로 발을 담그는 나는 첫 번째로 발을 담근 나와 동일한 사람이 아니기 때문입니다.

헤라클레이토스Heraclitus

5.0 소개

프로그램 내장stored-program 방식이 도입된 이후로, 우리는 소프트웨어가 프로그램에 데이터를 더하는 개념이라고 배우기 시작했습니다. 데이터가 없으면 소프트웨어도 없다는 것은 분명합니다. 객체 지향 프로그래밍에서는 현실 세계에서 관찰해 배운 지식들을 모델에 반영하고, 시간이 지나면서 계속해서 변화하는 모델을 구축합니다. 그러나 통제할 수 없을 수준까지 변경하거나 때로는 남용해 불완전한(따라서 유효하지 않은) 표현을 생성하고, 변경 사항으로 인한 파급 효과 때문에 유일하게 중요한 설계 원칙을 위반하는 결과를 초래할 수 있습니다.

함수형 패러다임에서는 이러한 변화를 금지하는 방법으로 이 문제를 우아하게 해결합니다. 조금 덜 과감할 수도 있으며, 2장에서 정의한 것처럼 계산 가능한 모델에서 전단사에 충실한다면, 객체가 변경되는 시점을 우연한 측면으로 구분할 수 있게 되고 모든 본질적인 변경을 금지할 수 있습니다(전단사 원칙에 위배되기 때문이죠).

함수형 프로그래밍에서 불변성은 엄격한 속성으로 여기며, 많은 객체 지향 언어에서도 이를 선호하는 도구를 개발하고 있습니다. 그럼에도 불구하고 많은 언어가 **Date**나 **String**과 같은 핵심 클래스에 가변성을 유지하고 있습니다. 객체는 유효하지 않은 표현으로부터 자신을 방어하는 방법을 알아야 합니다. 이것이 변화에 대항하는 강력한 힘입니다.

오늘날 가장 널리 사용하는 언어에서 사용하는 **Date** 클래스를 살펴봅시다.

- 고^{Go}(https://oreil.ly/LNc2M): Date는 구조체^{struct}입니다.
- 자바(https://oreil.ly/m4Hx3): 변경 가능합니다(deprecated되어 더 이상 사용되지 않습니다).
- PHP(https://oreil.ly/ye01k): 세터 남용으로 변경 가능합니다.
- 파이썬(https://oreil.ly/2eOOJ): 변경 가능합니다(파이썬에서 모든 속성은 public입니다).
- 자바스크립트(https://oreil.ly/e6Vph): 세터 남용으로 변경 가능합니다.
- 스위프트(https://oreil.ly/GAdBG): 변경 가능합니다.

시간 도메인의 표현은 아마도 인류에게 알려진 가장 오래되고 어려운 난제입니다. 일부 언어의 공식 문서에 따르면 이러한 게터가 더 이상 사용되지 않는다는 사실은 대부분의 현대 언어에서 초기 설계가 잘못되었다는 것을 시사합니다.

가변성에 대한 다른 접근 방식

가능한 접근 방법 중 하나는 증명에 대한 부담을 뒤집는 것입니다. 객체는 별도로 명시되지 않는 한 완전히 불변입니다. 만약 객체가 진화한다면 그 변화는 항상 우연한 측면에서 이루어져야 합니다. 절대 본질적인 측면에서 변화해서는 안 됩니다. 이러한 변화는 그 객체를 사용하는 다른 모든 객체와 결합되어서는 안 됩니다(3.2절 '객체의 본질 파악하기' 참조).

만약 객체가 초기 생성부터 완전했다면, 그 객체는 언제나 기능을 수행할 수 있습니다. 객체는 초기부터 해당 엔티티를 정확하게 나타내야 합니다. 만약 동시성 환경에서 작업해야 한다면, 객체는 항상 유효해야 합니다. 객체가 나타내는 엔티티가 불변이라면 객체도 불변이어야 하며, 현실 세계의 엔티티는 대부분 불변입니다. 불변 속성은 전단사의 일부입니다.

이러한 규칙은 모델이 모델의 표현과 일관성을 유지하도록 보장합니다. 논의의 결론으로 일련의 이러한 규칙들을 도출할 수 있습니다.

- 규칙 1: 객체는 생성 시 완전해야 합니다(5.3절 '본질 변경 금지하기').

- 규칙 2: 세터가 존재하면 안 됩니다(3.3절 '객체에서 세터 제거하기').

- 규칙 3: 게터가 존재하면 안 됩니다(현실 세계에 존재하고 전단사가 유효하지 않는 한). get() 책임이 객체 동작의 일부가 아니기 때문에 실제 엔티티가 getXXX() 메시지에 응답하는 것은 책임이 아닙니다 (3.8절 '게터 제거하기').

5.1 var를 const로 변경하기

문제 var로 선언된 const 변수가 있습니다.

해결 변수 이름, 범위 및 가변성을 현명하게 선택하세요.

설명 많은 언어가 변수와 상수의 개념을 지원합니다. 올바른 범위를 정의하는 것은 빠르게 실패하기 원칙을 따르기 위한 중요한 요소입니다. 대부분의 언어에서는 변수 선언이 필요하지 않으며, 일부 언어에서는 가변성을 명시적으로 표시할 수 있습니다. 하지만 선언을 엄격하게 명시하고, 변경할 필요가 없는 한 모든 변수를 상수로 선언해야 합니다.

변수를 재할당하는 것이 문제가 되어야 할 상황에서 어떻게 문제가 발생하지 않는지 다음 예제에서 확인해보세요.

```JavaScript
var pi = 3.14
var universeAgeInYears = 13.800.000.000

pi = 3.1415 // 오류 없음
universeAgeInYears = 13.800.000.001 // 오류 없음
```

올바른 접근 방식은 다음과 같이 상수(const)로 정의하는 것입니다.

```JavaScript
const pi = 3.14 // 값 변경 불가능
let universeAgeInYears = 13.800.000.000 // 값 변경 가능

pi = 3.1415 // 오류 발생
universeAgeInYears = 13.800.000.001 // 오류 없음
```

강제로 상수를 선언하는 돌연변이 테스트를 수행하면 값이 상수로 유지되는지 확인하고 명시적으로 적용해 선언성을 강화할 수 있습니다. 일부 언어에는 상수를 대문자로 정의하는 규칙이 있습니다. 가독성은 항상 중요하며 의도와 사용법을 명확하게 표현하기 위해 이러한 규칙을 따라야 합니다.

> **노트 돌연변이 테스트**
>
> **돌연변이 테스트**mutation testing는 단위 테스트의 품질을 평가하는 데 사용하는 기법입니다. 테스트 중인 코드에 작고 통제된 변경 사항(이를 '돌연변이'라고 함)을 도입하고 기존 단위 테스트가 이러한 변경 사항을 감지할 수 있는지 확인하는 것입니다. 코드에서 추가 테스트가 필요한 영역을 식별하는 데 유용하며, 기존 테스트의 품질을 측정하는 척도로 사용할 수 있습니다.
>
> 코드의 작은 부분을 변경하는 돌연변이를 통해 테스트가 실패하는지 확인합니다. 이를테면 boolean을 부정하거나, 산술 연산을 대체하거나, 값을 null로 대체하는 등과 같이 작은 변경을 수행합니다.

관련 레시피

- 5.2절 '변수를 가변적이게 선언하기'
- 5.4절 '변경 가능한 상수 배열 피하기'

5.2 변수를 가변적이게 선언하기

문제 변수에 값을 할당하고 사용하지만 절대 변경하지 않습니다.

해결 프로그래밍 언어에서 허용하는 경우 가변적인 선택자selector를 사용합니다.

설명 전단사에 대한 가변성을 준수하고, 변수를 상수로 변경하고, 그 범위를 명확히 해야 합니다. 항상 도메인을 학습하다 보니, 때로는 2장에서 정의한 대로 MAPPER를 사용하면 값이 변경될 수 있다고 추측할 수도 있습니다. 나중에는 값이 변하지 않는다는 것을 알게 되므로 이를 상수로 승격해야 합니다. 이렇게 하면 매직 상수magic constant를 피할 수 있습니다(6.8절 '매직 넘버를 상수로 바꾸기' 참조).

다음 예제에서 변수로 정의된 비밀번호는 절대 변경되지 않습니다.

```php
function configureUser() {
  $password = '123456';
  // 변수에 비밀번호를 설정하는 것은 취약점입니다.
  $user = new User($password);
  // 변수가 변경되지 않는 것을 확인하세요.
}
```

레시피를 적용하고 값을 상수로 선언하세요.

```php
define("USER_PASSWORD", '123456')

function configureUser() {
  $user = new User(USER_PASSWORD);
}

// 혹은

function configureUser() {
  $user = new User(userPassword());
}

function userPassword() : string {
  return '123456';
}
```

> **노트 린터**
>
> **린터**linter는 소스 코드에서 이전에 정의된 문제를 자동으로 검사합니다. 린터의 목표는 수정이 더 어려워지고 비용이 많이 들기 전, 개발 프로세스 초기에 실수를 발견하도록 돕는 것입니다. 코딩 스타일, 명명 규칙, 보안 취약점 등 다양한 문제를 검사하도록 린터를 구성할 수 있습니다. 대부분의 린터는 IDE에서 플러그인으로 사용할 수 있으며, 지속적 통합/지속적 배포(CI/CD) 파이프라인의 단계로 가치를 더할 수도 있습니다. 챗GPT, 바드Bard 등 다양한 생성형 머신러닝 도구로도 동일한 결과를 얻을 수 있습니다.

많은 코드 린터를 이용해 변수에 하나의 할당만 있는지 확인할 수 있으며, 돌연변이 테스트를 수행하고(5.1절 'var를 const로 변경하기' 참조) 변수를 수정해 자동화된 테스트가 중단되는지도 확인할 수 있습니다. 변수 범위가 명확하고 변수의 속성과 가변성에 대해 더 많이 알게 된다면 직접 리팩터링하는 것도 마다하지 않아야 합니다.

관련 레시피

- 5.1절 'var를 const로 변경하기'
- 5.6절 '변경 가능한 상수 고정하기'
- 6.1절 '재사용 변수 범위 좁히기'
- 6.8절 '매직 넘버를 상수로 바꾸기'

5.3 본질 변경 금지하기

문제 객체의 본질이 변형됩니다.

해결 필수 속성이 설정된 후에는 변경을 금지하세요.

설명 3.2절 '객체의 본질 파악하기'에서 봤듯이, 객체를 생성한 후 객체의 본질 변경이 현실 세계에서 불가능하다면 이 또한 불가능해야 합니다. 파급 효과를 피하고 참조 투명성을 높이려면 불변 객체를 선호하세요(5.7절 '부작용 제거하기' 참조). 객체는 오직 우발적인 방식으로만 변형되어야 하며, 본질적인 부분이 변형되어서는 안 됩니다.

노트 **객체의 본질**

객체의 본질을 설명하는 것은 객체가 속한 도메인에 대한 깊은 이해가 필요하기 때문에 조금 어려울 수 있습니다. 만약 동작을 제거해도 객체가 계속 동일한 동작을 수행한다면, 제거된 동작은 필수적인 것이 아닙니다. 속성은 동작에 결합되어 있으므로 동일한 규칙을 따릅니다. 예를 들어 소유한 자동차의 색상을 변경할 수는 있지만 모델이나 일련번호를 변경하기는 어렵습니다. 하지만 현실 세계도 주관적이기 때문에 이것은 매우 주관적이며 엔지니어링이 작동하는 방식이기도 합니다. 즉, 과학이 아닌 엔지니어링 과정이죠.

날짜(Date) 예제를 떠올려보세요.

```javascript
const date = new Date();
date.setMonth(4);
```

date 객체에 대한 참조는 상수이며 항상 같은 날짜를 가리킵니다. 참조는 변경할 수 없지만 date 객체는 내부 상태를 변경하는 모든 메서드(이 예에서는 setMonth() 사용)를 사용해 변경할 수 있습니다. 필수 속성을 변경하는 모든 설정자를 제거해야 합니다(3.3절 '객체에서 세터 제거하기' 참조).

```javascript
class Date {
// setMonth(month) {
//     this.month = month;
// }
// 제거됨
}
```

이제부터는 날짜를 변경할 수 없으며 날짜에 대한 모든 참조는 원래 매핑된 날짜에 묶인 상태로 유지됩니다.

> **주의** 프로덕션 코드에서 세터를 제거하면 결함이 발생할 수 있습니다. 관련된 객체 생성에 대해 작은 리팩터링을 진행하고, 이를 자동화된 테스트로 검증해 안전하게 제거하세요.

관련 레시피

- 17.11절 '파급 효과 피하기'

5.4 변경 가능한 상수 배열 피하기

문제 배열을 상수로 선언했지만 변경 가능합니다.

해결 언어를 사용할 때 가변성을 주의하고 그 범위를 이해해야 합니다.

설명 일부 언어는 참조를 상수로 선언하지만 이는 불변하다고 볼 수 없습니다. 자바스크립트에서 전개 연산자로 이를 해소할 수 있습니다.

```javascript
const array = [1, 2];
array.push(3)
// array => [1, 2, 3]
// 상수가 아니었나요?
// 상수 != 불변?
```

변수 **array**는 상수로 정의되므로 해당 참조를 다른 값으로 재할당할 수 없습니다. 그러나 배열이나 객체가 상수 변수에 할당된 경우에도 상수 변수는 배열이나 객체 자체가 아니라 객체 또는 배열에 대한 참조를 메모리로 보유하기 때문에 객체의 속성이나 배열의 요소를 수정할 수 있습니다. 따라서 **array.push(3)**를 호출하면 상수 변수 **array**를 참조하는 배열을 수정하는 것이지 변수 자체를 할당하는 것이 아닙니다.

> **노트** **전개 연산자**
>
> 자바스크립트에서 **전개 연산자**spread operator는 점 3개(...)로 표시합니다. 이 연산자를 사용하면 배열이나 문자열과 같은 이터러블interable을 0개 이상의 요소(또는 문자)가 예상되는 위치로 확장할 수 있습니다. 예를 들어 배열 병합, 배열 복사, 배열에 요소 삽입 또는 객체의 프로퍼티 전개에 사용할 수 있습니다.

다음은 조금 더 선언적인 예제입니다.

```javascript
const array = [1, 2];
const newArray = [...array, 3]
// array => [1, 2] 변이되지 않음
// newArray = [1, 2, 3]
```

전개 연산자는 원본 배열을 얕은 복사하므로 두 배열은 서로 다르며 독립적입니다. 전개 연산자는 '언어의 기능'이므로 항상 설계 시 불변을 선호하고 부작용에 각별히 주의를 기울여야 합니다.

관련 레시피

- 5.1절 'var를 const로 변경하기'
- 5.6절 '변경 가능한 상수 고정하기'

함께 보기

- Mozilla.org의 전개 구문(https://oreil.ly/Ihs4b)

5.5 지연된 초기화 제거하기

문제 지연된 초기화를 사용해 비용이 많이 필요한 객체를 필요한 시점에 조회하고, 그 전까지는 지연시킵니다.

해결 지연된 초기화를 사용하지 마세요. 대신 객체 공급자를 사용하세요.

설명 지연된 초기화는 여러 스레드가 동시에 객체에 접근하고 초기화를 시도할 때, 동시성 문제 및 경쟁 상태와 같은 여러 문제를 야기할 수 있습니다. 이로 인해 코드가 복잡해지고, 섣부른 최적화의 전형적인 예시가 될 수 있습니다(16장 '섣부른 최적화' 참조). 때로는 첫 번째 스레드가 두 번째 스레드가 객체를 초기화하기를 기다리고, 두 번째 스레드도 첫 번째 스레드가 다른 객체를 초기화하기를 기다리는 경우 교착 상태가 발생할 수 있습니다.

다음은 루비에 내장된 지연된 초기화를 사용하는 매우 간단한 예제입니다.

```ruby
class Employee
  def emails
    @emails ||= []
  end

  def voice_mails
    @voice_mails ||= []
  end
end
```

루비에서는 속성이나 디스크립터descriptor를 활용해 리소스에 처음 접근할 때까지 리소스 생성을 지연시킬 수 있습니다. emails 메서드에서는 '또는 같음'의 약어로 ||= 연산자를 사용할 수 있습니다. 이 연산자는 변수가 0이거나 거짓인 경우에만 변수에 값을 할당합니다. 따라서 인스턴스 변수인 @emails가 nil인 경우 빈 배열 []을 할당합니다.

다음은 지연된 초기화를 명시적으로 지원하지 않는 언어에서 살펴본 동일한 예제입니다.

```javascript
class Employee {
  constructor() {
    this.emails = null;
    this.voiceMails = null;
  }

  getEmails() {
    if (!this.emails) {
      this.emails = [];
    }
    return this.emails;
  }

  getVoiceMails() {
```

```
    if (!this.voiceMails) {
      this.voiceMails = [];
    }
    return this.voiceMails;
  }
}
```

지연된 초기화 메커니즘을 완전히 제거하고 다른 레시피에서 살펴본 것처럼 빌드 시, 필수 속성을 초깃값으로 설정하세요.

```ruby
class Employee
  attr_reader :emails, :voice_mails

  def initialize
    @emails = []
    @voice_mails = []
  end
end
# 음성 메일(voice_mails)을 외부에서 처리하는 디자인 패턴을 삽입해
# 테스트에서 이를 모의할 수 있습니다.
```

지연된 초기화는 변수가 초기에 설정되지 않은 상태에서 접근할 때 유용한 일반적인 패턴입니다. 그러나 섣부른 최적화는 무조건 피해야 합니다. 만약 실제로 성능 문제가 있는 경우, 싱글턴 대신 프록시 패턴proxy pattern, 퍼사드 패턴façade pattern 또는 보다 더 독립적인 방법을 사용해야 합니다. 싱글턴은 또 하나의 안티패턴으로 종종 지연된 초기화와 함께 사용합니다(17.2절 '싱글턴 대체하기' 참조).

> **노트 안티패턴**
>
> 소프트웨어 **안티패턴**anti-pattern은 처음에는 좋은 아이디어로 보이지만 궁극적으로 부정적인 결과를 초래하는 디자인 패턴입니다. 원래는 많은 전문가에 의해 좋은 해결책으로 제시되었지만, 오늘날에는 그 사용에 대한 부정적인 증거들이 있습니다.

관련 레시피

- 15.1절 'null 객체 생성하기'
- 17.2절 '싱글턴 대체하기'

5.6 변경 가능한 상수 고정하기

const 키워드를 사용해 무언가를 상수로 선언합니다. 하지만 상수의 일부를 변경할 수 있습니다.

불변 상수를 사용하세요.

여러분은 첫 번째 컴퓨터 프로그래밍 수업에서 상수를 선언하는 방법을 배웠을 것입니다. 항상 그렇듯이 어떤 것이 상수인지는 중요하지 않습니다. 중요한 것은 변하지 않는다는 것입니다. 이 레시피는 프로그래밍 언어마다 다릅니다. 자바스크립트는 놀람 최소화 원칙을 따르지 않는 것으로 유명합니다. 따라서 다음 동작은 전혀 놀라운 일이 아닙니다.

```javascript
const DISCOUNT_PLATINUM = 0.1;
const DISCOUNT_GOLD = 0.05;
const DISCOUNT_SILVER = 0.02;

// 변수는 상수로 선언되었기 때문에 재할당할 수 없습니다.
const DISCOUNT_PLATINUM = 0.05; // 오류

// 그룹화할 수 있습니다.
const ALL_CONSTANTS = {
  DISCOUNT: {
    PLATINUM = 0.1;
    GOLD = 0.05;
    SILVER = 0.02;
  },
};

const ALL_CONSTANTS = 3.14; // 오류

ALL_CONSTANTS.DISCOUNT.PLATINUM = 0.08; // 오류가 아님!

const ALL_CONSTANTS = Object.freeze({
  DISCOUNT:
    PLATINUM = 0.1;
    GOLD = 0.05;
    SILVER = 0.02;
});

const ALL_CONSTANTS = 3.14; // 오류

ALL_CONSTANTS.DISCOUNT.PLATINUM = 0.12; // 오류가 아님!
```

상수 내부에 있는 상수에 주의해야 합니다.

```javascript
export const ALL_CONSTANTS = Object.freeze({
  DISCOUNT: Object.freeze({
    PLATINUM = 0.1;
    GOLD = 0.05;
    SILVER = 0.02;
  }),
});

const ALL_CONSTANTS = 3.14; // 오류

ALL_CONSTANTS.DISCOUNT.PLATINUM = 0.12; // 오류
// 코드는 작동하지만, 결합되어 있어 테스트할 수 없습니다.

Class TaxesProvider {
  applyPlatinum(product);
}

// 이제 클래스에 설정자가 없기 때문에 인터페이스(세금 제공자의 프로토콜)에
// 결합할 수 있으며, 이는 상수이자 불변이므로 테스트에서 이를 대체할 수 있습니다.
```

이 까다로운 동작은 자바스크립트와 같은 일부 언어에서만 발생합니다. 이전 레시피에서처럼 변경된 값을 찾기 위해 돌연변이 테스트(5.1절 'var를 const로 변경하기' 참조)를 수행할 수 있으며, 적절한 도구를 사용해 가변성을 명확하게 따르도록 하세요.

> **노트** **놀람 최소화 원칙**
>
> **놀람 최소화 원칙**principle of least astonishment(POLA)은 시스템이 사용자에게 놀라움을 주지 않고 사용자의 기대에 부합하는 방식으로 작동해야 한다는 원칙입니다. 이 원칙을 따르면 사용자는 시스템과 상호 작용할 때 어떤 일이 일어날지 쉽게 예측할 수 있습니다. 개발자는 보다 직관적이고 사용하기 쉬운 소프트웨어를 개발해 사용자 만족도와 생산성을 높여야 합니다.

관련 레시피

- 5.4절 '변경 가능한 상수 배열 피하기'
- 6.1절 '재사용 변수 범위 좁히기'
- 6.8절 '매직 넘버를 상수로 바꾸기'

5.7 부작용 제거하기

문제 부작용이 실행되는 함수가 있습니다.

해결 부작용을 피하세요.

설명 부작용은 결합과 예기치 않은 결과를 초래하고 놀람 최소화 원칙을 위반합니다(5.6절 '변경 가능한 상수 고정하기' 참조). 또한 다중 처리 환경에서는 충돌을 일으킬 수 있습니다. 자신과 자신의 인수만 신중하게 상호 작용함으로써 참조 투명성을 극대화할 수 있습니다.

> **노트** **참조 투명성**
>
> **참조 투명성**referential transparency 함수는 주어진 입력에 대해 항상 동일한 출력을 생성하며, 전역 변수를 수정하거나 I/O 연산을 수행하는 등의 부작용이 없습니다. 즉, 프로그램의 동작을 변경하지 않고 평가된 결과로 대체할 수 있는 함수나 표현식은 참조 투명성이 있는 함수입니다. 이는 함수가 입력을 출력에 매핑하는 수학적 표현식으로 취급되는 함수형 프로그래밍 패러다임의 기본 개념입니다.

다음은 전역 변수와 외부 리소스에 모두 영향을 미치는 함수입니다.

```typescript
let counter = 0;

function incrementCounter(value: number): void {
  // 두 가지 부작용
  counter += value; // 전역 변수 counter를 수정
  console.log(`현재 카운터는 ${counter}`); // 콘솔에 메시지 출력
}
```

모든 부작용을 피함으로써 기능의 재진입과 이에 대한 예측이 가능해집니다.

```typescript
let counter = 0;
function incrementCounter(counter: number, value: number): number {
  return counter + value; // 지나친 효율성은 피함
}
```

대부분의 린터는 무언가가 전역 상태나 함수에 접근해 부작용을 일으킬 때 경고합니다. 훌륭한 함수형 프로그래밍을 통해 클린 코드를 작성하는 방법을 배워보세요.

관련 레시피

• 18.1절 '전역 함수 구체화하기'

5.8 호이스팅 방지하기

문제 변수를 선언하기도 전에 사용합니다.

해결 변수를 선언하고 범위를 확인합니다.

설명 호이스팅hoisting[1]은 가독성을 해치고 놀람 최소화 원칙에 위배됩니다. 항상 명시적으로 변수를 선언하고, 가능한 경우 const 선언을 사용해야 하며(5.1절 'var를 const로 변경하기' 참조), 변수를 범위의 시작점에 선언해야 합니다. 호이스팅을 사용하면 컴파일 단계에서 변수 선언을 컨텍스트 범위의 맨 위로 이동할 수 있습니다. var 또는 함수 선언으로 선언된 변수는 여러 언어에서 자동으로 해당 범위의 최상단으로 끌어올려집니다.

다음은 변수를 정의하기 전에 사용하는 예제입니다.

```JavaScript
console.log(willBeDefinedLater);
// 결과: undefined(오류 없음)

var willBeDefinedLater = "Beatriz"; console.log(willBeDefinedLater);
// 결과: "Beatriz"
```

const 선언을 명시적으로 사용합니다.

```JavaScript
const dante = "abandon hope all ye who enter here";
// 상수 'dante'를 "abandon hope all ye who enter here" 값으로 선언

console.log(dante);
// 결과: "abandon hope all ye who enter here"

dante = "Divine Comedy"; // 오류: 상수 변수에 할당
```

---

1 옮긴이_ 자바스크립트 호이스팅은 인터프리터가 코드를 실행하기 전에 함수, 변수, 클래스 또는 임포트(import)의 선언문을 해당 범위의 맨 위로 끌어올리는 것처럼 보이는 현상을 뜻합니다.

돌연변이 테스트를 수행해 변수 범위를 변경하면 예기치 않은 결과가 발생하는지 확인할 수 있습니다. 호이스팅은 게으른 프로그래머를 위해 일부 컴파일러가 제공하는 또 다른 마법 도구입니다. 하지만 디버깅을 할 때는 엄격함으로 반격하죠.

관련 레시피

- 5.1절 'var를 const로 변경하기'
- 21.3절 '경고/엄격 모드 해제 제거하기'

## CHAPTER 6

선언적 코드

소프트웨어에서 가장 중요한 것은 동작입니다. 사용자는 동작에 의존합니다. 만약 사용자가 원하는 동작을 추가하면(사용자가 진정으로 원하는 것이라면) 좋아하지만, 의존하는 동작을 변경하거나 제거하면(버그가 발생하면) 더 이상 신뢰하지 않습니다.

마이클 페더스, 『레거시 코드 활용 전략』(에이콘출판, 2018)

6.0 소개

선언적 코드declarative code는 프로그램이 어떤 일을 성취하기 위해 해야 할 단계를 명시하는 것이 아니라 프로그램이 **무엇을 해야 하는지**를 설명하는 프로그래밍 코드의 한 종류입니다. 이 코드는 결과를 성취하는 과정(방법)보다는 원하는 결과(무엇)에 초점을 둡니다. 이 방식은 명령형 코드와 비교했을 때 코드를 읽고 이해하기 더 쉽습니다. 선언적 코드는 어떻게 결과를 성취하는지에 대한 구체적인 세부 사항보다는 원하는 최종 결과물에 더 간결하고 명료하게 초점을 맞춥니다.

선언적 코드는 주로 함수형 프로그래밍을 지원하는 프로그래밍 언어에서 활용됩니다. 함수형 프로그래밍은 주된 프로그램 표현을 함수에 초점을 맞춘 프로그래밍 패러다임입니다. 선언적 프로그래밍 언어로는 데이터베이스를 관리하는 데 사용하는 SQL과 웹용 문서를 구조화하고 형식을 지정하는 데 사용하는 HTML이 있습니다.

과거에는 소프트웨어 개발 시 시간과 공간의 제약으로 인해 저수준 언어를 주로 사용하는 관행이 있었습니다. 그러나 지금은 많이 바뀌었습니다. 최신 컴파일러와 가상 머신 기술의 발전으로 인해 개발자는 고수준의 선언적이며 가독성 높은 클린 코드 작성에 집중할 수 있게 되었습니다.

6.1 재사용 변수 범위 좁히기

문제 동일한 변수를 다른 변수 범위에서 재사용하고 있습니다.

해결 동일한 변수를 다른 용도로 읽거나 쓰지 않고, 모든 지역 변수의 최소 범위(수명)를 정의하세요.

설명 변수를 재사용하면 범위와 경계를 인지하기 어려워지고 리팩터링 도구가 독립적인 코드 블록을 추출하지 못하게 됩니다. 스크립트를 작성할 때 변수 재사용은 일반적입니다. 그리고 이곳에 코드를 복사 붙여넣기 하게 되면, 코드 블록이 중복되는 문제가 발생합니다. 여기서의 근본적인 원인은 코드 복사 문제 때문이고 이는 10.1절 '반복되는 코드 제거하기'에서 소개하는 레시피를 적용해 해결해야 합니다. 범위가 확장될수록 융합이 발생하고 디버깅하기가 더 어려워지므로 가능한 한 범위를 좁혀야 합니다.

다음은 **total** 변수가 재사용되는 예제입니다.

```Java
// 합계(total) 출력
double total = item.getPrice() * item.getQuantity();
System.out.println("합계: " + total);

// 지불 총금액(total) 출력
total = order.getTotal() - order.getDiscount();
System.out.println( "지불 총금액: " + total );

// 'total' 변수는 재사용되었습니다.
```

변수의 범위를 좁혀서 두 개의 다른 블록으로 나눠야 합니다. 10.7절 '메서드를 객체로 추출하기'의 레시피를 사용해 추출하면 이 작업을 수행할 수 있습니다.

```java
function printLineTotal() {
  double lineTotal = item.getPrice() * item.getQuantity();
  System.out.println("합계: " + lineTotal);
}

function printAmountTotal() {
  double amountTotal = order.getTotal() - order.getDiscount();
  System.out.println("지불 총금액: " + amountTotal);
}
```

일반적으로 변수 이름을 재사용하지 않는 것이 좋습니다. 더 지역적이고 구체적이며 의도를 드러내는 이름을 사용하세요.

> **노트** **의도 드러내기**
>
> 의도를 드러내는 코드는 향후 코드를 읽거나 함께 작업할 수 있는 다른 개발자에게 목적이나 의도를 명확하게 전달합니다. 이 코드의 목표는 코드를 보다 동작 중심적이고 선언적이며, 읽기 쉽고 이해하기 쉽고 유지 관리하기 쉽게 만드는 것입니다.

관련 레시피

- 10.1절 '반복되는 코드 제거하기'
- 10.7절 '메서드를 객체로 추출하기'
- 11.1절 '너무 긴 메서드 나누기'
- 11.3절 '과도한 변수 줄이기'

6.2 빈 줄 제거하기

문제 빈 줄로 구분된 큰 코드 블록이 있습니다.

해결 10.7절 '메서드를 객체로 추출하기'를 사용해 빈 줄로 동작을 구분하는 블록을 분리합니다.

설명 함수가 짧을수록 가독성이 좋아지고 재사용이 증가하며 KISS 원칙을 따릅니다. 다음은 빈 줄로 구분된 연속된 코드 블록을 그룹화하는 예제입니다.

```php
function translateFile() {
    $this->buildFilename();
    $this->readFile();
    $this->assertFileContentsOk();  // 더 많은 줄이 있음

    // 기존 묶음의 끝을 표현하기 위해 빈 줄 기입
    $this->translateHyperlinks();
    $this->translateMetadata();
    $this->translatePlainText();

    // 이전과 똑같은 상황으로 빈 줄 기입
    $this->generateStats();
    $this->saveFileContents();  // 더 많은 줄이 있음
}
```

10.7절 '메서드를 객체로 추출하기'를 사용해 코드 블록을 그룹화하면 다음과 같이 더 짧은 버전으로 변경할 수 있습니다.

```php
function translateFile() {
    $this->readFileToMemory();
    $this->translateContents();
    $this->generateStatsAndSaveFileContents();
}
```

린터를 사용하는 경우 빈 줄을 사용할 때와 메서드가 너무 길 때 경고하도록 설정할 수 있습니다. 빈 줄은 무해하지만 코드를 작은 단계로 나눌 수 있는 기회를 제공합니다. 빈 줄 대신(또는

빈 줄과 함께) 주석으로 코드를 나누는 경우, 이는 리팩터링을 요구하는 일종의 코드 스멜입니다(8.6절 '메서드 내부 주석 제거하기' 참조).

> **노트 KISS 원칙**
>
> KISS 원칙은 'Keep it simple, stupid(간단하고 알기 쉽게 하라)'의 약어입니다. 이 원칙은 시스템을 복잡하게 만들기보다는 단순하게 유지할 때 가장 잘 작동한다고 조언합니다. 단순한 시스템은 복잡한 시스템보다 이해, 사용 및 유지 관리하기 쉬우므로 실패하거나 예기치 않은 결과를 초래할 가능성이 적습니다.

관련 레시피

- 8.6절 '메서드 내부 주석 제거하기'
- 10.7절 '메서드를 객체로 추출하기'
- 11.1절 '너무 긴 메서드 나누기'

함께 보기

- 이 레시피에 대한 자세한 설명은 로버트 C. 마틴의 책 『Clean Code(클린 코드)』(인사이트, 2013)에서 확인할 수 있습니다.

6.3 버전이 지정된 메서드 제거하기

문제 sort, sortOld, sort20210117, sortFirstVersion, workingSort 등과 같이 이름으로 버전을 관리하는 메서드가 있습니다.

해결 이름으로 버전을 관리하는 항목을 제거하고, 대신 버전 관리 소프트웨어를 사용하세요.

설명 버전이 있는 함수는 가독성과 유지 보수성을 떨어뜨립니다. 아티팩트[artifact](클래스, 메서드, 속성)의 작동 버전은 하나만 유지하고, 그 시점에 해당하는 버전은 버전 관리 시스템에 맡겨야 합니다. 다음은 버전이 지정된 메서드를 사용하는 예제입니다.

```
findMatch()
findMatch_new()
```

```
findMatch_newer()
findMatch_newest()
findMatch_version2()
findMatch_old()
findMatch_working()
findMatch_for_real()
findMatch_20200229()
findMatch_thisoneisnewer()
findMatch_themostnewstone()
findMatch_thisisit()
findMatch_thisisit_for_real()
```

이때 관련된 모든 것을 더 간단하게 대체해야 합니다.

```
findMatch()
```

다른 다양한 패턴들처럼 소프트웨어 개발 시 내부 정책을 생성해서 명확하게 전달하거나, 자동 규칙을 통해 버전이 지정된 메서드를 찾을 수 있습니다. 시간과 코드 관리는 항상 소프트웨어 개발의 중요한 측면 중 하나이지만, 다행히 요즘에는 이러한 문제를 해결하는 발전된 도구가 있습니다.

> **노트** **소프트웨어 소스 제어 시스템**
>
> 소프트웨어 소스 제어 시스템은 개발자가 소프트웨어 프로젝트의 소스 코드에 적용된 변경 사항을 추적할 수 있는 도구입니다. 동일한 코드베이스에서 다른 많은 개발자와 동시에 작업할 수 있어 협업, 변경 사항 롤백, 다양한 버전의 코드 관리에 유리합니다. 현재 깃Git은 가장 널리 사용되는 시스템입니다.

관련 레시피

- 8.5절 '주석을 함수명으로 변환하기'

6.4 이중 부정 제거하기

문제 부정적인 조건의 이름을 가진 메서드가 존재하고, 해당 조건이 발생하지 않게끔 하고 싶습니다.

해결 변수, 메서드, 클래스 이름은 항상 긍정적인 이름으로 설정하세요.

설명 이 방법은 가독성을 위한 것입니다. 간혹 부정적인 조건을 읽을 때 우리는 잘못 이해할 수 있습니다. 다음은 이중 부정의 예입니다.

```
if (!work.isNotFinished())
```

긍정적인 조건으로 바꾸면 다음과 같습니다.

```
if (work.isDone())
```

린터에 경고로 !not 또는 !isNot과 같은 부정적인 정규 표현식을 경고하는 방식으로 코드를 검사할 수 있습니다. 또한 테스트 커버리지를 신뢰하고 안전한 이름 변경과 리팩터링을 수행하세요.

관련 레시피

- 10.4절 '코드에서 교묘함 제거하기'
- 14.3절 'boolean 변수 재구성하기'
- 14.11절 '조건 검사를 위한 boolean 값 반환 방지하기'
- 24.2절 '참 같은 값 다루기'

함께 보기

- Refactoring.com의 '이중 부정 제거'(https://oreil.ly/bR1Sf)

6.5 잘못 배치된 책임 변경하기

문제 메서드가 객체에 부적절하게 배치되어 있습니다.

해결 MAPPER 개념을 이용해 올바른 위치를 찾을 수 있도록 적절한 객체를 생성하거나 오버로드overload하세요.

설명 책임 있는 객체를 찾는 것은 어려운 작업입니다. '누구의 책임인가?'라는 질문에 답을 내려야 합니다. 만약 소프트웨어 업계 밖에 있는 누군가와 이야기를 한다면, 그들은 책임을 어디에 두어야 하는지 힌트를 줄 수 있습니다. 반대로 소프트웨어 엔지니어는 도우미helper와 같은 이상한 곳에 동작을 배치하는 경향이 있습니다!

다음은 add의 책임에 대한 예제입니다.

```
Number>>#add: a to: b
^ a + b
// 이는 많은 프로그래밍 언어에서 자연스럽지만, 실생활에서는 부자연스럽습니다.
```

다르게 접근해보겠습니다.

```
Number>>#add: adder
  ^ self + adder
// 일부 프로그래밍 언어에서는 컴파일되지 않습니다.
// 그 이유는 일부 동작을 기본 클래스로 변경하는 것을 금지하기 때문입니다.
// 그러나 이곳은 add의 책임이 적절하게 배치되는 곳입니다.
```

기본형 타입에 책임을 추가하는 몇 가지 언어가 있으며, 적절한 객체에 책임을 넣으면 동일한 위치에서 찾을 수 있습니다. 다음은 PI 상수를 정의하는 또 다른 예제입니다.

```
class GraphicEditor {                              JavaScript
  constructor() {
    this.PI = 3.14;
    // 이곳에 상수를 정의하면 안 됩니다.
  }
```

```javascript
  pi() {
    return this.PI;
    // 이는 객체의 책임이 아닙니다.
  }

  drawCircle(radius) {
    console.log(`원 그리기: 반지름은 ${radius} ` +
    "둘레는 " + (2 * this.pi()) * radius);
  }
}
```

RealConstants 객체로 책임을 옮기면 반복되는 코드를 피할 수 있습니다.

JavaScript

```javascript
class GraphicEditor {
  drawCircle(radius) {
    console.log("원 그리기: 반지름은 " + radius +
      "둘레는 " + (2 * RealConstants.pi() * radius));
  }
}
// PI의 정의는 RealConstants(혹은 Number 또는 이와 유사한)의 책임입니다.

class RealConstants {
  pi() {
    return 3.14;
  }
}
```

관련 레시피

- 7.2절 '도우미와 유틸리티 이름 변경 및 분리하기'

- 17.8절 '기능에 대한 욕심 방지하기'

6.6 명시적 반복 대체하기

문제 코드를 처음 배울 때 반복문을 배웠습니다. 하지만 열거자^{enumerator}와 반복자^{iterator}는 차세대 코드이며 더 높은 수준의 추상화가 필요합니다.

해결 반복하는 동안 인덱스를 사용하지 마세요. 고수준의 컬렉션을 이용하세요.

설명 인덱스는 종종 캡슐화를 깨트리고 코드를 덜 선언적으로 만들기 때문에 주의가 필요합니다. 사용하는 언어가 고차 함수를 지원한다면, `foreach()`나 고차 반복자를 선호하고, 구현세부 사항을 숨긴다면 `yield()`, 캐시, 프록시, 지연 로딩 등을 더 많이 사용할 수 있습니다.

다음은 구조적 반복을 수행하는 인덱스 `i`를 사용한 예제입니다.

```JavaScript
for (let i = 0; i < colors.length; i++) {
  console.log(colors[i]);
}
```

다음은 더 선언적이고 고수준으로 표현된 예제입니다.

```JavaScript
colors.forEach((color) => {
  console.log(color);
});
// 클로저와 화살표 함수를 사용합니다.
```

몇 가지 예외가 있습니다. 만약 문제 영역에서 원소를 인덱스와 같은 자연수로 변환해야 하는 경우(2장에서 정의한 대로), 첫 번째 해결책이 적절할 수 있습니다. 중요한 것은 현실과 상황에 따라 올바르게 적용해야 한다는 점입니다. 많은 개발자는 이처럼 미묘한 지점을 문제라고 인식하지 않지만, 이러한 몇 가지 선언적 요소가 클린 코드의 차이를 만듭니다.

관련 레시피

- 7.1절 '약어 확장하기'

6.7 설계 결정 기록하기

문제 코드에 중대한 결정을 내릴 때 그 이유를 문서화하고 싶습니다.

해결 선언적이고 의도를 드러내는 이름을 사용하세요.

설명 설계나 구현 결정은 선언적이어야 합니다. 예를 들어 결정을 추출하고 의도를 명확하게 드러내는 이름을 지정하는 등의 방법을 사용하는 것처럼요. 주석은 '죽은 코드'로서 쉽게 구식이 될 수 있으며, 컴파일되지 않으므로 코드 주석 사용은 지양해야 합니다. 대신, 의사 결정에 대해 명시적으로 설명하거나 메서드로 변환해보세요. 이렇게 변경하다 보면 쉽게 테스트할 수 없는 임의의 규칙을 찾을 수 있습니다. 만약 실패하는 테스트를 작성할 수 없는 경우에는 향후 변경 사항에 대해 경고하는 주석 대신 훌륭하고 선언적인 이름을 가진 함수로 구성하세요.

다음은 명시적이지 않은 설계 결정의 예제입니다.

```
// 더 많은 메모리로 이 프로세스를 실행해야 합니다.
set_memory("512k");

run_process();
```

다음은 메모리 증가의 이유에 대한 힌트를 제공하는 명시적인 예제입니다.

```
increase_memory_to_avoid_false_positives();
run_process();
```

코드는 산문이며, 설계 결정은 서술적이어야 합니다.

관련 레시피

- 8.5절 '주석을 함수명으로 변환하기'
- 8.6절 '메서드 내부 주석 제거하기'

6.8 매직 넘버를 상수로 바꾸기

문제 많은 숫자를 사용하는 메서드가 있지만, 해당 숫자에 대한 의미와 설명이 불분명합니다.

해결 설명이 없는 매직 넘버magic number는 피하세요. 매직 넘버의 출처를 모르기 때문에 이를 변경하거나 코드를 손상하는 것을 매우 주의해야 합니다.

설명 매직 넘버는 결합coupling의 근원입니다. 매직 넘버는 테스트하기 어렵고 읽기도 어렵습니다. 모든 상수의 이름을 의미 있는 이름(의도를 드러내는 이름)으로 바꾸고 매개변수로 대체해야 외부에서 상수를 모의mock할 수 있습니다(20.4절 '모의 객체를 실제 객체로 대체하기' 참조). 상수 정의는 종종 상수 사용자와 다른 객체이며, 다행히도 많은 린터가 속성 및 메서드에서 숫자 리터럴을 감지할 수 있습니다.

다음은 잘 알려진 상수입니다.

```PHP
function energy($mass) {
    return $mass * (299792 ** 2);
}
```

예제를 다음과 같이 재작성할 수 있습니다.

```PHP
function energy($mass) {
    return $mass * (LIGHT_SPEED_KILOMETERS_OVER_SECONDS ** 2);
}
```

관련 레시피

- 5.2절 '변수를 가변적이게 선언하기'
- 5.6절 '변경 가능한 상수 고정하기'
- 10.4절 '코드에서 교묘함 제거하기'
- 11.4절 '과도한 괄호 제거하기'
- 17.1절 '숨겨진 가정을 명시적으로 표현하기'
- 17.3절 '신 객체 나누기'

6.9 '무엇'과 '어떻게' 분리하기

문제 시계 바늘을 보는 대신 시계의 내부의 톱니바퀴를 보는 코드가 있습니다.

해결 구현 세부 사항에 집착하지 마세요. 명령적이기보다 선언적으로 접근하세요.

설명 의도치 않거나 우발적인 결합을 피하기 위해서 이름 선택은 중요합니다. 소프트웨어 업계에서 관심사를 분리하는 것은 어려운 작업이지만, 소프트웨어의 기능은 시간에 걸쳐 변화에 견딜 수 있는 유연성을 갖추고 있습니다. 반면, 소프트웨어 구현은 결합이 발생하고 변경하기 어렵습니다.

주석을 사용해 변경 사항을 기록하려는 시도가 때때로 있지만, 주석을 관리하는 경우는 거의 없기 때문에 좋은 해결책이 아닙니다(8.5절 '주석을 함수명으로 변환하기' 참조). 변경 가능하고 의도가 명확한 설계를 추구한다면 코드는 더 오래 유지되고 원하는 대로 작동할 것입니다.

다음 예제에서 이동(move) 동작은 stepWork의 보류 중인 작업(hasPendingTask)과 결합되어 있습니다.

```javascript
class Workflow {
    moveToNextTransition() {
        // 비즈니스 규칙이 우발적인 구현과 결합되어 있습니다.
        if (this.stepWork.hasPendingTasks()) {
            throw new Error('전제 조건 충족되지 않음...');
        } else {
            this.moveToNextStep();
        }
    }
}
```

더 나은 해결책은 다음과 같습니다.

```javascript
class Workflow {
    moveToNextTransition() {
        if (this.canMoveOn()) {
            this.moveToNextStep();
        } else {
            throw new Error('전제 조건 충족되지 않음...');
        }
```

```
        }

    canMoveOn() {
        // '무엇'이 움직일 수 있는지(canMoveOn)를 통해
        // '어떻게' 확인하는지(hasPendingTasks())에 대한 우발적인 구현을 숨깁니다.
        return !this.stepWork.hasPendingTasks();
    }
}
```

좋은 이름을 선택하고 필요한 경우 우회할 수 있는 계층을 추가해 섣부른 최적화를 피해야 합니다(16장 '섣부른 최적화' 참조). 컴퓨팅 리소스를 낭비하고 있다거나 이에 대한 인사이트를 알아야 한다는 주장은 중요하지 않습니다. 현대의 가상 머신은 추가 호출을 캐시하거나 인라인 처리할 수 있습니다.

관련 레시피

- 8.5절 '주석을 함수명으로 변환하기'
- 19.6절 '격리된 클래스 이름 변경하기'

6.10 정규 표현식 문서화하기

문제 이해하기 어려운 정규 표현식이 있습니다.

해결 복잡한 정규 표현식을 더 짧고 선언적인 예제로 분리하세요.

설명 정규 표현식은 가독성을 떨어뜨리고 유지 보수 및 테스트 가능성을 저해할 수 있으므로 문자열 유효성 검사에만 사용해야 합니다. 객체를 조작해야 하는 경우 문자열로 만들지 말고 작은 객체를 만드세요(4.1절 '작은 객체 생성하기' 참조).

다음은 선언적이지 않은 정규 표현식의 예제입니다.

```kotlin
val regex = Regex("^\\+(?:[0-9][- -]?){6,14}[0-9a-zA-Z]$")
```

다음은 더 선언적이며 이해하고 디버깅하기 쉬운 예제입니다.

```kotlin
val prefix = "\\+" val digit = "[0-9]"
val space = "[- -]"
val phoneRegex = Regex("^$prefix(?:$digit$space?){6,14}$digit$")
```

정규 표현식은 유용한 도구입니다. 다만 이를 남발하는 것을 확인할 수 있는 자동화된 방법이 많지 않다 보니 허용 가능한 목록을 추리는 것이 도움이 될 수 있습니다. 또한 문자열 유효성 검사를 위한 훌륭한 도구이다 보니 선언적인 방식으로 문자열에만 사용해야 합니다. 좋은 이름은 패턴의 의미를 이해하는 데 매우 중요합니다. 만약 객체나 계층 구조를 조작해야 하는 경우, 성능 향상에 대한 결정적인 벤치마크가 없는 한 객체를 사용해야 합니다.

관련 레시피

- 4.7절 '문자열 유효성 검증 구체화하기'
- 10.4절 '코드에서 교묘함 제거하기'
- 16.2절 '섣부른 최적화 제거하기'
- 25.4절 '악의적인 정규 표현식 대체하기'

6.11 괴상한 조건문 재작성하기

문제 표현식에서 왼쪽 부분에 기대하는 값을 구성해 검증하고 있습니다.

해결 조건을 작성할 때, 왼쪽에는 변숫값을 오른쪽에는 테스트할 값을 사용하세요.

설명 대부분의 개발자는 변수나 조건을 먼저 작성하고 테스트할 값을 두 번째로 작성합니다. 사실 이것이 어서션^{assertion}의 올바른 순서입니다. 일부 언어에서는 코드에 논리 오류가 발생할 수 있는 동등 비교 대신 실수로 할당하는 것을 방지하기 위해 이 스타일을 기본 설정으로 사용합니다. 다음은 괴상한 조건문의 예제입니다.

```
if (42 == answerToLifeMeaning) {
    // '42 = answerToLifeMeaning'은 유효하지 않습니다.
    // 실수로 할당 오타가 발생하는 것을 방지합니다.
```

```
  // 하지만 'answerToLifeMeaning = 42'는 유효합니다.
}
```

수정한 후의 모습은 다음과 같습니다.

```
if (answerToLifeMeaning == 42) {
  // answerToLifeMeaning = 42와 착각할 수 있습니다.
}
```

항상 비교의 왼쪽에 상숫값이 있는지 확인하세요.

관련 레시피

- 7.15절 '역할에 따라 인수 이름 변경하기'

6.12 저급한 메서드 제거하기

문제 사람들의 기분을 상하게 할 수 있는 코드나 예제가 있습니다.

해결 너무 비격식적이거나 공격적인 표현은 자제하세요. 코드와 독자에게 친절하게 대하세요.

설명 의미 있는 이름을 사용해 전문적인 방식으로 코드를 작성해야 합니다. 개발자에게는 창의성이 필요합니다. 하지만 이따금 지루해져서 재미있게 만들려고 하다 보면 코드의 가독성과 평판이 나빠질 수 있습니다. 다음은 비전문가용 코드입니다.

```
function erradicateAndMurderAllCustomers();
// 함수명이 '모든 고객을 제거하고 살인'으로 비전문적이고 공격적입니다.
```

아래는 보다 전문적으로 표현된 방법입니다.

```
function deleteAllCustomers();
// 함수명이 '모든 고객 삭제'로 더 선언적이고 전문적입니다.
```

금지어 및 비속어 목록을 만들어 자동으로 또는 코드 검토에서 확인할 수 있습니다. 명명 규칙은 일반적이어야 하며 문화적 전문 용어를 포함해서는 안 됩니다. 미래의 소프트웨어 개발자(미래의 본인도 포함)가 쉽게 이해할 수 있는 방식으로 프로덕션 코드를 작성해야 합니다.

관련 레시피

• 7.7절 '추상적인 이름 변경하기'

6.13 콜백 지옥에서 벗어나기

문제 과도하게 중첩되어 읽기 및 유지 관리하기 어려운 콜백을 사용하는 비동기 코드가 있습니다.

해결 콜백을 사용해 호출을 처리하지 말고, 시퀀스를 작성하세요.

설명 코드에 여러 개의 콜백이 중첩되어 코드 구조가 복잡하고 읽기 어려운 경우 콜백 지옥이 발생합니다. 이는 자바스크립트에서 자주 볼 수 있는 현상으로 콜백 함수가 다른 함수에 인수로 전달되는 비동기 프로그래밍을 사용할 때 나타납니다. 깊은 중첩은 '파멸의 피라미드pyramid of doom'라고도 불리는 코드를 생성합니다.

내부 함수를 호출하면 콜백을 받는 함수가 반환될 수 있으며 이로 인해 중첩된 콜백의 사슬이 형성됩니다. 이는 코드를 파악하고 디버깅을 어렵게 만들죠.

다음은 콜백 지옥의 짧은 예제입니다.

```javascript
asyncFunc1(function (error, result1) {
  if (error) {
    console.log(error);
  } else {
    asyncFunc2(function (error, result2) {
      if (error) {
        console.log(error);
      } else {
        asyncFunc3(function (error, result3) {
          if (error) {
            console.log(error);
```

```
        } else {
            // 중첩 콜백은 계속 이루어집니다...
        }
    });
    }
    });
    }
});
```

다음과 같이 재작성할 수 있습니다.

```javascript
function asyncFunc1() {
  return new Promise((resolve, reject) => {
      // 비동기 작업
      // ...

      // 성공하는 경우
      resolve(result1);

      // 오류가 있는 경우
      reject(error);
  });
}

function asyncFunc2() {
  return new Promise((resolve, reject) => {
      // 비동기 작업
      // ...

      // 성공하는 경우
      resolve(result2);

      // 오류가 있는 경우
      reject(error);
  });
}

async function performAsyncOperations() {
  try {
      const result1 = await asyncFunc1();
      const result2 = await asyncFunc2();
      const result3 = await asyncFunc3();
```

```
    // 그 외 다른 작업으로 계속 진행
  } catch (error) {
      console.log(error);
  }
}

performAsyncOperations();
```

이 문제를 해결하기 위해 프라미스promise와 **async/await** 기능을 사용하면 코드 가독성을 높이고 디버깅을 더 쉽게 할 수 있습니다(ECMAScript 버전이 낮은 경우 지원되지 않을 수 있습니다).

관련 레시피

- 10.4절 '코드에서 교묘함 제거하기'
- 14.10절 '중첩된 화살표 코드 재작성하기'

6.14 올바른 오류 메시지 생성하기

문제 코드를 사용하는 개발자(본인 포함)와 최종 사용자 모두를 위해 좋은 오류 설명을 작성해야 합니다.

해결 의미 있게 설명하고 수정 조치를 제안하세요. 사용자에게 이러한 친절을 보여주면 큰 도움이 됩니다.

설명 개발자가 UX 전문가인 경우는 드뭅니다. 그럼에도 불구하고 최종 사용자를 고려해 선언적 오류 메시지를 사용하고 명확한 종료 동작이 포함된 메시지를 표시해야 합니다. 사용자에게 적용되는 놀람 최소화 원칙(5.6절 '변경 가능한 상수 고정하기' 참조)을 따라야 합니다.

다음은 잘못된 오류 설명입니다.

```javascript
alert("약속을 취소하겠습니까?", "네", "아니요");

// 행동에 대한 결과가 없습니다.
// 옵션이 명확하지 않습니다.
```

오류를 더 선언적이게 변경하면 다음과 같습니다.

```javascript
alert("약속을 취소하겠습니까? \n" +
    "모든 기록을 잃게 됩니다.",
    "약속 취소하기",
    "계속 수정하기");

// 결과가 명확합니다.
// 옵션이 더 구체적입니다.
```

유효한 도메인 값을 사용해 오류 상황을 가리지 말고 0과 오류를 명확하게 구분하세요. 다음은 네트워크 오류를 숨기고 잔액을 0으로 잘못 표시해 최종 사용자에게 공포심을 유발하는 예제입니다.

```python
def get_balance(address):
    url = "https://blockchain.info/q/addressbalance/" + address
    response = requests.get(url)
    if response.status_code == 200:
        return response.text
    else:
        return 0
```

다음은 더 명확하고 명시적입니다.

```python
def get_balance(address):
    url = "https://blockchain.info/q/addressbalance/" + address
    response = requests.get(url)
    if response.status_code == 200:
        return response.text
    else:
        raise BlockchainNotReachableError("블록체인 도달 중 실패")
```

> **노트** **선언적으로 예외 설명하기**
>
> 예외를 설명할 때는 오류가 아닌 비즈니스 규칙을 언급해야 합니다.
>
> - 좋은 설명: '숫자는 1에서 100 사이여야 합니다.'
> - 잘못된 설명: '숫자가 범위를 벗어났습니다.' → 여기서 범위란 어디서부터 어디까지일까요?

코드 검토 시 모든 예외 메시지를 읽고, 최종 사용자 입장에서 예외 발생 메시지가 어떻게 느껴질지 생각해봐야 합니다.

관련 레시피

- 15.1절 'null 객체 생성하기'
- 17.13절 '사용자 인터페이스에서 비즈니스 코드 제거하기'
- 22.3절 '예상 가능한 상황을 위한 예외 재작성하기'
- 22.5절 '반환 코드를 예외로 대체하기'

6.15 마법 변환 피하기

문제 일부 언어에서는 마법 같은 문장이 유효할 수 있지만, 이를 더 명확하게 만들고 빠르게 실패하기 원칙을 준수하게끔 하고 싶습니다.

해결 코드에서 마법 같이 변환되는 코드를 제거하세요.

설명 일부 언어는 문제가 있으면 이를 숨기고 마법을 부린 것처럼 결괏값을 모호하게 변환시켜 빠르게 실패하기 원칙을 위반합니다. 우리는 이러한 마법 같은 문장을 명확하게 표현하고 모든 모호함을 제거해야 합니다. 다음의 마법 같은 문장을 바꿔보세요.

```JavaScript
new Date(31, 02, 2020);

1 + 'Hello';

!3;

// 이는 대부분의 언어에서 유효합니다.
```

다음은 조금 더 명확한 해결책입니다.

```JavaScript
new Date(31, 02, 2020);
// 예외를 던짐
```

```
1 + 'Hello';
// 타입 불일치

!3;
// 부정문은 boolean 연산입니다.
```

[그림 6-1]처럼 문자열에 숫자를 추가하면 예상치 못한 결과가 나타납니다. 즉, 실제 세계에서 유효하지 않으므로 예외가 발생해야 합니다.

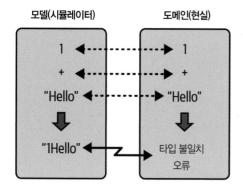

그림 6-1 '+' 메서드를 실행하면 모델과 실제 세계의 결과가 다릅니다.

이러한 문제 중 상당수는 언어 자체가 부추기는 경우가 많습니다. 언어는 매우 선언적이고 명시적이어야 하며, 특히 언어의 의도치 않은 해결책이 합리적이지 않고 마법처럼 보일 경우에는 이를 남용하지 마세요. 많은 개발자가 언어의 기능을 악용해 똑똑한 척하지만, 이는 클린 코드와 점점 멀어지는 불필요하고 복잡한 코드입니다.

관련 레시피

- 10.4절 '코드에서 교묘함 제거하기'
- 24.2절 '참 같은 값 다루기'

## CHAPTER 7

명명

컴퓨터 과학에서 어려운 것은 딱 두 가지, 캐시 무효화와 이름 짓기입니다.

필 칼튼Phil Karlton

7.0 소개

명명(네이밍 또는 이름 짓기)naming은 소프트웨어 개발에서 매우 중요합니다. 코드의 가독성, 이해성, 유지 보수성에 직접적인 영향을 미치죠. 객체, 클래스, 변수, 함수 등의 이름을 잘 선택해야 합니다. 좋은 이름은 혼동과 오류를 줄이고 다른 개발자가 코드를 더 쉽게 사용, 수정 및 디버깅할 수 있도록 합니다. 컴파일러와 인터프리터에는 이름이 중요하지 않습니다. 코드 작성은 사람 중심의 활동이기에 잘못된 이름을 사용하면 혼란, 오해, 결함으로 이어질 수 있습니다. 이름이 너무 일반적이거나 불분명하면 해당 요소의 목적과 동작을 정확하게 반영하지 못할 수 있으며, 다른 개발자가 쉽게 사용하고 수정할 수 없어 오류 발생 및 시간 낭비를 초래할 수 있습니다.

7.1 약어 확장하기

문제 모호하게 축약된 이름이 있습니다.

해결 충분히 길며 모호하지 않고 설명이 포함된 명확한 이름을 사용하세요.

설명 대부분의 소프트웨어 프로젝트에서 개발자는 잘못된 이름으로 인해 문제에 직면합니다. 약어로 표현된 이름은 문맥에 맞지 않고 모호합니다. 과거에는 메모리가 부족했기에 짧은 이름을 많이 사용했지만, 지금은 메모리 부족 문제가 거의 없습니다. 변수, 함수, 모듈, 패키지, 네임스페이스, 클래스 등에서 최대한 약어를 피해야 합니다.

다음 예제에서 표준 고 언어의 명명 규칙을 살펴보세요.

```Go
package main

import "fmt"
type YVC struct {
    id int
}

func main() {
    fmt.Println("Hello, World")
}
```

이러한 종류의 섣부른 최적화(16장 '섣부른 최적화' 참조)는 텍스트의 가독성과 유지 관리성을 떨어뜨립니다. 일부 언어에서는 이러한 나쁜 관행이 뿌리 깊게 박혀 있어 쉽게 변경할 수 없습니다. 자유롭게 변경할 수 있다면 코드를 다음과 같이 개선할 수 있습니다.

```Go
package main

import "formatter"

type YoutTubeVideoContent struct {
    imdbMovieIdentifier int
}

function main() {
```

```
    formatter.Printline("Hello, World")
}
```

[그림 7-1]을 보면 많은 약어가 그러하듯이 **fmt**도 실제 세계의 여러 가지 개념에 매핑됩니다.

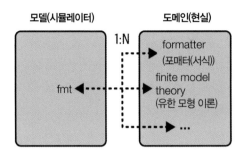

그림 7-1 모델에서 축약되고 모호한 이름은 하나 이상의 가능한 개념에 매핑됩니다.

컴퓨터 과학은 수학에서 탄생했습니다. 수학에서는 한 글자 변수(i, j, x, y)를 할당하는 것이 좋은 습관입니다. '참조' 개념은 이 변수에서 생겨났고, 많은 사람이 수학자는 이렇게 짧은 변수를 다룰 수 있는데 컴퓨터 과학자는 왜 그럴 수 없는지 궁금해했습니다. 수학자에게 있어 변수가 일단 수식에 입력되면, 변수는 모든 의미를 잃고 구별할 수 없게 됩니다. 그들은 많은 명명 규칙을 가지고 있으며 매우 신중하게 이름을 선정합니다. 수학자의 차이점은 한 글자만으로도 충분히 변수를 구분할 수 있을 정도로 완전하고 공식적으로 정의된 로컬 컨텍스트local context를 가지고 있다는 점입니다.

프로그래밍에서는 그렇지 않으므로 약어의 의미를 파악하는 데 많은 에너지를 낭비할 수 있고, 심지어는 다른 의미로 착각할 수도 있습니다. 다시 한번 말하지만, 컴파일러가 아닌 사람을 위한 소프트웨어를 작성하세요. 모호한 이름은 두 가지 이상의 의미를 가질 수 있습니다. 예를 들어 **/usr**는 **user**(사용자)가 아닌 **universal system resource**(단일 시스템 리소스)를 의미하고 **/dev**는 **development**(개발)이 아닌 **device**(장치)를 의미합니다.

관련 레시피

- 7.6절 '긴 이름 변경하기'
- 10.4절 '코드에서 교묘함 제거하기'

7.2 도우미와 유틸리티 이름 변경 및 분리하기

문제 Helper라는 이름을 가진 클래스가 있지만, 일관성이 없고 동작이 불분명합니다.

해결 클래스의 이름을 더 정확한 이름으로 변경하고 책임을 세분화하세요.

설명 많은 프레임워크와 예제 코드에서 도우미helper를 찾을 수 있습니다. 이것은 일반적으로 놀람 최소화 원칙(5.6절 '변경 가능한 상수 고정하기' 참조)과 실제 세계와의 전단사(2장에서 정의함)를 위반하는 모호하고 의미 없는 이름입니다. 이 문제를 해결하려면 적절한 이름을 찾아야 합니다. 도우미가 라이브러리인 경우 모든 서비스를 다른 메서드로 분리하세요.

다음은 도우미 클래스의 예제입니다.

```javascript
export default class UserHelpers {
  static getFullName(user) {
    return '${user.firstName} ${user.lastName}';
  }

  static getCategory(userPoints) {
    return userPoints > 70 ? 'A' : 'B';
  }
}

// 정적 메서드 주의
import UserHelpers from './UserHelpers';

const alice = {
  firstName: 'Alice',
  lastName: 'Gray',
  points: 78,
};

const fullName = UserHelpers.getFullName(alice);
const category = UserHelpers.getCategory(alice);
```

더 나은 이름을 사용하고 책임을 분담할 수 있습니다.

```javascript
class UserScore {
  // 이는 빈약한 클래스로 더 나은 프로토콜이 있어야 합니다.

  constructor(name, lastname, points) {
    this._name = name;
    this._lastname = lastname;
    this._points = points;
  }
  name() {
    return this._name;
  }
  lastname() {
    return this._lastname;
  }
  points() {
    return this._points;
  }
}

class FullNameFormatter {
  constructor(userscore) {
    this._userscore = userscore;

  }
  fullname() {
    return '${this._userscore.name()} ${this._userscore.lastname()}';
  }
}

class CategoryCalculator{
  constructor(userscore1) {
    this._userscore = userscore1;
  }
  display() {
    return this._userscore.points() > 70 ? 'A' : 'B';
  }
}

let alice = new UserScore('Alice', 'Gray', 78);

const fullName = new FullNameFormatter(alice).fullname();
const category = new CategoryCalculator(alice).display();
```

또 다른 옵션은 이전 도우미를 무상태stateless로 만들어 재사용하게 만드는 것입니다.

```javascript
class UserScore {
  // 이는 빈약한 클래스로 더 나은 프로토콜이 있어야 합니다.

  constructor(name, lastname, points) {
    this._name = name;
    this._lastname = lastname;
    this._points = points;
  }
  name() {
    return this._name;
  }
  lastname() {
    return this._lastname;
  }
  points() {
    return this._points;
  }
}

class FullNameFormatter {
  fullname(userscore) {
    return '${userscore.name()} ${userscore.lastname()}';
  }
}

class CategoryCalculator {
  display(userscore) {
    return userscore.points() > 70 ? 'A' : 'B';
  }
}

let alice = new UserScore('Alice', 'Gray', 78);

const fullName = new FullNameFormatter().fullname(alice);
const category = new CategoryCalculator().display(alice);
```

[그림 7-2]에서 실제 숫자 도우미(NumberHelper)보다 더 많은 책임과 동작을 가진 숫자 도우미를 볼 수 있습니다.

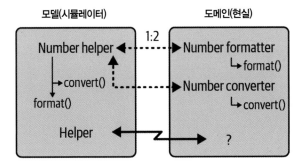

모델(시뮬레이터)
도메인(현실)

그림 7-2 숫자 도우미(NumberHelper)를 단일 실제 엔티티에 매핑할 수 없습니다.

관련 레시피

- 6.5절 '잘못 배치된 책임 변경하기'
- 7.7절 '추상적인 이름 변경하기'
- 11.5절 '과도한 메서드 제거하기'
- 18.2절 '정적 함수 구체화하기'
- 23.2절 '익명 함수 재정의하기'

7.3 my-객체 이름 변경하기

문제 접두사 my가 포함된 변수가 있습니다.

해결 접두사 my가 포함된 변수의 이름을 변경합니다.

설명 접두사가 my인 객체는 컨텍스트가 부족하고 전단사에 위배됩니다. 역할을 암시하는 이름으로 객체의 이름을 변경해야 합니다. 몇몇 오래된 자습서에서는 my 접두사를 빈번하게 사용합니다. 그 결과 다음과 같이 모호한 표현으로 인해 문맥상의 실수가 발생합니다.

```C#
MainWindow myWindow = Application.Current.MainWindow as MainWindow;
```

다음은 판매 창구 역할을 하는 개선된 버전입니다.

```csharp
MainWindow salesWindow = Application.Current.MainWindow as MainWindow;
/*
창문이 인스턴스화되었기 때문에 현재 특수한 창에서 특수한 역할을 수행하고 있습니다.
*/
```
C#

7.4 result 변수 이름 변경하기

문제 함수, 메서드 호출 또는 계산의 결과를 result라는 모호한 이름으로 지정합니다.

해결 항상 역할을 암시하는 좋은 이름을 사용하세요. result는 항상 나쁜 선택입니다.

설명 결과의 의미를 찾아보세요. 이름을 어떻게 지어야 할지 모르겠다면 마지막 함수 호출과 동일한 이름으로 변수 이름을 지정하면 됩니다. 다음은 메서드 호출 후에 할당된 결과 변수입니다.

```javascript
var result;
result = lastBlockchainBlock();

// 많은 함수가 addBlockAfter(result)를 호출합니다.
addBlockAfter(result);
```
JavaScript

이름에 역할을 담은 더 좋은 표현은 다음과 같습니다.

```javascript
var lastBlockchainBlock;
lastBlockchainBlock = findLastBlockchainBlock();

// 많은 함수 호출이 있습니다.
// 이들을 리팩터링해 변수 정의와 실제 사용할 때의 공간 간극을 최소화하세요.
addBlockAfter(lastBlockchainBlock);
```
JavaScript

result는 일반적이고 의미 없는 이름이며 이와 같은 이름 리팩터링은 간단하고 안전합니다. 이 코드를 발견하면 보이 스카우트 규칙을 따르세요.

theResult는 다른 예제에서도 볼 수 있듯이 유사한 문제를 일으킵니다.

```javascript
var result;
result = getSomeResult();

var theResult;
theResult = getSomeResult();
```

같은 레시피를 적용하면 다음과 같습니다.

```javascript
var averageSalary;
averageSalary = calculateAverageSalary();

var averageSalaryWithRaises;
averageSalaryWithRaises = calculateAverageSalary();
```

관련 레시피

- 7.7절 '추상적인 이름 변경하기'

- 로버트 C. 마틴의 『Clean code(클린 코드)』(인사이트, 2013)

7.5 타입이 포함된 변수 이름 변경하기

문제 타입이 포함된 이름이 있지만 이름은 항상 역할을 나타내야 합니다.

해결 타입을 제거하세요. 타입은 우발적으로 생성된 것이며 전단사에 존재하지 않습니다.

설명 항상 우발적으로 구현된 것과 결합된 구현 세부 사항을 숨기고, 변경에 대비하며 설계해야 합니다. 그렇게 하려면 변수의 이름을 역할에 따라 변경해보세요. 다음 예제는 regex를 새 인스턴스로 생성하는 경우입니다.

```csharp
public bool CheckIfPasswordIsValid(string textToCheck)
{
  Regex regex = new Regex(@"[a-z]{2,7}[1-9]{3,4}")
  var bool = regex.IsMatch(textToCheck);
  return bool;
}
```

변수 **regex**에 의미 있는 이름을 지정한 후의 모습은 다음과 같습니다.

```csharp
public bool CheckIfStringHas3To7LowercaseCharsFollowedBy3or4Numbers(
  string password)
{
  Regex stringHas3To7LowercaseCharsFollowedBy3or4Numbers =
    new Regex(@"[a-z]{2,7}[1-9]{3,4}")
  var hasMatch =
    stringHas3To7LowercaseCharsFollowedBy3or4Numbers.IsMatch(password);
  return hasMatch;
}
```

이름은 충분히 길어야 하지만 너무 길어져서는 안 됩니다(7.6절 '긴 이름 변경하기' 참조). 기존 클래스, 타입 또는 예약어reserved word와 관련된 이름은 너무 구현적이기 때문에 사용하지 않도록 린터에 경고하도록 지시해 이 의미 규칙을 지킬 수도 있습니다. 처음 접하는 이름은 우연한 관점과 관련이 있을 수 있습니다. 2장에서 정의한 대로 MAPPER 개념을 사용해 구축하는 모델의 이론을 구성하려면 시간이 걸립니다. 이론에 도달할 경우, 변수 이름을 변경해야 합니다.

관련 레시피

- 7.6절 '긴 이름 변경하기'
- 7.7절 '추상적인 이름 변경하기'
- 7.9절 '속성에서 클래스명 제거하기'

7.6 긴 이름 변경하기

문제 매우 길고 중복되는 이름이 있습니다.

해결 이름은 설명을 포함하되 너무 길지 않아야 합니다. 이름을 줄이되 사용자가 임의로 지정한 약어를 사용하지 마세요.

설명 긴 이름은 가독성을 저해하고 인지 부하를 늘릴 수 있습니다. 보통 MAPPER 개념과 관련된 이름을 사용하는 것이 좋습니다. 특정 도메인에서 작업할 때, 약어(예: URL, HTTL, SSN)를 사용하는 것은 모호하지 않기 때문에 괜찮습니다.

다음은 길고 중복되는 이름입니다.

```
PlanetarySystem.PlanetarySystemCentralStarCatalogEntry
```

다음은 더 짧고 간결한 이름입니다.

```
PlanetarySystem.CentralStarCatalogEntry
```

너무 긴 이름에 대해 경고하도록 린터를 설정할 수 있습니다. 이름 길이에 대한 엄격한 규칙은 없으며 그저 휴리스틱입니다. 휴리스틱은 상황에 따라 달라진다는 점을 기억하세요.

노트 **인지 부하**

인지 부하cognitive load는 정보를 처리하고 작업을 완료하는 데 필요한 정신적 노력과 자원의 양을 나타냅니다. 이는 한 번에 정보를 처리하고, 이해하고, 기억하려고 할 때 사람의 작업 기억에 부담을 주는 요소입니다.

관련 레시피

- 7.1절 '약어 확장하기'

함께 보기

- 애자일 오터Agile Otter의 '길고 짧은 이름 짓기'(https://oreil.ly/G_69K)

7.7 추상적인 이름 변경하기

문제 이름이 너무 추상적입니다.

해결 실제 MAPPER를 사용해 추상적인 이름을 구체적인 이름으로 변경하세요.

설명 이름은 실제 의미를 지니도록 해야 합니다. 엔티티의 이름을 지정할 때, 추상적인 이름을 실제 세계의 개념에 부합하도록 매핑해야 합니다. 이러한 세부화된 역할과 이름 정하기는 구체적인 개념을 모델링한 후 프로세스 후반부에 나타납니다. 보통 이러한 도메인 이름은 존재하지만 찾아내기 어려울 수 있습니다. 그러나 abstract(추상), base(기본), generic(일반), helper(도우미) 등과 같은 유사 추상적 이름을 사용하는 것은 나쁜 관행입니다.

다음은 추상적인 예제입니다.

```java
final class MeetingsCollection {}
final class AccountsComposite {}
final class NotesArray {}
final class LogCollector {}
```

```java
abstract class AbstractTransportation {}
```

다음은 실제 개념에 매핑되는 보다 구체적인 이름입니다.

```java
final class Schedule {}
final class Portfolio {}
final class NoteBook {}
 final class Journal {}
 final class Vehicle {}
```

base(기본), abstract(추상), helper(도우미), manager(관리자), object(객체) 등과 같은 특정 단어에 대해 경고하는 자체 정책이나 규칙을 설정할 수 있습니다. 이름 정하기는 설계 작업에서 가장 마지막에 이루어져야 합니다. 비즈니스에 대한 명확한 이해가 없다면 행동과 프로토콜 경계를 정의한 후에 좋은 이름을 찾을 수 있을 것입니다.

관련 레시피

- 7.2절 '도우미와 유틸리티 이름 변경 및 분리하기'

- 7.14절 '클래스 이름에서 Impl 접두사/접미사 제거하기'

- 12.5절 '디자인 패턴 남용 제거하기'

7.8 맞춤법 오류 수정하기

문제 이름에 오타 및 철자 실수가 있습니다.

해결 이름을 잘 관리해야 합니다. 자동 맞춤법 검사기를 사용하세요.

설명 가독성은 항상 중요하며 철자가 잘못되면 코드에서 용어를 검색하기가 더 어려워집니다. 다형성(14.14절 '비다형성 함수를 다형성으로 변환하기' 참조)은 정확히 같은 이름을 가진 메서드를 기반으로 한다는 점에 유의하세요. 다음은 오타가 포함된 예제입니다.

```java
comboFeededBySupplyer = supplyer.providers();
```

오타를 수정하면 다음과 같습니다.

```
comboFedBySupplier = supplier.providers();
```

몇 달 후에는 여러분이 직접 코드를 읽는 사람이 될 수 있으니 이름에 특별한 주의를 기울이세요.

관련 레시피

• 9.1절 '코딩 표준 준수하기'

7.9 속성에서 클래스명 제거하기

문제 클래스명이 포함된 변수가 있습니다.

해결 속성에 클래스명을 접두사로 붙이지 마세요.

설명 중복된 이름은 좋지 않습니다. 이름은 문맥에 따라 달라지기에 단독으로 읽는 것을 피해야 합니다. 예를 들어 다음 예제의 **Employee** 클래스에는 속성의 접두사가 **emp**로 시작됩니다.

```Java
public class Employee {
    String empName = "John";
    int empId = 5;
    int empAge = 32;
}
```

이를 제거하면 중복성이 더 이상 존재하지 않고 코드가 더 간결해집니다.

```Java
public class Employee {
    String name;
    int id; // id는 코드 스멜의 한 종류입니다.
    int age; // age를 저장하는 것도 코드 스멜의 한 종류입니다.
}
```

접두사에 전체 이름이 포함되어 있으면 린터가 경고할 수 있습니다. 항상 그렇듯이 타입이나 데이터가 아닌 동작의 이름을 따서 이름을 지어야 합니다.

관련 레시피

- 7.3절 'my-객체 이름 바꾸기'
- 7.5절 '타입이 포함된 변수 이름 변경하기'
- 7.10절 '클래스와 인터페이스에서 첫 글자 제거하기'

7.10 클래스와 인터페이스에서 첫 글자 제거하기

문제 클래스의 접두사에 추상, 인터페이스 등을 나타내는 문자를 사용합니다.

해결 클래스에 접두사나 접미사를 붙이지 마세요. 항상 MAPPER 개념 기반으로 완전하고 현실적인 개념을 사용하세요.

설명 이 관행은 일부 언어에서 매우 일반적이지만 코드에 표시되는 개념을 매핑하려고 할 때 가독성을 떨어뜨리고 인지 부하를 유발합니다. 또한 우발적인 구현 세부 사항을 등장시키기도 합니다. 항상 그렇듯이 객체의 이름은 객체가 무엇인지가 아니라 객체가 하는 일의 이름을 따서 지어야 합니다. 일부 언어에는 데이터 유형, 추상 클래스 또는 인터페이스와 관련된 문화적 관습이 있으며, 이러한 이름은 따라 하기 어려운 인지적 번역으로 모델에 포함되어 KISS 원칙을 위반합니다(6.2절 '빈 줄 제거하기' 참조). C#에서는 인터페이스 이름에 'I'를 넣는 것이 일반적입니다. 'I'가 없으면 인터페이스인지 클래스인지 구분할 수 없기 때문입니다.

다음은 Engine, 인터페이스, car 추상 클래스, 구현된 car의 예제입니다.

```csharp
public interface IEngine
{
    void Start();
}

public class ACar {}
```

전단사 이름을 고수하면 다음과 같이 표시됩니다.

```csharp
public interface Engine
{
    void Start();
}

public class Vehicle {}
public class Car {}
```

동의어 사전을 사용하면 실제에 존재하지 않는 색다른 용어를 참조할 수 있습니다.

관련 레시피

- 7.9절 '속성에서 클래스명 제거하기'
- 7.14절 '클래스 이름에서 Impl 접두사/접미사 제거하기'

7.11 basic/do 함수 이름 바꾸기

문제 sort, doSort, basicSort, doBasicSort, primitiveSort, superBasicPrimitive Sort와 같은 동일한 동작을 표현하는 변형이 많이 존재합니다.

해결 함수 래퍼wrapper는 혼란을 초래하므로 제거하세요.

설명 래퍼를 사용하면 가독성이 떨어지고 메서드 간에 결합이 생깁니다. 실제 진입점을 찾기 어렵게 만들 수 있습니다. 어떤 메서드를 호출해야 할까요? 만약 동작을 감싸야 하는 경우 동적 데코레이터와 같은 좋은 객체 래퍼를 사용할 수 있습니다.

다음은 진입점이 많은 **Calculator** 클래스입니다.

```php
final class Calculator {

    private $cachedResults;

    function computeSomething() {
```

```
        if (isSet($this->cachedResults)) {
            return $this->cachedResults;
        }
        $this->cachedResults = $this->logAndComputeSomething();
    }

    private function logAndComputeSomething() {
        $this->logProcessStart();
        $result = $this->basicComputeSomething();
        $this->logProcessEnd();
        return $result;
    }

    private function basicComputeSomething() {
        // 실제 동작은 이곳에서 이루어집니다.
    }
}
```

이 코드 조각은 메서드 대신 객체를 사용합니다.

```
final class Calculator {
    function computeSomething() {
        // compute 메서드이기에 이곳에서 실제 동작이 이루어집니다.
    }
}

// 단일 책임과 함께 깔끔하고 응집력이 있는 클래스입니다.

final class CalculatorDecoratorCache {

    private $cachedResults;
    private $decorated;

    function computeSomething() {
        if (isset($this->cachedResults)) {
            return $this->cachedResults;
        }
        $this->cachedResults = $this->decorated->computeSomething();
    }
}

final class CalculatorDecoratorLogger {

    private $decorated;
```

```
function computeSomething() {
    $this->logProcessStart();
    $result = $this->decorated->computeSomething();
    $this->logProcessEnd();
    return $result;
}
}
```

정적 린터가 doXXX(), basicXXX() 등과 같은 규칙을 따르는 경우 래핑(감싸는) 메서드를 찾
도록 구성할 수 있습니다.

> **노트 데코레이터 패턴**
>
> **데코레이터 패턴**decorator pattern을 사용하면 같은 클래스의 다른 객체 동작에 영향을 주지 않고, 개별 객체에 동작을
> 동적으로 추가할 수 있습니다.

7.12 복수형 클래스를 단수로 변환하기

문제 복수 용어를 사용하는 클래스 이름이 있습니다.

해결 단수 용어로 클래스 이름을 변경합니다. 클래스는 개념을 나타내며 개념은 단수입니다.

설명 이름을 지정하려면 추가적인 노력이 필요하며 시스템 전체가 특정 규칙에 동의해야 합
니다. 다음은 작은 복수형 클래스 이름입니다.

```
class Users
```

다음과 같이 이름을 단수로 바꾸기만 하면 됩니다.

```
class User
```

이제 여러 사용자를 만들어서 이 모든 사용자를 보유하는 컬렉션으로 관리할 수 있습니다.

7.13 이름에서 Collection 제거하기

문제 이름에 Collection(컬렉션)이 포함되어 있습니다.

해결 이름에 Collection을 사용하지 마세요. 구체적인 개념을 표현하기에는 너무 추상적입니다.

설명 네이밍은 매우 중요하며 컬렉션을 사용할 때는 주의를 기울여야 합니다. 컬렉션은 부재를 모델링하기 위해 null이 필요하지 않다는 점에서 훌륭합니다. 빈 컬렉션은 전체 컬렉션과 다형적이어서 null과 if를 피할 수 있습니다. 이름의 일부로 Collection을 사용하면 가독성이 떨어지고 추상화 남용에 해당합니다. MAPPER 개념을 이용해 좋은 이름을 찾아보세요.

다음은 customerCollection 이름의 변수에 대한 간단한 예제입니다.

```javascript
for (var customer in customerCollection) {
    // customer를 차례대로 꺼내서 사용
}

for (var currentCustomer in customerCollection) {
    // customer를 차례대로 꺼내서 사용
}
```

이름을 아주 조금 변경했습니다.

```javascript
for (var customer in customers) {
    // customer를 차례대로 꺼내서 사용
}
```

모든 린터는 이와 같은 잘못된 네이밍을 감지할 수 있지만 오탐false positive으로 이어질 수도 있으므로 주의해야 합니다. 정확한 이름은 코드를 이해하는 데 필수적이므로 모든 코드, 변수, 클래스, 함수를 깔끔하게 관리해야 합니다.

관련 레시피

- 12.6절 '비즈니스 컬렉션 대체하기'

7.14 클래스 이름에서 Impl 접두사/접미사 제거하기

문제 Impl 접두사/접미사가 포함된 클래스가 있습니다.

해결 실제 개념의 이름을 따서 클래스 이름을 지으세요.

설명 일부 언어는 좋은 모델 이름과 상반되는 관용구나 일반적인 용법을 사용하지만, 그럼에도 이름은 여전히 신중하게 고려해서 선정해야 합니다. 클래스가 인터페이스를 구현하는 것을 보는 것도 좋지만, 그것이 무엇을 하는지 이해하는 것이 더 좋습니다. 다음은 인터페이스와 그 인터페이스를 구현하는 클래스입니다.

```Java
public interface Address extends ChangeAware, Serializable {
    String getStreet();
}

// 잘못된 이름: 실제 세계에는 AddressImpl 개념이 없습니다.
public class AddressImpl implements Address {
    private String street;
    private String houseNumber;
    private City city;
    // ...
}
```

다음은 간단한 해결책으로 **Address**만 있습니다.

```Java
// 간단함
public class Address {
    private String street;
    private String houseNumber;
    private City city;
    // ...
}

// 또는
// 이 둘은 실제로 사용되는 이름입니다.
public class Address implements ContactLocation {
    private String street;
    private String houseNumber;
```

```
    private City city;
    // ...
  }
```

본질적인 전단사를 고려하며 클래스 이름을 선택해야 한다는 것을 잊지 마세요. 우발적인 구현을 계속 따르지 말고, 인터페이스에 'I'를 추가하거나 구현에 'Impl'을 추가하지 않도록 주의하세요.

관련 레시피

- 7.5절 '타입이 포함된 변수 이름 변경하기'
- 7.7절 '추상적인 이름 변경하기'

7.15 역할에 따라 인수 이름 변경하기

문제 선언적 이름이 아닌 메서드 인수가 있습니다.

해결 인수 이름을 역할에 따라 지정하세요.

설명 메서드를 작성할 때, 적절한 이름을 찾지 못하고 의도를 드러내는 이름을 채택하기 위해 리팩터링하는 경우가 있습니다. 다음 예제의 인수 이름을 살펴보세요.

```python
class Calculator:
  def subtract(self, first, second):
    return first - second
```

역할과 상황에 맞게 적용하면 이름이 명확해집니다.

```python
class Calculator:
  def subtract(self, minuend, subtrahend):
    return minuend - subtrahend
```

다음은 단위 테스트 프레임워크를 사용한 예제입니다.

```php
$this->assertEquals(one, another);
```

레시피에 따라 인수 이름을 바꿔보세요.

```php
$this->assertEquals(expectedValue, actualValue);
```

이는 인수 정의가 실제 사용하는 곳과 멀리 떨어져 있을 때 더 중요합니다. 역할을 반영한 이름은 맥락을 명확하게 드러내므로 유용합니다.

관련 레시피

• 7.5절 '타입이 포함된 변수 이름 변경하기'

7.16 중복된 매개변수 이름 제거하기

문제 메서드의 인수 이름이 반복됩니다.

해결 매개변수 이름을 반복하지 마세요. 이름은 문맥에 맞고 지역적이어야 합니다.

설명 이것은 중복 코드 문제입니다. 인수는 상황에 맞는 이름을 가져야 하며 생성 중인 클래스를 포함하지 않아야 합니다. 이 레시피는 작고 무해한 방법처럼 보일 수 있지만, 이러한 종류의 생성자는 빈약한 속성을 나타내므로 중요합니다. 만약 클래스 이름을 포함하면 동작이 아닌 속성을 기반으로 객체를 생성하고 있을 수 있습니다. 이름을 사용할 때는 단어가 문맥에 따라 의미가 달라지며 전체 문장으로 이해되어야 한다는 점을 간과하기 쉽습니다. 매개변수는 짧고 문맥에 맞는 이름을 사용해야 합니다.

다음 중복 예제를 살펴보세요.

```ruby
class Employee
  def initialize(
    @employee_first_name : String,
    @employee_last_name : String,
```

```ruby
        @employee_birthdate : Time)
    end
end
```

이름에서 반복되는 부분을 제거하면 더 일반적으로 사용하는 이름을 볼 수 있습니다.

```ruby
class Employee
  def initialize(
    @first_name : String,
    @last_name : String,
    @birthdate : Time)
  end
end
```

관련 레시피

- 7.9절 '속성에서 클래스명 제거하기'
- 9.5절 '매개변수 순서 통일하기'

7.17 이름에서 불필요한 컨텍스트 제거하기

문제 클래스에 전역 식별자를 접두사 또는 접미사로 사용합니다.

해결 이름에 관련 없는 정보를 접두사나 접미사로 붙이지 마세요. MAPPER 개념을 따르기 위해 이 정보를 제거하고, 코드 검색이 수월하도록 하세요.

설명 클래스 접두사는 수십 년 전에 소유권을 주장하기 위해 널리 사용되던 관행이었습니다. 그러나 현재에는 깔끔하고 명확한 이름이 더 중요합니다. 여기서 말하는 불필요한 컨텍스트란 소프트웨어의 기능이나 사용성에 기여하지 않는 추가 정보나, 데이터를 코드나 사용자 인터페이스에 불필요하게 포함시키는 것을 말합니다.

다음은 불필요한 **WEBB** 접두사를 사용하는 예입니다.

```rust
struct WEBBExoplanet {
    name: String,
    mass: f64,
    radius: f64,
    distance: f64,
    orbital_period: f64,
}

struct WEBBGalaxy {
    name: String,
    classification: String,
    distance: f64,
    age: f64,
}
```

불필요한 접두사를 제거한 코드는 다음과 같습니다.

```rust
struct Exoplanet {
    name: String,
    mass: f64,
    radius: f64,
    distance: f64,
    orbital_period: f64,
}

struct Galaxy {
    name: String,
    classification: String,
    distance: f64,
    age: f64,
}
```

IDE에 이름 변경 도구가 있으면 이 레시피를 쉽게 적용할 수 있습니다. 이름은 항상 상황에 맞게 지정해야 한다는 점을 기억하세요.

관련 레시피

- 7.9절 '속성에서 클래스명 제거하기'

- 7.10절 '클래스와 인터페이스에서 첫 글자 제거하기'

- 7.14절 '클래스 이름에서 Impl 접두사/접미사 제거하기'

7.18 data 명칭 피하기

문제 엔티티 도메인 이름을 사용해 엔티티 도메인 객체를 모델링합니다.

해결 변수 이름을 data로 지정하지 마세요.

설명 잘못된 이름은 가독성을 떨어뜨립니다. 항상 역할을 명시하는 이름을 사용해야 하며 이러한 이름은 전단사에서 찾아야 합니다. data가 포함된 이름을 사용하면 객체가 빈약해지므로 도메인 및 역할을 나타내는 이름을 고려해야 합니다. 다음은 데이터가 존재하는지 확인하는 코드입니다.

```javascript
if (!dataExists()) {
  return '<div>Loading Data...</div>';
}
```

다음은 사람을 찾았는지 확인하는 코드입니다.

```javascript
if (!peopleFound()) {
  return '<div>Loading People...</div>';
}
```

코드에서 이러한 하위 문자열을 확인하고 개발자에게 경고할 수 있습니다. 세상을 데이터로만 본다면 데이터는 어디에나 있습니다. 하지만 여러분이 조작하는 데이터는 절대 볼 수 없습니다. 해당 동작을 통해서만 유추할 수 있습니다. 예를 들어 현재 온도를 직접 알 수는 없지만, 온도계가 35도를 가리키는 것을 관찰함으로써 온도를 알 수 있습니다. 변수의 이름은 해당 변수의 도메인과 이에 수행하는 역할을 반영해야 합니다.

관련 레시피

- 3.1절 '빈약한 객체를 풍성한 객체로 변환하기'
- 7.5절 '타입이 포함된 변수 이름 변경하기'

## CHAPTER 8

주석

코드로 표현하지 못한 부분을 보완하기 위해 주석을 사용합니다.

로버트 C. 마틴, 『Clean code(클린 코드)』(인사이트, 2013)

8.0 소개

어셈블리어 프로그래밍 시절에는 프로그래머가 의도한 바와 실제 컴퓨터 동작 사이의 간극이 컸습니다. 각 줄마다(때로는 모든 줄에) 코드의 의미를 이해하는 데 도움이 되는 작은 이야기, 즉 주석이 필요했습니다. 하지만 오늘날에는 좋은 이름을 선택하지 못했을 때 주석을 많이 사용합니다. 주석은 매우 중요한 설계 결정을 설명할 때만 필요합니다. 주석은 컴파일되거나 실행되지 않으므로 죽은 코드나 마찬가지입니다. 주석은 한 번 설명했던 코드에서 벗어나는 경향이 있고 자칫하다 관련성이 없고 방향을 잘못 지시하는 떠다니는 섬이 될 수 있습니다. 깔끔한 코드에는 주석이 거의 필요하지 않습니다. 이제부터 소개하는 레시피에서 주석을 사용하는 기준과 방법을 찾아보세요.

8.1 주석 처리된 코드 제거하기

문제 주석 처리된 코드가 있습니다.

해결 주석 처리된 코드를 그대로 두지 마세요. 소스 버전 관리 시스템을 사용해 주석 처리된 코드를 안전하게 제거하세요.

설명 2000년대 이전에는 버전 관리 시스템이 흔하지 않았고 테스트 자동화가 일반적이지 않았습니다. 개발자가 작은 변경 사항을 디버깅하고, 테스트하기 위해 일부 코드에 주석을 추가하는 것이 흔했지만, 오늘날에는 이러한 방식이 엉성하다고 여겨집니다. 대신, 이전 버전과 변경 사항을 찾을 수 있는 git bisect와 같은 다양한 도구를 사용해 개선된 버전 관리 및 디버깅 방법을 사용합니다.

8.5절 '주석을 함수명으로 변환하기'를 사용하면 코드를 추출해 함수 호출에만 주석을 추가할 수 있습니다. 주석이 더 이상 필요하지 않다고 판단되면 주석이 달린 함수를 제거하고 사용하지 않는 메서드를 정리해 코드를 리팩터링할 수 있습니다. 마지막으로 모든 테스트를 통과한 후, 클린 코드 원칙에 따라 주석을 제거합니다.

다음 예제에는 주석으로 적용된 코드가 있습니다.

```javascript
function arabicToRoman(num) {
  var decimal = [1000, 900, 500, 400, 100, 90, 50, 40, 10, 9, 5, 4, 1];
  var roman = ['M', 'CM', 'D', 'CD', 'C', 'XC',
               'L', 'XL', 'X', 'IX', 'V', 'IV', 'I'];
  var result = '';

  for(var i = 0; i < decimal.length; i++) {
```

```
    // print(i)
    while(num >= decimal[i]) {
      result += roman[i];
      num -= decimal[i];
    }
  }
  // if (result > 0 return ' ' += result)

  return result;
}
```

테스트를 통과하면 주석을 안전하게 제거할 수 있습니다.

```javascript
function arabicToRoman(arabicNumber) {
  var decimal = [1000, 900, 500, 400, 100, 90, 50, 40, 10, 9, 5, 4, 1];
  var roman = ['M', 'CM', 'D', 'CD', 'C', 'XC',
               'L', 'XL', 'X', 'IX', 'V', 'IV', 'I'];
  var romanString = '';

  for(var i = 0; i < decimal.length; i++) {
    while(arabicNumber >= decimal[i]) {
      romanString += roman[i];
      num -= decimal[i];
    }
  }

  return romanString;
}
```

이 레시피를 언제 사용해야 하는지 정확히 결정하는 것은 어렵습니다. 하지만 일부 상용 린터 및 머신러닝 분석기를 통해 주석을 감지하거나 구문을 분석해 제거하세요.

> **노트 git bisect**
>
> 깃은 소프트웨어 개발을 위한 버전 관리 시스템입니다. 코드 변경 사항을 추적하고, 다른 사용자와 공동 작업하고, 필요한 경우 이전 버전으로 되돌릴 수 있습니다. 깃은 모든 파일의 전체 버전을 저장합니다. 또한 동일한 코드베이스에서 작업하는 여러 개발자를 관리할 수도 있습니다.
>
> git bisect는 코드에 특정 변경 사항을 도입한 커밋을 찾는 데 유용한 명령입니다. 이 과정은 결함이 없는 것으로 알려진 '좋은' 커밋과 변경 사항이 포함된 것으로 알려진 '나쁜' 커밋을 지정하는 것으로 시작됩니다. 이 과정을 반복하면 문제가 있는 커밋을 찾고 근본적인 원인을 빠르게 색출할 수 있습니다.

관련 레시피

- 8.2절 '더 이상 사용하지 않는 주석 제거하기'

- 8.3절 '논리적인 주석 제거하기'

- 8.5절 '주석을 함수명으로 변환하기'

- 8.6절 '메서드 내부 주석 제거하기'

8.2 더 이상 사용하지 않는 주석 제거하기

문제 더 이상 정확하지 않은 주석이 있습니다.

해결 더 이상 사용하지 않는 주석은 제거하세요.

설명 주석은 코드에 가치를 추가하지 않으므로 매우 중요한 설계 결정에만 제한적으로 사용해야 합니다. 대부분의 사람이 코드의 로직을 변경하고 주석을 업데이트하는 것을 잊어버리기 때문에 주석은 쓸모없게 될 가능성이 높습니다. 주석을 추가하기 전에 신중하게 생각하세요. 일단 코드베이스에 들어가면 사용자가 통제할 수 없으며 언제든지 오해를 불러일으킬 수 있습니다. 론 제프리스^{Ron Jeffries}는 이렇게 말했습니다. "코드는 거짓말을 하지 않지만 주석은 가끔 거짓말을 하기도 합니다." 주석은 제거하거나 테스트로 대체할 수 있습니다(8.7절 '주석을 테스트로 대체하기' 참조).

다음 예제의 작성자는 필요한 변경 사항을 주석으로 남겼습니다.

```cpp
void Widget::displayPlugin(Unit* unit)
{
  // TODO 플러그인은 곧 수정될 예정이므로, 지금은 구현하지 않습니다.

  if (!isVisible) {
    // 모든 위젯 숨김
    return;
  }
}
```

주석을 삭제하고 **TODO**(할일)나 **FIXME**(수정 필요)를 남기지 않아야 합니다(21.4절 'TODO 와 FIXME 방지 및 제거하기' 참조).

```cpp
void Widget::displayPlugin(Unit* unit)
{
  if (!isVisible) {
    return;
  }
}
```

> **주의** 예외로 이 장의 레시피로 설명할 수 없는 중요한 설계 결정(예: 코드가 실제로 수행하는 작업과 관련이 없는 성능, 보안 등에 대한 중요한 결정)과 관련된 주석은 삭제하면 안 됩니다.

관련 레시피

- 8.1절 '주석 처리된 코드 제거하기'
- 8.3절 '논리적인 주석 제거하기'
- 8.5절 '주석을 함수명으로 변환하기'
- 8.7절 '주석을 테스트로 대체하기'

8.3 논리적인 주석 제거하기

문제 코드의 if 조건에 참(true) 또는 거짓(false)과 같은 조건문 주석이 있습니다.

해결 코드를 건너뛰기 위해 코드의 의미를 변경하지 마세요. 죽은 조건문을 제거하세요.

설명 논리적인 주석은 코드의 가독성을 떨어뜨리고, 의도를 드러내지 않으며, 엉성함을 나타냅니다. 일시적인 변경은 소스 제어 시스템에 의존하세요. 일시적으로 특정 동작을 위해 코드를 변경하면 일부 내용을 잊어버릴 수 있어 영구적인 문제를 남길 수 있습니다. 개발자에게 좋지 않은 습관이죠.

다음 예제는 더 빠르게 디버깅하기 위해 doStuff() 함수를 피하는 방법으로 거짓 조건을 추가했습니다.

```javascript
if (cart.items() > 11 && user.isRetail())  {
  doStuff();
}
doMore();
// 프로덕션 코드
```

다음은 거짓(false)을 추가한 후의 모습입니다.

```javascript
// 임시로 if 조건을 건너뛰기 위해 거짓(false) 행위를 함
if (false && cart.items() > 11 && user.isRetail())  {
  doStuff();
}
doMore();

if (true || (cart.items() > 11 && user.isRetail()))  {
// 조건을 강제로 실행하기 위한 임시 코드로 참(true)을 넣고 그 이후는 평가되지 않음
}
```

이 방법 대신, 적절한 디버깅을 위해 두 가지 경우를 서로 다른 단위 테스트로 다뤄야 합니다.

```javascript
if (cart.items() > 11 && user.isRetail())  {
  doStuff();
}
doMore();
// 프로덕션 코드

// 만약 조건을 강제하거나 건너뛰어야 하는 경우
// 실제 상황을 강제하는 커버 테스트를 통해 수행하고 코드 수정을 피함

testLargeCartItems()
testUserIsRetail()
```

관심사 분리는 매우 중요하며, 비즈니스 로직과 임시로 처리하는 로직은 항상 분리해서 처리해야 합니다.

노트 **관심사 분리**

관심사 분리separation of concern(SoC)란 소프트웨어 시스템을 별개의 독립된 부분으로 나누고 각 부분이 전체 시스템의 특정 측면 또는 우려 사항을 처리하도록 하는 개념입니다. 이 접근의 핵심 목표는 코드를 더 작고 관리하기 쉬운 부분으로 나눠 개발자가 한 번에 하나의 관심사에 집중하도록 합니다. 따라서 코드 재사용성, 확장성, 이해의 용이성을 향상하는 모듈식 유지 관리가 가능한 설계를 만드는 것이죠.

관련 레시피

• 8.1절 '주석 처리된 코드 제거하기'

8.4 게터 주석 제거하기

문제 **사소한 주석이 달린 게터가 있습니다.**

해결 게터를 사용하지 마세요. 게터나 기타 사소한 기능에 대해서는 주석을 달지 마세요.

설명 이 레시피는 사소한 주석뿐만 아니라 게터가 있는 이중 문제를 다룹니다. 수십 년 전만 해도 사람들은 모든 방법에 대해 주석을 달곤 했습니다. 심지어 사소한 것까지요. 다음은 getPrice() 함수에 대한 게터 주석의 예제입니다.

Solidity

```solidity
contract Property {
    int private price;

    function getPrice() public view returns(int) {
        /* Price(가격) 반환 */

        return price;
    }
}
```

게터 주석을 제거한 후의 모습은 다음과 같습니다.

```Solidity
contract Property {
    int private _price;

    function price() public view returns(int) {
        return _price;
    }
}
```

예외적으로 함수에 주석이 필요한데 해당 함수가 게터인 경우라면 주석을 추가해도 괜찮습니다(설계 결정과 관련된 경우라면 말이죠).

관련 레시피

- 3.1절 '빈약한 객체를 풍성한 객체로 변환하기'
- 3.8절 '게터 제거하기'
- 8.5절 '주석을 함수명으로 변환하기'

8.5 주석을 함수명으로 변환하기

문제 코드에 주석이 매우 많습니다. 주석은 구현과 결합되어 있고, 유지 관리가 거의 이루어지지 않습니다.

해결 주석에서 파생된 이름으로 로직을 나타내는 함수로 변환하세요.

설명 함수가 수행해야 하는 작업을 설명하는 주석이 있는 경우, 가장 좋은 해결책은 해당 주석을 함수 이름에 포함하는 것입니다. 의도를 드러내도록 하세요. 나쁜 이름에 대해 친절하게 주석으로 설명하는 다음 함수를 확인하세요.

```PHP
final class ChatBotConnectionHelper {
    // ChatBotConnectionHelper는 봇 플랫폼 연결에 필요한
    // 문자열을 만드는 데 사용됨
    // 해당 클래스의 getString() 함수를 통해 연결 문자열 사용

    function getString() {
        // Chatbot에서 연결 문자열 가져오기
```

```php
      }
  }
```

레시피를 적용하면 주석 없이 의도를 드러내는 클래스와 함수 이름을 갖게 됩니다.

```php
final class ChatBotConnectionSequenceGenerator {

    function connectionSequence() {
    }
}
```
PHP

경험상 린터로 주석을 감지하고, 감지된 주석으로 주석과 코드 줄의 비율을 미리 정의된 임곗값(이상적으로 1에 가까운 값)을 이용해 평가할 수 있습니다.

관련 레시피

- 8.6절 '메서드 내부 주석 제거하기'

8.6 메서드 내부 주석 제거하기

문제 메서드 내부에 주석이 있습니다.

해결 메서드 내부에 주석을 추가하지 마세요. 매우 복잡한 설계 결정을 내릴 때에만 선언적 주석을 남기세요.

설명 메서드 내부의 주석은 큰 동작을 작은 동작으로 분할합니다. 10.7절 '메서드를 객체로 추출하기'를 적용해 부여하는 메서드의 이름을 주석 설명과 함께 변경해야 합니다. 다음은 주석으로 구분된 긴 메서드입니다.

```javascript
function recoverFromGrief() {
    // 부정 단계
    absorbTheBadNews();
    setNumbAsProtectiveState();
    startToRiseEmotions();
```
JavaScript

```javascript
    feelSorrow();

    // 분노 단계
    maskRealEffects();
    directAngerToOtherPeople();
    blameOthers();
    getIrrational();

    // 협상 단계
    feelVulnerable();
    regret();
    askWhyToMyself();
    dreamOfAlternativeWhatIfScenarios();
    postponeSadness();

    // 우울 단계
    stayQuiet();
    getOverwhelmed();
    beConfused();

    // 수용 단계
    acceptWhatHappened();
    lookToTheFuture();
    reconstructAndWalktrough();
}
```

이를 다음과 같이 분리하면 더 가독성이 높아집니다.

```javascript
function recoverFromGrief() {
    denialStage();
    angerStage();
    bargainingStage();
    depressionStage();
    acceptanceStage();
}

function denialStage() {
    absorbTheBadNews();
    setNumbAsProtectiveState();
    startToRiseEmotions();
    feelSorrow();
}
```

```
function angerStage() {
    maskRealEffects();
    directAngerToOtherPeople();
    blameOthers();
    getIrrational();
}

function bargainingStage() {
    feelVulnerable();
    regret();
    askWhyToMyself();
    dreamOfAlternativeWhatIfScenarios();
    postponeSadness();
}

function depressionStage() {
    stayQuiet();
    getOverwhelmed();
    beConfused();
}

function acceptanceStage() {
    acceptWhatHappened();
    lookToTheFuture();
    reconstructAndWalktrough();
}
```

주석은 명확하지 않은 설계 결정을 문서화하는 데 중요한 역할을 하므로 함수 본문 내에 배치해서는 안 됩니다.

관련 레시피

- 6.2절 '빈 줄 제거하기'

- 6.7절 '설계 결정 기록하기'

- 8.5절 '주석을 함수명으로 변환하기'

- 10.7절 '메서드를 객체로 추출하기'

- 11.1절 '너무 긴 메서드 나누기'

8.7 주석을 테스트로 대체하기

문제 함수가 수행하는 작업(또는 이를 달성하는 방법)을 설명하는 주석이 있는데, 정적이고 오래된 설명 대신 동적이고 잘 유지 관리되는 문서화를 원합니다.

해결 주석을 가져와서 함축시켜 이를 함수명으로 사용하세요. 코드를 테스트한 뒤 주석을 제거하세요.

설명 주석은 거의 유지 관리되지 않으며 테스트보다 읽기가 더 어렵습니다. 때로는 관련 없는 구현 정보가 포함되기도 합니다. 메서드의 기능을 설명하는 주석을 가져와서, 주석이 무엇을 설명하는지 알 수 있도록 메서드 이름을 변경하고, 이를 검증하는 테스트를 만들고 관련 없는 구현 세부 정보를 생략하세요.

다음은 함수가 수행하는 작업과 수행 방법을 설명하는 간단한 예제입니다.

```python
def multiply(a, b):
    # 이 함수는 두 숫자를 곱한 결과를 반합니다.
    # 만약 숫자 중 하나가 0이면 결과는 0입니다.
    # 만약 두 숫자가 모두 양수이면 결과는 양수입니다.
    # 만약 두 숫자가 모두 음수이면 결과는 양수입니다.
    # 곱셈은 기본 연산자를 호출해 수행됩니다.
    return a * b

# 이 코드에는 함수의 기능을 설명하는 주석이 있습니다.
# 코드의 동작을 이해하기 위해 이 주석에 의존하는 대신
# 함수의 동작을 확인하는 몇 가지 단위 테스트를 작성할 수 있습니다.
```

주석을 제거하고 테스트 케이스를 생성한 코드는 다음과 같습니다.

```python
def multiply(first_multiplier, second_multiplier):
    return first_multiplier * second_multiplier

class TestMultiply(unittest.TestCase):
    def test_multiply_both_possitive_outcome_is_possitive(self):
        result = multiply(2, 3)
        self.assertEqual(result, 6)

    def test_multiply_both_negative_outcome_is_positive(self):
```

```
            result = multiply(-2, -4)
            self.assertEqual(result, 8)

        def test_multiply_first_is_zero_outcome_is_zero(self):
            result = multiply(0, -4)
            self.assertEqual(result, 0)

        def test_multiply_second_is_zero_outcome_is_zero(self):
            result = multiply(3, 0)
            self.assertEqual(result, 0)

        def test_multiply_both_are_zero_outcome_is_zero(self):
            result = multiply(0, 0)
            self.assertEqual(result, 0)

    # test_multiply라는 테스트 함수를 정의합니다.
    # 이는 다른 인수를 사용해 곱하기 함수를 호출하고
    # assertEqual 메서드를 사용해 결과가 올바른지 확인합니다.

    # 1. 함수가 수행하는 작업을 설명하는 메서드의 주석을 가져옵니다.
    # 2. 주석이 무엇을 설명하는지 알 수 있도록 메서드의 이름을 변경합니다.
    # 3. 주석을 검증할 수 있는 테스트를 만듭니다.
    # 4. 관련 없는 구현 세부 정보를 생략합니다.
```

주석을 다시 작성하고 핵심 내용을 간결하게 표현할 수 있지만, 항상 알고리듬처럼 진행할 수 있는 것은 아닙니다. 이는 안전한 리팩터링은 아니지만 적용 범위를 늘립니다. 예외적으로 **private** 메서드는 테스트할 수 없습니다(20.1절 'private 메서드 테스트하기' 참조). 드물지만 **private** 메서드의 주석을 대체해야 하는 경우에는 10.7절 '메서드를 객체로 추출하기'를 사용해 간접적으로 테스트하거나 다른 객체로 부여해야 합니다. 항상 그렇듯이 중요한 설계 결정을 설명하는 주석은 남길 수 있습니다.

관련 레시피

- 8.2절 '더 이상 사용하지 않는 주석 제거하기'

- 8.4절 '게터 주석 제거하기'

- 10.7절 '메서드를 객체로 추출하기'

- 20.1절 'private 메서드 테스트하기'

## CHAPTER 9

표준

표준의 장점은 선택할 수 있는 모델이 많다는 것입니다. 또한, 마음에 드는 모델이 없다면 내년 모델을 기다리면 됩니다.

앤드루 S. 타넨바움[Andrew S. Tanenbaum],

『컴퓨터 네트워크』(피어슨에듀케이션코리아, 2011)

9.0 소개

대규모 조직에서는 서로 다른 팀과 개발자가 공통의 규칙과 모범 사례에 따라 작업할 수 있도록 코드 규칙을 마련하는 것이 중요합니다. 이렇게 하면 코드가 일관되고 이해하기 쉬워져 작업 및 유지 관리하기 쉽고 코드베이스의 전반적인 품질도 향상할 수 있습니다. 일련의 코딩 표준을 적용함으로써 조직은 개발자가 모범 사례를 따르고 안정성과 확장성, 유지 관리 가능성이 높은 코드를 작성하도록 보장합니다.

9.1 코딩 표준 준수하기

문제 개발자 여러 명과 함께 대규모 코드베이스에서 작업합니다. 모든 코드를 동일한 구조와 규칙으로 읽어야 하지만 다양한 표준이 혼재되어 있습니다.

해결 조직 전체가 동일한 표준을 따르고 시행하세요(가능한 경우 자동으로).

설명 혼자서 프로젝트를 진행하는 것은 쉽지만, 해당 작업을 몇 달 후에 다시 하려면 쉽지 않습니다. 개발자 여러 명과 함께 작업하려면 몇 가지 합의가 필요합니다. 공통 코딩 표준을 따르면 유지 관리와 가독성에 유리하고 코드 검토자에게도 도움이 됩니다. 대부분의 최신 언어에는 PHP의 PSR2(https://oreil.ly/DZlCv)와 같은 공통 코딩 표준이 있으며, 최신 IDE 대부분은 이를 자동으로 적용합니다.

이 예제에서는 혼재된 코딩 표준을 볼 수 있습니다.

```java
public class MY_Account {
    // 클래스 이름에 대소문자와 밑줄 문자를 다르게 사용합니다.

    private Statement privStatement;
    // 속성에는 접근성에 대한 접두사가 있습니다.

    private Amount currentbalance = amountOf(0);

    public SetAccount(Statement statement) {
        this.statement = statement;
    }
    // 세터와 게터는 정규화되어 있지 않습니다.

    public GiveAccount(Statement statement)
    { this.statement = statement; }
    // 들여쓰기가 균일하지 않습니다.
    // 함수 정의 다음에 중괄호가 열립니다.
    public void deposit(Amount value, Date date) {
        recordTransaction(
         value, date
        );
        // 일부 변수는 역할이 아닌 유형 이름을 따서 표현됩니다.
        // 괄호 사용이 일관되지 않습니다.
    }
```

```java
    public void extraction(Amount value, Date date) {
        recordTransaction(value.negative(), date);
        // deposit(입금)의 반대는 withdrawal(출금)이어야 합니다.
        // (extraction은 추출을 의미함)
    }

    public void voidPrintStatement(PrintStream printer)
    {
    statement.printToPrinter(printer);
    // 이름은 불필요합니다.
    }

    private void privRecordTransactionAfterEnteredthabalance(
        Amount value, Date date) {

        Transaction transaction = new Transaction(value, date);
        Amount balanceAfterTransaction =
            transaction.balanceAfterTransaction(balance);

        balance = balanceAfterTransaction;

        statement.addANewLineContainingTransation(
            transaction, balanceAfterTransaction);
        // 명명 규칙이 균일하지 않습니다.
        // 줄 바꿈이 일관되지 않습니다.
    }
}
```

다음은 (임의의) 공통 코딩 표준을 따르는 경우입니다.

```java
public class Account {

    private Statement statement;

    private Amount balance = amountOf(0);

    public Account(Statement statement) {
        this.statement = statement;
    }

    public void deposit(Amount value, Date date) {
        recordTransaction(value, date);
```

```
    }

    public void withdrawal(Amount value, Date date) {
        recordTransaction(value.negative(), date);
    }

    public void printStatement(PrintStream printer) {
        statement.printOn(printer);
    }

    private void recordTransaction(Amount value, Date date) {
        Transaction transaction = new Transaction(value, date);
        Amount balanceAfterTransaction =
            transaction.balanceAfterTransaction(balance);
        balance = balanceAfterTransaction;
        statement.addLineContaining(transaction, balanceAfterTransaction);
    }
}
```

린터와 IDE는 병합 요청이 승인되기 전에 코딩 표준을 테스트해야 하며, 객체, 클래스, 인터페이스, 모듈 등과 같은 소프트웨어 요소와 관련된 명명 규칙에 대한 고유한 규칙을 추가할 수 있습니다. 명명 규칙, 서식, 코드 스타일과 관련한 표준을 잘 준수하며 작성하면 클린 코드가 됩니다. 표준은 자신과 코드를 읽는 모두에게 명확하고 결정적인 정보를 제공하기 때문에 유용합니다.

구문 분석기나 컴파일러에 의한 자동 코드 서식 지정은 기계가 사용자의 명령어를 해석하는 방식에 대한 피드백을 제공하면서, 여기서 발생하는 불일치를 방지하고, 빠르게 실패하기 원칙을 따르는 방식입니다. 코드 스타일 지정은 대규모 조직에서 집단 소유권을 시행하기 위해 자동으로 의무화되어 있습니다.

> **노트 공동 소유권**
>
> **공동 소유권**collective ownership이란 누가 작성했는지에 관계없이 개발 팀의 모든 구성원이 코드베이스의 모든 부분을 변경할 수 있는 권한을 갖는 것입니다. 이는 공동의 책임 의식을 고취해 코드를 더 관리하기 쉽고 개선하기 쉽게 만들기 위함입니다.

관련 레시피

- 7.8절 '맞춤법 오류 수정하기'
- 10.4절 '코드에서 교묘함 제거하기'

9.2 들여쓰기 표준화하기

문제 코드 내에 들여쓰기에 탭^{tab}과 스페이스^{space}가 혼재되어 있습니다.

해결 들여쓰기 스타일을 혼용하지 마세요. 한 가지 스타일을 선택해 그 스타일만 고수하세요.

설명 어떤 스타일이 더 나은지에 대한 다양한 의견이 있지만, 여러분이 결정하면 됩니다. 여기서 가장 중요한 것은 코드의 일관성이죠. 코딩 표준 테스트를 통해 일관적인 들여쓰기 스타일을 강제할 수 있습니다. 다음은 여러 스타일이 혼재된 예제입니다.

```JavaScript
// 다음 코드에서 화살표(--->)는 탭을 의미하고,
// 마침표(.)는 스페이스를 의미합니다.
function add(x, y) {
  // --->..return x + y;
     return x + y;
}

function main() {
  // --->var x = 5,
  // --->....y = 7;
   var x = 5,
       y = 7;
}
```

add 함수를 표준화하면 다음과 같습니다.

```JavaScript
function add(x, y) {
  // --->return x + y;
    return x + y;
}
```

파이썬과 같은 일부 언어는 들여쓰기를 구문의 일부로 간주합니다. 이러한 언어에서 들여쓰기는 코드 의미를 변경하기 때문에 의도적 변경으로 보기는 어렵습니다. 다만 일부 IDE는 하나의 규칙을 다른 규칙으로 자동으로 변환하기도 합니다.

관련 레시피

- 9.1절 '코딩 표준 준수하기'

9.3 대소문자 규칙 통일하기

문제 전 세계의 다양한 사람들이 서로 다른 대소문자 규칙을 사용해 유지 관리하는 코드베이스가 있습니다.

해결 여러 가지 대소문자 규칙을 혼용하지 말고 그중 하나를 선택해 적용하세요.

설명 어떤 사람은 캐멀 케이스^{camel case}를 선호하고, 다른 사람은 스네이크 케이스^{snake case}나 MACRO_CASE 등을 선호하듯이 여러 사람이 함께 소프트웨어를 만들 때 개인적 또는 문화적 차이가 있을 수 있습니다. 코드는 간단하고 읽기 쉬워야 합니다. 자바의 경우 캐멀 케이스(camelCase), 파이썬의 경우 스네이크 케이스(snake_case)와 같은 대소문자에 대한 표준 언어 규칙도 있습니다.

다음은 여러 가지 대소문자 규칙을 JSON 파일에 혼용한 예입니다.

```
{
    "id": 2,
    "userId": 666,
    "accountNumber": "12345-12345-12345",
    "UPDATED_AT": "2022-01-07T02:23:41.305Z",
    "created_at": "2019-01-07T02:23:41.305Z",
    "deleted at": "2022-01-07T02:23:41.305Z"
}
```

이 중 하나만 선택하면 다음과 같이 표현할 수 있습니다.

```
{
    "id": 2,
    "userId": 666,
    "accountNumber": "12345-12345-12345",
    "updatedAt": "2022-01-07T02:23:41.305Z",
    "createdAt": "2019-01-07T02:23:41.305Z",
    "deletedAt": "2022-01-07T02:23:41.305Z"
    // 물론, 이 표준이 항상 적합한 것은 아닙니다.
}
```

조직에서는 광범위한 명명 규칙과 표준을 린터를 통해 시행하게 할 수 있습니다. 조직에 새로운 사람이 입사할 때마다 자동화된 테스트를 통해 표준을 준수하도록 유지하는 것이 필요합니다. 다만, 본인의 범위에서 벗어나는 코드에 기여를 하게 될 경우, 조직의 표준이 아닌 클라이언트의 표준을 따르는 것이 중요합니다.

관련 레시피

- 9.1절 '코딩 표준 준수하기'

9.4 영어로 코드 작성하기

문제 비즈니스 이름은 번역하기 어렵기 때문에 영어가 아닌 현지 언어를 사용하는 코드가 있습니다.

해결 영어를 고수하세요. 비즈니스 이름도 영어로 번역해야 합니다.

설명 모든 프로그래밍 언어는 영어로 작성됩니다. 90년대의 몇 가지 실패한 실험을 제외하면, 모든 현대 프로그래밍 언어는 기본 요소와 프레임워크에 영어를 사용합니다. 중세 유럽에서 글을 읽거나 쓰려면 라틴어를 배워야 했죠. 오늘날 영어를 사용하는 프로그래밍 언어에서도 마찬가지입니다. 영어와 영어가 아닌 이름을 혼합하면 다형성(14.14절 '비다형성 함수를 다형성으로 변환하기' 참조), 인지 부하 증가, 구문 실수, 전단사(2장 '공리 설정' 참조) 불일치 등의 문제가 발생할 수 있습니다. 오늘날 대부분의 IDE와 린터에는 번역 도구 또는 동의어 사전이 있으며, 영어가 아닌 다른 언어의 영어 번역문을 검색할 수 있습니다.

다음 예제에는 영어와 스페인어가 혼합되어 있습니다.

```javascript
const elements = new Set();
elements.add(1);
elements.add(1);

// 다음은 표준 집합(set)입니다.
// 집합(set)은 중복되는 값을 저장하지 않습니다.
echo elements.size() // 1을 출력합니다.

// 기존 도메인을 확장하기 때문에
// 스페인어를 이용해 다중 집합(multiset)을 정의했습니다.
var moreElements = new MultiConjunto();

// multiconjunto는 스페인어로 다중 집합(multiset)을 의미합니다.
// agregar는 스페인어로 추가(add)를 의미합니다.
moreElements.agregar('hello');
moreElements.agregar('hello');
echo moreElements.size() // 다중 집합이기 때문에 2를 출력합니다.

// elements와 moreElements는 다형성에 부합하지 않습니다.
// 구현된 함수를 서로 사용할 수 없습니다.

class Person {
  constructor() {
    this.visitedCities = new Set();
  }

  visitCity(city) {
    this.visitedCities.add(city);
    // 집합(set)을 다중 집합(MultiConjunto)으로 변경하면 작동하지 않습니다.
    // 집합은 add()를 기대하지만 다중 집합은 agregar()를 기대하기 때문입니다.
  }
}
```

영어로만 작성한 모습은 다음과 같습니다.

```javascript
const elements = new Set();
elements.add(1);
elements.add(1);

// 다음은 표준 집합(set)입니다.
```

```
echo elements.size() //  1을 출력합니다.

// 다중 집합을 영어로 정의했습니다.
var moreElements = new MultiSet();

moreElements.add('hello');
moreElements.add('hello');
echo moreElements.size() // 다중 집합이기 때문에 2를 출력합니다.
// elements와 moreElements는 다형성에 부합합니다.
// 둘 중 하나를 Person 클래스에서 사용할 수 있습니다. 심지어 런타임에서도요.
```

9.5 매개변수 순서 통일하기

문제 사용하는 매개변수들이 일관되지 않습니다.

해결 독자를 헷갈리게 하지 마세요. 일관된 순서를 유지하세요.

설명 코드는 산문처럼 읽힙니다. 모든 메서드를 같은 순서로 읽어야 합니다. 프로그래밍 언어가 명명된 매개변수를 지원하는 경우 이를 사용할 수도 있습니다. 다음 예제의 두 메서드는 비슷해 보입니다.

`JavaScript`
```
function giveFirstDoseOfVaccine(person, vaccine) { }

function giveSecondDoseOfVaccine(vaccine, person) { }

giveFirstDoseOfVaccine(jane, flu);
giveSecondDoseOfVaccine(jane, flu);
// 매개변수 순서를 변경했음에도 해당 실수가 눈에 띄지 않습니다.
```

매개변수의 정렬에 일관성을 유지하면 다음과 같은 모양이 됩니다.

`JavaScript`
```
function giveFirstDoseOfVaccine(person, vaccine) { }

function giveSecondDoseOfVaccine(person, vaccine) { }
```

```javascript
giveFirstDoseOfVaccine(jane, flu);
giveSecondDoseOfVaccine(jane, flu);
```

명명된 인수를 사용하는 경우의 코드는 다음과 같습니다.

```javascript
function giveFirstDoseOfVaccine(person, vaccine) { }

giveFirstDoseOfVaccine(person=jane, vaccine=flu);
// giveFirstDoseOfVaccine과 동일(vaccine=flu, person=jane);
giveSecondDoseOfVaccine(person=jane, vaccine=flu);
// giveSecondDoseOfVaccine과 동일(vaccine=flu, person=jane);
```
`JavaScript`

노트 **명명된 매개변수**

명명된 매개변수 named parameter는 프로그래머가 매개변수 목록에서 매개변수의 위치가 아닌 이름을 제공해 매개변 숫값을 지정할 수 있도록 하는 것으로, 여러 프로그래밍 언어가 이를 지원합니다. 키워드 인수라고도 부릅니다.

관련 레시피

- 7.16절 '중복 매개변수 이름 제거하기'
- 11.2절 '과도한 인자 줄이기'

9.6 깨진 유리창 수정하기

문제 코드의 일부를 변경하고 있는데, 다른 부분에서 적합한 위치에 있지 않은 것을 발견했습니다.

해결 보이 스카우트 규칙(7.4절 'result 변수 이름 변경하기' 참조)에 따라 코드를 처음 발견 했을 때보다 더 깔끔하게 수정하세요. 엉망이 된 코드를 발견하면 누가 만들었는지와는 상관없 이 정리해버리세요. 문제가 발견되면 수정하세요.

설명 개발자는 코드를 작성하는 횟수보다 읽는 횟수가 훨씬 더 많습니다. 읽은 코드에 오류 가 있는 경우 책임감을 갖고 더 나은 상태로 개선하세요. 다른 변경 작업을 하다가 다음과 같은 코드를 발견할 수 있습니다.

```cpp
int mult(int a,int other)
    { int prod
      prod= 0;
      for(int i=0;i<other ;i++)
        prod+= a ;
          return prod;
    }

// 서식, 네이밍, 할당, 표준에 일관성이 없습니다.
```

여러 레시피를 적용해 코드를 변경하세요.

```cpp
int multiply(int firstMultiplier, int secondMultiplier) {
  int product = 0;
  for(int index=0; index<secondMultiplier; index++) {
    product += firstMultiplier;
  }
  return product;
}

// 또는 그냥 곱하세요. :)
```

변경을 두려워하지 말고 항상 비즈니스 기능에 영향을 미치지 않도록 테스트 커버리지를 확보하기 위해 노력해야 합니다. 소프트웨어 개발은 팀 단위의 활동이므로 이러한 종류의 변경을 수행하는 동안 합의를 찾아야 한다는 점을 기억하세요.

관련 레시피

- 9.2절 '들여쓰기 표준화하기'
- 9.3절 '대소문자 규칙 통일하기'
- 21.4절 'TODO와 FIXME 방지 및 제거하기'

## CHAPTER 10

복잡성

객체 지향 프로그래밍은 복잡성을 관리함으로써 관련 메트릭metric의 가치를 높입니다. 복잡성을 처리하는 데 가장 효과적인 도구는 추상화입니다. 다양한 유형의 추상화를 사용할 수 있지만 캡슐화는 객체 지향 프로그래밍에서 복잡성을 관리하는 주요 추상화 방법입니다.

레베카 워프스-브록Rebecca Wirfs-Brock, 브라이언 윌킨슨Brian Wilkinson,
「Object-Oriented Design: A Responsibility-Driven Approach」

10.0 소개

데이비드 팔리에 따르면 뛰어난 소프트웨어 엔지니어가 되려면 학습의 전문가가 되어야 하며, 여러분의 유일한 의무는 우발적인 복잡성accidental complexity을 가능한 한 가장 낮은 수준으로 유지하는 것입니다. 복잡성은 모든 대규모 소프트웨어 시스템에 존재하며 종종 문제의 주요 원인이 됩니다. 젊은 소프트웨어 개발자와 숙련된 개발자의 핵심적인 차이점은 우발적인 복잡성을 어떻게 관리하고 최소로 유지하느냐에 있습니다.

10.1 반복되는 코드 제거하기

문제 코드에 중복된 동작이 있습니다. 코드는 텍스트가 아니므로 중복된 동작은 중복된 코드와 동일하지 않습니다.

해결 누락된 추상화를 찾아 반복되는 동작을 그곳으로 옮겨야 합니다.

설명 중복된 코드는 유지 관리의 효율성을 떨어뜨리고 중복 배제 원칙에 위배됩니다. 또한 유지 관리 비용이 증가하고 변경에 많은 시간이 소요되고 오류가 발생하기 쉽습니다. 코드에 결함이 있다면 여러 곳에 결함이 존재할 수 있습니다. 또한 중복된 코드는 추상화가 누락되어 재사용성이 떨어집니다. 복사 붙여넣기 명령을 사용하기 전에 이러한 단점을 고려해야 합니다.

다음은 WordProcessor(워드 프로세서)와 Obfuscator(난독화 도구)에서 사용되는 중복된 텍스트 교체기^{text replacer}의 코드입니다.

```php
class WordProcessor {

    function replaceText(string $patternToFind, string $textToReplace) {
        $this->text = '<<<' .
            str_replace($patternToFind, $textToReplace, $this->text) . '>>>';
    }
}

final class Obfuscator {

    function obfuscate(string $patternToFind, string $textToReplace) {
        $this->text =
            strlower(str_ireplace($patternToFind, $textToReplace, $this->text));
    }
}
```

텍스트 교체기 로직을 새로운 추상화로 캡슐화하면 다음과 같습니다.

```php
final class TextReplacer {
    function replace(
        string $patternToFind,
        string $textToReplace,
        string $subject,
```

```
        string $replaceFunctionName,
        $postProcessClosure) {
        return $postProcessClosure(
            $replaceFunctionName($patternToFind, $textToReplace, $subject));
    }
}

// 다양한 테스트 작성을 통해 텍스트 교체기에 대한 신뢰도를 높일 수 있습니다.

final class WordProcessor {
    function replaceText(string $patternToFind, string $textToReplace) {
        $this->text = (new TextReplacer())->replace(
            $patternToFind,
            $textToReplace,
            $this->text,
            'str_replace', fn($text) => '<<<' . $text . '>>>');
    }
}

final class Obfuscator {
    function obfuscate(string $patternToFind, string $textToReplace) {
        $this->text = (new TextReplacer())->replace(
            $patternToFind,
            $textToReplace,
            $this->text,
            'str_ireplace', fn($text) => strlower($text));
    }
}
```

린터는 반복되는 코드를 찾을 수는 있지만 유사한 패턴을 찾는 데는 능숙하지 않습니다. 조만간 머신러닝이 이러한 추상화를 자동으로 찾아낼 수 있게 되겠지만, 리팩터링 도구를 사용해 코드를 리팩터링하고 테스트를 안전망처럼 배치해야 합니다.

> **노트** **복사 붙여넣기 프로그래밍**
>
> 복사 붙여넣기 프로그래밍은 새로운 코드를 작성하는 대신 기존 코드를 복사해 다른 위치에 붙여넣는 기법입니다. 복사 붙여넣기를 많이 활용하면 코드를 유지 관리하기 어려워집니다.

관련 레시피

- 19.3절 '코드 재사용을 위한 하위 분류 나누기'

10.2 설정/구성 및 기능 토글 제거하기

문제 코드가 전역 구성, 설정 또는 기능 토글에 의존합니다.

해결 기능이 어느 정도 안정화되면 관련 맞춤화된 기능 토글을 식별하고 추적한 후에 제거할 수 있습니다. 구성을 작은 객체로 재구성하세요.

노트 **기능 플래그**

기능 플래그feature flag(기능 토글feature toggle 또는 기능 스위치feature switch라고도 함)를 사용하면 전체 신규 배포 없이도 런타임에 특정 기능을 활성화 또는 비활성화할 수 있습니다. 이를 통해 일부 사용자나 환경에만 새 기능을 배포하고, 다른 사용자에게는 숨겨서 A/B 테스트와 초기 베타 또는 카나리아 배포를 수행할 수 있습니다.

설명 제어 보드에서 시스템 동작을 변경하는 것은 고객에게 꿈같은 일입니다. 하지만 소프트웨어 엔지니어에게는 악몽과도 같죠. 설정은 글로벌 결합도(만약 오염되었다면)와 테스트 시나리오의 폭발적인 증가를 가져옵니다. 다형성 객체를 생성하고 외부에 주입시켜 구성을 관리할 수 있습니다. 객체가 다양한 방식으로 동작하도록 구성해야 하며, 이를 위해서는 명시적인 동작 객체를 사용해야 합니다. 300개의 불boolean 구성이 있는 시스템은 우주의 원자 수(10^{80})보다 더 많은 테스트 조합(2^{300})을 가지고 있습니다.

다음은 전역으로 주입된 설정이 객체를 조회하는 방식에 영향을 미치는 예제입니다.

```JavaScript
class VerySpecificAndSmallObjectDealingWithPersistency {
  retrieveData() {
    if (GlobalSettingsSingleton.getInstance().valueAt('RetrievDataDirectly')) {
      // 'RetrievDataDirectly'에 잘 보이지 않는 오타가 있습니다.
      this.retrieveDataThisWay();
    }
    else {
      this.retrieveDataThisOtherWay();
    }
  }
}
```

전략 디자인 패턴(14.4절 'switch/case/else if 문 대체하기' 참조)을 명시적으로 사용하고, 글로벌 결합도를 제거한 다음에 테스트할 수 있습니다.

```javascript
class VerySpecificAndSmallObjectDealingWithPersistency {
  constructor(retrievalStrategy) {
    this.retrievalStrategy = retrievalStrategy;
  }
  retrieveData() {
    this.retrievalStrategy.retrieveData();
  }
}

// 다향성 전략을 사용해 if 조건을 제거합니다.
```

이는 아키텍처 패턴이므로 설계 규정으로 제어하거나 피해야 합니다. 예외적으로 기능 토글을 안전장치로 사용하는 경우도 있습니다. 레거시 시스템에서는 이러한 토글을 허용하지만, CI/CD 시스템에서는 이러한 토글의 수명이 몇 주 정도로 매우 짧아야 합니다.

> **노트 A/B 테스트**
>
> A/B 테스트는 출시된 소프트웨어의 서로 다른 두 버전을 비교하는 방식으로 최종 사용자에게 더 적합한 버전을 결정합니다.

관련 레시피

- 14.16절 '하드코딩된 비즈니스 조건 재정의하기'
- 17.3절 '신 객체 나누기'

10.3 속성으로 상태 변경하기

문제 일부 내부 속성을 수정해 상태를 변경할 수 있습니다.

해결 MAPPER 개념에서 소개한 현실적인 은유와 비슷하게 객체의 상태를 집합 포함^{set inclusion}으로 모델링합니다.

설명 이 방법은 가변성이라는 범위 안에서 생각하지 않으면 직관적이지 않습니다. 상태는 늘 우발적이다 보니 이를 수학적 집합처럼 모델링해야 하며, 이를 추출해 객체에서 제거해야 합니다. 객체 생명 주기의 모든 상태 다이어그램에 이 레시피를 적용할 수 있습니다. 전체 생명주기 동안 살아남는 모델이 별로 없기 때문에 소프트웨어 엔지니어는 좋은 모델을 찾는 데 어려움을 겪습니다.

다음은 Order(주문) 모델로, 사용 가능한 상태를 모델링하는 속성을 가지고 있습니다.

```Java
public abstract class OrderState {}

public class OrderStatePending extends OrderState {}
// 다양한 동작을 가진 다형성 계층 구조입니다.
// 열거형(enum)만으로는 상태를 모델링하기에 충분하지 않습니다.
public class Order {
    public Order(LinkedList<int> items) {
        LinkedList<int> items = items;
        OrderState state = new OrderStatePending();
    }

    public function changeState(OrderState newState) {
        OrderState state = newState;
    }

    public function confirm() {
        state.Confirm(this);
    }

}
```

Order에서 상태를 제거하고 상태별로 컬렉션 그룹을 관리하면 다음과 같습니다.

```Java
class Order {

    public Order(LinkedList<int> items) {
        items = items;
    }
}

class OrderProcessor {
    public static void main(String args[]) {
```

```
LinkedList<int> elements = new LinkedList<int>();
elements.add(1);
elements.add(2);

Order sampleOrder = new Order(elements);

Collection<Order> pendingOrders = new LinkedList<Order>();
Collection<Order> confirmedOrders = new LinkedList<Order>();

pendingOrders.add(sampleOrder);

pendingOrders.remove(sampleOrder);
confirmedOrders.add(sampleOrder);
    }
}
```

[그림 10-1]에서 주문 1(Order 1)은 모델과 현실 모두에서 대기 중인 주문(pendingOrders)
컬렉션에 속합니다. 이를 상태로 구성하면 전단사가 어긋납니다. 확정된 주문(confirmed
Orders)은 현재 비어 있습니다.

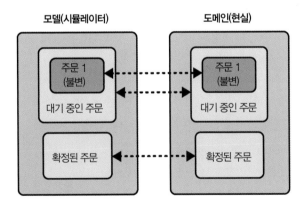

그림 10-1 주문은 모델과 실제 세계에서 동일한 세트에 속합니다.

극단적으로 말하자면, 모든 세터를 잠재적인 상태 변화로 간주해야 합니다. 과잉 설계를 방지
하는 만병통치약은 없습니다(4.1절 '작은 객체 생성하기' 참조). 예를 들어 시각적 컴포넌트의
색상을 변경하는 것은 반대되는 예가 될 수 있습니다. 여러분은 이 점을 인지하고 있어야 하며,
매우 신중해야 합니다.

관련 레시피

- 3.3절 '객체에서 세터 제거하기'
- 16.2절 '섣부른 최적화 제거하기'

10.4 코드에서 교묘함 제거하기

문제 읽기 어렵고 까다로우면서 의미 없는 이름으로 가득 찬 코드를 발견했습니다. 때로는 코드가 우발적 복잡성을 사용하기도 합니다.

해결 코드에서 교묘함과 편법을 제거하세요. 너무 똑똑한 것처럼 행동하지 말고 겸손해야 합니다. 클린 코드는 사소하지만 교묘하면서 어렵게 작성된 코드보다 가독성과 단순성을 요구합니다.

설명 교묘함은 가독성 및 유지 관리 가능성과는 정반대입니다. 미리 완성된 최적화로 가득 찬 교묘한 코드는 유지 관리하기 어렵고 품질에 문제가 있는 경우가 많습니다. 다음은 숫자의 소인수를 구하는 알고리듬입니다.

```javascript
function primeFactors(n){
  var f = [], i = 0, d = 2;

  for (i = 0; n >= 2; ) {
    if(n % d == 0){
      f[i++]=(d);
      n /= d;
    }
    else{
```

```
        d++;
      }
    }
  return f;
  }
```

테스트를 통해 코드가 잘 작동하는지 확인한 다음, 이 책의 레시피를 사용해 작은 리팩터링과
이름 변경을 수행해 코드를 더 깔끔하게 유지해야 합니다. 보이 스카우트 규칙을 따르세요. 즉,
교묘한 코드를 제거해 코드를 처음 만났을 때보다 더 나은 코드로 만드세요.

```javascript
function primeFactors(numberToFactor) {
  var factors = [],
  divisor = 2,
  remainder = numberToFactor;

  while(remainder>=2) {
    if(remainder % divisor === 0){
      factors.push(divisor);
      remainder = remainder / divisor;
    }
    else {
      divisor++;
    }
  }
  return factors;
}
```

예외적으로 저수준 작업에 최적화된 코드를 작성할 때는 교묘해도 괜찮습니다. 그때는 가독성
보다 성능이 더 중요하기 때문입니다. 최적화하지 않고 코드를 작성한 다음, 자동화된 테스트
를 통해 예상대로 작동하는지 확인할 수 있습니다. 테스트 커버리지를 충분히 확보한 후에는
가독성을 일부 희생하더라도 개선할 수 있습니다. 또한 기존 시스템에서 테스트 주도 개발(4.8
절 '불필요한 속성 제거하기' 참조) 기법을 사용할 수 있는 기회이기도 합니다.

관련 레시피

- 6.8절 '매직 넘버를 상수로 바꾸기'
- 6.15절 '마법 변환 피하기'
- 16.2절 '섣부른 최적화 제거하기'

10.5 다중 프라미스 끊기

문제 독립적인 프라미스가 여러 개 있으며, 모든 프라미스가 완료될 때까지 기다려야 합니다.

해결 순서에 막히지 마세요. 모든 프라미스를 한 번에 기다리세요.

설명 운영 체제를 공부할 때, 순서에 관계없이 모든 조건이 충족될 때까지 기다리는 데 유용한 세마포어에 대해 배웠을 것입니다.

> **노트** 세마포어
>
> 세마포어semaphore는 공유 리소스에 대한 액세스를 관리하고 동시 진행 중인 프로세스 또는 스레드 간의 통신을 조정하는 데 도움이 되는 동기화 객체입니다.

다음은 직렬 프라미스의 예입니다.

```javascript
async fetchLongTask() { }
async fetchAnotherLongTask() { }

async fetchAll() {
  let result1 = await this.fetchLongTask();
  let result2 = await this.fetchAnotherLongTask();
  // 하지만 병렬로 실행할 수 있습니다.
}
```

병렬로 대기할 때의 모습은 다음과 같습니다.

```javascript
async fetchLongTask() { }
async fetchAnotherLongTask() { }

async fetchAll() {
  let [result1, result2] =
      await Promise.all([this.fetchLongTask(), this.fetchAnotherLongTask()]);
      // 모든 작업이 완료될 때까지 기다립니다.
}
```

린터에 여러 프라미스를 기다리는 것과 관련된 특정 패턴을 찾도록 지시하고, 항상 실제 비즈니스 규칙을 최대한 지키도록 적용할 수 있습니다. 규칙에 모든 작업을 기다려야 한다고 명시되어 있다면 특정 순서를 강제해서는 안 됩니다.

> **노트 프라미스**
>
> **프라미스**promise는 비동기 작업의 최종 완료(또는 실패)와 그 결괏값을 나타내는 특수 객체입니다.

10.6 긴 협업 체인 끊기

문제 메서드 호출의 긴 체인이 있습니다.

해결 메서드 체인을 길게 만들면 결합 및 파급 효과가 발생합니다. 변경이 체인과 관련된다면 코드가 깨집니다. 해결 방법은 관련 대상에게만 메시지를 보내는 것입니다.

설명 메서드 체인이 긴 경우, 결합은 첫 번째 호출부터 마지막 호출까지 전파됩니다. 또한 캡슐화를 깨고 데메테르의 법칙(3.8절 '게터 제거하기' 참조)과 '묻지 말고 말하라' 원칙(3.3절 '객체에서 세터 제거하기' 참조)을 위반하게 됩니다. 이 문제를 해결하기 위해 중간 메서드와 상위 수준의 메시지를 만듭니다.

다음은 반려견에게 움직여 달라고 요청하는 예제입니다.

```javascript
class Dog {
  constructor(feet) {
    this.feet = feet;
  }
  getFeet() {
    return this.feet;
  }
}

class Foot {
  move() { }
```

```
  }

  feet = [new Foot(), new Foot(), new Foot(), new Foot()];
  dog = new Dog(feet);

  for (var foot of dog.getFeet()) {// incursion = 2
    foot.move();
  }
  // 다음과 동일: dog.getFeet()[0].move(); dog.getFeet()[1].move() ...
```

반려견이 목표를 달성할 수 있도록 책임을 위임했을 때의 모습은 다음과 같습니다.

```
class Dog {                                                    JavaScript
    constructor(feet) {
      this.feet = feet;
  }
  walk() {
    // 강아지가 걷는 방식이 캡슐화되었습니다.
    for (var foot of this.feet) {
      foot.move();
    }
  }
}

class Foot {
  move() { }
}

feet = [new Foot(), new Foot(), new Foot(), new Foot()];
dog = new Dog(feet);
dog.walk();
```

연속적인 메시지 호출을 피하세요. 중간 협업을 숨기고 대신 새 프로토콜을 만드세요.

관련 레시피

• 17.9절 '중간자 제거하기'

10.7 메서드를 객체로 추출하기

문제 긴 알고리듬이 포함된 메서드가 있습니다. 알고리듬을 이해하고, 테스트하고, 일부를 재사용하고 싶습니다.

해결 알고리듬을 객체 내부로 옮기고 작은 부분으로 나눕니다.

설명 긴 메서드는 디버깅하고 테스트하기 어렵습니다. 특히 그 메서드들이 protected 가시성을 가지고 있다면 더욱 그렇습니다. 알고리듬은 현실 세계에 존재하며 고유한 객체로 표현될 자격이 있습니다. 메서드 호출을 나타내는 객체를 생성하고, 큰 메서드를 새 객체로 이동하고, 메서드의 임시 변수를 private 속성으로 변환해야 합니다. 마지막으로 메서드 호출에서 매개변수를 private 속성으로 변환해 제거합니다.

메서드 객체는 메서드 추출^{extract method}을 여러 번 실행할 때 그중 일부 상태를 알고리듬의 일부로 전달할 때 적합합니다. 메서드 객체를 사용할 수 있는 강력한 지표는 계산이 호스트 메서드와 밀접하게 관련되어 있지 않을 때입니다. 익명 함수를 보다 원자적^{atomic}이고 응집력 있으며 테스트 가능한 메서드 객체로 재정의할 수도 있습니다.

잔액을 계산하는 매우 긴 메서드를 상상해보세요.

```Java
class BlockchainAccount {
  // ...
  public double balance() {
    string address;
    // 테스트가 불가능한 아주 긴 메서드
  }
}
```

이를 구체화하고 리팩터링하면 다음과 같습니다.

```Java
class BlockchainAccount {
  // ...
  public double balance() {
    return new BalanceCalculator(this).netValue();
  }
}
```

```
// 1. 메서드 호출을 나타내는 객체를 생성합니다.
// 2. 큰 메서드를 새 객체로 이동합니다.
// 3. 메서드의 임시 변수를 private 속성으로 변환합니다.
// 4. 메서드 추출을 사용해 큰 메서드를 새 객체에서 분리합니다.
// 5. 메서드 호출에서 매개변수를 private 속성으로 변환해 제거합니다.

class BalanceCalculator {
  private string address;
  private BlockchainAccount account;

  public BalanceCalculator(BlockchainAccount account) {
    this.account = account;
  }

  public double netValue() {
    this.findStartingBlock();
    //...
    this computeTransactions();
  }
}
```

일부 IDE에는 함수를 메서드 객체로 추출하는 도구가 있습니다. 안전한 방식으로 자동으로 변경하고 로직을 새 컴포넌트로 추출해 단위 테스트, 재사용, 교환 등의 작업을 수행하세요..

관련 레시피

- 11.1절 '너무 긴 메서드 나누기'

- 11.2절 '과도한 인수 줄이기'

- 14.4절 'switch/case/else if 문 대체하기'

- 14.13절 '긴 삼항식에서 추출하기'

- 20.1절 'private 메서드 테스트하기'

- 23.2절 '익명 함수 재정의하기'

함께 보기

- 켄트 벡의 저서 『Smalltalk Best Practice Patterns』(피어슨, 1996)의 3장에서 메서드 객체를 정의하는 부분

- C2 Wiki의 '메서드 객체'(https://oreil.ly/P1M-c)

10.8 배열 생성자 관리하기

문제 자바스크립트에서 Array(배열) 생성은 new Array()를 사용합니다.

해결 자바스크립트 배열은 동질적이거나 예측 가능하지 않으므로 매우 주의해야 합니다. new Array() 사용은 최대한 피하세요.

설명 new Array()는 자바스크립트에서 놀람 최소화 원칙(5.6절 '변경 가능한 상수 고정하기' 참조)을 위반하는데, 이 언어에는 많은 트릭이 있기 때문입니다. 프로그래밍 언어는 직관적이고 동질적이며 예측 가능하고 단순해야 하지만, 자바스크립트, 파이썬, PHP 등 많은 언어가 그렇지 않습니다. 이러한 언어를 사용할 때는 가능한 한 간단하고 명확하며 예측 가능하게 사용해야 합니다.

다음은 하나의 인수(숫자 3)로 배열을 생성하는 직관적이지 않은 예시입니다.

```javascript
const arrayWithFixedLength = new Array(3);

console.log(arrayWithFixedLength); // [ <3 empty items> ] // 세 가지 빈 항목이 나옴
console.log(arrayWithFixedLength[0]); // Undefined
console.log(arrayWithFixedLength[1]); // Undefined
console.log(arrayWithFixedLength[2]); // Undefined
console.log(arrayWithFixedLength[3]); // 마찬가지로 Undefined
// 이는 index out of range(인덱스 범위를 벗어남)가 나와야 합니다.
console.log(arrayWithFixedLength.length); // 3
```

두 개의 인수를 사용해 생성하면 다음과 같은 결과가 발생합니다.

```javascript
const arrayWithTwoElements = new Array(3, 1);

console.log(arrayWithTwoElements); // [ 3, 1 ]
console.log(arrayWithTwoElements[0]); // 3
console.log(arrayWithTwoElements[1]); // 1
console.log(arrayWithTwoElements[2]); // Undefined
console.log(arrayWithTwoElements[5]); // Undefined(범위 벗어남이 나타나야 함)
console.log(arrayWithTwoElements.length); // 2

const arrayWithTwoElementsLiteral = [3,1];
```

```
console.log(arrayWithTwoElementsLiteral); // [ 3, 1 ]
console.log(arrayWithTwoElementsLiteral[0]); // 3
console.log(arrayWithTwoElementsLiteral[1]); // 1
console.log(arrayWithTwoElementsLiteral[2]); // Undefined
console.log(arrayWithTwoElementsLiteral[5]); // Undefined
console.log(arrayWithTwoElementsLiteral.length); // 2
```

가장 좋은 해결책은 new Array() 생성을 피하고 구문 생성자 []를 사용하는 것입니다. 많은 최신 언어에는 개발자의 삶을 편하게 하기 위한 구문이 가득하지만, 실제로는 발견되지 않은 잠재적 결함의 원천일 뿐입니다.

관련 레시피

- 10.4절 '코드에서 교묘함 제거하기'

- 13.3절 '더 엄격한 매개변수 사용하기'

- 24.2절 '참 같은 값 다루기'

10.9 폴터가이스트 객체 제거하기

문제 신비하게 나타났다가 사라지는 객체가 있습니다.

해결 필요한 방향 레이어만 추가하세요. 그 외는 더 이상 추가하지 마세요.

설명 중간 객체를 추가하면 우발적인 복잡성이 추가되고 가독성을 해칩니다. 만약 중간 휘발성 객체가 비즈니스 가치를 제공하지 않는 경우에는 YAGNI 원칙에 따라 제거할 수 있습니다 (12장 'YAGNI 원칙' 참조).

> **노트** **폴터가이스트 객체**
>
> 폴터가이스트poltergeist[1]는 초기화를 수행하거나 다른 영구적인 클래스의 메서드를 호출하는 데 사용되는 수명이 짧은 객체입니다.

---

1 옮긴이_ 폴터가이스트는 악취와 소음이 나며, 물건들이 날아다니는 등의 괴현상을 말합니다.

다음은 자동차(car)를 이동하기 위해 운전자(driver)를 생성했지만, 사용하지 않는 예제입니다.

```java
public class Driver
{
    private Car car;

    public Driver(Car car)
    {
        this.car = car;
    }

    public void DriveCar()
    {
        car.Drive();
    }
}

Car porsche = new Car();
Driver homer = new Driver(porsche);
homer.DriveCar();
```

다음과 같이 운전자를 제거할 수 있습니다.

```java
// 운전자(driver)가 필요 없습니다.
Car porsche = new Car();
porsche.driveCar();
```

이미 가지고 있는 필수 복잡성에 우발적인 복잡성을 추가하지 말고, 필요하지 않은 경우 중개자 객체를 제거하세요.

관련 레시피

- 16.6절 '앵커 보트 제거하기'
- 17.9절 '중간자 제거하기'

블로터

소프트웨어 엔지니어링의 목적은 복잡성을 만드는 것이 아니라 제어하는 것입니다.

패멀라 제이브[Pamela Zave], 존 벤틀리[Jon Bentley]

『생각하는 프로그래밍』(인사이트, 2013)

11.0 소개

블로터[bloater]는 코드가 커지고 많은 사람과 협업할 때 피할 수 없는 현상입니다. 블로터는 성능 문제를 일으키는 경우는 적지만 유지 관리 및 테스트 기능을 손상시켜 소프트웨어가 발전하는 데 방해가 됩니다. 불필요한 기능이 포함되거나 잘못된 설계 결정 또는 과도한 반복으로 인해 코드가 불필요하게 커지고 복잡해져서 유지 관리하기가 어려워지는 경우가 많습니다. 긴 메서드를 작성하지 않고 작은 부분만 추가하고 팀원이 더 추가하는 식으로 하다 보면 코드가 조금씩 부풀어 오르다가 어느새 엉망진창이 된 코드를 발견하게 됩니다. 이는 일종의 기술 부채(21장 '기술 부채' 참조)로, 최첨단 자동화 도구를 사용하면 길어진 코드를 쉽게 줄일 수 있습니다.

11.1 너무 긴 메서드 나누기

문제 코드 길이가 너무 긴 메서드가 있습니다.

해결 긴 메서드를 작은 조각으로 추출하세요. 복잡한 알고리듬을 여러 부분으로 나누세요. 이러한 부분을 단위 테스트할 수 있습니다.

설명 긴 메서드는 응집력이 낮고 결합력이 높습니다. 즉, 디버깅하기 어렵고 재사용성도 낮죠. 이 레시피를 사용하면 구조화된 라이브러리와 도우미를 더 작은 동작으로 나눌 수 있습니다(7.2절 '도우미와 유틸리티 이름 변경 및 분리하기' 참조). 프로그래밍 언어에 따라 적당한 줄의 수는 다르지만, 대부분 8~10줄이면 충분합니다.

다음은 긴 메서드입니다.

```php
function setUpChessBoard() {

    $this->placeOnBoard($this->whiteTower);
    $this->placeOnBoard($this->whiteKnight);
    // 여러 줄
    // .....
    $this->placeOnBoard($this->blackTower);
}
```

다음과 같이 여러 부분으로 나눌 수 있습니다.

```php
function setUpChessBoard() {
    $this->placeWhitePieces();
    $this->placeBlackPieces();
}
```

이제 각 메서드를 단위 테스트할 수 있지만, 테스트를 구현 세부 사항과 연결하지 않도록 주의해야 합니다. 모든 린터는 메서드가 미리 정의된 임곗값보다 클 때 이를 측정하고 경고할 수 있습니다.

관련 레시피

- 7.2절 '도우미와 유틸리티 이름 변경 및 분리하기'
- 8.6절 '메서드 내부 주석 제거하기'
- 10.7절 '메서드를 객체로 추출하기'
- 14.10절 '중첩된 화살표 코드 재작성하기'
- 14.13절 '긴 삼항식에서 추출하기'

함께 보기

- 리팩터링 구루의 'Long Method'(https://oreil.ly/bZVzJ)

11.2 과도한 인수 줄이기

문제 인수가 너무 많은 메서드가 있습니다.

해결 메서드에 인수를 세 개 이상 전달하지 마세요. 관련 인수를 매개변수 객체로 함께 그룹화하세요. 이들을 함께 묶을 수 있습니다.

설명 인수가 너무 많은 메서드는 유지 보수성과 재사용률이 낮고, 결합성이 높습니다. 인수를 그룹화해 인수 간의 일관된 관계를 찾거나 인수의 컨텍스트가 포함된 작은 객체를 만들어야 합니다. 이러한 컨텍스트를 만들면 빠르게 실패하기 원칙에 따라, 매개변수 생성 시 이들 간의 관계를 적용합니다.

또한 문자열, 배열, 정수 등과 같은 '기본' 타입은 피하고, 작은 객체를 고려해야 합니다(4.1절 '작은 객체 생성하기' 참조). 인수를 연관시키고 그룹화해야 합니다. 항상 현실 세계의 매핑을 선호하세요. 현실 세계의 인수가 어떻게 응집력 있는 객체로 그룹화되는지 파악하세요. 함수가 너무 많은 인수를 받는다면 그중 일부는 클래스 구성과 관련이 있을 수 있습니다.

다음 예제는 여러 인수를 가진 `print` 메서드를 호출합니다.

```java
public class Printer {
  void print(
```

```
                String documentToPrint,
                String paperSize,
                String orientation,
                boolean grayscales,
                int pageFrom,
                int pageTo,
                int copies,
                float marginLeft,
                float marginRight,
                float marginTop,
                float marginBottom
        ) {
    }
}
```

대신, 기본형 집착을 피하기 위해 몇 가지 인수를 그룹화하세요.

```
final public class PaperSize { }
final public class Document { }
final public class PrintMargins { }
final public class PrintRange { }
final public class ColorConfiguration { }
final public class PrintOrientation { }
// 단순화하고자 메서드와 속성이 생략된 클래스 정의

final public class PrintSetup {
    public PrintSetup(
            PaperSize papersize,
            PrintOrientation orientation,
            ColorConfiguration color,
            PrintRange range,
            int copiesCount,
            PrintMargins margins
            ) {}
}

final public class Printer {
  void print(
          Document documentToPrint,
          PrintSetup setup
        ) {
    }
}
```

대부분의 린터는 인수 목록이 너무 크면 경고를 표시하므로 필요한 경우 이 레시피를 적용할 수 있습니다.

관련 레시피

- 3.7절 '빈 생성자 완성하기'
- 9.5절 '매개변수 순서 통일하기'
- 10.7절 '메서드를 객체로 추출하기'
- 11.6절 '너무 많은 속성 나누기'

11.3 과도한 변수 줄이기

문제 코드에 선언되고 활성화된 변수가 너무 많습니다.

해결 범위를 나누고 변수를 가능한 한 로컬에 두세요.

설명 변수의 범위를 좁히면 가독성이 향상되고 코드의 작은 부분을 재사용할 수 있습니다. 또한 사용하지 않는 변수를 제거할 기회를 찾을 수 있습니다. 코드 작성 시 코드가 더러워질 수 있으며 테스트 케이스가 실패할 수도 있습니다. 커버리지가 좋다면 10.7절 '메서드를 객체로 추출하기'를 사용해 메서드를 리팩터링하고 축소하면서 범위를 반복하고 좁힐 수 있습니다. 범위는 작은 컨텍스트에서 더 잘 드러납니다.

다음 예제는 한 번에 많은 활성 변수를 사용하는 코드입니다.

PHP
```php
function retrieveImagesFrom(array $imageUrls) {
  foreach ($imageUrls as $index => $imageFilename) {
    $imageName = $imageNames[$index];
    $fullImageName = $this->directory() . "\\" . $imageFilename;
    if (!file_exists($fullImageName)) {
      if (str_starts_with($imageFilename, 'https://cdn.example.com/')) {
        $url = $imageFilename;
        // 변수의 범위를 지정할 때 이러한 변수 중복은 실제로 필요하지 않습니다.
        $save_to = "\\tmp"."\\".basename($imageFilename);
        $ch = curl_init ($url);
```

```php
        curl_setopt($ch, CURLOPT_HEADER, 0);
        curl_setopt($ch, CURLOPT_RETURNTRANSFER, 1);
        $raw = curl_exec($ch);
        curl_close ($ch);
        if(file_exists($saveTo)){
            unlink($saveTo);
        }
        $fp = fopen($saveTo,'x');
        fwrite($fp, $raw);
        fclose($fp);
        $sha1 = sha1_file($saveTo);
        $found = false;
        $files = array_diff(scandir($this->directory()), array('.', '..'));
        foreach ($files as $file){
            if ($sha1 == sha1_file($this->directory()."\\".$file)) {
                $images[$imageName]['remote'] = $imageFilename;
                $images[$imageName]['local'] = $file;
                $imageFilename = $file;
                $found = true;
                // 찾은 후에도 반복은 계속 진행됩니다.
            }
        }
        if (!$found){
            throw new \Exception('이미지 찾기 실패');
        }
        // 이 시점에서 디버깅하면 컨텍스트가 더 이상 필요하지 않은
        // 이전 실행의 변수로 오염되어 있습니다.
        // 예를 들면 curl 핸들러입니다.
            }
        }
    }
}
```

범위를 약간 좁힌 후의 모습은 다음과 같습니다.

```php
function retrieveImagesFrom(string imageUrls) {
    foreach ($imageUrls as $index => $imageFilename) {
        $imageName = $imageNames[$index];
        $fullImageName = $this->directory() . "\\" . $imageFilename;
        if (!file_exists($fullImageName)) {
            if ($this->isRemoteFileName($imageFilename)) {
                $temporaryFilename = $this->temporaryLocalPlaceFor($imageFilename);
```

```
                    $this->retrieveFileAndSaveIt($imageFilename, $temporaryFilename);
                    $localFileSha1 = sha1_file($temporaryFilename);
                    list($found, $images, $imageFilename) =
                        $this->tryToFindFile(
                            $localFileSha1, $imageFilename, $images, $imageName);
                    if (!$found) {
                        throw new Exception('로컬에서 파일을 찾을 수 없습니다. ('.$imageFilename +
                            ') 다시 찾아서 저장해야 합니다.');
                    }
                } else {
                    throw new \Exception('이미지가 더 이상 디렉터리에 존재하지 않습니다' .
                            $fullImageName);
                }
            }
        }
    }
}
```

대부분의 린터는 긴 메서드 사용을 피할 것을 제안할 수 있으며, 이 경고는 변수를 나누고 범위를 지정해야 함을 암시합니다. 10.7절 '메서드를 객체로 추출하기'를 조금씩 단계적으로 사용해야 합니다.

노트 **베이비 스텝**

베이비 스텝baby step은 개발 과정에서 관리하기 쉬운 작은 작업이나 변경을 수행하는 반복적이고 점진적인 접근 방식입니다. 베이비 스텝의 개념은 애자일 방법론에 뿌리를 두고 있습니다.

관련 레시피

- 6.1절 '재사용 변수 범위 좁히기'
- 11.1절 '너무 긴 메서드 나누기'
- 14.2절 '이벤트의 플래그 변수 이름 변경하기'

11.4 과도한 괄호 제거하기

문제 표현식에 괄호가 너무 많습니다.

해결 코드 의미를 변경하지 않고 괄호를 최대한 적게 사용합니다.

설명 적어도 서구 문화권에서는 코드를 왼쪽에서 오른쪽으로 읽는데, 괄호는 이러한 흐름을 끊어 인지적 복잡성을 가중시키는 경우가 많습니다. 코드를 한 번 작성하면 여러 번 읽어야 하므로 가독성이 가장 중요합니다. 다음은 회전하지 않는 블랙홀의 크기를 측정하는 슈바르츠실트 반지름^{Schwarzschild radius}을 계산하는 데 사용하는 수식입니다. 괄호가 매우 많네요.

```
schwarzschild = (((((2 * GRAVITATION_CONSTANT)) * mass) / ((LIGHT_SPEED ** 2)))
```

쓸데없는 괄호를 제거한 후의 모습은 다음과 같습니다.

```
schwarzschild = (2 * GRAVITATION_CONSTANT * mass) / (LIGHT_SPEED ** 2)
```

다음과 같이 더 압축할 수도 있습니다.

```
schwarzschild = 2 * GRAVITATION_CONSTANT * mass / (LIGHT_SPEED ** 2)
```

수학의 연산 순서에 따라 곱셈과 나눗셈이 덧셈과 뺄셈보다 우선한다는 것을 알기 때문에 2, GRAVITATION_CONSTANT(중력 상수), mass(질량)의 곱셈을 먼저 수행한 다음 (LIGHT_SPEED ** 2)로 나눌 수 있지만, 앞의 예보다 가독성이 떨어집니다. 일부 복잡한 수식에서는 용어 가독성을 위해 괄호를 추가해도 괜찮습니다. 많은 수식이 그렇듯이 항상 절충점을 찾아야 합니다.

관련 레시피

- 6.8절 '매직넘버를 상수로 바꾸기'

11.5 과도한 메서드 제거하기

문제 클래스에 메서드가 너무 많이 있습니다.

해결 클래스를 보다 응집력 있는 작은 조각으로 나누세요. 그리고 클래스에 우발적인 프로토콜을 추가하지 마세요.

설명 엔지니어는 프로토콜을 가장 적합하다고 생각되는 첫 번째 클래스에 넣는 경향이 있습니다. 테스트에서 기능을 커버한 후에 리팩터링하면 되니 문제가 되지는 않습니다. 다음 예제의 도우미 클래스에는 일관성이 없는 메서드가 많습니다.

```Java
public class MyHelperClass {
  public void print() { }
  public void format() { }
  // ... 다양한 메서드가 더 있습니다.

  // ... 더 많이 있습니다.
  public void persist() { }
  public void solveFermiParadox() { }
}
```

MAPPER 개념을 사용해 관련 추상화 묶음으로 나눕니다.

```Java
public class Printer {
  public void print() { }
}

public class DateToStringFormatter {
  public void format() { }
}

public class Database {
  public void persist() { }
}

public class RadioTelescope {
  public void solveFermiParadox() { }
}
```

대부분의 린터는 메서드 숫자를 세고 관련 클래스를 리팩터링할 수 있도록 경고합니다. 작고 재사용 가능한 객체로 분할하는 것은 좋은 습관입니다.

관련 레시피

- 7.2절 '도우미와 유틸리티 이름 변경 및 분리하기'
- 11.6절 '너무 많은 속성 나누기'
- 11.7절 'import 목록 줄이기'
- 17.4절 '확산적 변경 나누기'
- 17.15절 '데이터 덩어리 리팩터링하기'

함께 보기

- 리팩터링 구루의 'Large Class'(https://oreil.ly/r1jQO)

11.6 너무 많은 속성 나누기

문제 많은 속성을 가진 객체를 정의하는 클래스가 있습니다.

해결 클래스를 응집력 있는 부분으로 나눕니다. 속성과 관련된 메서드를 찾은 다음, 이러한 메서드를 클러스터링하고 해당 클러스터와 관련된 객체로 분리합니다. 마지막에는 이러한 새 객체와 관련된 실제 객체를 찾아 기존 참조를 대체합니다.

설명 다음은 속성이 너무 많은 **ExcelSheet** 클래스입니다.

```dart
class ExcelSheet {
  String filename;
  String fileEncoding;
  String documentOwner;
  String documentReadPassword;
  String documentWritePassword;
  DateTime creationTime;
  DateTime updateTime;
  String revisionVersion;
```

```dart
    String revisionOwner;
    List previousVersions;
    String documentLanguage;
    List cells;
    List cellNames;
    List geometricShapes;
  }
```

여러 부분으로 나눈 후의 모습은 다음과 같습니다.

Dart

```dart
  class ExcelSheet {
    FileProperties fileProperties;
    SecurityProperties securityProperties;
    DocumentDatingProperties datingProperties;
    RevisionProperties revisionProperties;
    LanguageProperties languageProperties;
    DocumentContent content;
  }

  // 객체의 속성이 줄었습니다.
  // 테스트 가능성을 위해 그룹화한 것이 아닙니다.
  // 새 객채는 더 응집력 있고 테스트 가능하며, 충돌이 적고 재사용성이 증가합니다.
  // FileProperties, SecurityProperties는 다른 곳에서도 재사용이 가능합니다.
  // fileProperties의  규칙과 전제 조건은 해당 객체로 이동되어
  // ExcelSheet 생성자가 더 깔끔해집니다.
```

속성을 지나치게 많이 선언하면 린터가 경고를 표시합니다. 비대화된 객체는 너무 많은 것을 알고 있고 응집력으로 인해 변경하기가 매우 어렵습니다. 이로 인해 개발자는 객체를 자주 변경하게 되어 병합 충돌과 같은 문제가 발생할 수 있습니다. 적절한 경고 임곗값을 설정함으로써 이러한 문제를 예방하세요.

관련 레시피

- 11.2절 '과도한 인수 줄이기'

- 11.5절 '과도한 메서드 제거하기'

- 17.3절 '신 객체 나누기'

- 17.4절 '확산적 변경 나누기'

11.7 import 목록 줄이기

문제 클래스가 다수의 다른 클래스에 의존하는 경우, 결합도가 높아져 취약성이 증가할 수 있습니다. 특히 긴 임포트import 목록은 이러한 의존성 문제를 나타내는 좋은 지표입니다.

해결 같은 파일에서 너무 많은 것을 임포트하지 말고 종속성과 결합을 분리하세요.

설명 클래스를 분리하고 중간 역할을 하는 우발적인 구현을 숨기세요. 다음은 매우 긴 임포트 목록입니다.

```java
import java.util.LinkedList;
import java.persistence;
import java.util.ConcurrentModificationException;
import java.util.Iterator;
import java.util.LinkedList;
import java.util.List;
import java.util.ListIterator;
import java.util.NoSuchElementException
import java.util.Queue;
import org.fermi.common.util.ClassUtil;
import org.fermi.Data;
// 너무 많은 라이브러리에 의존하고 있습니다.

public class Demo {
    public static void main(String[] args) {

    }
}
```

다음은 간단한 해결책입니다.

```java
import org.fermi.domainModel;
import org.fermi.workflow;

// 라이브러리 의존성이 낮아지고 해당 구현을 숨깁니다.
// 여전히 임포트는 추이적일 수 있지만, 캡슐화를 깨지는 않습니다.
public class Demo {
    public static void main(String[] args) {

    }
}
```

린터에 경고 임곗값을 설정할 수 있습니다. 또한 파급 효과를 최소화하기 위해 프로그램을 빌드할 때 종속성을 고려해야 합니다. 대부분의 최신 IDE는 사용하지 않는 임포트에 경고를 표시합니다.

관련 레시피

- 11.5절 '과도한 메서드 제거하기'
- 17.4절 '확산적 변경 나누기'
- 17.14절 '결합을 클래스로 대체하기'
- 25.3절 '패키지 의존성 제거하기'

11.8 and 함수 나누기

문제 하나 이상의 작업을 수행하는 함수가 있습니다.

해결 원자성이 필요한 경우가 아니라면, 함수당 두 개 이상의 작업을 수행하지 말고 해당 복합 함수를 분리하세요.

설명 이름에 **and**가 포함되어 있고 원자성이 필요하지 않은 함수를 발견하면, 이 함수를 분리해야 합니다. 하나의 함수에서 두 가지 이상의 작업을 수행하는 경우, 코드가 결합되어 가독성과 테스트 용이성이 감소합니다. 여러분은 메서드를 추출하고 분리할 수 있습니다. 한 번에 두 가지 이상의 작업을 수행하면 결합이 발생하고 단일 책임 원칙을 위반하게 됩니다(4.7절 '문자열 유효성 검증 구체화하기' 참조). 또한 테스트 가능성도 저하되죠.

다음은 두 가지 작업을 수행하는 함수입니다.

```Python
def fetch_and_display_personnel():
  data = # ...

  for person in data:
    print(person)
```

나눈 후의 모습은 다음과 같습니다.

```Python
def fetch_personnel():
  return # ...

def display_personnel(data):
  for person in data:
    print(person)
```

다음은 또 다른 예제입니다.

```
calculatePrimeFactorsRemoveDuplicatesAndPrintThem()
// 세 가지 책임
```

세 부분으로 나눈 후의 모습은 다음과 같습니다.

```
calculatePrimeFactors();
removeDuplicates();
printNumbers();
// 세 가지 다른 메서드로 테스트와 재사용이 가능합니다.
```

이름에 **and**가 포함된 함수는 분리 가능한 대상자로 볼 수 있습니다. 그러나 오탐이 있을 수 있으므로 주의가 필요합니다. 함수는 필요 이상의 작업을 수행하지 않아야 하며 최소한의 원자적인 동작을 가져야 합니다. 메서드를 만들 때는 고무 오리 디버깅 방법을 사용해 정확성을 확인하는 것이 중요합니다.

> **노트 고무 오리 디버깅**
>
> **고무 오리 디버깅**rubber duck debugging은 고무 오리에게 프로그래밍 방법을 가르치듯 코드를 한 줄 한 줄 설명하는 것입니다. 코드의 각 단계를 말로 표현하고 설명함으로써 이전에 놓쳤을 수 있는 오류나 논리적 불일치를 발견할 수 있습니다.

관련 레시피

- 11.1절 '너무 긴 메서드 나누기'

11.9 뚱뚱한 인터페이스 분리하기

문제 너무 많은 프로토콜을 선언하는 인터페이스가 있습니다.

해결 인터페이스를 분리하세요.

설명 '뚱뚱한 인터페이스fat interface'라는 용어는 모든 클라이언트에게 필요하지 않거나 사용하지 않는 메서드로 인터페이스가 과도하게 포함되어 있음을 강조하는 표현입니다. 이는 인터페이스를 더 작고 집중된 컨트랙트contract로 분리해야 한다는 원칙을 위배합니다.

> **노트** **인터페이스 분리 원칙**
>
> **인터페이스 분리 원칙**interface segregation principle(ISP)에 따르면 객체가 사용하지 않는 인터페이스에 강제로 의존해서는 안 됩니다. 하나의 큰 모놀리식 인터페이스보다는 여러 개의 작고 특화된 인터페이스를 사용하는 것이 좋습니다.

다음 예제에서는 일부 동작을 재정의override합니다.

```Java
interface Animal {
  void eat();
  void sleep();
  void makeSound();
  // 이 프로토콜은 모든 동물에게 공통으로 적용되어야 합니다.
}

class Dog implements Animal {
  public void eat() { }
  public void sleep() { }
  public void makeSound() { }
}

class Fish implements Animal
  public void eat() { }
  public void sleep() {
    throw new UnsupportedOperationException("나는 잠을 자지 않는다.");}
  public void makeSound() {
    throw new UnsupportedOperationException("나는 소리를 내지 않는다.");
  }
}
```

```java
class Bullfrog implements Animal
  public void eat() { }
  public void sleep() {
    throw new UnsupportedOperationException("나는 잠을 자지 않는다.");
  }
  public void makeSound() { }
}
```

인터페이스를 더 원자적인 인터페이스로 분리하면 다음과 같습니다.

```java
interface Animal {
  void move();
  void reproduce();
}
// 다음 두 가지 책임을 분리할 수도 있습니다.

class Dog implements Animal {
  public void move() { }
  public void reproduce() { }
}

class Fish implements Animal {
  public void move() { }
  public void reproduce() { }
}

class Bullfrog implements Animal {
  public void move() { }
  public void reproduce() { }
}
```

인터페이스 동작의 크기를 확인하고 전체 프로토콜의 응집력을 평가하세요. 작고 재사용 가능한 코드 컴포넌트를 선호하면 코드와 동작 재사용성이 높아집니다.

관련 레시피

- 12.4절 '일회성 인터페이스 제거하기'
- 17.14절 '결합을 클래스로 대체하기'

## CHAPTER 12

YAGNI 원칙

아인슈타인은 "신은 변덕스럽거나 자의적이지 않기 때문에 자연을 단순하게 설명할 수 있다."라고 꾸준히 주장했습니다. 하지만 그런 믿음은 소프트웨어 엔지니어에게 위로가 되지 않습니다.

프레더릭 브룩스, 『맨먼스 미신』(인사이트, 2015)

12.0 소개

'You aren't gonna need it'의 약자인 YAGNI 원칙은 개발자에게 불필요한 기능이나 향후에 사용하지 않을지도 모르는 기능을 추가하지 말고, 현재 실제로 필요한 기능만 구현하도록 조언합니다. YAGNI 원칙의 이념은 우발적인 복잡성을 최소화하고 당면한 가장 중요한 작업에 집중하는 것입니다.

YAGNI 원칙은 소프트웨어 개발에서 프로그램을 과도하게 설계하거나 미래의 요구 사항을 예측해 불필요한 기능을 추가하는 것에 대한 반대 개념입니다. 과도한 설계는 불필요한 복잡성,

시간 및 노력 낭비, 유지 보수 비용 증가로 이어질 수 있습니다.

YAGNI 원칙은 개발자가 프로젝트의 즉각적인 요구 사항에 집중하고 이러한 요구 사항을 충족하는 데 필요한 기능만 추가하도록 권장합니다. 이를 통해 프로젝트를 단순하고 집중적으로 유지할 수 있으며 개발자는 변화하는 요구 사항에 더욱 민첩하게 대응할 수 있습니다.

12.1 불필요한 코드 제거하기

문제 더 이상 사용하지 않거나 필요 없는 코드가 있습니다.

해결 필요할 때를 대비해 코드를 보관하지 마세요. 그냥 삭제하세요.

설명 코드가 실행되지 않으면 아무도 유지 관리하지 않기 때문에 불필요한 코드는 유지 관리성을 저해하고 KISS 원칙(6.2절 '빈 줄 제거하기' 참조)을 위반합니다. 골드 플래팅 코드가 있는 다음 예제를 참조하세요.

```javascript
class Robot {
  walk(){
    //...
    }
  serialize(){
    //...
  }
  persistOnDatabase(database){
    //...
  }
}
```

> **노트** **골드 플래팅**
>
> **골드 플래팅**gold plating이란 최소 요구 사항이나 사양을 넘어 제품이나 프로젝트에 불필요한 특징이나 기능을 추가하는 관행을 말합니다. 이는 고객에게 깊은 인상을 남기거나 시장에서 제품을 돋보이게 하고자 하는 등 다양한 이유로 인해 발생합니다. 그러나 골드 플래팅은 비용과 일정 초과로 이어질 수 있고 최종 사용자에게 실질적인 가치를 제공하지 못할 수 있어 프로젝트에 좋지 않을 수 있습니다.

다음은 적절한 책임이 있는 더 간단한 객체입니다.

```JavaScript
class Robot {
  walk(){
    // ...
    }
}
```

> **주의** 훌륭한 테스트 스위트가 있다면, 테스트 커버리지 도구는 (커버되지 않은) 불필요한 코드를 찾아냅니다.
> 하지만 커버리지에는 메타프로그래밍에 문제가 있다는 점에 유의하세요(23장 '메타프로그래밍' 참조). 이를 사용
> 하면 코드에 대한 참조를 찾기가 매우 어렵습니다. 단순화를 위해 불필요한 코드를 제거하세요. 코드가 확실하지
> 않은 경우 기능 토글을 사용해 일시적으로 코드를 비활성화할 수 있습니다. 코드를 제거하는 것은 코드를 추가하
> 는 것보다 항상 보람차며, 깃 기록에서 언제든지 찾을 수 있습니다(8.1절 '주석 처리된 코드 제거하기' 참조).

관련 레시피

- 16.6절 '앵커 보트 제거하기'
- 23.1절 '메타프로그래밍 사용처 제거하기'

12.2 다이어그램 대신 코드 사용하기

문제 다이어그램을 사용해 소프트웨어 작동 방식을 문서화합니다.

해결 코드와 테스트를 독립적인 문서로 사용하세요.

설명 대부분의 다이어그램은 구조(우발적)에만 초점을 맞추고 행동(필수적)에는 초점을 맞
추지 않습니다. 다른 사람과 아이디어를 전달할 때만 다이어그램을 사용하세요. 여러분의 테스
트를 믿으세요. 테스트는 살아 있고 잘 유지 보수됩니다.

[그림 12-1]은 UML(통합 모델링 언어) 다이어그램의 예시입니다. 다이어그램이 도움이 될
수는 있지만, 개발을 하다 보면 다이어그램이 구식이 되어서 쓸모없어질 수 있습니다. 하지만
테스트를 계속 실행하면 테스트는 거짓말을 할 수 없기 때문에, 코드와 테스트를 잘 이해하는

것이 훨씬 중요합니다.

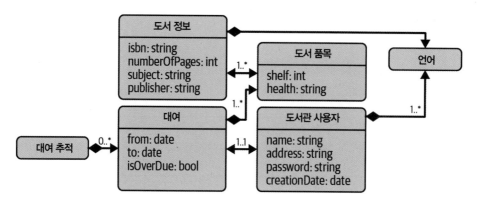

그림 12-1 도서관을 나타내는 간단한 UML 다이어그램

다음은 도서관 도메인의 다이어그램 모델링 부분을 단순화한 코드입니다.

```PHP
final class BookItem {
    function numberOfPages() { }
    function language(): Language { }
    function book(): Book { }
    function edition(): BookEdition { }
    // 대여 및 연체는 도서 품목의 책임이 아닙니다.
}

final class LoanTracker {
    function loan(
        BookItem $bookCopy,
        LibraryUser $reader,
        DatePeriod $loanDates) {
        // DatePeriod는 빈약한 $fromDate와 $toDate보다 낫습니다
    }
}

final class LoanTrackerTests extends TestCase {
    // 시스템이 실제로 어떻게 작동하는지 알려주는 많은 유지 관리 테스트를 묶습니다.
}
```

모든 코드 주석을 제거하고 이들을 모두 금지하는 정책을 수립하세요. 개발자가 직접 프로토타

입을 만들고 모델을 실행하면서 소프트웨어 설계를 배워야 합니다. 단순한 표와 이미지는 정적이고 실행되지 않습니다. 즉, 모든 것이 원활하게 작동하는 유토피아에 살고 있는 자료일 뿐입니다. 전체 그림을 이해하고 다른 사람들과 특별한 개념에 대해 이야기하기 위해서는 높은 수준의 아키텍처 다이어그램이 유용합니다.

> **노트** **UML 다이어그램**
>
> UML^unified modeling language(통합 모델링 언어) 다이어그램은 소프트웨어 시스템 또는 애플리케이션의 구조와 동작을 공통된 기호와 표기법으로 설명하는 표준화된 시각적 표현입니다. 80년대와 90년대에 유행했으며, 애자일 방법론과 달리 실제 코딩을 시작하기 전에 설계가 완료되는 폭포수 개발 모델과 밀접한 관련이 있습니다. 오늘날에도 많은 조직에서 UML을 사용하고 있습니다.

> **노트** **폭포수 모델**
>
> 데이비드 팔리에 따르면 **폭포수 모델**^waterfall model은 소프트웨어 개발 프로세스로, 단계별 흐름이 잘 정의된 일련의 뚜렷한 순서에 따라 작업을 구성하는 단계적이고 순차적인 접근 방식입니다. 반복하지 않고 각 단계를 차례대로 처리한다는 개념입니다. 이는 90년대에 애자일 방법론이 더욱 부각되기 전까지 지배적인 아이디어였습니다.

관련 레시피

- 3.1절 '빈약한 객체를 풍성한 객체로 변환하기'
- 12.5절 '디자인 패턴 남용 제거하기'

함께 보기

- 위키백과의 '컴퓨터 지원 소프트웨어 공학'(https://ko.wikipedia.org/wiki/컴퓨터_지원_소프트웨어_공학)

12.3 하나의 하위 클래스를 가진 클래스 리팩터링하기

문제 하위 클래스가 하나만 있는 클래스가 있습니다.

해결 추상적인 설계이므로 미리 지나치게 일반화하지 말고 이미 습득한 지식을 바탕으로 작업하세요. 더 구체적인 예제를 얻기 전까지 추상 클래스는 제거하세요.

설명 과거 전문가들은 엔지니어에게 변화에 대비하며 설계하라는 말을 자주 했습니다. 하지만 요즘은 실제 증거를 기반으로 작업을 해야 합니다. 중복을 발견할 때마다 제거해야 하지만, 그 전까지는 그렇지 않습니다. 다음은 추측 설계의 예제입니다.

```Python
class Boss(object):
    def __init__(self, name):
        self.name = name

class GoodBoss(Boss):
    def __init__(self, name):
        super().__init__(name)

# 이것은 실제로 잘못 분류된 예입니다.
# 상사(Boss)는 불변의 존재여야 하지만,
# 건설적인 피드백을 통해 상사의 기분을 바꿀 수 있습니다.
```

계층 구조를 압축한 후의 모습은 다음과 같습니다.

```Python
class Boss(object):
    def __init__(self, name):
        self.name = name

# 상사는 구체적이며 기분도 바꿀 수 있습니다.
```

컴파일 타임에 린터가 이 오류를 추적할 수 있기 때문에 탐지하기 매우 쉽습니다. 추상화가 발생할 때까지 기다려야 하고 추측으로 추상화를 생성해서는 안 되므로 하위 클래스 생성은 결코 첫 번째 옵션이 되어서는 안 됩니다. 더 나은 해결책은 언어에 이러한 기능이 있는 경우, 결합이 덜한 인터페이스를 선언하는 것입니다. 일부 프레임워크는 예외적으로 추상 클래스를 플레이스홀더placeholder로 생성해 그 위에 구체적인 모델을 구축합니다.

관련 레시피

- 12.4절 '일회성 인터페이스 제거하기'

- 19.3절 '코드 재사용을 위한 하위 분류 나누기'

- 19.6절 '격리된 클래스 이름 변경하기'

- 19.7절 '구상 클래스를 final로 만들기'

- 19.8절 '클래스 상속 명시적으로 정의하기'

- 19.9절 '비어 있는 클래스 마이그레이션하기'

12.4 일회성 인터페이스 제거하기

문제 단 한 가지만 구현하는 인터페이스가 있습니다.

해결 유용하고 일관성 있는 프로토콜을 추출할 수 있는 예시가 하나 이상 생길 때까지 지나치게 일반화하지 마세요.

설명 인터페이스를 미리 계획하고 프로토콜을 일반화하는 것은 추론적인 설계와 과잉 엔지니어링의 징후입니다. 다음은 차량의 작동 방식을 결정하려는 예제입니다.

```Java
public interface Vehicle {
    public void start();
    public void stop();
}

public class Car implements Vehicle {
    public void start() {
        System.out.println("실행 중...");
    }
    public void stop() {
        System.out.println("중단 중...");
    }
}
// 더 이상의 구체화된 운송 수단이 없습니다.
```

증거가 충분하지 않으므로 대신 한 가지 구현에만 집중하세요.

```Java
public class Car {
    public void start() {
        System.out.println("실행 중...");
    }
    public void stop() {
        System.out.println("중단 중...");
    }
}

// 더 구체적인 운송 수단을 발견할 때까지 기다리세요.
```

이 규칙은 주로 비즈니스 로직에 적용되기 때문에 이 레시피에는 몇 가지 예외가 있습니다. 일부 프레임워크에서는 인터페이스를 이행해야 할 프로토콜로 정의합니다. 이를 적용하려는 전단사에서는 기존의 실제 프로토콜을 모델링해야 합니다. 인터페이스는 프로토콜에 대한 MAPPER의 아날로그입니다. 또한 의존성 역전 프로토콜은 구현을 통해 충족되는 인터페이스를 선언합니다. 그 시점까지는 비어 있을 수 있습니다. 사용하는 언어가 테스트 모의를 위한 인터페이스를 정의하는 경우라면 20.4절 '모의 객체를 실제 객체로 대체하기' 사용을 고려해야 합니다. 항상 추상화를 기다릴 필요가 있으며, 불필요하게 창의적이거나 추측하지 않아야 합니다.

> **노트 의존성 역전 원칙**
>
> **의존성 역전 원칙**dependency inversion principle은 기존의 의존성 관계를 반전시켜 상위 레벨 객체와 하위 레벨 객체를 분리하는 설계 원칙입니다. 이 원칙은 상위 레벨 객체가 하위 레벨 객체에 직접 의존하지 않고 둘 다 추상화 또는 인터페이스에 의존하는 것을 제안합니다. 이를 통해 하위 모듈의 구현을 변경한다고 해서 반드시 상위 모듈을 변경할 필요는 없으므로 코드베이스의 유연성과 모듈성을 높일 수 있습니다.

관련 레시피

- 7.14절 '클래스 이름에서 Impl 접두사/접미사 제거하기'
- 12.3절 '하나의 하위 클래스를 가진 클래스 리팩터링하기'
- 20.4절 '모의 객체를 실제 객체로 대체하기'

12.5 디자인 패턴 남용 제거하기

문제 코드에 과잉 설계 증상이 있으며, 일부 디자인 패턴을 남용하고 있습니다.

해결 디자인 패턴을 제거합니다. 더 간단한 개념을 사용하세요. 구현 패턴 이름(우발적) 대신 실제 구현 개념(필수적)에 기반한 이름을 사용하세요.

설명 [표 12-1]의 클래스는 구현에 따라 이름이 지정된 예입니다.

표 12-1 패턴을 사용한 잘못된 이름

나쁜 예	좋은 예
FileTreeComposite	FileSystem
DateTimeConverterAdapterSingleton	DateTimeFormatter
PermutationSorterStrategy	BubbleSort
NetworkPacketObserver	NetworkSniffer
AccountsComposite	Portfolio

[표 12-1]의 다섯 가지 이름은 실제 세계에 속하며, 정신적인 모델은 전단사를 사용해 익숙한 객체와 일대일로 매핑합니다. 패턴을 제거할 때 가장 어려운 부분은 디자인 패턴 자체에 의해 추가되는 복잡성을 피하기 위해 객체의 동작을 변경하는 것입니다.

관련 레시피

- 7.7절 '추상적인 이름 변경하기'
- 10.4절 '코드에서 교묘함 제거하기'
- 12.2절 '다이어그램 대신 코드 사용하기'
- 17.2절 '싱글턴 대체하기'

12.6 비즈니스 컬렉션 대체하기

문제 추가 동작이 없는 특수한 컬렉션이 있습니다.

해결 불필요한 추상화를 만들지 마세요. 해당 언어의 표준 라이브러리 클래스를 사용하세요.

설명 MAPPER 개념을 통해 추상화를 발견하는 것은 어려운 작업입니다. 새로운 동작을 추가하지 않는 한 불필요한 추상화는 제거해야 합니다. 다음은 단어 사전(**Dictionary**) 예제입니다.

```php
Namespace Spelling;

final class Dictionary {

    private $words;
    function __construct(array $words) {
        $this->words = $words;
    }

    function wordCount(): int {
        return count($this->words);
    }

    function includesWord(string $subjectToSearch): bool {
        return in_array($subjectToSearch, $this->words);
    }
}

// 여기에는 추상 데이터 타입 사전과 유사한 프로토콜 그리고 테스트가 있습니다.

final class DictionaryTest extends TestCase {
    public function test01EmptyDictionaryHasNoWords() {
        $dictionary = new Dictionary([]);
        $this->assertEquals(0, $dictionary->wordCount());
    }

    public function test02SingleDictionaryReturns1AsCount() {
        $dictionary = new Dictionary(['happy']);
        $this->assertEquals(1, $dictionary->wordCount());
    }
```

```php
    public function test03DictionaryDoesNotIncludeWord() {
        $dictionary = new Dictionary(['happy']);
        $this->assertFalse($dictionary->includesWord('sadly'));
    }

    public function test04DictionaryIncludesWord() {
        $dictionary = new Dictionary(['happy']);
        $this->assertTrue($dictionary->includesWord('happy'));
    }
}
```

표준 클래스를 사용해 동일한 작업을 수행할 수 있습니다.

```php
Namespace Spelling;

// final class Dictionary는 더 이상 필요하지 않습니다.

// 해당 테스트는 표준 클래스를 사용합니다.
// PHP에서는 연관 배열을 사용합니다.
// 자바와 다른 언어에서는 해시 테이블, 딕셔너리 등을 사용합니다.

use PHPUnit\Framework\TestCase;

final class DictionaryTest extends TestCase {
    public function test01EmptyDictionaryHasNoWords() {
        $dictionary = [];
        $this->assertEquals(0, count($dictionary));
    }

    public function test02SingleDictionaryReturns1AsCount() {
        $dictionary = ['happy'];
        $this->assertEquals(1, count($dictionary));
    }

    public function test03DictionaryDoesNotIncludeWord() {
        $dictionary = ['happy'];
        $this->assertFalse(in_array('sadly', $dictionary));
    }

    public function test04DictionaryIncludesWord() {
        $dictionary = ['happy'];
```

```
            $this->assertTrue(in_array('happy', $dictionary));
    }
}
```

이는 현실 세계에 존재하는 객체를 만들어 전단사에서 찾아야 하는 MAPPER 개념과 모순됩니다. MAPPER의 첫 번째 P는 Partial(부분)에서 유래했습니다. 모든 실제 엔티티를 모델링할 필요는 없습니다. 관련 있는 객체만 모델링하면 됩니다.

> **주의** 예외적으로 성능상의 이유로 컬렉션을 최적화해야 하는 경우가 있는데, 이는 강력한 증거가 충분한 경우에만 해당됩니다(16장 '섣부른 최적화' 참조). 때때로 코드를 정리해야 하며, 특수한 컬렉션이 좋은 출발점이 될 수 있습니다.

관련 레시피

- 13.5절 '순회하는 동안 컬렉션 수정 방지하기'

## CHAPTER 13

빠른 실패

점검해야 할 부분을 파악하고, 실수할 경우 프로그램이 빠르게 실패하도록 하는 데에는 기술이 필요합니다. 이러한 선택은 단순화의 기술 중 하나입니다.

워드 커닝햄Ward Cunningham

13.0 소개

클린 코드를 위해서는 빠르게 실패하는 능력이 중요합니다. 비즈니스 규칙이 실패하는 즉시 조치를 취해야 합니다. 다시 말해 모든 조용한 실패는 개선할 수 있는 기회를 놓치는 것입니다. 문제를 정확하게 디버깅하려면 근본적인 원인을 찾아야 합니다. 그리고 근본적인 원인은 장애를 추적하고 해결할 수 있는 확실한 힌트를 제공하죠. 만약 실패가 올바른 결과를 만들었더라도, 실패가 은폐되고 과정이 계속 진행되는 약한 시스템보다 실패가 빠른 시스템이 훨씬 견고합니다.

13.1 재할당 변수 리팩터링하기

문제 변수를 다른 범위로 재사용합니다.

해결 변수 이름을 재사용하지 마세요. 가독성과 리팩터링 가능성을 떨어뜨리고 얻는 것은 아무것도 없으며, 메모리가 절약되지도 않는 섣부른 최적화입니다. 가능한 한 범위를 좁히세요.

설명 변수를 재사용하고 해당 변수의 범위를 확장하게 되면, 자동 리팩터링 도구 사용이 어려워지면서 가상 머신이 최적화를 놓칠 수 있습니다. 변수의 수명 주기를 짧게 유지하면서 변수를 정의하고, 활용하고, 폐기하는 것이 좋습니다. 다음 예제는 서로 관련이 없는 두 개의 구매 내역입니다.

```Python
class Item:
    def taxes_charged(self):
        return 1


last_purchase = Item('Soda')
# 구매로 무언가를 합니다.

tax_amount = last_purchase.taxes_charged()
# 구매와 관련된 다양한 정보가 있습니다.
# 음료를 마십니다.

# 아래에서 쓸모없는 last_purchase 매개변수로 전달하지 않고는
# 메서드를 추출할 수 없습니다.

# 몇 시간 후...
last_purchase = Item('Whisky')
# 또 다른 음료를 구매합니다.

tax_amount += last_purchase.taxes_charged()
```

범위를 좁히면 다음과 같이 구현됩니다.

```python
class Item:
    def taxes_charged(self):
        return 1


def buy_supper():
    supper_purchase = Item('Soda')
    # 구매로 무언가를 합니다.

    # 구매와 관련된 다양한 정보가 있습니다.
    # 음료를 마십니다.
    return supper_purchase


def buy_drinks():
    # 메서드를 추출할 수 있습니다!

    # 몇 시간 후...
    drinks_purchase = Item('Whisky')
    # 또 다른 음료를 구매합니다.

    return drinks_purchase


tax_amount = buy_supper().taxes_charged() + buy_drinks().taxes_charged()
```

변수를 재사용하는 것을 '비문맥적 복사 붙여넣기'noncontextual copy-and-paste' 힌트라고도 부릅니다.

관련 레시피

• 11.1절 '너무 긴 메서드 나누기'

노트 가상 머신 최적화

오늘날 대부분의 최신 프로그래밍 언어는 가상 머신(VM)에서 실행됩니다. 가상 머신은 하드웨어 세부 사항을 추상화하고 내부에서 많은 최적화를 수행합니다. 덕분에 우리는 코드를 가독성 있게 만드는 데 집중하고 섣부른 최적화를 피할 수 있습니다(16장 '섣부른 최적화' 참조). 가상 머신이 많은 성능 문제를 해결하기 때문에 영리한 성능 코드를 작성하는 작업은 거의 불필요합니다. 16장에서는 코드를 최적화할 필요가 있는지 판단하기 위해 실제 증거를 수집하는 방법을 알아봅니다.

13.2 전제 조건 적용하기

문제 비즈니스 전제 조건, 사후 조건, 불변성을 사용해 더 강력한 객체를 만들고 싶습니다.

해결 성능에 심각한 문제가 있다는 확실한 증거가 없는 한, 개발과 프로덕션 모두에서 어서션을 구성하세요.

설명 객체 일관성은 MAPPER 개념을 따라잡기 위한 핵심입니다(2장 '공리 설정' 참조). 코드가 소프트웨어 계약을 위반하는 즉시 경고해야 합니다. 문제가 발생하자마자 디버깅하는 것이 더 수월하기 때문입니다. 언제나 그렇듯이 생성자는 탁월한 1차 방어선 역할을 합니다.

> **노트** **계약의 의한 설계**
>
> 베르트랑 머예르의 『Object-Oriented Software Construction(객체 지향 소프트웨어 구축)』은 객체 지향 패러다임을 사용한 소프트웨어 개발에 대한 종합적인 가이드입니다. 이 책의 핵심 아이디어 중 하나는 '계약에 의한 설계'라는 개념으로, 소프트웨어 모듈 간에 명확하고 명백한 계약을 작성하는 것이 중요하다는 점을 강조합니다. 계약에는 모듈이 서로 올바르게 작동하고 시간이 지나도 소프트웨어가 안정적이고 유지 관리가 가능하도록 보장하는 책임과 행동을 명시합니다. 계약이 위반되면 빠르게 실패하기 원칙이 준수되고, 문제가 즉시 발견됩니다.

다음은 날짜(Date) 유효성을 검사하는 예제입니다.

```Python
class Date:
    def __init__(self, day, month, year):
        self.day = day
        self.month = month
        self.year = year

    def setMonth(self, month):
        self.month = month


start_date = Date(3, 11, 2020)
# 성공

start_date = Date(31, 11, 2020)
# 실패합니다.
```

```
start_date.setMonth(13)
# 불변성이 존재하므로 실패합니다.
```

다음은 날짜(Date)를 만들기 전에 전제 조건을 넣은 모습입니다.

```Python
class Date:
    def __init__(self, day, month, year):
        if month > 12:
            raise Exception("월은 12를 초과할 수 없습니다.")
        #
        # etc ...

        self._day = day
        self._month = month
        self._year = year


start_date = Date(3, 11, 2020)
# 성공

start_date = Date(31, 11, 2020)
# 실패

startDate.setMonth(13)
# 실패해야 하지만, 실패하지 않습니다.
```

성능에 약간의 불이익이 있더라도 항상 객체 무결성에 대해 명시하고 프로덕션 어서션을 사용해야 합니다. 데이터나 객체 손상은 찾기 어렵기 때문에 빠르게 실패하는 것이 오히려 더 좋습니다.

관련 레시피

- 3.1절 '빈약한 객체를 풍성한 객체로 변환하기'
- 25.1절 '입력값 검열하기'

함께 보기

- 베르트랑 머예르의 『Object-Oriented Software Construction(객체 지향 소프트웨어 구축)』 (https://oreil.ly/3s8G5)

13.3 더 엄격한 매개변수 사용하기

문제 다양한 (다형성이 아닌) 인수를 받을 수 있는 매직 함수가 있습니다.

해결 명확한 계약을 구성하세요. 하나의 프로토콜만 생각하세요.

설명 함수 시그니처는 매우 중요하며, 매직 형 변환을 선호하는 언어는 혼란만 가져올 뿐입니다. 쉽게 수정할 수 있다고 약속하지만, 곧 예기치 않은 값을 디버깅해야 하는 상황에 직면하게 될 것입니다. if 조건으로 오염된 유연한 함수를 만드는 대신, 항상 단일 프로토콜을 준수하는 한 종류의 인수를 사용하세요.

다음 예제에서는 서로 다른 여러 가지 비다형성 인수를 받을 수 있습니다.

```PHP
function parseArguments($arguments) {
    $arguments = $arguments ?: null;
    // 항상 저지르는 실수(null)
    if (is_empty($arguments)) {
        $this->arguments = http_build_query($_REQUEST);
        // 전역 변수와의 결합이나 부작용이 있을 수 있습니다.
    } elseif (is_array($arguments)) {
```

```php
        $this->arguments = http_build_query($arguments);
    } elseif (!$arguments) { // null이 드러남
        $this->arguments = null;
    } else {
        $this->arguments = (string)$arguments;
    }
}
```

다음은 표준 단일 해결책입니다.

```php
function parseArguments(array $arguments) {
    $this->arguments = http_build_query($arguments);
}
```

매직 형 변환과 유연성에는 대가가 따릅니다. 즉, 이러한 문제를 감추고 빠르게 실패하기 원칙을 위반합니다.

관련 레시피

- 10.4절 '코드에서 교묘함 제거하기'
- 15.1절 'null 객체 생성하기'
- 24.2절 '참 같은 값 다루기'

13.4 switch 문에서 기본값 제거하기

문제 switch 문에서 실제로 예외를 발생시켜야 할 때 예외를 발생시키지 않습니다.

해결 case 문에 default(기본값)를 추가하지 마세요. 그 대신 예외를 발생시키는 방식으로 변경하세요. 이는 코드가 더 명시적이 되도록 하며, 추측에 의한 해결책을 사용하지 않도록 합니다.

설명 default(기본값)는 '아직 알지 못하는 모든 것'을 의미합니다. 미래는 예측할 수 없으므로 '예상치 못한 경우'에 대해 기본값은 예외 처리가 되어야 합니다. case 문을 사용할 때 실

패하지 않도록 default를 추가하는 경우가 많습니다. 하지만 증거 없이 결정을 내리는 것보다 실패하는 것이 항상 낫습니다. switch 문뿐만 아니라 case 문도 문제가 되는 경우가 많으므로 14.4절 'switch/case/else if 문 대체하기'를 사용해 이를 방지할 수 있습니다. C와 C++에서 default 케이스는 선택 사항입니다. 자바에서는 default 케이스가 필수이며, 이를 생략하면 컴파일러가 오류를 발생시킵니다. C#에서 default 케이스 문은 선택 사항이지만 생략하면 컴파일러에서 경고를 생성합니다.

다음은 추측성 기본값이 있는 case 문입니다.

```javascript
switch (value) {
  case value1:
    // value1과 일치하면 다음이 실행됩니다.
    doSomething();
    break;
  case value2:
    // value2와 일치하면 다음이 실행됩니다.
    doSomethingElse();
    break;
  default:
    // 값이 현재 위의 값이나 미래의 값과 일치하지 않는 경우, 다음이 실행됩니다.
    doSomethingSpecial();
    break;
}
```

예외로 대체하면 다음과 같이 구현됩니다.

```javascript
switch (value) {
  case value1:
    // value1과 일치하면 다음이 실행됩니다.
    doSomething();
    break;
  case value2:
    // value2와 일치하면 다음이 실행됩니다.
    doSomethingElse();
    break;
  case value3:
  case value4:
    // 현재 다음과 같은 옵션이 있다는 것을 알고 있습니다.
    doSomethingSpecial();
```

```
        break;
    default:
        // 값이 위의 값과 일치하지 않으면 결정을 내려야 합니다.
        throw new Exception('예상치 못한 경우 ' + value + '를 고려해야 합니다.');
        break;
}
```

예외가 없는 한, 기본값을 사용할 때 경고하도록 린터를 설정할 수 있습니다. 탄탄한 코드를 작성한다고 해서 증거 없이 결정을 내릴 필요는 없기 때문입니다. 유효한 사용처가 많다 보니 오탐을 주의해야 합니다.

관련 레시피

• 14.4절 'switch/case/else if 문 대체하기'

13.5 순회하는 동안 컬렉션 수정 방지하기

문제 컬렉션을 순회하는 동안 컬렉션을 수정합니다.

해결 컬렉션을 순회하는 동안 컬렉션을 수정하지 마세요. 컬렉션을 수정하면 내부 포인터에 불일치가 발생합니다.

설명 일부 개발자는 컬렉션 복사가 비용이 많이 드는 작업이라고 가정해, 솔루션을 과도하게 최적화하는 경향이 있습니다. 그러나 이는 소규모나 중간 규모의 컬렉션에는 해당되지 않으며, 프로그래밍 언어에서는 다양한 방식으로 컬렉션을 순회합니다(16장 '섣부른 최적화' 참조). 순회하는 도중에 컬렉션을 수정하는 것은 일반적으로 안전하지 않으며, 그에 따른 결과는 순회하는 코드가 아닌 더 뒤에서 나타날 수도 있습니다.

다음은 비정상적인 결과를 초래하는 예제입니다.

```java
// 여기에서 컬렉션에 요소를 추가합니다.
Collection<Object> people = new ArrayList<>();

for (Object person : people) {
```

```java
    if (condition(person)) {
        people.remove(person);
    }
}
// 요소를 순회하면서 제거합니다.
// 다른 제거 대상 후보를 건너뛰는 위험이 있습니다.
```

컬렉션을 복사해 코드를 더 안전한 방식으로 변경하면 다음과 같습니다.

```java
// 여기에서 컬렉션에 요소를 추가합니다.
Collection<Object> people = new ArrayList<>();

List<Object> iterationPeople = ImmutableList.copyOf(people);

for (Object person : iterationPeople) {
    if (condition(person)) {
        people.remove(person);
    }
}
// 복사본을 순회하며 원본 요소를 제거합니다.

people.removeIf(currentIndex -> currentIndex == 5);
// 또는 언어에서 제공하는 기능(사용 가능한 경우)을 사용하세요.
```

이는 개발자가 초기에 배우는 내용이지만, 업계와 실제 소프트웨어에서 여전히 이 문제가 많이 발생하곤 합니다.

관련 레시피

- 6.6절 '명시적 반복 대체하기'
- 12.6절 '비즈니스 컬렉션 대체하기'

13.6 해시와 동등성 재정의하기

문제 객체에 해싱을 구현하지만 동등성^{equality}을 재정의하지는 않습니다.

해결 해시를 확인하는 경우, 일관성을 위해 동등성 여부도 확인해야 합니다.

설명 해싱은 두 객체의 해시값이 다를 때는 서로 다르지만 그렇다고 해시값이 같다고 두 객체가 같은 객체라는 것을 보장해주지 않으며, 이러한 비대칭성으로 인해 전단사 오류가 발생할 수 있습니다. 따라서 항상 해시(빠른)를 확인한 다음 동일성(느린)을 확인해야 합니다.

다음은 대규모 컬렉션에서 사람(**Person**)을 비교하는 예시입니다.

```Java
public class Person {

  public String name;

  @Override
  public boolean equals(Person anotherPerson) {
    return name.equals(anotherPerson.name);
  }

  @Override
  public int hashCode() {
    return (int)(Math.random()*256);
  }
}
```

해시맵을 사용할 때 실수로 객체가 컬렉션에 없다고 추측할 수 있습니다. 해시를 재정의하면 다음과 같습니다.

```Java
public class Person {

public String name;
    // public 속성을 갖는 것도 또 다른 문제입니다.
    @Override
    public boolean equals(Person anotherPerson) {
      return name.equals(anotherPerson.name);
    }
```

```
    @Override
    public int hashCode() {
      return name.hashCode();
    }
  }
```

많은 린터에는 정적 분석과 구문 분석 트리를 사용해 해시와 동등성 재정의에 대한 규칙이 있습니다. 돌연변이 테스트(5.1절 'var를 const로 변경하기' 참조)를 사용하면 동일한 해시로 여러 객체를 시딩^{seeding}하고 테스트할 수 있습니다. 모든 성능 개선에는 문제점이 있을 수 있다 보니, 늘 먼저 코드가 작동하고 자동화된 테스트를 통해 검증한 다음에 성능을 조정해야 합니다.

관련 레시피

- 14.15절 '동등 비교 변경하기'
- 16.7절 '도메인 객체에서 캐시 추출하기'

> **노트** **해싱**
>
> **해싱**^{hashing}은 임의의 크기의 데이터를 고정된 크기의 값으로 매핑하는 과정입니다. 해시 함수의 출력을 해시값 또는 해시 코드라고 합니다. 해시값은 대규모 컬렉션에서 인덱스 테이블로 사용할 수 있으며, 요소를 순차적으로 반복하는 것보다 더 효율적인 방식으로 요소를 찾습니다.

13.7 기능 변경 없이 리팩터링하기

문제 개발과 리팩터링을 동시에 진행합니다.

해결 기능 변경과 리팩터링을 동시에 진행하지 마세요.

설명 리팩터링과 기능 변경을 혼합하면 코드 검토가 더 어려워지고 병합 충돌이 발생할 수 있습니다. 때로는 더 나은 개발을 위해 리팩터링이 필요하다는 것을 감지할 수 있는데, 이 경우 솔루션 작업을 보류하세요. 리팩터링을 진행한 후에 해당 솔루션을 진행하세요.

다음은 간단한 리팩터링과 기능 변경을 동시에 수행하는 예제입니다.

```
getFactorial(n) {
  return n * getFactorial(n);
}

// 이름 바꾸기 및 변경

factorial(n) {
  return n * factorial(n-1);
}

// 이것은 아주 작은 예제입니다.
// 더 많은 코드를 처리하는 경우, 상황이 더욱 더 나빠집니다.
```

수정 사항을 나누면 명확성을 더 높일 수 있습니다.

```
getFactorial(n) {
  return n * getFactorial(n);
}
// 변경

getFactorial(n) {
  return n * getFactorial(n-1);
}
// 테스트 진행

factorial(n) {
  return n * factorial(n-1);
}
// 이름 변경
```

리팩터링 단계 혹은 개발 단계로 나누면 더 수월해집니다.

if 문

변경을 쉽게 만든 다음(경고: 어려울 수 있음), 쉽게 변경하세요.

켄트 벡^{Kent Beck} (`https://oreil.ly/bNz48`)

14.0 소개

에츠허르 데이크스트라^{Edsger Dijkstra}가 「Go To Statement Considered Harmful(`goto` 문은 유해한 것으로 간주)」(`https://oreil.ly/6KiG6`) 논문을 쓰기 전까지만 해도 `goto` 문을 사용하는 것은 잘 알려진 관행이었습니다. 여전히 이를 지원하는 프로그래밍 언어는 있으나 오늘날에는 아무도 `goto` 명령어를 사용하지 않습니다(18.3절 'goto를 구조화된 코드로 대체하기' 참조). 아무래도 유지 관리하기가 어렵고 오류가 발생하기 쉬운 스파게티 코드를 생성하기 때문입니다. 수년 전에 구조적 프로그래밍이 스파게티 코드 문제를 해결했습니다.

> **노트 스파게티 코드**
>
> **스파게티 코드**spaghetti code는 제대로 구조화되지 않은 코드로, 이해와 유지 관리하기가 어렵습니다. 얽히고설킨 스파게티 면발처럼 코드가 얽혀 있고, 서로 연결되어 있어 '스파게티'라는 이름이 붙었습니다. 여기에는 중복된 코드뿐만 아니라 따라가기 어려울 수 있는 수많은 조건문, 점프, 루프가 포함되어 있습니다.

다음 변화는 대부분의 if 문을 제거하는 것입니다. 왜냐하면 if/case와 switch는 구조화된 흐름으로 위장한 goto이기 때문입니다. goto와 if는 모두 어셈블러와 같은 저수준 기계 프로그래밍 언어에 존재합니다.

대부분의 if 문은 우발적인 결정과 결합되어 있어 파급 효과를 발생시키며 코드를 유지 관리하기 어렵게 만듭니다. 우발적인 if는 goto만큼 유해하며 개방-폐쇄 원칙을 위반합니다 (14.3절 'boolean 변수 재구성하기' 참조). 이로 인해 설계의 확장성이 떨어지죠. if 문은 스위치(switch), 케이스(case), 기본값(default), 반환(return), 계속(continue), 중단 (break)과 같은 훨씬 더 심각한 문제에 직면하게 합니다. 이러한 문은 알고리듬을 더 복잡하게 만들고, 우발적인 솔루션을 구축하도록 합니다.

> **노트 구조적 프로그래밍**
>
> **구조적 프로그래밍**structured programming은 컴퓨터 프로그램의 명확성, 유지 보수성, 가독성, 신뢰성을 향상하기 위해 루프와 함수와 같은 제어 흐름control flow 구조 사용을 강조합니다. 프로그램을 관리하기 쉬운 작은 조각으로 나눈 다음, 구조화된 제어 흐름 구조를 사용해 이러한 조각을 구성합니다.

14.1 우발적 if 문을 다형성으로 대체하기

문제 코드에 우발적인 if 문이 있습니다.

해결 이를 다형성 객체로 대체합니다.

설명 다음은 필수적인 if 문입니다.

```javascript
class MovieWatcher {
  constructor(age) {
    this.age = age;
  }
  watchXRatedMovie() {
    if (this.age < 18)
      throw new Error("이 영화를 시청할 수 없습니다.");
    else
```

```javascript
      this.watchMovie();
  }
  watchMovie() {
    // ...
  }
}

const jane = new MovieWatcher(12);

jane.watchXRatedMovie();
// 제인이 너무 어려서 영화를 볼 수 없으므로 예외를 던집니다.
```

이 if 문을 제거할지 여부를 결정해야 하며, (필수적) 비즈니스 규칙을 나타내는지 아니면 (우발적) 구현 아티팩트를 나타내는지 이해해야 합니다. 소프트웨어 세계가 아닌 현실 세계의 사람들은 자연어 if 문을 사용해 연령 제한을 설명합니다. 따라서 전단사를 선호하고, '필수'로 식별하되 대체해서는 안 됩니다.

다음 예제에는 우발적인 if 문이 있습니다.

```javascript
class Movie {
  constructor(rate) {
    this.rate = rate;
  }
}

class MovieWatcher {
  constructor(age) {
    this.age = age;
  }
  watchMovie(movie) {
    if ((this.age < 18) && (movie.rate === '성인 전용'))
      throw new Error("이 영화를 시청할 수 없습니다.");
    // 만약 예외가 발생하지 않으면 영화를 볼 수 있습니다.
    playMovie();
  }
}

const jane = new MovieWatcher(12);
const theExorcist = new Movie('성인 전용');

jane.watchMovie(theExorcist);
// 제인은 12살이어서 영화 <엑소시트스>를 시청할 수 없습니다.
```

영화 등급을 설정하는 if 문은 실제 if 문이 아니라, 우발적인 (그리고 결합된) 구현과 관련이 있습니다. 문제는 문자열로 등급을 모델링하기로 한 설계 결정입니다(3장 '빈약한 모델' 참조). 이는 확장을 위해 개방적이지도 않고 수정을 위해 폐쇄적이지도 않은 전형적인 해결 방안입니다.

새로운 요구 사항으로 인해 문제는 더욱 악화됩니다.

```javascript
class Movie {
  constructor(rate) {
    this.rate = rate;
  }
}

class MovieWatcher {
  constructor(age) {
    this.age = age;
  }
  watchMovie(movie) {
    // !!!!!!!!!!!!!!!!! if 문이 오염되어 있습니다!!!!!!!!!!!!!!!!!!!!!!!!!!!!
    if ((this.age < 18) && (movie.rate === '성인 전용'))
      throw new Error("이 영화를 시청할 수 없습니다.");
    else if ((this.age < 13) && (movie.rate === '13세 전용'))
      throw new Error("이 영화를 시청할 수 없습니다.");
    // !!!!!!!!!!!!!!!!! if 문이 오염되어 있습니다!!!!!!!!!!!!!!!!!!!!!!!!!!!!

    playMovie();
  }
}

const theExorcist = new Movie('성인 전용');
const gremlins = new Movie('13세 전용');

const jane = new MovieWatcher(12);

jane.watchMovie(theExorcist);
// 제인은 12살이어서 영화 <엑소시트스>를 시청할 수 없습니다.
jane.watchMovie(gremlins);
// 제인은 12살이어서 영화 <그렘린>을 시청할 수 없습니다.

const joe = new MovieWatcher(16);

joe.watchMovie(theExorcist);
```

```
// 조는 16살이어서 영화 <엑소시트스>를 시청할 수 없습니다.
joe.watchMovie(gremlins);
// 조는 16살이어서 영화 <그렘린>을 시청할 수 있습니다.
```

새로운 등급이 생길 때마다 또 다른 if 문이 필요하고, 기본값 구문도 누락되었으므로 코드가
if로 오염되었다고 볼 수 있습니다. 등급을 나타내는 데 사용되는 문자열은 최선의 객체가 아
닙니다. 오타가 발생하면 찾기 어려운 오류가 발생하고 결정을 내리기 위해 **Movie**에 게터를
추가해야 합니다.

이 예제에서는 모든 if 조건에 대해 다형성 계층 구조를 생성하고(아직 존재하지 않는 경우),
모든 if 본문을 이전 추상화로 이동하고, if 호출을 단일 다형성 메서드 호출로 대체합니다.

```JavaScript
// 1. 모든 if 조건에 대해 다형성 계층 구조 만들기
// (아직 존재하지 않는 경우)
class MovieRate {
  // 언어가 허용하는 경우 추상적으로 선언해야 합니다.
}

class PG13MovieRate extends MovieRate {
  // 2. 모든 if 본문을 이전 추상화로 이동하세요.
  warnIfNotAllowed(age) {
    if (age < 13)
      throw new Error("이 영화를 시청할 수 없습니다.");
  }
}

class AdultsOnlyMovieRate extends MovieRate {
  // 2. 모든 if 본문을 이전 추상화로 이동하세요.
  warnIfNotAllowed(age) {
    if (age < 18)
      throw new Error("이 영화를 시청할 수 없습니다.");
  }
}

class Movie {
  constructor(rate) {
    this.rate = rate;
  }
}

class MovieWatcher {
```

```javascript
  constructor(age) {
    this.age = age;
  }
  watchMovie(movie) {
    // 3. if 문을 다형성 메서드 호출로 대체하기
    movie.rate.warnIfNotAllowed(this.age);
    // 영화 시청
  }
}

const theExorcist = new Movie(new AdultsOnlyMovieRate());
const gremlins = new Movie(new PG13MovieRate());

const jane = new MovieWatcher(12);

// jane.watchMovie(theExorcist);
// 제인은 12살이어서 영화 <엑소시트스>를 시청할 수 없습니다.
// jane.watchMovie(gremlins);
// 제인은 12살이어서 영화 <그렘린>을 시청할 수 없습니다.

const joe = new MovieWatcher(16);

// joe.watchMovie(theExorcist);
// 조는 16살이어서 영화 <엑소시트스>를 시청할 수 없습니다.
joe.watchMovie(gremlins);
// 조는 16살이어서 영화 <그렘린>을 시청할 수 있습니다.
```

이 해결 방안은 훌륭합니다. 코드가 더 이상 if로 오염되지 않고, 새로운 요구 사항을 얻고 도메인에서 학습할 때 모델을 확장하는 것으로 충분하기 때문입니다. 새 등급을 만들어야 하는 경우 새로운 다형성 인스턴스를 사용하면 됩니다. 또한 예외는 흐름을 끊기 때문에 기본 동작이 필요하지 않습니다. 대부분 null 객체(15.1절 'null 객체 생성하기' 참조)로 충분합니다. 결과적으로 등급은 일급 객체이므로 이전 예제에서 오타 문제가 발생할 가능성이 없습니다. 필수적인 if는 여전히 존재하고(연령 확인) 우발적인 if는 사라졌습니다(등급 제한).

공동 작업자 체인 문제를 해결하려면 코드를 나누면 됩니다.

JavaScript

```javascript
movie.rate.warnIfNotAllowed(this.age);

class Movie {
  constructor(rate) {
```

```javascript
      this._rate = rate; // 등급(rate)이 비공개(private)로 설정됩니다.
  }
  warnIfNotAllowed(age) {
    this._rate.warnIfNotAllowed(age);
  }
}

class MovieWatcher {
  constructor(age) {
    this.age = age;
  }
  watchMovie(movie) {
    movie.warnIfNotAllowed(this.age);
    // 영화 시청
  }
}
```

등급은 비공개이므로 캡슐화를 깨지 않고 게터가 필요하지 않습니다. 이 레시피를 필수 if에
적용하면 다음과 같습니다.

```javascript
class Age {
}

class AgeLessThan13 extends Age {
  assertCanWatchPG13Movie() {
    throw new Error("이 영화를 시청할 수 없습니다.");
  }
  assertCanWatchAdultMovie() {
    throw new Error("이 영화를 시청할 수 없습니다.");
  }
}

class AgeBetween13And18 extends Age {
  assertCanWatchPG13Movie() {
    // 문제 없음
  }
  assertCanWatchAdultMovie() {
    throw new Error("이 영화를 시청할 수 없습니다.");
  }
}

class MovieRate {
```

```
  // 언어가 허용하는 경우 abstract로 선언하세요.
  // abstract assertCanWatch();
}

class PG13MovieRate extends MovieRate {
  // 모든 if 본문을 이전 추상화로 이동하세요.
  assertCanWatch(age) {
    age.assertCanWatchPG13Movie()
  }
}

class AdultsOnlyMovieRate extends MovieRate {
  // 모든 if 본문을 이전 추상화로 이동하세요.
  assertCanWatch(age) {
    age.assertCanWatchAdultMovie()
  }
}

class Movie {
  constructor(rate) {
    this._rate = rate; // 등급이 비공개로 설정됩니다.
  }
  watchByMe(moviegoer) {
    this._rate.assertCanWatch(moviegoer.age);
  }
}

class MovieWatcher {
  constructor(age) {
    this.age = age;
  }
  watchMovie(movie) {
    movie.watchByMe(this);
  }
}

const theExorcist = new Movie(new AdultsOnlyMovieRate());
const gremlins = new Movie(new PG13MovieRate());

const jane = new MovieWatcher(new AgeLessThan13());

// jane.watchMovie(theExorcist);
// 제인은 12살이어서 영화 <엑소시트스>를 시청할 수 없습니다.
// jane.watchMovie(gremlins);
```

```
// 제인은 12살이어서 영화 <그렘린>을 시청할 수 없습니다.

const joe = new MovieWatcher(new AgeBetween13And18());

// joe.watchMovie(theExorcist);
// 조는 16살이어서 영화 <엑소시트스>를 시청할 수 없습니다.
joe.watchMovie(gremlins);
// 조는 16살이어서 영화 <그렘린>을 시청할 수 있습니다.
```

이 코드는 작동하지만 연령을 나타내는 클래스가 모델의 실제 개념과 관련이 없으므로 전단사 원칙에 위배되어 과잉 설계 문제가 있습니다. 그뿐만 아니라 새로운 연령 등급과 관련된 새로운 클래스가 필요하고, 연령 등급이 분리되지 않을 수 있습니다. 따라서 모델이 지나치게 복잡해질 가능성이 있습니다.

마지막 설계 방식을 피하고 필수적인 경우와 우발적인 경우 사이의 명확한 경계를 설정하려면 다음 규칙을 따르세요.

> **팁** 좋은 설계 규칙은 요소가 동일한 도메인(영화나 등급)에 속하는 경우, 추상화를 생성하고 도메인(영화나 연령)을 넘나드는 경우 추상화를 생성하지 않는 것입니다.

이 레시피에서는 if 문 사용을 피할 것을 권장합니다. 특히 처음에는 조건문 사용이 업계에서 자주 사용되다 보니 관행에 매우 익숙해서 피하기 어려울 수 있습니다. 그러나 우발적인 if를 모두 제거할 수 있다면, 모델이 덜 결합되고 더 확장될 수 있습니다. null 객체 패턴은 이 기법의 특별한 경우로, null if는 항상 우발적으로 발생하기 때문에 모든 null을 제거할 수 있습니다(15장 'null' 참조).

> **노트 다형성 계층 구조**
>
> **다형성 계층 구조**polymorphic hierarchy에서 클래스는 '동작하는' 관계에 따라 계층 구조로 구성됩니다. 이를 통해 보다 일반적인 클래스로부터 동작을 상속하는 특수 클래스를 만들 수 있습니다. 다형성 계층 구조에서 기본 추상 클래스는 기초 역할을 하며, 여러 구체적인 하위 클래스가 공유하는 공통 동작을 정의합니다. 하위 클래스는 상위 클래스로부터 이러한 특성을 상속받으며, 자체적인 동작을 추가할 수 있습니다. 하위 클래스는 다형성을 강제하는 한 가지 방법입니다(14.14절 '비다형성 함수를 다형성으로 변환하기' 참조). 그러나 컴파일 이후에는 상위 클래스를 변경할 수 없기 때문에 엄격합니다.

14.2 이벤트의 플래그 변수 이름 변경하기

문제 함수에 모호한 이름의 플래그(flag) 인수(boolean)가 있습니다.

해결 플래그 변수의 이름을 변경해 어떤 일이 발생하는지 확인하세요.

설명 플래그는 어떤 일이 일어나는지를 나타냅니다. 때때로 플래그의 이름이 너무 일반적일 때가 있습니다. 다음은 플래그 예제입니다.

```php
function dummy() {

    $flag = true;

    while ($flag == true) {
        $result = checkSomething();
        if ($result) {
            $flag = false;
        }
    }
}
```

다음은 더 선언적이고 의도를 명확하게 드러낸 예제입니다.

```php
function dummy()
{
    $atLeastOneElementWasFound = false;

    while (!$atLeastOneElementWasFound) {

        $elementSatisfies = checkSomething();
        if ($elementSatisfies) {
            $atLeastOneElementWasFound = true;
        }
    }
}
```

전체 코드에서 잘못된 이름의 플래그를 찾아야 합니다. 플래그는 프로덕션 코드에 널리 퍼져 있습니다. 플래그의 사용을 제한하고 명확하고 의도를 드러내는 이름을 사용하세요.

관련 레시피

- 6.4절 '이중 부정 제거하기'
- 14.11절 '조건 검사를 위한 boolean 값 반환 방지하기'
- 14.3절 'boolean 변수 재구성하기'

14.3 boolean 변수 재구성하기

문제 boolean 변수를 플래그로 사용하는 코드가 있어 우발적인 구현이 노출되고 if 조건으로 코드가 변질될 수 있습니다.

해결 boolean 변수는 if를 작성하게 하므로 사용하지 마세요(14.1절 '우발적 if 문을 다형성으로 대체하기' 참조). 대신 다형성 상태를 생성하세요.

> **노트 boolean 플래그**
>
> boolean 플래그는 참 또는 거짓만 가능한 변수로, 이진 조건에서 가능한 두 가지 상태를 나타냅니다. 일반적으로 조건문, 루프, 기타 제어 구조를 통해 논리의 흐름을 제어하는 데 boolean 플래그를 사용합니다.

설명 boolean 변수는 SOLID의 확장성과 개방-폐쇄 원칙을 깨뜨립니다(19.1절 '깊은 상속 끊기' 참조). 모든 값을 참과 거짓으로 변환하는 일부 언어에서는 비교하기 어렵습니다(24.2절 '참 같은 값 다루기' 참조). boolean이 실제 boolean 엔티티에 매핑되는 경우, 2장에서 정의한 대로 MAPPER 개념에 따라 생성해야 합니다. 그렇지 않으면 확장성을 위해 디자인 패턴 중 상태 패턴을 사용해 모델링할 수 있습니다.

> **노트 개방-폐쇄 원칙**
>
> SOLID의 'O'는 **개방-폐쇄 원칙**open-closed principle을 의미합니다(19.1절 '깊은 상속 끊기' 참조). 이는 소프트웨어 클래스는 확장을 위해서는 개방적이어야 하지만, 수정을 위해서는 폐쇄적이어야 한다는 원칙입니다. 코드를 수정하지 않고도 동작을 확장할 수 있어야 합니다. 이 원칙은 기존 코드를 변경하지 않고도 새로운 기능을 추가할 수 있도록 추상 인터페이스, 상속, 다형성을 사용하도록 장려합니다. 또한 이 원칙은 관심사 분리를 권장하며(8.3절 '논리적인 주석 제거하기' 참조) 소프트웨어 구성 요소를 더 쉽게 독립적으로 개발, 테스트, 배포할 수 있게 합니다.

다음은 세 가지 **boolean** 플래그가 있는 예제입니다.

```php
function processBatch(
    bool $useLogin,
    bool $deleteEntries,
    bool $beforeToday) {
    // ...
}
```

다음과 같이 실제 개념으로 구체화할 수 있습니다.

```php
function processBatch(
    LoginStrategy $login,
    DeletionPolicy $deletionPolicy,
    Date $cutoffDate) {
    // ...
}
```

자동 감지를 통해 **boolean** 사용을 경고할 수 있지만 오탐이 발생할 수 있으며, 일부 언어의 **boolean** 비교기에 문제가 있기도 합니다. 자바스크립트와 같이 참과 거짓 값이 있는 언어 (24.2절 '참 같은 값 다루기' 참조)에서 **boolean**은 일반적인 오류의 원인이므로 **boolean**으로 무언가를 선언할 때는 각별히 주의해야 합니다. 플래그는 유지 관리와 확장이 어렵습니다. 도메인을 자세히 파악하고 **if/switch/case** 대신 다형성을 사용하세요(14.1절 '우발적 if 문을 다형성으로 대체하기' 참조).

노트 **상태 패턴**

상태 패턴state pattern은 객체가 런타임에 내부 상태가 변할 때 클래스를 변경하지 않고도 객체의 동작을 변경할 수 있게 합니다. 각 상태의 동작을 캡슐화하는 유효한 상태 객체 집합을 별도의 클래스 안에 정의하세요. 이 상태 객체는 컨텍스트 객체가 적절한 상태 객체로 그 동작을 위임할 수 있게 하는 공통 인터페이스를 제공합니다. 컨텍스트 객체의 상태가 변경되면 적절한 상태 객체로 전환하기만 하면 됩니다. 이 방식은 컨텍스트 객체와 해당 상태 객체 간의 결합도를 낮추고, 컨텍스트 객체의 유연성과 확장성을 높이며 개방-폐쇄 원칙을 유지합니다.

관련 레시피

- 6.4절 '이중 부정 제거하기'
- 14.2절 '이벤트의 플래그 변수 이름 변경하기'

함께 보기

• 마틴 파울러의 '플래그 인수'(https://oreil.ly/RXti-)

14.4 switch/case/else if 문 대체하기

문제 스위치와 케이스가 있는 제어 구조가 있습니다.

해결 다형성 객체로 대체하세요.

설명 스위치는 너무 많은 결정을 함께 결합하고, 새로운 조건이 추가될 때마다 주요 알고리듬이 변경되어 병합 충돌이 발생하며 개방–폐쇄 원칙(14.3절 'boolean 변수 재구성하기' 참조)을 위반합니다. 또한 중복된 코드와 매우 큰 메서드 생성을 유발합니다. 이러한 문제를 해결하기 위해서는 상태 패턴을 사용해 전환을 모델링하고, 전략 패턴이나 메서드 객체를 사용해 분기를 선택하는 개방–폐쇄 원칙에 따라 계층을 생성하거나 구성해야 합니다.

다음 예제는 여러 가지 오디오 형식을 MP3로 변환하는 예제입니다.

```Java
class Mp3Converter {
  convertToMp3(source, mimeType) {
    if(mimeType.equals("audio/mpeg")) {
        this.convertMpegToMp3(source)
    } else if(mimeType.equals("audio/wav")) {
        this.convertWavToMp3(source)
    } else if(mimeType.equals("audio/ogg")) {
        this.convertOggToMp3(source)
    } else if(...) {
        // 아주 많은 else 문이 존재함
    }
}
```

이는 동일한 문제가 있는 코드에도 똑같이 적용됩니다.

```Java
class Mp3Converter {
  convertToMp3(source, mimeType) {
    switch (mimeType) {
```

```java
    case "audio/mpeg":
      this.convertMpegToMp3(source);
      break;
    case "audio/wav":
      this.convertWavToMp3(source);
      break;
    case "audio/ogg":
      this.convertOggToMp3(source);
      break;
  default:
      throw new Error("지원되지 않는 MIME 유형: " + mimeType);
  }
}
```

코드를 변경하지 않고도 새 변환기를 추가할 수 있다 보니 특수한 변환기가 있어도 문제가 되지 않습니다.

```java
class Mp3Converter {                                                Java
  convertToMp3(source, mimeType) {
    const foundConverter = this.registeredConverters.
        find(converter => converter.handles(mimeType));
        // 메타프로그래밍을 사용해 변환기를 찾고 반복하는 것은
        // 또 다른 문제가 될 수 있으므로 사용하지 마세요.
    if (!foundConverter) {
      throw new Error('해당 유형을 위한 변화기 찾기 실패:' + mimeType);
    }
    foundConverter.convertToMp3(source);
  }
}
```

if/else 사용이 유효한 경우가 있으므로 이 방식을 무조건 금지해서는 안 됩니다. 대신 if 문과 다른 구문의 비율이 경고로 나타나게끔 구성해도 좋습니다.

관련 레시피

- 10.7절 '메서드를 객체로 추출하기'

- 13.4절 'switch 문에서 기본값 제거하기'

- 14.5절 '하드코딩된 if 조건문을 컬렉션으로 대체하기'

- 14.10절 '중첩된 화살표 코드 재작성하기'

- 15.1절 'null 객체 생성하기'

> **노트** **전략 패턴**
>
> **전략 패턴**strategy pattern은 상호 교환 가능한 알고리듬 제품군을 정의하고, 각 알고리듬을 캡슐화하며, 런타임에 상호 교환할 수 있도록 합니다. 이 패턴을 사용하면 클라이언트 객체가 런타임의 특정 컨텍스트나 상황에 맞는 알고리듬을 선택해 사용할 수 있습니다. 또한 클라이언트 객체와 전략 간의 결합도를 낮추고 구현에 영향을 주지 않고 클라이언트 객체의 동작을 쉽게 확장하거나 수정할 수 있습니다.

14.5 하드코딩된 if 조건문을 컬렉션으로 대체하기

문제 하드코딩된 조건문이 있습니다.

해결 조건을 매핑할 컬렉션을 만듭니다.

설명 하드코딩된 if 조건문은 테스트 가능성을 나빠지게 합니다. 모든 if 문을 동적 조건 또는 다형성으로 대체할 수 있습니다. 다음은 인터넷 도메인을 국가 이름으로 매핑하는 예제입니다.

`C#`

```csharp
private string FindCountryName (string internetCode)
{
  if (internetCode == "de")
    return "Germany";
  else if(internetCode == "fr")
    return "France";
  else if(internetCode == "ar")
    return "Argentina";
    // 많은 else 문 존재
  else
    return "유효하지 않은 코드입니다.";
}
```

두 개의 컬렉션을 생성해 매핑하거나 하나의 컬렉션을 생성할 수 있습니다.

```csharp
private string[] country_names = {"Germany", "France", "Argentina"}; // 더 많음
private string[] Internet_code_suffixes= {"de", "fr", "ar" }; // 더 많음
// 인라인 초기화를 여기서 할 수 있습니다.

private Dictionary<string, string> Internet_codes =
 new Dictionary<string, string>();

// 컬렉션 반복을 위한 더 효율적인 방법이 있습니다.
// 해당 의사코드는 오직 보여주기 위해 사용합니다.
int currentIndex = 0;
foreach (var suffix in Internet_code_suffixes) {
  Internet_codes.Add(suffix, Internet_codes[currentIndex]);
  currentIndex++;
}

private string FindCountryName(string internetCode) {
  return Internet_codes[internetCode];
}
```

과거에 하드코딩은 선택 사항이 아니었습니다. 하지만 최신 방법론에서는 먼저 하드코딩을 통해 학습한 후, 이를 일반화하고 리팩터링합니다.

관련 레시피

- 14.4절 'switch/case/else if 문 대체하기'
- 14.10절 '중첩된 화살표 코드 재작성하기'
- 14.16절 '하드코딩된 비즈니스 조건 재정의하기'

14.6 boolean을 단락 평가 조건으로 변경하기

문제 boolean 평가를 완료하기 전에 이미 결과를 알고 있습니다.

해결 boolean 조건을 느슨하게 평가하세요. 언어가 허용하는 경우 단락 평가를 이용하세요.

설명 boolean 진리표는 수학적인 연산에 매우 유용하지만, 단락 평가^{short-circuit}사용 시에는 때때로 부작용과 성능 문제가 발생할 수 있으므로 주의해야 합니다. 단락 평가를 사용하면 이미 값이 정의된 경우에 불필요한 전체 평가를 피하게 도와줍니다. 예를 들어 or 조건에서 첫 번째 부분이 참인 경우 전체 평가를 수행하지 않습니다.

다음은 논리 연산자 and(&)를 사용한 잘못된 전체 평가입니다.

```
if (isOpen(file) & size(contents(file)) > 0)
    // 비트 단위 연산자 and이므로 전체 평가를 수행합니다.
    // 열리지 않은 파일에서 콘텐츠를 검색할 수 없으므로 실패합니다.
```

다음은 단락 평가를 사용한 버전입니다.

```
if (isOpen(file) && size(contents(file)) > 0)
    // 단락 평가
    // 파일이 열려 있지 않으면 콘텐츠를 가져오려고 시도하지 않습니다.
```

예외적인 상황에서 단락 평가를 if 문의 대안으로 사용해서는 안 됩니다. 피연산자에 부작용이 있는 경우(대부분의 프로그래밍 언어가 단락 평가를 지원하고 많은 언어가 이를 유일한 옵션으로 사용하므로) 이러한 종류의 표현을 사용해야 합니다.

관련 레시피

- 14.9절 '무분별한 단락 평가 방지하기'
- 14.12절 'boolean 비교 변경하기'
- 24.2절 '참 같은 값 다루기'

14.7 암시적 else 추가하기

문제 else 문이 없는 if 문이 있습니다.

해결 명시적으로 표현해야 합니다. else 문이어도 if 조건 옆에 표현하세요.

설명 명시적인 else 문이 있는 코드는 가독성이 높고 인지 부하가 적습니다. 또한 예기치 않은 조건을 감지하고 빠르게 실패하기 원칙(13장 '빠른 실패' 참조)을 준수하게 합니다. 하지만 if 문에서 조기 반환을 수행하는 경우, else 부분을 생략하고 if 문을 제거한 뒤 다형성을 사용할 수도 있습니다. 이럴 때 실제 케이스를 놓치게 됩니다.

다음은 암시적 else가 있는 함수입니다.

```javascript
function carBrandImplicit(model) {
  if (model === 'A4') {
    return 'Audi';
  }
  return 'Mercedes-Benz';
}
```

명시적으로 설명하면 다음과 같습니다.

```javascript
function carBrandExplicit(model) {
  if (model === 'A4') {
    return 'Audi';
  }
  if (model === 'AMG') {
    return 'Mercedes-Benz';
  }

  // 빠르게 실패함
  throw new Exception('Model을 찾을 수 없습니다.');
}
```

이를 다시 작성하고 돌연변이 테스트를 수행할 수도 있습니다(5.1절 'var를 const로 변경하기' 참조). 이 레시피는 많은 논쟁을 불러일으키곤 합니다. 모든 의견을 듣고 장단점을 평가해보세요.

관련 레시피

- 14.4절 'switch/case/else if 문 대체하기'

- 14.10절 '중첩된 화살표 코드 재작성하기'

14.8 조건부 화살표 코드 재작성하기

문제 계단이나 화살표같이 보이는 중첩된 boolean 조건이 있습니다.

해결 boolean 표현식을 확인하고, 이를 boolean으로 명시적으로 반환하는 것을 피하세요. 이를 공식값으로 대체하세요.

설명 계단 코드 또는 화살표 코드는 읽기 어렵습니다. 처음부터 끝까지 범위를 일치시키기도 어렵습니다. 이러한 유형의 코드는 저수준 언어에서 일반적인 '닌자 코드'와 같습니다. boolean 공식을 다룰 때는 명시적인 참/거짓을 반환하는 boolean 계단 형식보다 비즈니스 기준으로 풀이된 boolean으로 표시하는 것이 가독성이 좋습니다.

다음은 화살표 코드의 예시입니다.

```Python
def is_platypus(self):
    if self.is_mammal():
        if self.has_fur():
            if self.has_beak():
                if self.has_tail():
                    if self.can_swim():
                        return True
    return False

# 이 또한 if로 오염되어 생물학자가 읽을 수 없을 만큼 가독성이 떨어집니다.
def is_platypus(self):
    if not self.is_mammal():
        return False
    if not self.has_fur():
        return False
    if not self.has_beak():
        return False
```

```python
        if not self.has_tail():
            return False
        if not self.can_swim():
            return False
        return True
```

조건을 다시 작성하면 다음과 같습니다.

```python
def is_platypus(self):
    return (
        self.is_mammal() and
        self.has_fur() and
        self.has_beak() and
        self.has_tail() and
        self.can_swim()
    )
```

```
# 동물 분류에 따라 조건을 그룹화할 수도 있습니다.
```

구문 트리를 기반으로 명시적 boolean 값을 제거해 코드를 안전하게 리팩터링할 수 있습니다. boolean 반환에 주의하세요. 반환 후에는 해당 레시피를 사용해 제거할 수 있는 if 문이 필요합니다.

> **노트** **닌자 코드**
>
> **닌자 코드**ninja code(영리한 코드 또는 스마트 코드라고도 함)는 영리하게 작성되었지만, 이해하거나 유지 관리하기 어려운 코드를 말합니다. 닌자 코드는 고급 프로그래밍 기법이나 특정 언어 기능을 사용해 보다 효율적이고 조기에 최적화된 코드를 작성하는 것을 즐기는 숙련된 프로그래머가 작성하는 경우가 많습니다. 닌자 코드는 인상적이고 다른 코드보다 빠르게 실행될 수 있지만, 읽고 이해하기 어렵기 때문에 유지 관리, 확장성과 향후 개발에 문제가 발생할 수 있습니다. 닌자 코드는 클린 코드와 반대되는 개념입니다.

관련 레시피

- 14.2절 '이벤트의 플래그 변수 이름 변경하기'
- 14.10절 '중첩된 화살표 코드 재작성하기'
- 14.11절 '조건 검사를 위한 boolean 값 반환 방지하기'
- 14.12절 'boolean 비교 변경하기'

14.9 무분별한 단락 평가 방지하기

> **문제** 첫 번째 조건이 통과한 경우에만 유효한 두 번째 조건을 표현할 때처럼 짧게 표현해 가독성을 높이기 위해서 boolean 평가를 사용합니다.

해결 부작용을 가진 함수 내에서 boolean 비교를 사용하지 마세요. if 문으로 다시 작성하세요.

설명 영리한 프로그래머는 이러한 '개선'을 뒷받침할 강력한 증거가 없는 경우에도 엉성하고 모호한 코드를 작성하기를 좋아합니다. 종속 조건을 boolean으로 작성하는 것은 섣부른 최적화의 징후이며(16장 '섣부른 최적화' 참조) 가독성을 떨어뜨립니다.

다음은 조건문을 첫 번째 조건의 결과에 결합한 예시입니다.

```javascript
userIsValid() && logUserIn();
// 이 표현식은 단락 평가되어 있습니다.
// 첫 번째 문이 참이 아니면 두 번째 문은 실행되지 않습니다.

functionDefinedOrNot && functionDefinedOrNot();
// 일부 언어에서 undefined(정의되지 않은)는 거짓으로 작동합니다.
// 만약 functionDefinedOrNot이 정의되지 않은 경우,
// 이는 오류를 발생시키지도 않고 실행되지도 않습니다.
```

더 선언적인 if 문을 사용해 두 경우를 모두 변경할 수 있습니다.

```javascript
if (userIsValid()) {
    logUserIn();
}
if(typeof functionDefinedOrNot == 'function') {
    functionDefinedOrNot();
```

```
    }
    // typeOf를 확인하는 것이 좋은 방식은 아닙니다.
```

관련 레시피

- 10.4절 '코드에서 교묘함 제거하기'

- 14.6절 'boolean을 단락 평가 조건으로 변경하기'

- 15.2절 '선택적 체이닝 제거하기'

14.10 중첩된 화살표 코드 재작성하기

문제 읽고 테스트하기 매우 어려운 중첩된 if/else 문이 있습니다.

해결 중첩된 if 문과 모든 우발적인 if 문을 피하세요.

설명 프로시저 코드에서 복잡한 중첩 if 문을 매우 쉽게 볼 수 있습니다. 이 해결책은 객체
지향 프로그래밍보다는 스크립팅과 더 관련됩니다. 다음은 화살표 코드(계단 코드)의 예제입
니다.

```C#
if (actualIndex < totalItems)
  {
    if (product[actualIndex].Name.Contains("arrow"))
    {
      do
      {
        if (product[actualIndex].price == null)
        {
          // 가격이 없는 경우 대응
        }
        else
        {
          if (!(product[actualIndex].priceIsCurrent()))
          {
            // 가격 추가
          }
          else
```

```
        {
          if (hasDiscount)
          {
            // 할인 대응
          }
          else
          {
            // 그 외
          }
        }
      actualIndex++;
    }
    while (actualIndex < totalCount && totalPrice < wallet.money);
  }
  else
    actualIndex++;
  }
  return actualIndex;
}
```

다음과 같이 리팩터링할 수 있습니다.

```
foreach (products as currentProduct) {
  addPriceIfDefined(currentProduct)
}
addPriceIfDefined()
{
  // 위의 규칙을 따르는 경우에만 가격을 추가합니다.
}
```

많은 린터가 구문 트리를 분석할 수 있으므로 컴파일 타임에 중첩 수준을 확인할 수 있습니다.

관련 레시피

- 6.13절 '콜백 지옥에서 벗어나기'

- 11.1절 '너무 긴 메서드 나누기'

- 14.4절 'switch/case/else if 문 대체하기'

- 14.8절 '조건부 화살표 코드 재작성하기'

- 14.11절 '조건 검사를 위한 boolean 값 반환 방지하기'

- 14.18절 '중첩된 삼항식 제거하기'

- 22.6절 '예외 화살표 코드 재작성하기'

함께 보기

- Coding Horror 블로그의 'Flattening Arrow Code'(`https://oreil.ly/JzJTk`)

14.11 조건 검사를 위한 boolean 값 반환 방지하기

문제 boolean 값을 반환하는 조건문이 있습니다.

해결 명시적이게 boolean을 반환하지 마세요. 대부분의 boolean 사용법은 MAPPER 개념의 실제 boolean에 매핑되지 않습니다. 비즈니스에 맞게 조건문으로 다시 작성하세요.

설명 대부분의 boolean 반환은 우발적인 해결책과 연결되어 있으며 실제 boolean과 상관관계가 없습니다. 전단사 규칙을 따르기 위해서는 고수준 코드와 해결책을 작성해야 하지만, 많은 boolean은 그렇지 않습니다. 또한 부정을 확인하는 대신 boolean 값을 반환하거나, 알고리듬이 아닌 비즈니스 논리를 사용해 답을 만들 수도 있습니다. boolean 공식을 다룰 때는 부정된 if 문을 도입하기보다 비즈니스적인 boolean 공식을 사용하는 것이 더 가독성이 높습니다. 저수준 추상화를 다룰 때는 boolean 반환을 찾는 것이 일반적입니다. 복잡하고 성숙한 소프트웨어를 만들 때는 이러한 기본형 집착을 잊고 실제 규칙과 정체성에 더 신경을 써야 합니다.

다음은 친숙하지만 그리 좋지 않은 예제입니다.

```
function canWeMoveOn() {
  if (work.hasPendingTasks())
    return false;
  else
    return true;
}
```

다음과 같이 실제 비즈니스 조건을 비즈니스 규칙으로 직접 매핑할 수 있습니다.

```
function canWeMoveOn() {
  return !work.hasPendingTasks();
}
```

이 반환은 구문상 동일하지만 가독성이 더 좋습니다. 하지만 boolean을 반환할 때는 주의해야 합니다. boolean을 반환한 후에는 if 문이 필요합니다. 이를 위해 14.4절 'switch/case/else if 문 대체하기'를 적용하면 됩니다.

다음 예제에서는 숫자가 짝수인지 홀수인지 확인할 수 있습니다.

```
boolean isEven(int num) {
    if(num % 2 == 0) {
        return true;
    } else {
        return false;
    }
}
```

정확한 구현식을 반환하면 코드가 더 깔끔해집니다.

```
boolean isEven(int numberToCheck) {
    // 무엇(짝수 또는 홀수 확인)과 방법(알고리듬)을 분리합니다.
    return (numberToCheck % 2 == 0);
}
```

코드 라이브러리에서 return true를 검색해 가능한 경우 해당 문을 대체할 수 있습니다.

관련 레시피

- 6.4절 '이중 부정 제거하기'
- 14.2절 '이벤트의 플래그 변수 이름 변경하기'
- 14.4절 'switch/case/else if 문 대체하기'
- 14.10절 '중첩된 화살표 코드 재작성하기'
- 14.11절 '조건 검사를 위한 boolean 값 반환 방지하기'

- 14.12절 'boolean 비교 변경하기'

- 14.17절 '불필요한 boolean 제거하기'

- 24.2절 '참 같은 값 다루기'

14.12 boolean 비교 변경하기

문제 boolean으로 비교하고 매직 형 변환이 일어날 때 예상치 못한 결과가 나옵니다.

해결 참값과 비교하지 마세요. 참이든 거짓이든 비교하지 않아야 합니다.

설명 boolean 상수와 비교하면, 일부 프로그래밍 언어에서 참과 거짓값을 처리할 때 발생하는 매직 형 변환이 감춰집니다(24.2절 '참 같은 값 다루기' 참조). boolean 상수는 놀람 최소화 원칙(5.6절 '변경 가능한 상수 고정하기' 참조)이나 빠르게 실패하기 원칙(13장 '빠른 실패' 참조)을 따르지 않습니다. 많은 언어가 boolean을 관련 도메인값으로 변환하다 보니 boolean과 boolean 변환이 가능한 객체와 혼용해서는 안 됩니다.

다음은 bash 스크립트로 구성된 예제입니다.

```bash
#!/bin/bash

if [ false ]; then
    echo "True"
else
    echo "False"
fi

# false는 빈 문자열이 아니기 때문에 true로 평가됩니다.
if [ false ] = true; then
    echo "True"
else
    echo "False"
fi

# 이 또한 true로 평가됩니다.
```

이 문제를 방지하려면 명시적 false 상수를 사용하세요.

```bash
#!/bin/bash

if false ; then
    echo "True"
else
    echo "False"
fi

# 이는 false로 평가됩니다.
```

많은 프로그래밍 언어에서 참값을 처리할 때 문제가 발생하며, 스크립트 언어도 마찬가지입니다. 보통은 boolean이 아닌 값을 boolean으로 사용하는 경우가 흔합니다. 그러나 boolean을 사용할 때는 매우 엄격해야 합니다.

관련 레시피

- 24.2절 '참 같은 값 다루기'

14.13 긴 삼항식에서 추출하기

문제 삼항식 조건에 매우 긴 코드가 있습니다.

해결 코드 실행에 삼항식을 사용하지 마세요. 수학 공식처럼 여러분이 읽을 수 있어야 합니다.

설명 긴 삼항식 조건은 읽기 어렵고 코드 재사용과 테스트 가능성을 떨어뜨립니다. 10.7절 '메서드를 객체로 추출하기'를 적용해보세요. 여러 함수가 포함된 코드에서 삼항식 조건이 사용되는 경우, 어떤 함수가 조건의 영향을 받는지 파악하기가 어려울 수 있습니다. 이로 인해 결함을 식별하고 수정하기가 더 어려워질 뿐만 아니라 코드가 일반적으로 어떻게 작동하는지 이해하기가 더 어려워집니다.

다음 예시를 살펴봅시다.

```javascript
const invoice = isCreditCard
  ? (prepareInvoice(),
     fillItems(),
     validateCreditCard(),
     addCreditCardTax(),
     fillCustomerDataWithCreditCard(),
     createCreditCardInvoice())
  : (prepareInvoice(), fillItems(), addCashDiscount(), createCashInvoice());

// 중간 결과가 고려되지 않습니다.
// 인보이스 값은 마지막 실행에서 나온 결과입니다.
```

메서드 추출 레시피를 적용하면 수학 공식처럼 읽을 수 있습니다.

```javascript
const invoice = isCreditCard ?
                 createCreditCardInvoice() :
                 createCashInvoice();
```

더 압축한 모습입니다.

```javascript
if (isCreditCard) {
  const invoice = createCreditCardInvoice();
} else {
  const invoice = createCashInvoice();
}
```

다형성을 사용하면 더 좋습니다.

```javascript
const invoice = paymentMethod.createInvoice();
```

린터는 큰 코드 블록을 감지할 수 있습니다. 코드가 매우 길더라도 언제든지 더 높은 수준으로 기능적이고 짧은 메서드로 리팩터링할 수 있습니다.

관련 레시피

- 10.7절 '메서드를 객체로 추출하기'
- 11.1절 '너무 긴 메서드 나누기'

14.14 비다형성 함수를 다형성으로 변환하기

문제 동일한 작업을 수행하지만 상호 교환할 수 없는 메서드가 있습니다.

해결 확장성을 위해 다형성을 강제합니다.

> **노트** **다형성**
>
> 두 객체가 동일한 시그니처를 가지고, 동일한 동작을 수행하는 경우(구현이 다를 수도 있음) 메서드 집합에 대해 **다형성**polymorphism이 존재합니다.

설명 두 객체가 동일한 메서드 호출에 대해 구현이 다를 수 있지만, 의미론적 방식으로는 동일하게 응답하는 경우에는 부분 다형성이라고 볼 수 있습니다. 다형성을 사용하면 확장성이 높아지고, 결합을 줄이며, 많은 if 문 사용을 피할 수 있습니다.

다음 예제에서 동일한 동작을 수행함에도 이름이 다형성이 아닙니다.

```PHP
class Array {
    public function arraySort() {
    }
}

class List {
    public function listSort() {
    }
}

class Stack {
    public function stackSort() {
    }
}
```

함수 이름을 변경하면 다형성을 구현할 수 있습니다.

```PHP
interface Sortable {
    public function sort();
```

```
    }

class Array implements Sortable {
    public function sort() {
        // Array에 대한 sort() 메서드 구현
    }
}

class List implements Sortable {
    public function sort() {
        // List에 대한 sort() 메서드 구현
    }
}

class Stack implements Sortable {
    public function sort() {
        // Stack에 대한 sort() 메서드 구현
    }
}
```

이것은 의미론적인 실수입니다. 다형성 클래스에서 유사한 메서드 이름에 대한 경고를 추가할 수 있습니다. 명명은 매우 중요하며(7장 '명명' 참조), 우연한 유형이 아닌 개념에 따라 이름을 부여해야 합니다.

관련 레시피

- 14.4절 'switch/case/else if 문 대체하기'

14.15 동등 비교 변경하기

문제 속성의 동등함을 비교하는 코드가 있습니다.

해결 외부에 노출하거나 비교하지 마세요. 비교를 단일 메서드 내부에 숨기세요.

설명 코드에서 속성 비교는 빈번하게 사용됩니다. 여러분이 중점을 두어야 할 것은 객체의 동작과 책임입니다. 다른 객체와 비교하는 것은 객체의 책임으로 간주됩니다. 섣부른 최적화 도구(16장 '섣부른 최적화' 참조)는 이 방법이 성능이 떨어진다고 주장할 수 있지만, 실제 증거를 확인하고 캡슐화를 깨지 않으며 중복 코드를 생성하지 않으면서 유지 관리하기 더 쉬운 솔루션을 찾아보는 것이 좋습니다.

다음은 비즈니스 규칙(대소문자를 구분하거나 구분하지 않음)이 여러 곳에 중복되어 있는 대규모 코드베이스의 예제입니다.

```
if (address.street == 'Broad Street') { }
if (location.street == 'Bourbon St') { }
// 대규모 시스템에서 24601회 사용
// 비교는 대소문자를 구분합니다.
```

비교 책임을 한곳에 위임하면 모든 코드 중복을 피하고 한 지점에서 규칙을 변경할 수 있습니다.

```
if (address.isAtStreet('Broad Street') { }
if (location.isAtStreet('Bourbon St') { }
// 대규모 시스템에서 24601회 사용

function isAtStreet(street) {
    // 한곳에서 비교를 대소문자 구분으로 변경할 수 있습니다.
}
```

구문 트리를 사용해 속성 비교를 감지할 수 있습니다. 다른 여러 레시피와 마찬가지로 기본 타입을 적절히 활용할 수 있습니다. 비교를 포함하여 책임 소재를 명확히 정의하는 것이 중요합니다. 비즈니스 규칙 중 일부가 변경되면 단일 지점을 변경하게끔 구성해야 합니다.

관련 레시피

- 4.2절 '기본형 데이터 구체화하기'
- 13.6절 '해시와 동등성 재정의하기'
- 14.12절 'boolean 비교 변경하기'
- 17.8절 '기능에 대한 욕심 방지하기'

14.16 하드코딩된 비즈니스 조건 재정의하기

문제 코드에 하드코딩된 조건이 있습니다.

해결 하드코딩된 비즈니스 규칙을 설정으로 이동하세요.

설명 프로그래밍을 배울 때 하드코딩은 항상 지양해야 한다고 배웠을 것입니다. 테스트 주도 개발(TDD)을 채택한 경우(4.8절 '불필요한 속성 제거하기' 참조), 추측적인 해결책보다 빠르고 간단한 해결책을 선호하다 보니 강력한 증거를 확보한 후 일반화하는 단계를 통해 관련 리팩터링을 신속하게 제거하도록 권장합니다. 코드에 설명할 수 없는 하드코딩된 조건이 있는 경우, 그 이유를 조사하고 유효한 비즈니스 규칙이라면 의도 파악 함수를 사용해 추출해야 합니다. 조건이 전역 설정으로 표현된 경우에는 10.2절 '설정/구성 및 기능 토글 제거하기'의 코드를 사용해 제거할 수도 있습니다.

다음은 특별한 규칙으로 고객을 나누는 실제 예제입니다.

```
if (currentExposure > 0.15 && customer != "Very Special Customer") {
  // 청산하지 않도록 각별히 주의하세요.
  liquidatePosition();
}
```

다음은 이러한 고객을 지정하도록 강제하는 보다 더 선언적인 해결책입니다.

```
customer.liquidatePositionIfNecessary(0.15);
// 이는 '묻지 말고 말하라' 원칙을 따릅니다.
```

기본 하드코딩된 조건(기본 유형과 관련된)을 검색할 수 있지만, 실제 문제보다 오탐이 더 많을 가능성이 있습니다. 코드 검토를 수행하는 경우 이러한 종류의 하드코딩에 특히 주의를 기울이세요.

관련 레시피

- 10.2절 '설정/구성 및 기능 토글 제거하기'
- 14.5절 '하드코딩된 if 조건문을 컬렉션으로 대체하기'

14.17 불필요한 boolean 제거하기

문제 여러 반환문을 포함하는 함수가 있는데 모두 동일한 값을 반환합니다.

해결 boolean 표현식을 주의 깊게 확인하고 리팩터링하세요.

설명 항상 고정된 값을 반환하도록 함수를 설계하면 코드 가독성이 떨어지고 잠재적인 결함이 감춰질 수 있습니다. 하지만 이런 설계 방식을 선택하더라도 프로그램의 기능에 부정적인 영향을 미치지 않아야 합니다. 함수의 로직 전체에서 이러한 현상이 일관되게 발생하면 오류일 가능성이 높습니다.

다음은 간단한 예제입니다.

```Python
if a > 0 and True:
# 이 코드는 디버깅 용도로 남겨져 있다가 코드 검토 중에 실수로 통과되었습니다.
    print("a는 양수입니다.")
else:
    print("a는 양수가 아닙니다.")
```

단순화한 코드는 다음과 같습니다.

```Python
if a > 0:
    print("a는 양수입니다.")
else:
    print("a는 양수가 아닙니다.")
```

boolean 표현식은 읽고 이해하기 쉬워야 합니다.

관련 레시피

- 14.11절 '조건 검사를 위한 boolean 값 반환 방지하기'
- 14.12절 'boolean 비교 변경하기'

14.18 중첩된 삼항식 재작성하기

문제 중첩된 삼항식 조건이 많이 있습니다.

해결 중첩된 삼항식을 조기 반환이 있는 if로 변경합니다.

설명 중첩은 복잡성이 증가하기 때문에 항상 문제가 되며, 다형성(14.14절 '비다형성 함수를 다형성으로 변환하기' 참조) 또는 조기 반환을 사용해 해결할 수 있습니다. 다음은 중첩된 삼항식 5개와 기본값이 있는 예제입니다.

```javascript
const getUnits = secs => (
  secs <= 60       ? 'seconds' :
  secs <= 3600     ? 'minutes' :
  secs <= 86400    ? 'hours'   :
  secs <= 2592000  ? 'days'    :
  secs <= 31536000 ? 'months'  :
                         'years'
)
```

여러 if 문을 사용하면 코드가 더 선언적입니다.

```javascript
const getUnits = secs => {
  if (secs <= 60) return 'seconds';
  if (secs <= 3_600) return 'minutes';
  if (secs <= 86_400) return 'hours';
  if (secs <= 2_592_000) return 'days';
  if (secs <= 31_536_000) return 'months';
  return 'years'
}

// 가독성을 높이기 위해 자바스크립트의 numeric separators 표기법을 사용합니다.
// 밑줄 문자(_)는 자바스크립트 엔진에서 무시되며 숫잣값에 영향을 주지 않습니다.
```

다음 코드가 훨씬 더 인간 친화적이고 선언적입니다.

```javascript
const getUnits = secs => {
  if (secs <= 60) return 'seconds';
  if (secs <= 60 * 60) return 'minutes';
```

```javascript
  if (secs <= 24 * 60 * 60) return 'hours';
  if (secs <= 30 * 24 * 60 * 60) return 'days';
  if (secs <= 12 * 30 * 24 * 60 * 60) return 'months';
  return 'years'
}

// 4장 '기본형 집착'을 읽고 나면 성능에 상당한 불이익이 발생하는지 확인할 수 있습니다.
```

딕셔너리(map) 또는 다형성 작은 객체를 사용할 수도 있습니다(4.1절 '작은 객체 생성하기'
참조).

```javascript
                                                           JavaScript
const timeUnits = {
  60: 'seconds',
  3_600: 'minutes',
  86_400: 'hours',
  2_592_000: 'days',
  31_536_000: 'months',
};

const getUnits = secs => {
  const unit = Object.entries(timeUnits)
    .find(([limit]) => secs <= limit)?.[1] || 'years';
  return unit;
}
```

코드 가독성을 향상하기 위해 우발적인 복잡성을 다뤄야 합니다. 린터는 파스 트리parse tree를 사
용해 이러한 복잡성을 감지할 수 있습니다.

관련 레시피

- 6.13절 '콜백 지옥에서 벗어나기'
- 14.5절 '하드코딩된 if 조건문을 컬렉션으로 대체하기'

null

구현이 너무 쉽다는 이유만으로 null 참조를 넣고 싶은 유혹을 뿌리칠 수 없었습니다. 이로 인해 수많은 오류, 취약성, 시스템 충돌이 발생했고, 지난 40년 동안 입은 고통과 손해가 10억 달러는 될 것입니다.

토니 호어^{Tony Hoare}

15.0 소개

대부분의 개발자는 null을 많이 사용합니다. 편안하고 효율적이며 빠르기 때문이죠. 하지만 소프트웨어 개발자들은 null 사용과 관련된 수많은 문제를 겪어왔습니다. 이 장에서는 null 사용의 문제점과 이를 해결하는 방법을 중점적으로 살펴봅니다.

null은 플래그입니다. 이 플래그는 사용 및 호출되는 컨텍스트에 따라 다양한 상황을 나타냅니다. 이는 소프트웨어 개발에서 가장 심각한 오류를 발생시키는데, 객체와 객체를 사용하는 사람 간의 계약에 숨겨진 결정이 포함된다는 것입니다. 또한 도메인의 여러 요소를 동일한 엔티티로 표현하고 문맥에 따라 해석하도록 함으로써 전단사 원칙을 위반합니다. 모든 객체는 가능한 한 구체적이고 단일 책임을 가져야 하지만(4.7절 '문자열 유효성 검증 구체화하기' 참조), 모든 시스템에서 가장 응집력이 떨어지는 객체는 와일드카드인 null이며, 이는 실제 세계에서 여러 가지 개념에 매핑됩니다.

15.1 null 객체 생성하기

문제 null을 사용합니다.

해결 null은 현재 혼란스러운 상태이며 현실 세계에는 존재하지 않습니다. null의 창시자이자 튜링상 수상자인 토니 호어는 null 참조를 만든 것을 후회했고(https://oreil.ly/BrmOi), 전 세계 개발자들이 이로 인해 고통을 겪었습니다. null 객체를 사용해 null을 대체할 수 있습니다.

설명 개발자는 null을 다양한 플래그로 사용합니다. 값이 없거나 정의되지 않은 값, 오류 등과 같은 다양한 조건을 null로 나타낼 수 있습니다. 이러한 다양한 의미는 결합과 오류로 이어질 수 있습니다. null 사용은 호출자와 발신자 간의 결합, 호출자와 발신자 간의 불일치, if/switch/case 오염 등과 같은 많은 문제를 야기합니다. 더욱이 null은 실제 객체와 다형성을 제공하지 않으므로 null 포인터 예외 오류가 발생할 수 있습니다. 또한 null은 현실 세계에 존재하지 않는 개념이기 때문에 전단사 원칙을 위배합니다.

> **노트** null 객체 패턴
>
> null 객체 패턴null object pattern은 일반 객체처럼 동작하지만 기능이 거의 없는 특수 객체인 'null 객체' 생성을 제안합니다. 이 패턴은 if로 null 참조를 확인하지 않고도 null 객체에서 메서드를 안전하게 호출할 수 있다는 장점이 있습니다(14장 'if 문' 참조).

다음 예제는 할인 쿠폰이 있거나 없는(null) 경우입니다.

```javascript
class CartItem {
    constructor(price) {
        this.price = price;
    }
}

class DiscountCoupon {
    constructor(rate) {
        this.rate = rate;
    }
}
```

```javascript
class Cart {
    constructor(selecteditems, discountCoupon) {
        this.items = selecteditems;
        this.discountCoupon = discountCoupon;
    }

    subtotal() {
        return this.items.reduce((previous, current) =>
            previous + current.price, 0);
    }

    total() {
        if (this.discountCoupon == null)
            return this.subtotal();
        else
            return this.subtotal() * (1 - this.discountCoupon.rate);
    }
}

cart = new Cart([
    new CartItem(1),
    new CartItem(2),
    new CartItem(7)
    ], new DiscountCoupon(0.15)]);
// 10 - 1.5 = 8.5

cart = new Cart([
    new CartItem(1),
    new CartItem(2),
    new CartItem(7)
    ], null);
// 10 - null  = 10
```

null 객체 패턴을 도입하면 (여러분이 가끔 놓칠 수도 있는) if 문을 사용한 검증을 피할 수 있습니다.

```javascript
class CartItem {
    constructor(price) {
        this.price = price;
    }
}

class DiscountCoupon {
```
JavaScript

```
        constructor(rate) {
            this.rate = rate;
        }

        discount(subtotal) {
            return subtotal * (1 - this.rate);
        }
    }

    class NullCoupon {
        discount(subtotal) {
            return subtotal;
        }
    }

    class Cart {
        constructor(selecteditems, discountCoupon) {
            this.items = selecteditems;
            this.discountCoupon = discountCoupon;
        }

        subtotal() {
            return this.items.reduce(
                (previous, current) => previous + current.price, 0);
        }

        total() {
            return this.discountCoupon.discount(this.subtotal());
        }
    }

cart = new Cart([
    new CartItem(1),
    new CartItem(2),
    new CartItem(7)
    ], new DiscountCoupon(0.15));
// 10 - 1.5 = 8.5

cart = new Cart([
    new CartItem(1),
    new CartItem(2),
    new CartItem(7)
    ], new NullCoupon());
// 10 - nullObject = 10
```

대부분의 린터는 null 사용과 그에 해당하는 경고를 표시할 수 있으며, 타입스크립트와 같이 null이 전혀 없는 언어도 있습니다. 러스트^{Rust} 언어에는 일부(값) 또는 없음을 나타내는 Option 유형이 있습니다. 코틀린에는 개발자가 값이 null이 될 수 있는지 여부를 지정할 수 있는 nullable type(null 가능 유형) 시스템이 있습니다. 또한 null은 관계형 데이터베이스에도 존재하며 동시에 여러 가지를 나타낼 수 있습니다.

> **노트** **null 포인터 예외**
>
> null 포인터 예외^{null pointer exception}는 일반적인 오류로, 프로그램이 메모리 주소나 객체 인스턴스를 가리키지 않는 변수 또는 객체 참조인 null 포인터에 접근하거나 이를 사용하려고 할 때 발생합니다.

함께 보기

- 토니 호어의 'Null References: The Billion Dollar Mistake'(https://oreil.ly/BrmOi)

15.2 선택적 체이닝 제거하기

문제 함수 호출 캐스케이드^{cascade} 중에 null이 내재된 코드가 있습니다.

해결 null과 정의되지 않은 값은 피하세요. 이를 피하면 옵셔널^{optional}이 필요하지 않습니다.

설명 악명 높은 null을 처리하는 데 선택적 체이닝, 옵셔널, 병합^{coalescence}, 기타 많은 솔루션을 활용할 수 있습니다. 그러나 코드가 성숙하고 견고해져서 더 이상 null이 발생하지 않는다면, 이러한 방법을 사용할 필요도 없어집니다.

> **노트** **선택적 체이닝**
>
> **선택적 체이닝**^{optional chaining}을 사용하면 체인에 있는 각 속성의 존재 여부를 확인할 필요 없이 객체의 중첩된 속성에 접근할 수 있습니다. 이 기능이 없으면 존재하지 않는 객체의 속성에 접근하려고 할 때 오류가 발생합니다.

다음은 선택적 체이닝 연산자입니다.

```javascript
const user = {
  name: 'Hacker'
};

if (user?.credentials?.notExpired) {
  user.login();
}

user.functionDefinedOrNot?.();

// 간결해 보이지만 정석적이지 않고 잠재적인 null과 정의되지 않은 항목이 많습니다.
```

언제나 그렇듯이 이 코드를 명시적으로 만들 수 있습니다. 다음 코드는 덜 간결하지만 더 선언 적입니다.

```javascript
function login() {}

const user = {
  name: 'Hacker',
  credentials: { expired: false }
};

if (!user.credentials.expired) {
  login();
}

// 간결합니다.
// user는 실제 사용자 또는 다형성 NullUser입니다.
// credential은 항상 정의되어 있습니다.
// InvalidCredentials의 인스턴스일 수 있습니다.
// 코드에서 null을 제거했다고 가정합니다.

if (user.functionDefinedOrNot !== undefined) {
    functionDefinedOrNot();
}

// 이것도 잘못되었습니다.
// 명시적 undefined 검사도 비슷한 문제입니다.
```

엘비스 연산자Elvis operator (?:)를 사용해 유사한 동작을 구현할 수 있습니다.

```kotlin
a ?: b
```

앞선 코드는 다음의 줄임말입니다.

```kotlin
if (a != null) a else b
```

예를 들어 다음 코드가 있습니다.

```kotlin
val shipTo = address?: "주소가 지정되지 않았습니다."
```

이렇게 바꿀 수 있습니다.

```kotlin
val shipTo = if (address != null) address else "주소가 지정되지 않았습니다."
```

15.1절 'null 객체 생성하기'를 활용해 이러한 언어 기능을 감지하고 제거할 수 있습니다. 많은 개발자가 null을 처리하는 코드로 자신의 코드를 오염시켜도 안전하다고 생각합니다. null을 전혀 처리하지 않는 것보다는 안전하지만, 결국은 어떤 검사를 놓치게 될 수 있습니다. null 값, 참값, 거짓값은 항상 문제가 되므로 더 높은 목표를 세우고 더 깔끔한 코드를 작성해야 합니다(24.2절 '참 같은 값 다루기' 참조).

> **팁**
> - 좋은 방법: 코드에서 모든 null을 제거합니다.
> - 나쁜 방법: 선택적 체이닝을 사용합니다.
> - 최악의 방법: null을 전혀 처리하지 않습니다.

관련 레시피

- 10.4절 '코드에서 교묘함 제거하기'
- 14.6절 'boolean을 단락 평가 조건으로 변경하기'
- 14.9절 '무분별한 단락 평가 방지하기'
- 15.1절 'null 객체 생성하기'
- 24.2절 '참 같은 값 다루기'

함께 보기

- Mozilla.org의 'Optional chaining'(https://oreil.ly/KhZaN)

- Mozilla.org의 'Nullish value'(https://oreil.ly/PS4BJ)

15.3 선택적 속성을 컬렉션으로 변환하기

문제 선택적 속성을 모델링해야 합니다.

해결 컬렉션은 다형성이며 선택적 속성을 모델링하는 데 유용한 훌륭한 도구입니다. 컬렉션으로 선택적 속성을 모델링하세요.

설명 누락될 수 있는 것을 모델링해야 하는 경우, 일부 현대적인 언어에서는 옵셔널[optional], 널러블[nullable], null을 처리하는 다른 다양하면서도 부정확한 솔루션을 제공합니다. 하지만 빈 컬렉션과 비어 있지 않은 컬렉션은 다형성이라는 점에 유의하세요.

다음은 선택적 이메일의 예제입니다.

```javascript
class Person {
  constructor(name, email) {
    this.name = name;
    this.email = email;
  }

  email() {
    return this.email;
    // null일 수 있습니다.
  }
}

// person.email()을 안전하게 사용할 수 없습니다.
// 명시적으로 null인지 확인해야 합니다.
```

이메일을 (비어 있을 수 있는) 이메일 컬렉션으로 변환하면 다음과 같습니다.

```javascript
class Person {
  constructor(name, emails) {
    this.name = name;
    this.emails = emails;
    // emails는 항상 컬렉션이어야 합니다(비어 있는 것조차도).
    // 여기에서 확인할 수 있습니다.
    if (emails.length > 1) {
        throw new Error("이메일 컬렉션에는 최대 하나의 요소만 포함할 수 있습니다.");
    }
  }

  emails() {
    return this.emails;
  }
  // 이메일은 필수 사항이 아니므로 변경할 수 있습니다.

  addEmail(email) {
    this.emails.push(email);
  }

  removeEmail(email) {
    const index = this.emails.indexOf(email);
    if (index !== -1) {
      this.emails.splice(index, 1);
    }
  }
}

// null을 확인하지 않고 person.emails()를 순회할 수 있습니다.
```

null 객체의 일반적인 패턴이기에 null 가능한 속성을 감지하고 필요할 때 변경할 수 있습니다(15.1절 'null 객체 생성하기' 참조).

> **팁** 컬렉션의 카디널리티cardinality를 확인해 요구 사항을 충족하는지 확인할 수 있습니다(이전에는 0 또는 1이었습니다).

관련 레시피

- 15.1절 'null 객체 생성하기'

- 15.2절 '선택적 체이닝 제거하기'

- 17.7절 '선택적 인수 제거하기'

15.4 실제 객체로 null 대체하기

문제 실제로 존재하는 null 객체를 만들어야 합니다.

해결 null 객체 패턴을 포함한 디자인 패턴을 남용하지 마세요. 전단사에서 실제 null 객체를 찾아서 이러한 객체를 대신 생성하세요.

설명 null 객체 패턴(15.1절 'null 객체 생성하기' 참조)을 과용하면 빈 클래스가 생성되고 네임스페이스가 오염되며(18.4절 '전역 클래스 제거하기' 참조) 중복된 동작이 발생할 수 있습니다. null 객체를 생성할 때 실제 객체 클래스를 인스턴스화해 사용할 수 있습니다. null 객체 패턴은 null과 if에 대한 훌륭한 대안이며, 패턴의 구조는 계층을 생성하도록 유도합니다. 그러나 반드시 필수인 것은 아닙니다. 그 대신 실제 객체가 null 객체에 대해 다형성을 유지해야 합니다. 상속이 다형성을 달성하는 유일한 방법은 아닙니다(14.4절 'switch/case/else if 문 대체하기' 참조). 간단한 해결책은 실제 객체가 null 객체처럼 작동하도록 만드는 것입니다. [표 15-1]에는 몇 가지 친숙한 null 객체가 있습니다.

표 15-1 익숙한 null 객체

클래스	null 객체
숫자	0
문자열	""
배열	[]

다음 예제는 **NullAddress**를 생성합니다.

```Java
abstract class Address {
    public abstract String city();
    public abstract String state();
    public abstract String zipCode();
}

// null 객체에 상속을 사용하는 것은 실수입니다.
// (사용 가능한 경우) 인터페이스를 사용하세요.
public class NullAddress extends Address {
```

```java
    public NullAddress() { }

    public String city() {
        return Constants.EMPTY_STRING;
    }

    public String state() {
        return Constants.EMPTY_STRING;
    }

    public String zipCode() {
        return Constants.EMPTY_STRING;
    }

}

public class RealAddress extends Address {

    private String zipCode;
    private String city;
    private String state;

    public RealAddress(String city, String state, String zipCode) {
        this.city = city;
        this.state = state;
        this.zipCode = zipCode;
    }

    public String zipCode() {
        return zipCode;
    }

    public String city() {
        return city;
    }

    public String state() {
        return state;
    }

}
```

Address(주소) 객체의 실제 인스턴스를 사용할 때의 모습은 다음과 같습니다.

```java
// 주소만 있습니다.
public class Address {

    private String zipCode;
    private String city;
    private String state;

    public Address(String city, String state, String zipCode) {
        // 빈약해 보입니다. :(
        this.city = city;
        this.state = state;
        this.zipCode = zipCode;
    }

    public String zipCode() {
        return zipCode;
    }

    public String city() {
        return city;
    }

    public String state() {
        return state;
    }

}

Address nullAddress = new Address(
    Constants.EMPTY_STRING,
    Constants.EMPTY_STRING,
    Constants.EMPTY_STRING);

// 또는

Address nullAddress = new Address("", "", "");

// 이것은 null 객체입니다.
// 싱글턴, 정적, 전역에 할당해서는 안 됩니다.
// null 객체처럼 작동합니다. 이 정도면 충분합니다.
// 섣부르게 최적화된 것은 없습니다.
```

null 객체 클래스를 생성하는 것은 때때로 과도한 설계의 증상입니다. 실제 객체를 생성하고 사용할 수 있을 때 이런 현상이 종종 발생합니다. 실제 객체가 싱글턴(17.2절 '싱글턴 대체하기' 참조), 정적, 전역이어서는 안 됩니다.

관련 레시피

- 14.4절 'switch/case/else if 문 대체하기'
- 15.1절 'null 객체 생성하기'
- 17.2절 '싱글턴 대체하기'
- 18.1절 '전역 함수 구체화하기'
- 18.2절 '정적 함수 구체화하기'
- 19.9절 '비어 있는 클래스 마이그레이션하기'

15.5 null을 사용하지 않고 알려지지 않은 위치 표현하기

문제 누락된 데이터를 표시하기 위해 특별한 값을 사용합니다. 하지만 실수의 여지가 있습니다.

해결 실제 장소에는 null 값을 사용하지 마세요.

설명 일부 값에 플래그를 지정해 데이터가 누락되었음을 나타내면, 빠르게 실패하기 원칙을 위반하여 예기치 않은 결과가 나타날 수 있습니다. 대신, 알 수 없는 위치를 다형성으로 모델링하는 것이 바람직합니다(14.14절 '비다형성 함수를 다형성으로 변환하기' 참조). 널 아일랜드Null Island는 본초자오선과 적도가 구면 위에서 교차하는 지점으로 위도와 경도가 모두 0인(0° N 0°E) 곳에 있는 가상의 장소입니다. 여러 GPS 시스템에서 누락되거나 잘못된 위치 좌표의 데이터를 이곳에 배치하기 시작하면서 '널 아일랜드'라는 이름이 유래했습니다. 실제로 이 위치에는 육지가 없으며, 바다 한가운데에 위치합니다. 이 지점은 위치 데이터의 오류를 필터링하는 방법으로 사용되기 때문에 지리 정보 시스템(GIS)이나 매핑 소프트웨어에서 참조하곤 합니다.

특수한 경우로 0 값을 사용하는 다음 예제를 살펴봅시다.

```kotlin
class Person(val name: String, val latitude: Double, val longitude: Double)
fun main() {
    val people = listOf(
        Person("Alice", 40.7128, -74.0060), // 뉴욕
        Person("Bob", 51.5074, -0.1278), // 런던
        Person("Charlie", 48.8566, 2.3522), // 파리
        Person("Tony Hoare", 0.0, 0.0) // 널 아일랜드
    )

    for (person in people) {
        if (person.latitude == 0.0 && person.longitude == 0.0) {
            println("${person.name}은/는 널 아일랜드에 거주합니다!")
        } else {
            println("${person.name}은/는 다음 위치에 거주합니다: " +
                    "(${person.latitude}, ${person.longitude})")
        }
    }
}
```

데이터의 사용 불가능성을 명시적으로 모델링하면 토니(Tony)가 어디에 사는지 알 수 없습니다.

```kotlin
abstract class Location {
    abstract fun calculateDistance(other: Location): Double
    abstract fun ifKnownOrElse(knownAction: (Location) -> Unit,
        unknownAction: () -> Unit)
}

class EarthLocation(val latitude: Double, val longitude: Double) : Location() {
    override fun calculateDistance(other: Location): Double {
        val earthRadius = 6371.0
        val latDistance = Math.toRadians(
            latitude - (other as EarthLocation).latitude)
        val lngDistance = Math.toRadians(
            longitude - other.longitude)
        val a = sin(latDistance / 2) * sin(latDistance / 2) +
          cos(Math.toRadians(latitude)) *
          cos(Math.toRadians(other.latitude)) *
          sin(lngDistance / 2) * sin(lngDistance / 2)
        val c = 2 * atan2(sqrt(a), sqrt(1 - a))
        return earthRadius * c
    }
}
```

```kotlin
        override fun ifKnownOrElse(knownAction:
            (Location) -> Unit, unknownAction: () -> Unit) {
                knownAction(this)
        }
    }

    class UnknownLocation : Location() {
        override fun calculateDistance(other: Location): Double {
            throw IllegalArgumentException(
                "알 수 없는 위치에서 거리를 계산할 수 없습니다.")
        }

        override fun ifKnownOrElse(knownAction:
            (Location) -> Unit, unknownAction: () -> Unit) {
                unknownAction()
        }
    }

    class Person(val name: String, val location: Location)

    fun main() {
        val people = listOf(
            Person("Alice", EarthLocation(40.7128, -74.0060)), // 뉴욕
            Person("Bob", EarthLocation(51.5074, -0.1278)), // 런던
            Person("Charlie", EarthLocation(48.8566, 2.3522)), // 파리
            Person("Tony", UnknownLocation()) // 알 수 없는 위치
        )
        val rio = EarthLocation(-22.9068, -43.1729) // 리우데자네이루 지리 좌표

        for (person in people) {
            person.location.ifKnownOrElse(
                { location -> println(${person.name}"은/는" +
                    location.calculateDistance(rio).toString() +
                        " 킬로미터 떨어져 있습니다.") }
                { println("${person.name} - 알 수 없는 위치에 있습니다.") }
            )
        }
    }
```

ifKnownOrElse 함수는 null 객체와 다형성을 사용해 문제를 해결하는 모나드입니다. 실제 객체를 표현할 때는 null을 사용하지 마세요(15.4절 '실제 객체로 null 대체하기' 참조).

관련 레시피

- 15.1절 'null 객체 생성하기'

- 15.4절 '실제 객체로 null 대체하기'

- 17.5절 '특수 플래그 값을 일반값으로 변환하기'

함께 보기

- 위키백과 'Null Island'(https://oreil.ly/uNZxP)

- 구글 지도상 널 아일랜드 위치(https://oreil.ly/k5z1i)

## CHAPTER 16

섣부른 최적화

개발자는 프로그램에서 중요하지 않은 부분의 속도를 생각하거나 걱정하는 데 엄청난 시간을 낭비하며, 이러한 효율성을 위한 시도는 디버깅과 유지 관리를 고려할 때 실제로는 매우 부정적인 영향을 미칩니다. 전체의 97% 정도인 자그마한 효율성은 모두 잊어야 합니다. 섣부른 최적화는 만악의 근원입니다.

도널드 커누스, 「Structured Programming with go to Statements」

16.0 소개

섣부른 최적화premature optimization는 업계의 가장 큰 문제입니다. 모든 개발자는 계산 복잡도와 가장 빠른 알고리듬의 아름다움에 매료되곤 합니다. 주니어 개발자와 시니어 개발자의 가장 큰 차이점은 최적화를 수행할 위치와 시기를 결정하는 기준입니다. 최적화는 많은 계산 복잡도를 추가하므로 매우 신중하게 적용해야 하며, 무분별한 최적화에는 비용이 따릅니다. 또한 복잡한 솔루션은 모델과 비즈니스 객체 사이에 모호한 레이어를 많이 추가함으로써 전단사 원칙을 위반하므로 모델을 실제 세계와 멀리 떨어뜨립니다. 더군다나 이로 인해 가독성도 떨어집니다. 따라서 강력한 사실적 증거가 있는 경우에만 최적화를 적용하는 것이 좋습니다.

최근의 인공지능 어시스턴트는 코드 최적화를 돕습니다. 여러분은 기술 전문가가 되어 우발적인 최적화 도구는 인공지능 어시스턴트에 맡기고, 핵심적인 도메인 문제에 집중하도록 하세요.

16.1 객체 ID 피하기

문제 실제 세계에 존재하지 않는 ID, 기본 키와 그에 해당하는 참조가 있습니다.

해결 ID를 제거하고 객체에 직접 연결하세요.

설명 객체를 내보내고 전역 참조를 만들기 위해 ID가 필요한 경우가 아니라면 ID는 우발적이며 실제 세계에는 존재하지 않습니다. 따라서 ID를 사용해 객체를 서로 연결할 필요가 없습니다. 참조는 항상 객체 외부에 있기 때문에 객체에 유효한 속성이 아닙니다(어떤 객체도 자신의 식별을 알 수 없어야 합니다). 전단사 원칙에 따라 식별자를 사용하지 말고 외부(우발적인) 참조를 제공해야 하는 경우에만 식별자를 사용해야 합니다. 주로 데이터베이스, API, 직렬화 등에서 외부 식별자를 사용합니다.

> **노트** **기본 키**
>
> 데이터베이스에서 **기본 키**primary key는 테이블의 특정 레코드 또는 행에 대한 고유 식별자입니다. 기본 키는 테이블의 각 레코드를 고유하게 식별하는 방법으로, 데이터를 효율적으로 검색하고 정렬할 수 있게 합니다. 기본 키는 단일 열 또는 열의 조합일 수 있으며, 조합 시 테이블의 각 레코드에 대해 고유한 값을 형성합니다. 일반적으로 기본 키는 테이블과 함께 생성되며 해당 테이블과 관계가 있는 데이터베이스의 다른 테이블에서 참조됩니다.

키를 선언해야 하는 경우 항상 GUID와 같은 어둠의 키(연속적인 작은 정수와 관련이 없는 키)를 사용하고, 만약 큰 관계 그래프를 만드는 것이 두려우면 프록시 또는 지연된 초기화lazy initialization(필요할 때만 관련된 전체 객체를 검색)를 사용하세요. 코드에 이러한 우발적인 복잡성을 추가하려면 실제 성능 저하가 발생한다는 강력한 증거가 필요합니다.

> **노트 GUID**
>
> GUID^{Globally Unique Identifier}(전역 고유 식별자)는 컴퓨터 시스템에서 네트워크의 파일, 개체, 엔티티와 같은 리소스를 매핑하는 데 사용되는 고유 식별자입니다. GUID는 고유성을 보장하는 알고리듬을 통해 생성됩니다.

다음은 교사(Teacher), 학교(School), 학생(Student) 엔티티가 있는 학교의 도메인입니다.

```javascript
class Teacher {
    static getByID(id) {
        // 이는 데이터베이스와 결합되어 있습니다.
        // 따라서 관심사 분리(Soc)를 위반합니다.
    }

    constructor(id, fullName) {
        this.id = id;
        this.fullName = fullName;
    }
}

class School {
    static getByID(id) {
        // 결합된 데이터베이스로 이동합니다.
    }

    constructor(id, address) {
        this.id = id;
        this.address = address;
    }
}

class Student {
    constructor(id, firstName, lastName, teacherId, schoolId) {
        this.id = id;
        this.firstName = firstName;
        this.lastName = lastName;
        this.teacherId = teacherId;
        this.schoolId = schoolId;
    }
```

```javascript
    school() {
        return School.getById(this.schoolId);
    }

    teacher() {
        return Teacher.getById(this.teacherId);
    }
}
```

실제 세계에서 참조할 때는 다음과 같습니다.

```javascript
                                                            JavaScript
class Teacher {
    constructor(fullName) {
        this.fullName = fullName;
    }
}

class School {
    constructor(address) {
        this.address = address;
    }
}

class Student {
    constructor(firstName, lastName, teacher, school) {
        this.firstName = firstName;
        this.lastName = lastName;
        this.teacher = teacher;
        this.school = school;
    }
}
// ID는 현실 세계에 존재하지 않으므로 더 이상 필요하지 않습니다.
// School을 외부 API나 데이터베이스에 노출해야 하는 경우, school이 아닌 다른 객체가
// externalId(외부id)<->school 등의 매핑으로 유지합니다.
```

이것은 설계 정책입니다. 시퀀스 ID를 포함한 속성이나 함수를 정의하는 경우 린터나 비즈니스 객체가 경고를 표시하도록 설정할 수 있습니다. 객체 지향 소프트웨어에는 ID가 필요하지 않습니다. 필수적인 객체만 참조하고 우발적인 ID는 참조하지 않습니다. API, 인터페이스, 직렬화와 같은 시스템 범위를 벗어난 참조를 제공해야 하는 경우에는 GUID와 같이 예측하기 어려우면서 의미 없는 ID를 사용하세요. 저장소 패턴 또는 이와 유사한 것을 사용할 수 있습니다.

관련 레시피

- 3.6절 'DTO 제거하기'
- 16.2절 '섣부른 최적화 제거하기'

함께 보기

- 위키백과의 '범용 고유 식별자'(https://ko.wikipedia.org/wiki/범용_고유_식별자)

16.2 섣부른 최적화 제거하기

문제 경험적 증거 없이 추측을 기반으로 최적화된 코드가 있습니다.

해결 일어나지 않을지도 모르는 일에 대해 추측하지 마세요. 실제 시나리오에서 얻은 증거를 사용해 최적화를 수행하세요.

설명 섣부른 최적화는 코드를 더 복잡하고 유지 관리하기 어렵게 만드는 매우 잘못된 관행입니다. 가독성과 테스트 가능성을 손상시키고 우발적인 결합을 초래합니다. 코드의 적용 범위가 충분하고 실제 시나리오 벤치마크가 결정적인 경우에만 코드를 최적화하세요. 두 가지 구현 중 하나를 선택해야 하는 경우, 벤치마크에서 수천 번 실행되는 사이클의 성능이 나쁘더라도 더 읽기 쉬운 구현을 선택해야 합니다. 대부분의 경우 함수를 1천 번 호출하지는 않을 것입니다. 테스트 주도 개발 기법(4.8절 '불필요한 속성 제거하기' 참조)은 항상 가장 간단한 솔루션을 선호하므로 이 경우에도 사용 가능합니다.

다음은 데이터베이스 성능이 허용되는 상황에서 캐싱을 사용하는 예제입니다.

```javascript
                                                                    JavaScript
class Person {
    ancestors() {
        cachedResults =
            GlobalPeopleSingletonCache.getInstance().relativesCache(this.id);
        if (cachedResults != null) {
            return (cachedResults.hashFor(this.id)).getAllParents();
        }
        return database().getAllParents(this.id);
    }
}
```

이 코드를 수천 번 실행하지는 않을 예정이므로 다음과 같이 코드를 단순화할 수 있습니다.

```javascript
                                                                    JavaScript
class Person {
  ancestors() {
    return this.mother.meAndAncestors().concat(this.father.meAndAncestors());
  }
  meAndAncestors() {
    return this.ancestors().push(this);
  }
}
```

이 코드는 안티패턴입니다(5.5절 '지연된 초기화 제거하기' 참조). 아직 기계적인 도구로는 감지할 수 없습니다. 기능 모델이 충분히 성숙할 때까지 성능 결정을 미뤄야 합니다. 도널드 커누스는 그의 저서 『컴퓨터 프로그래밍의 예술』에서 최고의 성능을 가진 알고리듬과 데이터 구조를 창조하고 컴파일했습니다. 그리고 그는 훌륭한 지혜를 보여주면서 이를 남용하지 말라고 경고했습니다.

관련 레시피

- 10.4절 '코드에서 교묘함 제거하기'

함께 보기

- 도널드 커누스의 'Structured Programming with go to Statements'(https://oreil.ly/0UxWn)
- C2 wiki의 '섣부른 최적화'(https://oreil.ly/gNIXM)

16.3 비트 단위의 섣부른 최적화 제거하기

문제 비트 단위 연산자를 사용해 코드가 미세하게 최적화되어 있습니다.

해결 비즈니스 모델이 비트 단위 로직이 아닌 한, 비트 단위 연산자를 사용하지 마세요.

> **노트** **비트 단위 연산자**
>
> **비트 단위 연산자**bitwise operator는 숫자의 개별 비트를 조작합니다. 컴퓨터는 비트 단위 연산자를 사용해 and, or, xor과 같은 비트 간의 저수준 논리 연산을 수행합니다. 비트 단위 연산자는 boolean 영역과는 다른 정수 영역에서 작동합니다.

설명 정수와 boolean을 혼동할 필요가 없습니다. 정수와 boolean은 완전히 다른 개념입니다. 하지만 안타깝게도 많은 프로그래밍 언어가 섣부른 최적화를 위해 정수와 boolean을 혼용하곤 합니다. 이로 인해 우발적인 구현과 필수적인 도메인 문제 사이의 장벽을 허물고 있습니다. 이러한 상황은 참값과 거짓값에 대해 예상치 못한 많은 문제를 야기하며(24.2절 '참 같은 값 다루기' 참조) 유지 보수성에도 악영향을 미칩니다. 증거를 기반으로만 코드를 최적화하고 항상 과학적인 방법을 사용해 벤치마킹하고 정말 필요한 경우에만 코드를 개선하세요. 비트 단위 연산자를 사용할 때는 변경 가능성과 유지 보수성에 대한 비용을 고려하세요. 다음 코드는 여러 언어에서 작동하지만 정석은 아닙니다.

```JavaScript
const nowInSeconds = ~~(Date.now() / 1000)

// 이중 비트 단위 not 연산자 ~~는 비트 단위 부정을 수행한 후
// 다시 비트 단위 부정을 수행하는 비트 단위 연산입니다.
// 이 연산은 결과를 정수로 변환할 때 소수점 이하 자릿수를 효과적으로 잘라냅니다.
```

다음이 조금 더 명확합니다.

```JavaScript
const nowInSeconds = Math.floor(Date.now() / 1000)
```

항상 그렇듯이 도메인이 실시간 또는 미션 크리티컬 소프트웨어인 경우 가독성을 희생해 절충할 수 있지만, 코드 검토에서 이 코드를 발견하면 그 이유를 이해할 수 있어야 합니다. 정당한

이유가 없다면 롤백을 수행해 정상적인 로직으로 변경해야 합니다.

관련 레시피

- 10.4절 '코드에서 교묘함 제거하기'
- 16.2절 '섣부른 최적화 제거하기'
- 16.5절 '구조적 최적화 변경하기'
- 22.1절 '비어 있는 예외 블록 제거하기'
- 24.2절 '참 같은 값 다루기'

16.4 과도한 일반화 줄이기

문제 조기에 과도하게 일반화된 코드가 있습니다.

해결 실제 지식을 넘어서는 일반화를 하지 마세요. 여러분은 미래를 추측하는 것이 아니라 학습하는 전문가가 되어야 합니다.

설명 과도한 일반화는 현실 세계에서 아직 보지 못한 엔티티를 모델링하기 때문에 항상 전단사를 위반(2장에서 정의함)하는 특수한 경우입니다. 리팩터링은 단순히 구조적인 코드만 살펴보는 것이 아니라 동작을 리팩터링하고 실제로 추상화가 필요한지 확인해야 합니다.
다음은 충분한 증거를 확보하기 전에 무언가를 추론하는 예제입니다.

```rust
fn validate_size(value: i32) {
    validate_integer(value);
}

fn validate_years(value: i32) {
    validate_integer(value);
}

fn validate_integer(value: i32) {
    validate_type(value, :integer);
    validate_min_integer(value, 0);
}
```

다음은 더 간단한 방식입니다.

```rust
fn validate_size(value: i32) {
    validate_type(value, Type::Integer);
    validate_min_integer(value, 0);
}

fn validate_years(value: i32) {
    validate_type(value, Type::Integer);
    validate_min_integer(value, 0);
}

// 중복은 우발적인 것이므로 추상화해서는 안 됩니다.
```

소프트웨어 개발은 사고 활동이며, 이 활동을 돕고 지원하는 자동화된 도구가 있습니다.

관련 레시피

• 10.1절 '반복되는 코드 제거하기'

16.5 구조적 최적화 변경하기

문제 비현실적인 시나리오를 기반으로 시간과 공간의 복잡성에 대한 구조적 최적화를 수행합니다.

해결 실제 사용 시나리오 벤치마크가 있을 때까지 데이터 구조를 최적화하지 마세요.

설명 구조적 최적화는 전단사 원칙에서 벗어나기에 가독성을 떨어트립니다. 구조적 최적화를 수행해야 한다면 강력한 증거가 있을 때에 한해 시행해야 하며, 테스트를 통해 시나리오를 커버해야 합니다. 코드 작성 시 가독성과 성능 저하 가능성을 최우선으로 고려하고, 실제 사용자 데이터를 기반으로 한 실제 벤치마크를 수행하세요(코드를 10만 번 반복하는 것은 실제 사용 사례가 아닐 수 있습니다). 결정적인 데이터가 있다면 파레토 법칙을 사용해 벤치마크의 병목 현상을 개선해야 합니다(1장 '클린 코드' 참조). 성능 저하의 80%를 유발하는 최악의 20% 문제를 집중 공략하세요.

대학이나 온라인 강좌에서 종종 좋은 설계 규칙보다는 알고리듬, 데이터 구조, 계산 복잡도를 먼저 배웁니다. 발생 가능한 성능 문제를 과대평가하고 코드 가독성이나 소프트웨어 수명을 과소평가하는 경향이 있습니다. 섣부른 최적화는 실제 문제를 해결하고 있다는 증거가 없는 경우가 많으며, 실제 문제가 있다는 사실이 확인되었을 때 코드를 개선해야 합니다.

실사례를 통해 이 문제가 어떻게 실제로 발생하는지 확인해보세요.

```javascript
for (k = 0; k < 3 * 3; ++k) {
    const i = Math.floor(k / 3);
    const j = k % 3;
    console.log(i + ' ' + j);
}

// 이 암호화된 코드는 2차원 배열을 반복합니다.
// 실제 상황에서 유용하다는 증거는 없습니다.
```

완전히 다시 작성하는 방법은 다음과 같습니다.

```javascript
for (outerIterator = 0; outerIterator< 3; outerIterator++) {
  for (innerIterator = 0; innerIterator< 3; innerIterator++) {
    console.log(outerIterator + ' ' + innerIterator);
  }
}

// 읽을 수 있는 중첩 반복문입니다.
// 3은 작은 숫자입니다.
// 현재로서 성능 문제는 없습니다.
// 실제 증거를 기다릴 예정입니다.
```

저수준 코드가 아닌 비즈니스 코드를 작성하는 경우, 기계에 대한 최적화를 중단하고 코드를 읽는 독자와 코드 유지 관리자를 위한 최적화를 시작해야 합니다. 또한 섣부른 최적화를 위해 설계된 프로그래밍 언어(고, 러스트, C++)를 피하고 강력하고 높은 수준의 클린 코드를 선호하세요.

관련 레시피

- 10.4절 '코드에서 교묘함 제거하기'
- 16.2절 '섣부른 최적화 제거하기'

16.6 앵커 보트 제거하기

문제 나중에 필요할 때를 대비한 코드가 있습니다.

해결 나중에 사용할 코드를 남겨두지 마세요.

설명 앵커 보트^{anchor boat}는 우발적인 복잡성과 결합을 초래하며 죽은 코드의 예이기도 합니다. 죽은 코드는 제거하고 실제로 테스트된 코드만 남기세요. 다음은 앵커 보트의 예제입니다.

```PHP
final class DatabaseQueryOptimizer {

  public function selectWithCriteria($tableName, $criteria) {
    // criteria를 조작해 최적화하기
  }

  private function sqlParserOptimization(SQLSentence $sqlSentence)
    : SQLSentence {
    // SQL을 구문 분석해 문자열로 변환한 다음
    // 해당 노드를 문자열과 다양한 정규식으로 작업합니다.
    // 이는 실제 SQL의 이점을 극복하는 데 많은 비용이 드는 작업이었습니다.
    // 하지만 너무 많은 노력을 기울였기 때문에 코드를 유지하기로 결정했습니다.
  }
}
```

죽은 코드를 제거했을 때의 모습은 다음과 같습니다.

```PHP
final class DatabaseQueryOptimizer {

  public function selectWithCriteria($tableName, $criteria) {
    // criteria를 조작해 최적화하기
  }
}
```

일부 변이 테스트(5.1절 'var를 const로 변경하기' 참조)를 사용하면 죽은 코드를 제거하고 일부 테스트가 실패하는지 확인할 수 있습니다. 이 해결책을 사용하려면 커버리지가 충분해야 합니다. 죽은 코드는 항상 문제가 되며, 테스트 주도 개발 같은 최신 개발 기법(4.8절 '불필요한 속성 제거하기' 참조)을 사용해 모든 코드가 살아 있는지 확인할 수 있습니다.

관련 레시피

- 10.9절 '폴터가이스트 객체 제거하기'
- 12.1절 '불필요한 코드 제거하기'

16.7 도메인 객체에서 캐시 추출하기

문제 캐시는 성능 문제를 마법처럼 해결하는 것처럼 보이지만 숨겨진 비용이 있습니다.

해결 구체적인 증거가 있고 캐시 사용에 따른 비용을 지불할 준비가 될 때까지 캐시를 제거하세요.

> **노트 캐시**
>
> **캐시**cache는 자주 접근하는 객체를 임시로 저장해 빠른 접근이 가능하도록 합니다. 캐시를 사용하면 값비싼 리소스에 대한 접근 횟수를 줄여 소프트웨어 애플리케이션의 성능을 개선할 수 있습니다. 소프트웨어는 메모리에 데이터를 캐싱함으로써 느린 저장 장치에 접근하는 오버헤드를 피하고, 캐시에서 직접 객체를 검색할 수 있도록 합니다.

설명 캐시는 실제 세계에 존재하지 않기 때문에 많은 결합을 생성하고, 변경 작업을 복잡하게 만듭니다. 이는 결정론을 파괴하고 테스트와 유지 보수성의 어려움을 가중시킵니다. 캐시를 사용한 프로그래밍 솔루션은, 솔루션을 매우 신중하게 캡슐화하지 않는 한, 코드를 불안정하게 만들 수 있습니다. 캐시 무효화는 매우 어려운 문제이며, 대다수의 캐시 개발자들이 그 어려움을 과소평가하는 경향이 있습니다. 결정적인 벤치마크가 있고 약간의 결합 비용을 기꺼이 지불할 의향이 있다면 중간에 객체를 넣을 수 있습니다. 주의 깊게 모든 무효화 시나리오에 대한 단위 테스트를 추가하세요. 경험적으로, 이러한 문제는 점진적으로 마주하게 될 것입니다. 2장에서 정의한 대로 MAPPER 개념에서 실제 캐시에 해당하는 비유를 찾아보세요. 만약 찾을 수 있다면 이를 모델링할 수 있습니다.

다음은 Book 객체에 침범한 내장된 캐시입니다.

```php
final class Book {

    private $cachedBooks;

    public function getBooksFromDatabaseByTitle(string $title) {
        if (!isset($this->cachedBooks[$title])) {
            $this->cachedBooks[$title] =
                $this->doGetBooksFromDatabaseByTitle($title);
        }
        return $this->cachedBooks[$title];
    }

    private function doGetBooksFromDatabaseByTitle(string $title) {
        return globalDatabase()->selectFrom('Books', 'WHERE TITLE = ' . $title);
    }
}
```

캐시를 Book 도메인 객체 외부에 배치할 수 있습니다.

```php
final class Book {
    // Book에 관련한 자료
}

interface BookRetriever {
    public function bookByTitle(string $title);
}

final class DatabaseLibrarian implements BookRetriever {
    public function bookByTitle(string $title) {
        // 데이터베이스로 이동합니다(전역이 아니길 바랍니다).
    }
}

final class HotSpotLibrarian implements BookRetriever {
    // 항상 현실적인 비유를 찾습니다.
    private $inbox;
    private $realRetriever;

    public function bookByTitle(string $title) {
        if ($this->inbox->includesTitle($title)) {
            // 운이 좋네요. 누군가 방금 책 사본을 반납했습니다.
            return $this->inbox->retrieveAndRemove($title);
```

```
        } else {
            return $this->realRetriever->bookByTitle($title);
        }
    }
}
```

이것은 디자인 스멜^{design smell}이며 정책으로 강제할 수 있습니다. 캐시는 기능적이고 지능적이어야 하며, 이러한 방식으로 무효화를 관리할 수 있습니다. 범용 캐시는 운영 체제, 파일, 스트림과 같은 낮은 수준의 객체에만 적합하며 도메인 객체를 캐싱해서는 안 됩니다.

관련 레시피

- 13.6절 '해시와 동등성 재정의하기'
- 16.2절 '섣부른 최적화 제거하기'

16.8 구현에 기반한 콜백 이벤트 제거하기

문제 코드의 실행과 해당 콜백의 행동 사이가 결합된 코드가 있습니다.

해결 이벤트에서 발생한 내용에 따라 함수 이름을 지정하세요.

설명 콜백은 옵저버 디자인 패턴을 따르며, 그 의도는 이벤트와 행동을 분리하는 것입니다. 이 연결을 직접 만들면 코드의 유지 보수성이 저하되고, 구현 세부 사항과 더 밀접하게 연결됩니다. 원칙적으로 이벤트의 이름은 '해야 할 일'이 아니라 '발생한 일'의 이름을 따서 지어야 합니다.

다음 예제의 이벤트를 살펴봅시다.

```javascript
const Item = ({name, handlePageChange)} =>
  <li onClick={handlePageChange}>
    {name}
  </li>

// handlePageChange는 실제로 일어난 일 대신 사용자가 결정한 작업과 결합됩니다.
// 이러한 종류의 콜백은 재사용할 수 없습니다.
```

다음은 더 간결하고 덜 복잡합니다.

```javascript
const Item = ({name, onItemSelected)} =>
  <li onClick={onItemSelected}>
    {name}
  </li>

// onItemSelected는 항목이 선택되었을 때만 호출됩니다.
// 부모는 무엇을 할지 결정할 수 있습니다(또는 아무것도 하지 않을 수 있습니다).
// 결정을 위임(defer)합니다.
```

동료의 코드 검토 중에 이 문제를 감지하고 해당 레시피를 적용할 수 있습니다. 이름은 매우 중요합니다. 구현과 결합된 이름을 정의하는 것은 마지막 순간까지 미뤄야 합니다.

> **노트** **옵저버 패턴**
>
> **옵저버 패턴**observer pattern은 객체 간의 일대다 종속성을 정의합니다. 예를 들어 한 객체의 상태가 변경되면 직접 참조하지 않고도 모든 종속 객체에 알림이 전송되고 자동으로 업데이트됩니다. 게시된 이벤트를 구독하면 누가 구독자인지 알 수 없는 상태에서 수정된 객체가 알림을 보냅니다.

관련 레시피

- 17.13절 '사용자 인터페이스에서 비즈니스 코드 제거하기'

16.9 생성자에서 쿼리 제거하기

문제 생성자에서 데이터베이스에 접근하는 메서드가 있습니다.

해결 생성자는 객체를 생성(그리고 아마도 초기화도)해야 합니다. 지속성 메커니즘을 도메인 객체에서 분리하세요.

설명 부작용은 언제나 피해야 할 나쁜 습관입니다. 지속성은 우발적으로 발생하며 MAPPER 개념에 존재하지 않으므로 데이터베이스를 비즈니스 객체와 결합하지 않아야 합니다. 필수 비즈니스 로직과 우발적인 지속성을 분리해야 합니다. 지속성 클래스에서는 생성자나 소멸자가 아닌 다른 함수에서 쿼리를 실행하세요. 레거시 코드를 처리할 때 데이터베이스와 비즈니스 객체가 올바르게 분리되어 있지 않은 경우가 종종 있습니다. 생성자는 단일 책임 원칙(4.7절 '문자열 유효성 검증 구체화하기' 참조)에 따라 유효한 객체만 생성해야 하므로 부작용이 있어서는 안 됩니다.

다음 예제에는 데이터베이스를 명시적으로 호출하는 **Person** 생성자가 있습니다.

```java
public class Person {
  int childrenCount;

  public Person(int id) {
    connection = new DatabaseConnection();
    childrenCount = connection.sqlCall(
        "SELECT COUNT(CHILDREN) FROM PERSON WHERE ID = " . id);
  }
}
```

분리한 후의 모습은 다음과 같습니다.

```java
public class Person {
  int childrenCount;

  public Person(int id, int childrenCount) {
    this.childrenCount = childrenCount;
    // 생성자에서 번호를 지정할 수 있습니다.
    // 우발적 데이터베이스와 분리되었습니다.
    // 객체를 테스트할 수 있습니다.
  }
}
```

강력한 소프트웨어를 설계할 때는 관심사를 분리하는 것이 핵심이며, 결합은 가장 큰 적입니다 (8.3절 '논리적인 주석 제거하기' 참조).

관련 레시피

• 16.10절 '소멸자에서 코드 제거하기'

16.10 소멸자에서 코드 제거하기

문제 소멸자에서 할당 해제하는 코드가 있습니다.

해결 소멸자를 사용하지 마세요. 그리고 그곳에 함수형 코드를 작성하지 마세요.

설명 코드 소멸자를 사용하면 결합 문제가 발생하고 예기치 않은 결과가 발생하며, 메모리 누수가 발생할 가능성이 높습니다. 0의 법칙에 따라 소멸자를 사용하지 말고 가비지 컬렉터를 사용해야 합니다. 클래스 소멸자는 객체가 소멸되거나 범위를 벗어날 때 호출되는 특수 메서드입니다. 과거에는 가상 머신에 가비지 컬렉터가 없었고, 소멸자는 열린 파일을 닫거나 힙^{heap}에 할당된 메모리를 해제하는 등 객체가 수명 동안 획득한 모든 리소스를 정리하는 일을 담당했습니다. 오늘날 대부분의 최신 프로그래밍 언어에서는 객체 소멸과 리소스 반환이 자동으로 이루어집니다.

> **노트 0의 법칙**
>
> **0의 법칙**^{rule of zero}은 프로그래밍 언어나 기존 라이브러리에서 자체적으로 수행할 수 있는 작업은 코드를 작성하지 말 것을 제안합니다. 코드를 작성하지 않고도 구현할 수 있는 동작이 있다면 기존 코드를 활용하세요.

다음은 파일 리소스를 할당 해제하는 명시적 소멸자입니다.

`C++`

```cpp
class File {
public:
    File(const std::string& filename) {
        file_ = fopen(filename.c_str(), "r");
    }
    ~File() {
        if (file_) {
            fclose(file_);
        }
    }

private:
    FILE* file_;
};
```

소멸자에 파일이 아직 열려 있는지 여부에 대한 경고를 추가할 수 있습니다.

```cpp
class File {
public:
    File() : file_(nullptr) {}

    bool Open(const std::string& filename) {
        if (file_) {
            fclose(file_);
        }
        file_ = fopen(filename.c_str(), "r");
        return (file_ != nullptr);
    }

    bool IsOpen() const {
        return (file_ != nullptr);
    }

    void Close() {
        if (file_) {
            fclose(file_);
            file_ = nullptr;
        }
    }
    ~File() {
        // 파일이 열려 있으면 파일을 닫는 대신 예외를 던집니다(잘못된 시나리오).
        if (file_) {
            throw std::logic_error(
                "파일이 소멸자에 도달한 후에도 여전히 열려 있습니다.");
        }
    }

private:
    FILE* file_;
};
```

다양한 프로그래밍 언어에서는 '폐쇄성closability'의 의도를 전달하기 위한 특정 인터페이스
가 있으며, 실제로 리소스를 반환하려는 경우 이를 활용해야 합니다. 예를 들어 자바에서는
Closable이, C#에서는 Disposable 인터페이스가 그 역할을 합니다.

소멸자로 코드를 작성할 때 린터가 경고를 표시할 수 있습니다. 예외적으로, 매우 중요한 저수

준 코드에서는 가비지 컬렉터의 성능 저하와 리소스 소비가 적기 때문에 이를 사용할 수 없습니다. 또한 실시간 시스템에서는 가비지 콜렉터가 대부분 임의의 시간에 실행되어 실시간 동작에 불규칙한 지연을 발생시킬 수 있기 때문에 예외로 다루어집니다. 다른 경우에는 소멸자에서 코드를 작성하는 것이 섣부른 최적화의 증상일 수 있습니다. 따라서 객체의 수명 주기를 정확히 이해하고 이벤트를 적절하게 관리해야 합니다.

> **노트** **가비지 컬렉터**
>
> **가비지 컬렉터**garbage collector는 프로그래밍 언어에서 메모리 할당과 할당 해제를 자동으로 관리하기 위해 사용됩니다. 가비지 컬렉터는 프로그램에서 더 이상 사용하지 않는 객체를 식별한 다음, 메모리에서 이를 제거해 사용 중인 메모리를 확보하는 방식으로 작동합니다.

관련 레시피

- 16.9절 '생성자에서 쿼리 제거하기'

## CHAPTER 17

결합도

소프트웨어 시스템의 두 부분 중 하나의 변경이 다른 부분의 변경을 야기할 수 있는 경우, 이는 결합입니다.

닐 포드 등, 『소프트웨어 아키텍처 The Hard Parts』(한빛미디어, 2022)

17.0 소개

결합도coupling는 객체 간의 상호 의존성 정도를 나타냅니다. 높은 결합도는 한 객체의 변경 사항이 다른 객체에 큰 영향을 미칠 수 있다는 것을 의미하며, 낮은 결합도는 객체가 상대적으로 독립적이어서 한 객체의 변경 사항이 다른 객체에 거의 영향을 미치지 않는다는 뜻입니다. 결합도가 높으면 소프트웨어 변경이 어려워질 수 있으므로 대부분의 대규모 소프트웨어 시스템에서는 우발적인 결합을 줄이려고 합니다. 결합도가 높은 시스템은 이해하거나 유지 관리하기 더 어렵고, 객체 간의 상호 작용이 더 복잡하며, 변경 사항이 코드베이스 전체에 파급 효과를 일으킬 수 있습니다. 바람직한 창발성emergent 속성을 가진 얽히고설킨 시스템은 매력적일 수 있지만, 잘못 결합된 시스템은 유지 보수의 악몽이 될 수 있습니다.

17.1 숨겨진 가정을 명시적으로 표현하기

> **문제** 솔루션에 명시되지 않은 숨겨진 가정이 포함된 코드가 있으며 이러한 가정이 시스템 동작에 영향을 미칩니다.

> **해결** 코드를 명시적으로 작성하세요.

> **설명** 소프트웨어는 계약과 유사하며, 모호한 계약은 악몽과도 같습니다. 코드에 명시적으로 언급되지 않은 기본적인 믿음이나 기대치로 이루어진 숨겨진 가정은 여전히 존재하며, 소프트웨어 작동에 영향을 미칠 수 있습니다. 이러한 가정은 불완전한 요구 사항, 사용자나 환경에 대한 잘못된 추정, 프로그래밍 언어 또는 도구의 한계, 잘못된 우발적 결정 등 다양한 요인으로 인해 발생할 수 있습니다.

다음은 측정 단위에 대한 (잘못된) 숨겨진 가정을 볼 수 있는 예제입니다.

```python
ten_centimeters = 10
ten_inches = 10

ten_centimeters + ten_inches
# 20
# 이 오류는 단위의 숨겨진 가정을 기반으로 하며
# 화성 기후 궤도선 실패의 원인이 되었기도 합니다.
```

다음과 같이 명시적으로 설정하면 조기 예외 처리와 관련 문제를 처리할 수 있습니다.

```python
class Unit:
    def __init__(self, name, symbol):
        self.name = name
        self.symbol = symbol

class Measure:
    def __init__(self, scalar, unit):
        self.scalar = scalar
        self.unit = unit

    def __str__(self):
        return f"{self.scalar} {self.unit.symbol}"
```

```
centimeters_unit = Unit("centimeters", "cm")
inches_unit = Unit("inches", "in")

ten_centimeters = Measure(10, centimeters_unit)
ten_inches = Measure(10, inches_unit)

ten_centimeters + ten_inches
# 변환 계수가 도입될 때까지 오류가 발생합니다.
# 이 경우 변환은 일정합니다.
# 인치 = 센티미터 / 2.54
```

숨겨진 가정은 식별하기 어려울 수 있으며 결함, 보안 취약성, 사용성 문제로 이어질 수 있습니다. 이러한 위험을 완화하려면 가정과 편견을 인식해야 합니다. 사용자와 소통하며 그들의 요구와 기대치를 파악하고, 다양한 시나리오에서 소프트웨어를 철저히 테스트해 숨겨진 가정과 에지 케이스$^{edge\ case}$를 찾아내야 합니다.

관련 레시피

- 6.8절 '매직 넘버를 상수로 바꾸기'

함께 보기

- 2.8절에서 소개한 화성 기후 궤도선 사건에 관한 논의

17.2 싱글턴 대체하기

문제 코드에 싱글턴이 있습니다.

해결 싱글턴은 많은 문제를 일으킬 수 있으며, 대부분의 개발자 커뮤니티에서는 싱글턴을 안티패턴으로 간주합니다. 상황에 맞는 고유 컨텍스트 객체로 이를 대체할 수 있습니다.

설명 싱글턴은 전역 결합과 섣부른 최적화의 대표적인 사례입니다(16장 '섣부른 최적화' 참조). 싱글턴은 테스트 가능성을 더 어렵게 만들고, 클래스 간에 긴밀한 결합을 유도하며, 멀티

스레딩 환경에서 문제를 일으킵니다. 과거에는 많은 개발자가 데이터베이스 접근, 구성, 환경 설정, 로깅을 위한 전역 접근 지점으로 싱글턴을 사용했습니다.

다음은 특정 종교에 따라 신(God)이 유일하다는 전형적인 싱글턴 정의입니다.

```PHP
class God {
    private static $instance = null;

    private function __construct() {
    }

    public static function getInstance() {
        if (null === self::$instance) {
            self::$instance = new self();
        }

        return self::$instance;
    }
}
```

대신, 다음과 같이 상황에 맞는 컨텍스트 객체를 사용할 수 있습니다.

```PHP
interface Religion {
    // 종교에 대한 공통 행동 정의
}

final class God {
    // 종교마다 신념이 다름
}

final class PolytheisticReligion implements Religion {
    private $gods;

    public function __construct(Collection $gods) {
        $this->gods = $gods;
    }
}

final class MonotheisticReligion implements Religion {
    private $godInstance;

    public function __construct(God $onlyGod) {
```

```
        $this->godInstance = $onlyGod;
    }
}

// 기독교와 일부 다른 종교에 따르면 신은 오직 한 명입니다.
// 다른 종교에는 해당되지 않습니다.

$christianGod = new God();
$christianReligion = new MonotheisticReligion($christianGod);
// 이 맥락에서 신은 유일합니다.
// 새로운 것을 만들거나 변경할 수 없습니다.
// 이는 전역 변수입니다.

$jupiter = new God();
$saturn = new God();
$mythologicalReligion = new PolytheisticReligion([$jupiter, $saturn]);

// 신은 문맥에 따라 고유하거나 그렇지 않습니다.
// 단일성 유무에 관계없이 테스트 종교를 만들 수 있습니다.
// 신 클래스에 대한 직접적인 참조를 끊었기 때문에 결합이 덜합니다.
// 신 클래스의 단일 책임은 신을 생성하는 것이고 관리하는 것은 아닙니다.
```

싱글턴은 디자인 안티패턴이므로 정책적으로 피해야 합니다. 새로운 개발자가 이 안티패턴으로 코드를 감염시키지 못하도록 **getInstance()**와 같은 패턴에 대한 린터 규칙을 추가할 수 있습니다. 싱글턴과 관련된 알려진 문제 몇 가지를 [표 17-1]에 요약했습니다.

표 17-1 싱글턴의 알려진 몇 가지 문제

문제	설명
전단사 위반	싱글턴은 현실 세계에 존재하지 않습니다.
긴밀한 결합	끊어내기 어려운 전역 접근 지점을 제공합니다.
우발적인 구현	구현과 너무 밀접하게 연관되며 실제 동작을 모방하지 않습니다.
어려운 테스트 가능성	싱글턴이 존재하면 단위 테스트를 작성하기가 어려워집니다.
메모리를 절약하지 않음	최신 가비지 컬렉터는 영구적인 객체보다 휘발성 객체를 더 잘 처리합니다.
의존성 주입 제한	의존성을 분리하기가 더 어렵습니다.
인스턴스 계약 위반	클래스 인스턴스 생성을 요청하면 새 인스턴스가 생성될 것을 예상합니다.
빠르게 실패하기 위반	새 인스턴스를 만들 수 없어야 하며, 이전 인스턴스를 제공하는 대신 실패해야 합니다.
구현과 결합	new() 메서드 대신 getInstance()를 사용합니다.

문제	설명
테스트 주도 개발 기법을 적용하기가 더 어려움	테스트 주도 개발은 결합도를 다루고 새 테스트를 만들 때 이를 우회해야 합니다.
상황에 맞는 고유한 개념	이전 예제 코드를 참고하세요. 고유성은 범위에 따라 달라집니다. 그리고 절대 전역이어서는 안 됩니다.
멀티 스레드 환경 문제	싱글턴이 많으면 스레드에 안전하지도 않고 재진입도 불가능하며 예기치 않은 동작을 유발합니다.
가비지 상태 누적	여러 테스트를 실행하면 싱글턴이 부풀어 오를 수 있으며, 수집되지 않으므로 가비지가 유지됩니다.
클래스 단일 책임 위반/관심사 분리(SoC)	클래스의 단일 책임은 인스턴스를 생성하는 것이지 인스턴스를 관리하는 것이 아닙니다.
쉬운 접근 지점	싱글턴이 있으면 더 많은 객체가 쉽게 전역 참조를 하며 난장판이 될 수 있습니다.
의존성 지옥	클래스는 싱글턴 객체에 종속되고, 해당 싱글턴 객체는 다른 싱글턴 객체에 종속되고… 계속 이어집니다.
유연성 부족	싱글턴 객체가 생성된 후에는 교체하거나 수정할 수 없습니다.
수명 주기 관리의 어려움	싱글턴의 수명 주기를 관리하는 것은 어려울 수 있으며, 메모리 누수나 불필요한 리소스 사용으로 이어질 수 있습니다.

관련 레시피

- 10.4절 '코드에서 교묘함 제거하기'
- 12.5절 '디자인 패턴 남용 제거하기'

17.3 신 객체 나누기

문제 너무 많은 것을 알고 있거나 너무 많은 일을 하는 객체가 있습니다.

해결 하나의 객체에 너무 많은 책임을 할당하지 마세요.

설명 신 객체는 응집력을 가지고 있어 많은 결합과 병합 충돌, 기타 유지 관리 문제를 유발합니다. 또한 신 객체는 실제 객체보다 더 많은 책임을 갖기 때문에 전단사 원칙을 위반합니다. 소프트웨어 설계에서는 단일 책임 원칙을 준수하고 책임을 분담해야 합니다. 오래된 일상적인 소프트웨어 라이브러리 대부분이 이러한 상황에 해당합니다.

신 객체god object란 전체 시스템에 대한 책임이나 제어 권한이 과도하게 집중된 객체입니다. 이러한 객체는 상당한 양의 코드와 로직이 포함된 크고 복잡한 경향이 있으며, 단일 책임 원칙(4.7절 '문자열 유효성 검증 구체화하기' 참조)과 관심사 분리(8.3절 '논리적인 주석 제거하기' 참조)를 위반합니다. 신 객체는 소프트웨어 아키텍처에서 병목 현상을 발생시켜 시스템을 유지 관리, 확장, 테스트하기 어렵게 만드는 경향이 있습니다.

다음은 신 객체의 예입니다.

```
class Soldier {
    run() {}
    fight() {}
    driveGeneral() {}
    clean() {}
    fire() {}
    bePromoted() {}
    serialize() {}
    display() {}
    persistOnDatabase() {}
    toXML() {}
    jsonDecode() {}

    // ...
}
```

필수적인 책임만 남겨두고 업무를 분담하세요.

```
class Soldier {
    run() {}
    fight() {}
    clean() {}
}
```

Soldier의 나머지 함수는 각각 전용 로직 클래스로 캡슐화하면 됩니다. 린터는 메서드 수를 계산해 신 객체가 될 가능성에 대한 임곗값을 넘었을 때 경고할 수 있습니다. 주목할 만한 예로, 퍼사드처럼 진입 지점을 가져오는 것이 유일한 책임인 객체는 신 객체가 될 수 있습니다. 1960년대에는 라이브러리도 괜찮았지만, 객체 지향 프로그래밍에서는 여러 객체에 책임을 분배하게 됩니다.

상수 클래스는 특별한 경우입니다. 상수 클래스는 응집력이 낮고 결합성이 높아서 단일 책임 원칙을 위반합니다(4.7절 '문자열 유효성 검증 구체화하기' 참조). 다음은 관련 없는 상수가 너무 많은 클래스입니다.

```csharp
public static class GlobalConstants
{
    public const int MaxPlayers = 10;
    public const string DefaultLanguage = "en-US";
    public const double Pi = 3.14159;
}
```

이를 더 작은 클래스로 나눈 다음, 각 클래스에 관련 동작을 추가합니다.

```csharp
public static class GameConstants
{
    public const int MaxPlayers = 10;
}

public static class LanguageConstants
{
    public const string DefaultLanguage = "en-US";
}

public static class MathConstants
{
    public const double Pi = 3.14159;
}
```

소프트웨어를 설계할 때 올바른 책임을 찾는 것이 여러분의 주요한 작업이므로 미리 설정된 임곗값을 넘어서 상수를 정의하고 있다면 린터가 경고하도록 설정할 수 있습니다.

관련 레시피

- 6.8절 '매직 넘버를 상수로 바꾸기'
- 10.2절 '설정/구성 및 기능 토글 제거하기'
- 11.6절 '너무 많은 속성 나누기'
- 17.4절 '확산적 변경 나누기'

17.4 확산적 변경 나누기

문제 클래스에서 무언가를 변경한 후, 똑같은 클래스에서 기존과 관련되지 않은 변경을 해야 합니다.

해결 클래스는 하나의 책임과 하나의 변경 이유만 가져야 합니다. 확산적으로 구성된 클래스를 분리하세요.

설명 확산적으로 구성된 클래스는 응집력이 낮고, 결합성이 높으며, 코드 중복이 많습니다. 이러한 클래스는 단일 책임 원칙에 위배됩니다(4.7절 '문자열 유효성 검증 구체화하기' 참조). 책임을 수행하기 위해 클래스를 만들면 객체가 너무 많은 작업을 수행하면서 다른 방향으로 변경될 수 있으므로 다른 클래스로 분리해야 합니다.

다음 **Webpage** 객체에는 너무 많은 책임이 있습니다.

```
class Webpage {
  renderHTML() {
    this.renderDocType();
    this.renderTitle();
    this.renderRssHeader();
    this.renderRssTitle();
    this.renderRssDescription();
    this.renderRssPubDate();
  }
  // RSS 형식이 변경될 수 있습니다.
}
```

책임을 세분화하면 다음과 같습니다.

```
class Webpage {
  renderHTML() {
    this.renderDocType();
    this.renderTitle();
    (new RSSFeed()).render();
  }
  // HTML 렌더링이 변경될 수 있습니다.
}

class RSSFeed {
  render() {
    this.renderDescription();
    this.renderTitle();
    this.renderPubDate();
    // ...
  }
  // RSS 형식이 변경될 수 있습니다.
  // 단일 테스트 등이 있을 수 있습니다.
}
```

대규모 클래스를 자동으로 감지하거나 변경 사항을 추적할 수 있습니다. 클래스는 단일 책임 원칙(4.7절 '문자열 유효성 검증 구체화하기' 참조)을 따라야 하며 변경해야 할 이유는 하나여야 합니다. 여러 가지 방식으로 진화한다면 너무 많은 일이 있다는 의미입니다.

관련 레시피

- 11.5절 '과도한 메서드 제거하기'
- 11.6절 '너무 많은 속성 나누기'
- 11.7절 'import 목록 줄이기'
- 17.3절 '신 객체 나누기'

함께 보기

- 리팩터링 구루의 'Divergent Change'(https://oreil.ly/Kvubl)

17.5 특수 플래그 값을 일반값으로 변환하기

문제 절대로 도달할 수 없다고 생각해 Maxint와 같은 상수를 사용해 유효하지 않은 ID에 플래그를 지정합니다.

해결 실제 식별자와 유효하지 않은 식별자를 결합해서 사용하지 마세요.

설명 유효하지 않은 ID를 유효한 ID로 표현하는 것은 전단사 원칙에 위배됩니다. 그리고 여러분의 예상보다 빨리 유효하지 않은 ID에 도달할 수도 있습니다. 또한 유효하지 않은 ID로 null을 사용하지 않도록 주의해야 합니다. 이는 함수 호출 시 결합도를 증가시키는 원인이 됩니다. 특수한 경우는 특수 다형성 객체로 모델링해야 하며(14.14절 '비다형성 함수를 다형성으로 변환하기' 참조), 9999, -1, 0은 유효한 도메인 객체이고 구현 결합도를 증가시키므로 사용을 피해야 합니다. 초기 컴퓨팅 시대에는 데이터 유형이 엄격했지만, '10억 달러짜리 실수'(15장 'null' 참조)를 도입하면서 특수한 시나리오를 특수한 값으로 모델링하는 방식으로 발전했습니다.

다음 예제는 특수 플래그 숫자(9999)를 사용합니다.

```c
#define INVALID_VALUE 9999

int main(void)
{
    int id = get_value();
    if (id == INVALID_VALUE)
    {
        return EXIT_FAILURE;
        // id는 플래그이며 유효한 도메인 값이기도 합니다.
    }
    return id;
}
int get_value()
{
  // 나쁜 일이 발생했습니다.
  return INVALID_VALUE;
}
// 결과: EXIT_FAILURE (1)
```

다음은 특별한 유훗값(9999)의 필요성을 제거하고 유효하지 않은 값(-1)으로 대체한 모습입니다.

```c
int main(void)
{
    int id = get_value();
    if (id < 0)
    {
        printf("오류: 값을 얻지 못함\n");
        return EXIT_FAILURE;
    }
    return id;
}
int get_value()
{
    // 나쁜 일이 발생했습니다.
    return -1;  // 음숫값을 반환해 오류를 표시합니다.
}
```

사용 중인 언어가 예외를 지원한다면 더욱 좋습니다(22장 '예외' 참조).

```c
// 정의된 INVALID_VALUE 없음

int main(void)
{
    try {
        int id = get_value();
        return id;
    } catch (const char* error) {
        printf("%s\n", error);
        return EXIT_FAILURE;
    }
}

int get_value()
{
    // 나쁜 일이 발생했습니다.
    throw "오류: 값을 얻지 못함";
}

// returns EXIT_FAILURE (1)
```

외부 식별자는 일반적으로 숫자나 문자열에 매핑됩니다. 그러나 만약 외부 식별자가 누락된 경우, 숫자나 문자열을 (잘못된) 참조로 사용하지 마세요.

관련 레시피

- 15.1절 'null 객체 생성하기'
- 25.2절 '순차적 ID 변경하기'
- 15.5절 'null을 사용하지 않고 알려지지 않은 위치 표현하기'

17.6 산탄총 수술 제거하기

문제 하나의 기능 변경으로 인해 소프트웨어의 코드가 여러 번 변경됩니다.

해결 변경 사항을 분리하고 중복 배제(DRY) 원칙을 따르세요(4.7절 '문자열 유효성 검증 구체화하기' 참조).

> **노트** **산탄총 수술**
>
> **산탄총 수술**shotgun surgery은 코드베이스의 한 가지 변경으로 인해 시스템 전반의 여러 부분에서 수많은 변경이 필요한 상황입니다. 코드베이스의 한 부분을 변경하면 시스템의 다른 많은 부분에 영향을 미칠 때 발생합니다. 한 번의 코드 변경이 시스템의 여러 부분에 영향을 미칠 수 있는 것처럼, 한 번의 폭발로 여러 목표물을 맞출 수 있는 산탄총 발사와 유사해 이런 이름이 붙었습니다.

설명 만약 잘못된 책임 할당이나 코드 중복이 있는 경우, 실제 동작이 변경될 때 모델을 너무 많이 수정해야 할 수 있습니다. 이는 2장에서 정의한 대로 잘못된 전단사의 신호입니다. 일반적으로 시스템 전체에 코드를 복사해 붙여넣었을 때 발생합니다.

다음 예제 코드를 일부 변경해야 한다고 가정해봅시다.

```php
final class SocialNetwork {

    function postStatus(string $newStatus) {
        if (!$user->isLogged()) {
```

```php
            throw new Exception('사용자는 로그인되지 않음');
        }
        // ...
    }

    function uploadProfilePicture(Picture $newPicture) {
        if (!$user->isLogged()) {
            throw new Exception('사용자는 로그인되지 않음');
        }
        // ...
    }

    function sendMessage(User $recipient, Message $messageSend) {
        if (!$user->isLogged()) {
            throw new Exception('사용자는 로그인되지 않음');
        }
        // ...
    }
}
```

로직을 한곳으로 추출하면 다음과 같이 구현됩니다.

```php
final class SocialNetwork {

    function postStatus(string $newStatus) {
        $this->assertUserIsLogged();
        // ...
    }

    function uploadProfilePicture(Picture $newPicture) {
        $this->assertUserIsLogged();
        // ...
    }

    function sendMessage(User $recipient, Message $messageSend) {
        $this->assertUserIsLogged();
        // ...
    }

    function assertUserIsLogged() {
        if (!$this->user->isLogged()) {
            throw new Exception('사용자는 로그인되지 않음');
            // 이는 단순화된 예시일 뿐입니다.
```

```
        // 연산은 전제 조건 등이 있는 객체로 정의되어야 합니다.
      }
    }
  }
```

일부 최신 린터와 생성형 머신러닝 도구는 반복되는 코드뿐만 아니라 반복되는 패턴도 감지할 수 있습니다. 따라서 코드 검토를 수행하는 동안 이 문제를 쉽게 감지하고 리팩터링을 요청할 수 있습니다. 모델이 실제 세계와 일대일로 매핑되고 담당자가 올바른 위치에 있다면 새로운 기능을 간단하게 추가할 수 있습니다. 여러분은 여러 클래스에 걸친 작은 변경 사항에도 주의를 기울여야 합니다.

17.7 선택적 인수 제거하기

문제 함수에 선택적 인수가 있습니다.

해결 선택적 인수는 더 간결한 코드의 이름 역할을 하면서 숨겨진 결합을 생성합니다.

설명 선택적 인수가 있는 경우, 호출 메서드가 우발적인 선택적 값에 결합되어 예기치 않은 결과와 부작용, 파급 효과를 생성할 수 있습니다. 선택적 인수가 있지만 기본 유형으로 제한된 언어에서는 플래그를 설정하고 우발적인 if 문을 추가해야 합니다. 이에 대한 해결책으로 인수를 명시적으로 만들고 언어에서 지원하는 경우 명명된 매개변수를 사용해야 합니다.
다음은 선택적 유효성 검사 정책이 있는 예제입니다.

PHP

```php
final class Poll {

    function _construct(
        array $questions,
        bool $annonymousAllowed = false,
        $validationPolicy = 'Normal') {

        if ($validationPolicy == 'Normal') {
            $validationPolicy = new NormalValidationPolicy();
        }
```

```php
        // ...
    }
}

// 다음은 유효합니다.
new Poll([]);
new Poll([], true);
new Poll([], true , new NormalValidationPolicy());
new Poll([], , new StrictValidationPolicy());
```

인수를 명시적으로 만들면 숨겨진 가정이 없게 됩니다.

```php
final class Poll {

    function _construct(
        array $questions,
        AnonyomousStrategy $anonymousStrategy,
        ValidationPolicy $validationPolicy) {
        // ...
    }
}

// 다음은 유효하지 않습니다.
new Poll([]);
new Poll([], new AnonyomousInvalidStrategy());
new Poll([], , new StrictValidationPolicy());

// 다음은 유효합니다.
new Poll([], new AnonyomousInvalidStrategy(), new StrictValidationPolicy());
```

언어가 선택적 인수를 지원하면 이를 쉽게 감지할 수 있습니다. 항상 명시적이어야 하며, 짧고 결합된 함수 호출보다 가독성을 높여야 합니다.

관련 레시피

- 17.10절 '기본 인수를 맨 끝으로 이동하기'
- 21.3절 '경고/엄격 모드 해제 제거하기'

17.8 기능에 대한 욕심 방지하기

문제 한 객체가 다른 객체의 메서드를 너무 많이 사용합니다.

해결 종속성을 없애고 동작을 리팩터링하세요.

> **노트** 기능에 대한 욕심
>
> **기능에 대한 욕심**^{feature envy}은 한 객체가 다른 객체의 메서드를 과도하게 사용함으로써 자신의 동작보다 다른 객체의 동작에 더 관심을 가질 때 발생합니다.

설명 기능에 대한 욕심은 심각한 종속성과 결합을 유발시켜 코드 재사용과 테스트 가능성을 저해합니다. 일반적으로 잘못된 책임 할당의 증상입니다. MAPPER 개념을 사용해 책임을 찾고 메서드를 적절한 클래스로 이동시키세요.

다음 Candidate는 주소를 출력하는 방식을 정의합니다.

```Java
class Candidate {
    void printJobAddress(Job job) {
        System.out.println("귀하의 위치 주소입니다.");
        System.out.println(job.address().street());
        System.out.println(job.address().city());
        System.out.println(job.address().ZipCode());
    }
}
```

출력에 대한 책임은 관련한 작업(Job)에 속합니다.

```Java
class Job {

    void printAddress() {
        System.out.println("귀하의 위치 주소입니다.");
        System.out.println(this.address().street());
        System.out.println(this.address().city());
        System.out.println(this.address().ZipCode());
        // 이 책임을 주소로 직접 옮길 수도 있습니다!
        // 일부 주소 정보는 패키지 추적 작업과 관련됩니다.
    }
```

```
  }
class Candidate {
  void printJobAddress(Job job) {
    job.printAddress();
  }
}
```

다음은 외부 공식을 사용해 직사각형의 면적을 계산하는 또 다른 예제입니다.

```
                                                              JavaScript
function area(rectangle) {
    return rectangle.width * rectangle.height;
    // 동일한 객체에 연속적인 메시지를 보내고 계산을 수행 중인지 확인합니다.
}
```

관심사 분리를 적용한 구현은 다음과 같습니다.

```
                                                              JavaScript
class Rectangle {
    constructor(width, height) {
        this.height = height;
        this.width = width;
    }
    area() {
        return this.width * this.height;
    }
}
```

일부 린터는 다른 객체와의 연속적인 협업 패턴을 감지할 수 있습니다.

관련 레시피

- 3.1절 '빈약한 객체를 풍성한 객체로 변환하기'

- 6.5절 '잘못 배치된 책임 변경하기'

- 14.15절 '동등 비교 변경하기'

- 17.16절 '부적절한 친밀성 분리하기'

17.9 중간자 제거하기

문제 중간자 객체가 불필요한 방향성을 제공합니다.

해결 중간자를 제거합니다.

설명 중간자 객체는 데메테르의 법칙을 어기며(3.8절 '게터 제거하기' 참조), 복잡성과 불필요한 방향성을 추가하고 빈 클래스를 생성합니다. 이를 제거해야 합니다. 다음은 클라이언트에 주소(그리고 우편 번호)가 있는 예제입니다. **Address** 클래스는 빈약한 모델이며 유일한 책임은 우편 번호를 반환하는 것입니다.

```Java
public class Client {
    Address address;
    public ZipCode zipCode() {
        return address.zipCode();
    }
}

public class Address {
  // 중간자
    private ZipCode zipCode;

    public ZipCode zipCode() {
        return new ZipCode('CA90210');
    }
}

public class Application {
    ZipCode zipCode = client.zipCode();
}
```

여기서 클라이언트는 주소를 노출합니다.

```Java
public class Client {
    public ZipCode zipCode() {
        // 저장할 수도 있습니다.
        return new ZipCode('CA90210');
    }
```

```
    }

public class Application {
    ZipCode zipCode = client.zipCode();
}
```

이의 반대 경우(10.6절 '긴 협업 체인 끊기' 참조)와 마찬가지로, 파스 트리를 통해 문제를 감지할 수 있습니다.

관련 레시피

• 10.6절 '긴 협업 체인 끊기'

• 10.9절 '폴터가이스트 객체 제거하기'

• 19.9절 '비어 있는 클래스 마이그레이션하기'

함께 보기

• Refactoring.com의 'Remove Middle Man'(https://oreil.ly/9muMn)

• C2 wiki의 'Middle Man'(https://oreil.ly/g0_Xu)

• 젯브레인JetBrains의 'Remove middleman'(https://oreil.ly/J-dtj)

17.10 기본 인수를 맨 끝으로 이동하기

문제 인수 목록 중간에 기본 인수가 있습니다.

해결 함수 시그니처는 오류가 발생하기 쉽지 않아야 합니다. 기본 인수를 사용하지 않도록 하되(17.7절 '선택적 인수 제거하기' 참조), 꼭 필요한 경우, 선택적 인수를 필수 인수 앞에 사용하지 마세요.

설명 예기치 않게 기본 인수가 실패해 빠르게 실패하기 원칙을 위반할 수 있습니다. 또한 매개변수 정렬 순서를 또다시 고려해야 하므로 가독성에 영향을 미칠 수도 있습니다. 선택적 인수를 마지막으로 이동하거나 17.7절 '선택적 인수 제거하기' 레시피를 사용해 제거해야 합니다.

다음은 선택적 색상을 모델보다 앞에서 확인하는 예제입니다.

```PHP
function buildCar($color = "red", $model) {
  //...
}
// 첫 번째 인수가 선택적 인수입니다.

buildCar("Volvo");
// Runtime error: Too few arguments to function buildCar()
// buildCar() 함수에 인수가 너무 적다는 런타임 오류가 발생합니다.
```

마지막 위치로 이동하면 문제를 피할 수 있습니다.

```PHP
function buildCar($model, $color = "Red"){...}

buildCar("Volvo");
// 예상대로 작동합니다.
```

```Python
def function_with_last_optional(a, b, c='foo'):
    print(a)
    print(b)
    print(c)


function_with_last_optional(1, 2)  # 다음을 출력: 1, 2, foo


def function_with_middle_optional(a, b='foo', c):
    print(a)
    print(b)
    print(c)


function_with_middle_optional(1, 2)

# SyntaxError: non-default argument follows default argument
# 초깃값을 설정해놓은 매개변수 뒤에 초깃값을 설정해놓지 않은 매개변수는
# 사용할 수 없다는 오류가 발생합니다.
```

함수 시그니처에서 이 규칙을 도출할 수 있다 보니 이를 통해 린터로 적용할 수 있습니다. 또한 많은 컴파일러가 이를 직접적으로 금지합니다. 함수를 정의할 때는 호출자와 메서드에 정의된 선택적 값이 결합되지 않도록 엄격하게 정의해야 합니다.

관련 레시피

- 9.5절 '매개변수 순서 통일하기'
- 17.7절 '선택적 인수 제거하기'

함께 보기

- Sonar Source의 'Method arguments with default values should be last'(`https://oreil.ly/3g0aE`)

17.11 파급 효과 피하기

문제 코드를 조금만 변경했음에도 예상치 못한 문제가 너무 많이 발생합니다.

해결 작은 변경이 큰 영향을 미친다면, 시스템을 분리해보세요.

설명 파급 효과는 이 책에서 소개한 여러 레시피를 사용해 해결할 수 있습니다. 이를 방지하려면 항상 테스트를 통해 기존 기능이 포함된 변경 사항을 분리한 다음, 변경되는 부분을 리팩터링하고 격리해야 합니다.

다음은 현재 시간을 얻기 위해 우발적으로 구현된 객체와 결합된 객체입니다.

```javascript
class Time {
  constructor(hour, minute, seconds) {
    this.hour = hour;
    this.minute = minute;
    this.seconds = seconds;
  }
  now() {
    // 운영 체제 호출
  }
```

```
    }
    // 시간대를 추가하면 큰 파급 효과가 있을 것입니다.
    // 시간대를 고려하도록 now()를 변경해도 같은 파급 효과가 발생합니다.
```

now 메서드를 제거하면 다음과 같습니다.

```javascript
class Time {
  constructor(hour, minute, seconds, timezone) {
    this.hour = hour;
    this.minute = minute;
    this.seconds = seconds;
    this.timezone = timezone;
  }
  // 컨텍스트 없이는 유효하지 않다 보니 now()를 제거했습니다.
}

class RelativeClock {
  constructor(timezone) {
    this.timezone = timezone;
  }
  now(timezone) {
    var localSystemTime = this.localSystemTime();
    var localSystemTimezone = this.localSystemTimezone();
    // 시간대 변환 계산
    // ...
    return new Time(..., timezone);
  }
}
```

문제가 발생하기 전에 이를 감지하기란 쉽지 않습니다. 돌연변이 테스트(5.1절 'var를 const
로 변경하기' 참조)와 단일 장애 지점에 대한 근본적인 원인 분석이 도움이 될 수 있습니다. 레
거시 시스템과 결합된 시스템을 처리하는 여러 가지 전략이 있으며, 문제가 폭발하기 전에 미
리 대처하는 것이 중요합니다.

> **노트** **단일 장애 지점**
>
> **단일 장애 지점**single point of failure은 시스템의 구성 요소 또는 일부가 장애가 발생하면 전체 시스템이 장애를 일으키
> 거나 사용할 수 없게 되는 것을 말합니다. 시스템은 이러한 구성 요소나 부품에 의존하며, 이들 없이는 아무것도
> 제대로 작동하지 않습니다. 좋은 설계는 이러한 파급 효과를 피하기 위해 구성 요소를 이중화하려고 노력합니다.

관련 레시피

• 10.6절 '긴 협업 체인 끊기'

17.12 비즈니스 객체에서 우발적 메서드 제거하기

문제 도메인 객체에 지속성^{persistence}, 직렬화^{serialization}, 표시^{displaying}, 가져오기/내보내기^{importing/exporting}, 로깅^{logging}이 있습니다.

해결 우발적인 메서드(3.2절 '객체의 본질 파악하기' 참조)를 모두 제거하세요. 이들은 다른 도메인에 속해 있으므로 다른 객체에 있어야 합니다.

설명 우발적인 문제에 객체를 결합하면 소프트웨어를 유지 관리하기 어려워지고 가독성이 떨어지므로 우발적인 동작과 필수적인 동작을 혼합해서는 안 됩니다. 비즈니스 객체를 분리해야합니다. 우발적인 문제를 분리하세요. 즉, 지속성, 형식 지정, 직렬화는 특수 객체로 옮기고 필수 프로토콜은 전단사를 사용해 유지하세요.

다음은 우발적인 프로토콜로 부풀려진 자동차(Car) 객체가 있습니다. 자동차와 우발적 메서드는 항상 분리되어야 합니다.

```Python
class Car:

    def __init__(self, company, color, engine):
        self._company = company
        self._color = color
        self._engine = engine

    def go_to(self, coordinate):
        self.move(coordinate)

    def start_engine(self):
        # 엔진 시동을 시작하는 코드
        self.engine.start()

    def display(self):
        # 표시는 우발적입니다.
```

```python
            print ('이는', self._color, self.company)

    def to_json(self):
        # 직렬화는 우발적입니다.
        return "json"

    def update_on_database(self):
        # 지속성은 우발적입니다.
        Database.update(this)

    def get_id(self):
        # 식별자는 우발적입니다.
        return self.id;

    def from_row(self, row):
        # 지속성은 우발적입니다.
        return Database.convertFromRow(row);

    def fork_car(self):
        # 동시성은 우발적입니다.
        ConcurrencySemaphoreSingleton.get_instance().fork_cr(this)
```

메서드를 제거하면 다음과 같습니다.

```python
class Car:

    def __init__(self,company,color,engine):
        self._company = company
        self._color = color
        self._engine = engine

    def go_to(self, coordinate):
        self.move(coordinate)

    def start_engine(self):
        # 엔진 시동을 시작하는 코드
        self._engine.start()
```

의심스러운 이름에 대한 힌트를 제공하는 린터 규칙을 만드는 것은 어렵지만 불가능하지는 않습니다. 예외적으로 일부 프레임워크에서는 식별자와 같은 지저분한 코드를 객체에 강제로 삽입해야 하는 경우도 있습니다. 여러분은 이미 오염된 비즈니스 객체가 매우 익숙할 수 있으며,

지극히 정상입니다. 이러한 설계의 결과와 결합을 다시 한번 생각해보길 바랍니다.

17.13 사용자 인터페이스에서 비즈니스 코드 제거하기

문제 사용자 인터페이스에 입력 유효성 검사가 있습니다.

해결 항상 백엔드에서 적절한 객체를 만들고, 유효성 검사를 도메인 객체로 이동해야 합니다.

설명 UI는 우발적입니다. UI에서 비즈니스 규칙의 유효성을 검사하면 보안 문제와 잠재적인 코드 중복이 발생합니다. 이러한 종류의 결합은 API, 마이크로서비스 등의 테스트 가능성과 확장성을 손상시켜 비즈니스 객체를 빈약하고 변경 가능하게 합니다. 코드 중복은 섣부른 최적화에 대한 경고입니다. UI 유효성 검사 기능을 갖춘 시스템을 구축하면 API 또는 외부 컴포넌트로 발전할 수 있으므로, 백엔드에서 객체 유효성을 검사하고 클라이언트 컴포넌트에 올바른 유효성 검사 메시지를 보내야 합니다.

다음은 UI 유효성 검사의 예제입니다.

```javascript
<script type="text/javascript">

function checkForm(form)
{
  if(form.username.value == "") {
    alert("오류: 사용자명은 비워 둘 수 없습니다!");
    form.username.focus();
    return false;
  }
  re = /^\w+$/;
  if(!re.test(form.username.value)) {
    alert("오류: 사용자명은 문자, 숫자, 밑줄만 포함해야 합니다!");
    form.username.focus();
    return false;
  }

  if(form.pwd1.value != "" && form.pwd1.value == form.pwd2.value) {
    if(form.pwd1.value.length < 8) {
      alert("오류: 비밀번호는 최소 8자 이상이어야 합니다!");
```

```
      form.pwd1.focus();
      return false;
    }
    if(form.pwd1.value == form.username.value) {
      alert("오류: 비밀번호는 사용자명과 달라야 합니다!");
      form.pwd1.focus();
      return false;
    }
    re = /[0-9]/;
    if(!re.test(form.pwd1.value)) {
      alert("오류: 비밀번호는 숫자(0~9)를 하나 이상 포함해야 합니다!");
      form.pwd1.focus();
      return false;
    }
    re = /[a-z]/;
    if(!re.test(form.pwd1.value)) {
      alert("오류: 비밀번호는 소문자(A-Z) 하나 이상을 포함해야 합니다!");
      form.pwd1.focus();
      return false;
    }
    re = /[A-Z]/;
    if(!re.test(form.pwd1.value)) {
      alert("오류: 비밀번호는 대문자(A-Z) 하나 이상을 포함해야 합니다!");
      form.pwd1.focus();
      return false;
    }
  } else {
    alert("오류: 입력한 비밀번호를 확인하세요!");
    form.pwd1.focus();
    return false;
  }

  alert("유효한 비밀번호를 입력했습니다: " + form.pwd1.value);
  return true;
}

</script>

<form ... onsubmit="return checkForm(this);">
<p>사용자명: <input type="text" name="username"></p>
<p>비밀번호: <input type="password" name="pwd1"></p>
<p>비밀번호 확인하기: <input type="password" name="pwd2"></p>
<p><input type="submit"></p>
</form>
```

유효성 검사 코드를 비즈니스 객체로 이동한 후의 코드는 다음과 같습니다.

```javascript
<script type="text/javascript">

    // 백엔드 호출하기
    // 백엔드에 도메인 규칙이 있음
    // 백엔드에는 테스트 커버리지와 풍부한 모델이 있습니다.
    // 백엔드에 코드를 삽입하는 것은 더 어렵습니다.
    // 유효성 검사는 백엔드에서 발전합니다.
    // 비즈니스 규칙과 유효성 검사는 모든 사용자와 공유됩니다.
    // UI/REST/테스트/마이크로서비스 등...
    // 중복된 코드 없음
    function checkForm(form)
    {
      const url = "https://<hostname/login";
      const data = {
      };

      const other_params = {
          headers : { "content-type" : "application/json; charset=UTF-8" },
          body : data,
          method : "POST",
          mode : "cors"
      };

      fetch(url, other_params)
          .then(function(response) {
              if (response.ok) {
                  return response.json();
              } else {
                  throw new Error("API를 연결할 수 없습니다: " +
                      response.statusText);
              }
          }).then(function(data) {
              document.getElementById("message").innerHTML = data.encoded;
          }).catch(function(error) {
              document.getElementById("message").innerHTML = error.message;
          });
      return true;
    }

</script>
```

예외적으로 성능 병목 현상이 심각하다는 확실한 증거가 있는 경우에만, 백엔드 부분을 건너뛰고 프런트엔드에 비즈니스 로직을 자동으로 복제해야 합니다. 이 작업은 잊어버리기 쉽기 때문에 수동으로 수행해서는 안 됩니다. 도메인 객체에 모든 비즈니스 로직 동작을 배치하는 테스트 주도 개발(4.8절 '불필요한 속성 제거하기' 참조)을 사용하세요.

관련 레시피

- 3.1절 '빈약한 객체를 풍성한 객체로 변환하기'
- 3.6절 'DTO 제거하기'
- 6.13절 '콜백 지옥에서 벗어나기'
- 6.14절 '올바른 오류 메시지 생성하기'
- 16.8절 '구현에 기반한 콜백 이벤트 제거하기'

17.14 결합을 클래스로 대체하기

문제 전역 클래스가 있고 이를 진입점으로 사용합니다.

해결 결합을 끊고 클래스 대신 인터페이스와 같은 객체를 사용하세요. 인터페이스는 이를 더 쉽게 대체할 수 있습니다.

설명 전역 클래스는 결합을 생성하고 확장성을 방해하며, 모의하기도 어렵습니다(20.4절 '모의 객체를 실제 객체로 대체하기' 참조). 인터페이스 또는 특성(사용 가능한 경우)과 의존성 역전 원칙(12.4절 '일회성 인터페이스 제거하기' 참조)을 사용해 느슨한 결합을 구성하세요.

다음은 결합이 있는 예제입니다.

```C#
public class MyCollection {
    public bool HasNext { get; set;} // 구현 세부 사항
    public object Next(); // 구현 세부 사항
}

public class MyDomainObject sum(MyCollection anObjectThatCanBeIterated) {
```

```
    // 긴밀한 결합
    }

    // 항상 MyCollection의 인스턴스를 기대하기 때문에
    // 이 메서드를 위조하거나 모의할 수 없습니다.
```

모의했을 때의 모습은 다음과 같습니다.

```csharp
public interface Iterator {
    public bool HasNext { get; set;}
    public object Next();
}

public Iterator Reverse(Iterator iterator) {
    var list = new List<int>();
    while (iterator.HasNext) {
        list.Insert(0, iterator.Next());
    }
    return new ListIterator(list);
}

public class MyCollection implements Iterator {
    public bool HasNext { get; set;} // 구현 세부 사항
    public object Next(); // 구현 세부 사항
}

public class myDomainObject {
    public int sum(Iterator anObjectThatCanBeIterated) {
    // 느슨한 결합
    }
}

// (모의된 것을 포함해 프로토콜을 준수하기만 한다면) 모든 반복자를 사용할 수 있습니다.
```

대부분의 린터를 사용하면 클래스에 대한 참조를 찾을 수 있습니다. 여러 가지 합법적인 사용으로 인해 오탐이 발생할 수 있으므로 남용해서는 안 됩니다. 인터페이스에 대한 종속성은 시스템을 덜 결합시켜 확장성과 테스트 가능성을 높입니다. 인터페이스는 구체적인 구현보다 변경 빈도가 낮습니다. 일부 객체는 여러 인터페이스를 구현하는데, 어떤 부분이 어떤 인터페이스에 의존하는지 선언하면 결합이 더 세분화되고 객체가 더 응집력을 갖게 됩니다.

관련 레시피

• 20.4절 '모의 객체를 실제 객체로 대체하기'

> **노트** **느슨한 결합**
>
> **느슨한 결합**loose coupling은 시스템 내 여러 객체의 상호 의존성을 최소화하는 것이 목표입니다. 서로에 대한 지식이 적고, 한 구성 요소에 대한 변경이 시스템의 다른 구성 요소에 영향을 미치지 않아 파급 효과를 방지합니다.

17.15 데이터 덩어리 리팩터링하기

문제 객체들 중 항상 함께 있는 객체들이 있습니다.

해결 응집력이 있는 기본형 객체를 만들어 관련된 부분이 항상 함께 하도록 만드세요.

설명 데이터 덩어리는 응집력이 떨어지고, 기본형 집착이 있으며, 중복된 코드가 많고, 복잡한 유효성 검사를 여러 곳에서 중복 실행해 가독성과 유지 보수성을 떨어뜨립니다. 리팩터링 구루의 'Extract Class'(https://oreil.ly/De634)에서 소개하는 방법과 4.1절 '작은 객체 생성하기' 레시피를 적용하세요. 두 개 이상의 기본형 객체가 서로 붙어 있고, 그 사이에 반복되는 비즈니스 로직과 규칙이 있는 경우, 기존에서의 전단사 개념을 찾아야 합니다.

> **노트** **데이터 덩어리**
>
> **데이터 덩어리**data clump에서는 프로그램의 여러 부분에서 동일한 객체 그룹이 자주 전달됩니다. 이로 인해 복잡성이 증가하고 유지 보수성이 떨어지며 오류 발생 위험이 높아집니다. 데이터 덩어리는 대개 전단사에서 해당 관계를 나타내는 적절한 객체를 찾지 못한 채 관련 객체를 전달하려고 할 때 발생합니다.

다음은 데이터 덩어리의 예제입니다.

```C#
public class DinnerTable
{
    public DinnerTable(Person guest, DateTime from, DateTime to)
    {
```

```csharp
            Guest = guest;
            From = from;
            To = to;
        }
        private Person Guest;
        private DateTime From;
        private DateTime To;
    }
```

재정의한 후의 모습은 다음과 같습니다.

```csharp
public class TimeInterval
{
    public TimeInterval(DateTime from, DateTime to)
    {
        if (from >= to)
        {
            throw new ArgumentException
                ("잘못된 시간 간격: 'from'은 'to'보다 빨라야 합니다.");
        }
        From = from;
        To = to;
    }
}

public class DinnerTable
{
    public DinnerTable(Person guest, DateTime from, DateTime to)
    {
        Guest = guest;
        Interval = new TimeInterval(from, to);
    }
}
```

다음은 간격을 직접 전달하는 더 좋고 짧은 버전입니다.

```csharp
public DinnerTable(Person guest, Interval reservationTime)
{
    Guest = guest;
    Interval = reservationTime;
}
```

동작을 적절한 위치에 그룹화하고 기본형 데이터를 숨기세요.

관련 레시피

- 3.1절 '빈약한 객체를 풍성한 객체로 변환하기'
- 4.2절 '기본형 데이터 구체화하기'
- 4.3절 '연관 배열 재구성하기'

17.16 부적절한 친밀성 분리하기

문제 상호 의존성이 너무 높은 두 개의 클래스가 있습니다.

해결 클래스를 분리하세요.

설명 두 클래스가 서로 너무 많이 상호 작용하면, 과도하게 결합된 것을 의미합니다. 잘못된 책임 배분과 낮은 응집력의 징후이며 유지 보수성과 확장성을 저해합니다.

> **노트** 부적절한 친밀성
>
> **부적절한 친밀성**inappropriate intimacy은 두 클래스 또는 컴포넌트가 서로 지나치게 의존하고 있어서, 코드를 유지, 수정, 확장하기 어렵게 만드는 긴밀하게 결합된 구조일 때 발생합니다.

다음은 두 클래스가 얽혀 있는 예시입니다.

```Java
class Candidate {

  void printJobAddress(Job job) {

    System.out.println("현재 위치 주소입니다.");

    System.out.println(job.address().street());
    System.out.println(job.address().city());
    System.out.println(job.address().zipCode());
```

```java
        if (job.address().country() == job.country()) {
            System.out.println("현지 일자리입니다.");
        }
    }
```

결합이 끊어졌을 때의 모습은 다음과 같습니다.

```java
final class Address {                                              Java
 void print() {
   System.out.println(this.street);
   System.out.println(this.city);
   System.out.println(this.zipCode);
 }

 bool isInCounty(Country country) {
  return this.country == country;
 }
}

class Job {
 void printAddress() {

   System.out.println("현재 위치 주소입니다.");

   this.address().print());

   if (this.address().isInCountry(this.country()) {
       System.out.println("현지 일자리입니다.");
   }
 }
}

class Candidate {
  void printJobAddress(Job job) {
    job.printAddress();
  }
}
```

일부 린터는 그래프 클래스 관계도와 프로토콜 의존성을 계산합니다. 협업 그래프를 분석하면 규칙과 힌트를 유추할 수 있습니다. 두 클래스가 과하게 연관되어 있고 다른 클래스와 협업이 많지 않다면 클래스를 분할, 병합, 리팩터링해야 할 수도 있습니다. 클래스는 서로에 대해 가능한 한 적게 알아야 합니다.

관련 레시피

- 17.8절 '기능에 대한 욕심 방지하기'

함께 보기

- C2 wiki의 'Inappropriate Intimacy'(`https://oreil.ly/lzT5i`)

17.17 대체 가능한 객체 대체하기

문제 현실 세계의 부분 모델에서 두 객체를 구분할 필요가 없음에도 두 객체를 구별합니다.

해결 MAPPER 개념을 참고해 현실 세계에서 대체 가능한 것을 모델에서도 대체 가능하게 만드세요.

> **노트** **대체 가능한 객체**
>
> **대체 가능한 객체**(fungible object)는 가치, 품질, 특성의 상호 교환이 가능하거나 동일한 객체입니다. 대체 가능한 객체의 특정 인스턴스는 가치나 품질의 손실 없이 동일한 객체의 다른 인스턴스로 대체될 수 있습니다. 대체 가능성이란 개별 단위가 본질적으로 상호 교환이 가능하고, 각 부분이 다른 부분과 구별할 수 없는 상품이나 재화의 속성입니다.

설명 대체 불가능 토큰(NFT)이라는 용어는 많이 들어봤을 것입니다. 코드에서 이 대체 가능 개념을 사용해보겠습니다. 대체 가능성은 전단사에 적용해야 하는 속성입니다. 만약 객체가 실제 세계에 존재한다면, 모델에서도 대체 가능해야 합니다. 도메인에서 대체 가능한 요소를 식별하고, 상호 교환 가능한 것으로 모델링해야 합니다. 소프트웨어에서는 대체 가능한 객체를 다른 객체로 대체할 수 있습니다. 객체를 실제 객체와 매핑할 때, 부분적인 모델을 잊어버리고 과도하게 설계하기 쉽습니다.

다음은 대체 불가능한 사람(Person)이 있는 예제입니다.

```Java
public class Person implements Serializable {
    private final String firstName;
    private final String lastName;

    public Person(String firstName, String lastName) {
        this.firstName = firstName;
        this.lastName = lastName;
    }
}

shoppingQueueSystem.queue(new Person('John', 'Doe'));
```

이 맥락에서 Person을 모델링하는 것은 중요하지 않습니다.

```Java
public class Person {
}
shoppingQueueSystem.queue(new Person());
// 신원은 대기열 시뮬레이션과 관련이 없습니다.
```

모델이 옳은지 아닌지 확인하려면 모델을 이해해야 합니다. 실제로 대체 가능한 것을 대체 가능하게 만드세요. 쉽게 들리지만 설계 기술이 필요한 부분입니다.

관련 레시피

• 4.8절 '불필요한 속성 제거하기'

## CHAPTER 18

전역

다른 모듈에 불필요한 내용을 노출하지 않고 다른 모듈의 구현에 의존하지 않는 모듈, 일명 '부끄럼 타는 코드'를 작성하세요.

데이비트 토머스, 앤드류 헌트,
『실용주의 프로그래머』(인사이트, 2022)

18.0 소개

대부분의 최신 언어는 전역 함수, 클래스, 속성을 지원합니다. 하지만 이러한 아티팩트를 사용할 때는 숨겨진 비용이 있다는 걸 유념해야 합니다. new()를 사용해 객체를 생성하는 경우에도 이번 장에서 소개할 레시피 중 일부를 적용하지 않으면 전역 클래스에 긴밀한 결합이 발생할 수 있습니다.

18.1 전역 함수 구체화하기

문제 어디서나 호출할 수 있는 전역 함수가 있습니다.

해결 전역 함수는 많은 결합을 가져오기 때문에 범위를 좁혀야 합니다.

설명 객체 지향 프로그래밍이 권장하지 않지만, 많은 혼합 언어mixed language는 전역 함수를 지원합니다. 이 경우 결합이 발생하고 추적이 어렵기 때문에 가독성이 떨어집니다. 결합도가 증가하면 유지 보수와 테스트가 더욱 어려워집니다. 함수를 컨텍스트 객체로 감싸는 것부터 시작하세요. 예를 들어 외부 자원 접근, 데이터베이스 접근, 싱글턴(17.2절 '싱글턴 대체하기' 참조), 전역 클래스, 시간, 운영 체제 자원을 찾을 수 있습니다.

다음 예제에서는 전역 데이터베이스에서 메서드를 호출합니다.

```php
class Employee {
    function taxesPayedUntilToday() {
        return database()->select(
            "SELECT TAXES FROM EMPLOYEE".
            " WHERE ID = " . $this->id() .
            " AND DATE < " . currentDate());
    }
}
```

지속성을 컨텍스트에 맞게 설정하면 계산 로직에서 데이터베이스를 분리할 수 있습니다.

```php
final class EmployeeTaxesCalculator {
    function taxesPayedUntilToday($context) {
        return $context->selectTaxesForEmployeeUntil(
            $this->socialSecurityNumber,
            $context->currentDate());
    }
}
```

많은 최신 언어는 전역 함수를 사용하지 않습니다. 허용되는 함수의 경우에는 범위 규칙을 적용하고 자동으로 이를 검사합니다. 구조화된 프로그래밍은 전역 함수를 해로운 것으로 간주합니다. 하지만 아직까지도 일부 나쁜 관행이 패러다임의 경계를 넘나드는 것을 볼 수 있습니다.

관련 레시피

- 5.7절 '부작용 제거하기'
- 18.4절 '전역 클래스 제거하기'

18.2 정적 함수 구체화하기

문제 클래스에 결합된 정적 함수가 있습니다.

해결 정적 함수를 사용하지 마세요. 정적 함수는 전역적이며, 유틸리티입니다. 대신 인스턴스 메서드를 생성하고 객체와 소통하세요.

> **노트** **정적 함수**
>
> **정적 함수**static function는 해당 클래스의 인스턴스가 아닌 클래스에 속합니다. 즉, 정적 메서드는 클래스의 객체를 생성하지 않고도 호출할 수 있습니다.

설명 클래스는 실제 개념(또는 아이디어)을 매핑하고, 정적 함수는 전단사 원칙을 위반합니다. 더군다나 정적 함수는 결합을 초래합니다. 클래스는 인스턴스보다 모의하기 어렵기 때문에 (20.4절 '모의 객체를 실제 객체로 대체하기' 참조) 코드를 테스트하기 더 어렵게 만듭니다. 클래스의 단일 책임(4.7절 '문자열 유효성 검증 구체화하기' 참조)은 인스턴스를 생성하는 것입니다. 현실 세계의 책임에 따라 메서드를 인스턴스에 위임하거나 무상태 객체를 생성하세요. 이를 도우미나 유틸리티라고 부르지 마세요.

다음은 정적 메서드를 가진 클래스입니다.

```JavaScript
class DateStringHelper {
    static format(date) {
        return date.toString('yyyy-MM-dd');
    }
}

DateStringHelper.format(new Date());
```

특정 객체로 책임을 가져올 수 있습니다.

```JavaScript
class DateToStringFormatter {
    constructor(date) {
        this.date = date;
```

```
  }

  englishFormat() {
    return this.date.toString('yyyy-MM-dd');
  }
}

new DateToStringFormatter(new Date()).englishFormat();
```

정적 메서드(생성자를 제외한 모든 클래스 메서드)를 사용하지 않도록 정책을 강제할 수 있습니다. 클래스는 전역 클래스로 위장되어 있습니다. 유틸리티/도우미/라이브러리 메서드로 프로토콜을 오염시키면 일관성이 깨지고 결합이 발생합니다. 이러한 정적 함수를 추출하려면 리팩터링이 필요합니다. 대부분의 언어에서는 클래스를 조작하거나 다형성으로 사용할 수 없으므로 모의 객체(20.4절 '모의 객체를 실제 객체로 대체하기' 참조)를 만들거나 테스트에 적용할 수 없습니다. 이로 인해 분리하기 어려운 전역 참조를 갖게 됩니다.

관련 레시피

- 7.2절 '도우미와 유틸리티 이름 변경 및 분리하기'
- 20.1절 'private 메서드 테스트하기'

18.3 goto를 구조화된 코드로 대체하기

문제 코드에 goto 문이 있습니다.

해결 goto를 절대 사용하지 마세요. 전역이나 로컬 점프local jump를 사용하지 않고 코드를 구조화하세요.

설명 goto는 적어도 지난 50년 동안 유해한 것으로 여겨져 왔습니다. 이 문장은 가독성을 떨어뜨리고 코드를 따라가기 어렵게 만듭니다. 대신, 구조화된 코드를 사용하고 필요한 경우 예외 처리를 활용하세요. goto는 수십 년 전 베이식BASIC과 같은 대중적인 언어에서 많이 남용되었으며, 저수준 언어에서는 점프 제어로 사용됩니다.

다음은 goto 인스턴스가 있는 함수입니다.

```csharp
int i = 0;

start:
if (i < 10)
{
    Console.WriteLine(i);
    i++;
    goto start;
}
```

다음은 동일한 알고리듬을 조금 더 구조적인 방식으로 작성한 것입니다.

```csharp
for (int i = 0; i < 10; i++)
{
    Console.WriteLine(i);
}
```

goto의 문제는 이미 수십 년 전에 인지되어 왔습니다. 그러나 이 문제는 고 언어, PHP, 펄^{Perl}, C# 등과 같은 최신 언어에서도 여전히 존재합니다. 다행히도 구조화된 프로그래밍을 사용하면 goto 문장을 피할 수 있습니다.

관련 레시피

- 15.1절 'null 객체 생성하기'

함께 보기

- 에츠허르 데이크스트라의 「Go To Statement Considered Harmful」(https://oreil.ly/9Rye7)

18.4 전역 클래스 제거하기

문제 클래스를 전역 접근 지점으로 사용합니다.

해결 클래스를 전역 접근 지점으로 사용하지 마세요. 대신 특수 객체를 사용하세요.

설명 네임스페이스, 패키지, 모듈에 의해 범위가 지정되면 클래스는 전역 또는 준전역semi-global이 됩니다. 다른 전역과 마찬가지로 가장 큰 문제는 결합입니다. 전역 클래스가 여러 개 있으면 네임스페이스가 오염됩니다. 여기에는 보통 정적 메서드, 정적 상수, 싱글턴을 내포하고 쉽게 노출시킬 수 있습니다(17.2절 '싱글턴 대체하기' 참조). 네임스페이스, 모듈 한정자module qualifier 등을 사용해 네임스페이스 오염을 방지할 수 있습니다. 전역 이름은 항상 가능한 한 짧게 유지하세요. 클래스의 단일 책임(4.7절 '문자열 유효성 검증 구체화하기' 참조)은 인스턴스를 생성하는 것이지 전역 접근 지점이 되는 것이 아니라는 점을 기억하세요.

> **노트** **네임스페이스**
>
> 클래스, 함수, 변수와 같은 코드 요소를 논리적인 그룹으로 구성해 이름 충돌을 방지하고 특정 범위 내에서 고유하게 식별할 수 있는 방법을 제공할 때 **네임스페이스**namespace를 사용합니다. 네임스페이스 덕분에 관련 기능을 함께 그룹화해 모듈화되고 유지 관리하기 쉬운 코드를 만들 수 있습니다.

다음은 정적 메서드를 사용한 전역 접근 지점입니다.

```php
final class StringUtilHelper {
    static function formatYYYYMMDD($dateToBeFormatted): string {
    }
}
```

클래스의 범위를 지정하고 정적 메서드를 인스턴스로 이동할 수 있습니다.

```php
namespace Dates;

final class DateFormatter {
    // DateFormatter 클래스는 더 이상 전역이 아닙니다.
    public function formatYYYYMMDD(\DateTime $dateToBeFormatted): string {
    }
    // 함수는 정적이 아닙니다.
    // 클래스의 단일 책임은 인스턴스를 생성하는 것이지
    // 유틸리티 라이브러리가 아니기 때문입니다.
}
```

DateFormatter를 메서드 객체로 변환하면 훨씬 더 좋습니다.

```php
namespace Dates;

final class DateFormatter {
    private $date;

    public function __construct(\DateTime $dateToBeFormatted) {
        $this->date = $dateToBeFormatted;
    }

    public function formatYYYYMMDD(): string {
    }
}
```

범위가 지정된 클래스를 호출할 때 모듈/네임스페이스 간에 명확한 관계를 갖습니다.

```php
use Dates\DateFormatter;
// DateFormatter는 더 이상 전역이 아니므로 완전한 자격이 필요합니다.
// 이름 충돌 문제도 해결할 수 있습니다.

$date = new DateTime('2022-12-18');
$dateFormatter = new DateFormatter($date);
$formattedDate = $dateFormatter->formatYYYYMMDD();
```

모든 싱글턴(17.2절 '싱글턴 대체하기' 참조)은 전역 접근 지점이기도 합니다.

```php
class Singleton { }

final class DatabaseAccessor extends Singleton { }
```

클래스를 호출하지 않고도 좁은 범위에서 데이터베이스에 접근할 수 있습니다.

```php
namespace OracleDatabase;

class DatabaseAccessor {
    // 데이터베이스는 싱글턴이 아니며 네임스페이스 범위가 지정되어 있습니다.
}
```

린터를 사용하거나 의존성 규칙을 생성해 잘못된 클래스 참조를 검색할 수 있습니다. 클래스를 작은 도메인으로 제한하고 퍼사드만 외부에 노출해야 합니다. 이렇게 하면 결합이 많이 줄어듭니다.

관련 레시피

- 18.1절 '전역 함수 구체화하기'
- 18.2절 '정적 함수 구체화하기'
- 19.9절 '비어 있는 클래스 마이그레이션하기'

18.5 전역 날짜 생성 변경하기

문제 코드에서 new Date()를 사용합니다.

해결 빈 날짜를 만들지 마세요. 시간의 출처가 무엇인지 설명하는 명시적인 컨텍스트를 제공하세요.

설명 컨텍스트 없이 날짜를 생성하면 전역 시스템에서 결합과 숨겨진 가정이 만들어집니다. 시간대가 항상 명확하지 않은 클라우드 환경에서 많은 시스템이 실행되곤 합니다. 다음은 대표적인 사용 예제입니다.

```javascript
var today = new Date();
```

대신 이를 명시적으로 표현해야 합니다.

```javascript
var ouagadougou = new Location();
var today = timeSource.currentDateIn(ouagadougou);

function testGivenAYearHasPassedAccruedInterestsAre10() {
  var mockTime = new MockedDate(new Date(2021, 1, 1));
  var domainSystem = new TimeSystem(mockTime);
  // ...

  mockTime.moveDateTo(new Date(2022, 1, 1));
```

```
    // ...연간 이자율을 설정합니다.
    assertEquals(10, domainSystem.accruedInterests());
}
```

date.today(), time.now(), 기타 전역 시스템 호출이 결합을 생성하므로 정책에서 전역 함수를 금지해야 합니다. 테스트는 완전한 환경 제어가 가능해야 하므로 시간을 쉽게 설정하고 앞뒤로 이동하는 등의 작업이 가능해야 합니다.

날짜(Date)와 시간(Time) 클래스는 불변 인스턴스만 생성해야 합니다. 실제 시간을 제공하는 것은 그들의 책임이 아닙니다. 이는 단일 책임 원칙에 위배됩니다(4.7절 '문자열 유효성 검증 구체화하기' 참조). 개발자들은 시간이 흐르는 것을 항상 경멸합니다. 시간의 흐름으로 인해 변경 가능한 객체를 만들게끔 하고, 이는 잘못된 결합 설계로 이어지곤 합니다.

> **노트** **완전한 환경 제어 테스트하기**
>
> **완전한 환경 제어**full environmental control란 테스트가 실행되는 환경을 완벽하게 제어할 수 있는 기능을 말합니다. 테스트가 외부 요소와 독립적으로 일관되게 실행될 수 있도록 예측과 제어가 가능한 환경을 만들어야 합니다. 특히 외부 종속성, 네트워크 시뮬레이션, 데이터베이스 격리, 시간 제어, 기타 여러 가지를 고려해야 합니다.

관련 레시피

- 4.5절 '타임스탬프 구체화하기'
- 18.2절 '정적 함수 구체화하기'

## CHAPTER 19

계층

클래스의 한 가지 측면은 해당 클래스의 모든 인스턴스(객체)가 공유하는 코드와 정보의 저장소 역할을 하는 것입니다. 저장 공간을 최소화하고 한곳에서 변경을 수행할 수 있기 때문에 효율성 측면에서 좋은 아이디어입니다. 그러나 이 사실을 이용해 클래스 계층 구조를 공유된 동작이 아닌 공유 코드를 기반으로 생성하려는 유혹에 빠질 수도 있습니다. 하지만 항상 공유된 동작을 기반으로 계층 구조를 생성해야 합니다.

데이비드 웨스트^{David West}, 『Object Thinking』(Microsoft Press, 2004)

19.0 소개

클래스 상속은 종종 과거의 이유로 인해 코드 재사용에 잘못 사용됩니다. 합성^{composition}을 선호해야 하지만 이는 명확하지 않으며 더 많은 경험이 필요합니다. 합성은 동적이며 쉽게 변경하고, 테스트하고, 재사용할 수 있어 설계에 유연성을 제공합니다. 이번 장에서는 계층 구조를 사용해 우발적으로 추가되는 결합을 최소화하는 레시피를 소개합니다.

19.1 깊은 상속 끊기

문제 코드를 재사용하기 위해 깊은 계층 구조가 있습니다.

해결 프로토콜을 찾아 상속보다 합성을 선호함으로써 계층 구조를 평평하게 만드세요.

설명 정적 하위 분류 재사용은 동적 구성 재사용보다 더 많은 결합을 만듭니다. 깊은 계층 구조는 나쁜 응집성과 부서지기 쉬운 기본 클래스를 가져옵니다. 이는 메서드 오버라이딩을 가져오고 리스코프 치환 원칙(SOLID의 기본 원칙 중 하나)을 위반합니다. 클래스를 분리하고 재구성해야 합니다. 과거의 일부 기사와 책에서는 코드를 재사용할 때 클래스를 사용하도록 권장했지만, 이제는 합성이 동작을 공유하는 더 효율적이고 확장 가능한 방법입니다.

> **노트** 리스코프 치환 원칙
>
> **리스코프 치환 원칙**Liskov substitution principle은 특정 클래스의 객체와 함께 작동하도록 설계된 함수나 메서드가 해당 클래스의 하위 클래스의 객체와도 예상치 않은 동작을 일으키지 않고 잘 작동해야 한다는 원칙입니다. 이것은 SOLID의 'L'에 해당합니다(4.7절 '문자열 유효성 검증 구체화하기' 참조).

다음은 과학적 분류에 따라 회색물범을 나타낸 깊은 계층 구조입니다.

```python
class Animalia:
    pass

class Chordata(Animalia):
    pass

class Mammalia(Chordata):
    pass

class Carnivora(Mammalia):
    pass

class Pinnipedia(Carnivora):
    pass

class Phocidae(Pinnipedia):
    pass
```

```python
class Halichoerus(Phocidae):
    pass

class GreySeal(Halichoerus):
    pass
```

계층 구조의 각 클래스에 대한 동작을 발견할 때까지의 코드 형태는 다음과 같습니다.

```python
class GreySeal:

    def eat(self):    # 계층 구조에서 공통된 동작 찾기

    def sleep(self):  # 계층 구조에서 공통된 동작 찾기

    def swim(self):   # 계층 구조에서 공통된 동작 찾기

    def breed(self):  # 계층 구조에서 공통된 동작 찾기
```

많은 린터가 상속 트리의 깊이(DIT)를 보고합니다. 여러분은 계층 구조를 관리하고 자주 분리할 수 있습니다. 여기에서는 분류를 우발적인 이유(서버 사용자에게 요금을 부과하는 방법)로 사용합니다.

```python
from abc import abstractmethod

class Server:
    @abstractmethod
    def calculate_cost(self):
        pass


class DedicatedServer(Server):
    def calculate_cost(self):
        # 예: CPU 및 RAM 사용량 기준 비용
        return self.cpu * 10 + self.ram * 5


class HourlyChargedServer(Server):
    def calculate_cost(self):
        # 예: CPU 및 RAM 사용량을 기준으로 한 비용에 시간 곱하기
        return (self.cpu * 5 + self.ram * 2) * self.hours
```

```
# 서버가 생성된 후에는 충전 방법을 동적으로 변경할 수 없습니다.
# 새로운 ChargingMethod를 만들면 서버 계층 구조에 영향을 미칩니다.
```

여기서 합성을 사용해 충전 방법을 동적으로 변경할 수 있습니다.

```Python
from abc import abstractmethod

class Server:
    def calculate_cost(self):
        return self.charging.calculate_cost(self.cpu, self.ram)

    def change_charging_method(self, charging):
        self.charging = charging


class ChargingMethod():
    @abstractmethod
    def calculate_cost(self, cpu, ram):
        pass


class MonthlyChargingMethod(ChargingMethod):
    def calculate_cost(self, cpu, ram):
        return cpu * 10 + ram * 5


class HourlyChargingMethod(ChargingMethod):
    def calculate_cost(self, cpu, ram):
        return (cpu * 5 + ram * 2) * self.hours

# 충전 방법을 개별적으로 단위 테스트할 수 있습니다.
# 서버에 영향을 주지 않고 새로운 충전 방법을 만들 수 있습니다.
```

합성은 도메인 계층 구조를 변경하지 않고 위임된 객체만 변경하기 때문에 유연성과 테스트 가능성, 재사용성이 향상되며, 개방–폐쇄 원칙(14.3절 'boolean 변수 재구성하기' 참조)에도 유리합니다.

> **노트** **합성**
>
> **합성**composition은 객체를 다른 객체의 부품이나 구성 요소로 구성할 수 있도록 합니다. 단순한 객체를 결합해 복잡한 객체를 만들고(4.1절 '작은 객체 생성하기' 참조), 기존의 is-a 또는 behaves-as-a 대신 has-a 관계를 형성해(19.4절 'is-a 관계를 동작으로 변경하기' 참조) 복잡한 객체를 만들 수 있습니다.

관련 레시피

- 19.2절 '요요 계층 분리하기'

- 19.3절 '코드 재사용을 위한 하위 분류 나누기'

- 19.4절 'is-a 관계를 동작으로 변경하기'

- 19.7절 '구상 클래스를 final로 만들기'

- 19.11절 'protected 속성 제거하기'

19.2 요요 계층 분리하기

문제 구체적인 메서드 구현체 검색 시, 요요처럼 계층 구조를 위아래로 왔다 갔다 해야 합니다.

해결 깊은 계층 구조를 만들지 마세요. 밀집시키세요.

노트 **요요 문제**

요요 문제yo-yo problem는 코드를 이해하거나 수정하기 위해 클래스 계층 구조에서 클래스와 메서드를 탐색해야 할 때 발생하며, 이로 인해 코드베이스를 유지 관리하고 확장하기가 어려워집니다.

설명 깊은 계층 구조는 코드 재사용을 위해 하위 클래스를 만들며 가독성을 저해합니다. 작은 프로그래밍의 차이가 클래스의 일관성을 떨어뜨립니다. 상속 대신 합성을 선호하고 깊은 계층 구조를 리팩터링해야 합니다.

다음은 전문화된 계층 구조의 예제입니다.

```java
abstract class Controller { }

class BaseController extends Controller { }
class SimpleController extends BaseController { }
class ControllerBase extends SimpleController { }
class LoggedController extends ControllerBase { }
class RealController extends LoggedController { }
```

인터페이스를 사용하면 위임delegation을 선호하게 되며 요요 문제 또한 피할 수 있습니다.

```java
interface ControllerInterface { }

abstract class Controller implements ControllerInterface { }
final class LoggedControllerDecorator implements ControllerInterface { }
final class RealController implements ControllerInterface { }
```

모든 린터는 최대 깊이의 한계를 의심하고 확인할 수 있습니다. 많은 초보 개발자가 계층 구조를 통해 코드를 재사용합니다. 이로 인해 결합도가 높고 응집력이 낮은 계층 구조가 만들어집니다. 존슨과 푸트는 1988년 논문에서 이 방법의 유용성을 입증했습니다(**함께 보기** 참조). 그 당시 개발자들은 이 논문을 통해 많은 것을 배웠습니다. 최대한 계층 구조를 리팩터링하고 평평하게 만들어야 합니다.

관련 레시피

- 19.1절 '깊은 상속 끊기'
- 19.3절 '코드 재사용을 위한 하위 분류 나누기'

함께 보기

- 랄프 E. 존슨Ralph E. Johnson과 프라이언 푸트Brian Foote의 「Designing Reusable Classes」(https://oreil.ly/lKRG1)

19.3 코드 재사용을 위한 하위 분류 나누기

문제 is-a 관계를 가지며 하위 분류를 통해 코드를 재사용하고 있습니다.

옮긴이 노트 is-a, has-a, behaves-as-a 관계

is-a는 프로그래밍에서 특정 객체가 다른 객체의 특성을 상속받는 관계를 나타냅니다. has-a는 프로그래밍에서 한 객체가 다른 객체를 포함하거나 소유하는 관계를 나타냅니다. behaves-as-a는 프로그래밍에서 객체가 특정 인터페이스나 프로토콜을 구현해 그와 같은 방식으로 동작하는 관계를 나타냅니다.

다음 예제는 고전적인 is-a 문제입니다.

```Java
public class Rectangle {

    int length;
    int width;

    public Rectangle(int length, int width) {
        this.length = length;
        this.width = width;
    }

    public int area() {
        return this.length * this.width;
    }
}

public class Square extends Rectangle {

     public Square(int size) {
        super(size, size);
    }

    public int area() {
        return this.length * this.length;
    }
}

public class Box extends Rectangle {
}
```

정사각형(**Square**)과 상자(**Box**)는 행동의 관점에서 볼 때 진정한 직사각형(**Rectangle**)이 아닙니다. 이들은 리스코프 치환 원칙을 위반합니다(19.1절 '깊은 상속 끊기' 참조). 다음과 같이 레시피를 적용해 리팩터링했습니다.

```java
abstract public class Shape {
    abstract public int area();
}

public final class Rectangle extends Shape {

    int length;
    int width;

    public Rectangle(int length, int width) {
        this.length = length;
        this.width = width;
    }

    public int area() {
        return this.length * this.width;
    }
}

public final class Square extends Shape {
    // 더 이상 직사각형(Rectangle)을 하위 클래스화하지 않습니다.

    int size;

    public Square(int size) {
        this.size = size;
    }

    public int area() {
        return this.size * this.size;
    }
}

public final class Box {
    // 더 이상 모양(Shape)을 하위 클래스화하지 않습니다.

    Square shape;

    public Box(int length, int width) {
        this.shape = new Rectangle(length, width);
    }
}
```

```
    public int area() {
        return shape.area();
    }
}
```

상속은 일반적으로 is-a 관계를 모델링하는 데 사용되며, 하위 클래스가 상위 클래스의 특수한 버전임을 나타냅니다. 이 경우, 정사각형은 직사각형의 특수한 버전이 아닙니다. 정사각형은 현실 세계에서 직사각형의 한 유형이지만, 정확하게 둘 사이의 관계는 정사각형이 직사각형 모양을 갖는 has-a 관계입니다.

하지만 문제는 직사각형 클래스 계층 구조를 사용해 정사각형을 표현하려고 할 때 발생합니다. 정사각형은 변이 같은 직사각형으로 정의되므로 정사각형을 나타내기 위해 직사각형 인스턴스의 길이를 변경하면 길이와 너비가 다른 값을 가질 수 있는 직사각형의 특성과 모순됩니다. 오버라이딩은 구체적인 메서드를 하위 클래스로 분류할 때 경고를 발생시킬 수 있습니다. 깊은 계층 구조(3단계 이상)도 위협적인 하위 클래스 분류로 볼 수 있습니다. 예외적으로 계층 구조가 동작을 유사하게 따라 하는 원칙을 따른다면 안전합니다. 레거시 시스템에서는 깊은 계층 구조와 메서드 재정의가 매우 일반적이므로 구현상의 이유가 아닌 필수적인 이유에 대해서만 리팩터링하고 하위 클래스로 분류해야 합니다.

관련 레시피

- 19.2절 '요요 계층 분리하기'

19.4 is-a 관계를 동작으로 변경하기

문제 학교에서는 종종 상속이 is-a 관계를 의미한다고 가르칩니다.

해결 프로토콜과 행동에 대해 생각하고 우발적인 상속은 잊어버리세요.

설명 is-a 모델은 전단사 원칙을 따르지 않아 예기치 않은 동작을 생성하고, 서브클래스 재정의로 코드를 오염시키며, 리스코프 치환 원칙을 위반합니다(19.1절 '깊은 상속 끊기' 참조).

전단사 원칙을 문구 그대로 적용해서는 안 됩니다. 하위 클래스 관계는 is-a의 관점으로 볼 때 알맞아 보입니다. 하지만 behaves-as-a가 전단사의 기준이 되어야 합니다. 항상 behaves-as-a의 관점에서 생각하고 상속보다 합성을 선호해야 합니다. is-a 관계는 데이터 세계에서 나온 개념입니다. 구조화된 설계와 데이터 모델링을 통해 엔티티-관계 다이어그램을 배웠다면, 이제는 행동을 기준으로 생각해야 합니다. 행동은 본질적이며 데이터는 우발적입니다.

> **노트 엔티티-관계 다이어그램**
>
> **엔티티-관계 다이어그램**entity-relationship diagram(ERD)은 데이터베이스의 데이터를 시각적으로 표현한 것입니다. 엔티티-관계 다이어그램에서 엔티티는 직사각형으로 표시되고 엔티티 간의 관계는 직사각형을 연결하는 선으로 표시됩니다.

다음은 대표적인 예제입니다.

```java
class ComplexNumber {
    protected double realPart;
    protected double imaginaryPart;

    public ComplexNumber(double realPart, double imaginaryPart) {
        this.realPart = realPart;
        this.imaginaryPart = imaginaryPart;
    }
}

class RealNumber extends ComplexNumber {
    public RealNumber(double realPart) {
        super(realPart, 0);
    }

    public void setImaginaryPart(double imaginaryPart) {
        System.out.println("실수에 허수 부분을 설정할 수 없습니다.");
    }
}
```

다음과 같이 리팩터링할 수 있습니다.

```java
class Number {
    protected double value;

    public Number(double value) {
        this.value = value;
    }
}

class ComplexNumber extends Number {
    protected double imaginaryPart;

    public ComplexNumber(double realPart, double imaginaryPart) {
        super(realPart);
        this.imaginaryPart = imaginaryPart;
    }
}

class RealNumber extends Number {
}
```

수학에 따르면 모든 실수는 복소수로 is−a 관계를 따르고, 정수는 실수로 is−a 관계를 따릅니다. 실수는 복소수처럼 작동하지 않습니다. `real.setImaginaryPart()`를 수행할 수 없다보니 이는 전단사 원칙에 따라 복소수가 아닙니다.

관련 레시피

- 19.3절 '코드 재사용을 위한 하위 분류 나누기'
- 19.6절 '격리된 클래스 이름 변경하기'
- 19.11절 'protected 속성 제거하기'

함께 보기

- 위키백과의 'Circle−ellipse problem'(https://oreil.ly/zSrVO)

19.5 중첩 클래스 제거하기

문제 구현 세부 사항을 숨기는 중첩 또는 의사-프라이빗pseudo-private 클래스가 있습니다.

해결 중첩 클래스는 사용하지 마세요. 현실 세계에는 존재하지 않습니다.

설명 중첩 클래스는 실제 개념에 매핑되지 않아 전단사 원칙을 위반합니다(2장에서 정의함). 이러한 클래스는 테스트와 재사용이 어렵고, 숨겨진 범위로 인해 네임스페이스가 복잡해집니다(https://oreil.ly/xbPI7)(18.4절 '전역 클래스 제거하기' 참조). 클래스를 공개하고 새 클래스를 자체 네임스페이스/모듈 아래에 두거나, 퍼사드(17.3절 '신 객체 나누기' 참조)를 사용해 중요한 것을 노출하고 무관한 부분을 숨길 수 있습니다. 일부 언어에서는 내부적으로만 사용할 수 있는 비공개 개념을 생성할 수 있지만, 테스트, 디버깅, 재사용하기가 어렵습니다.

다음은 중첩 클래스의 예제입니다.

```java
class Address {
  String description = "Address: ";

  public class City {
    String name = "Doha";
  }
}

public class Main {
  public static void main(String[] args) {
    Address homeAddress = new Address();
    Address.City homeCity = homeAddress.new City();
    System.out.println(homeAddress.description + homeCity.name);
  }
}

// 출력은 다음과 같습니다: "Address: Doha"
// 만약 공개 여부를 'private class City'와 같이 변경하면
// 다음과 같은 오류가 발생합니다: "Address.City has private access in Address"
```

개선한 코드는 다음과 같습니다.

```java
class Address {
  String description = "Address: ";
}

class City {
  String name = "Doha";
}

public class Main {
  public static void main(String[] args) {
    Address homeAddress = new Address();
    City homeCity = new City();
    System.out.println(homeAddress.description + homeCity.name);
  }
}

// 출력은 다음과 같습니다: "Address: Doha"
// 이제 도시(City) 개념을 재사용하고 테스트할 수 있습니다.
```

많은 언어가 복잡한 기능으로 가득 차 있습니다. 하지만 새롭고 멋진 기능이 필요한 경우는 거의 없습니다. 적은 개념을 유지하며 우발적인 복잡성을 피하고 필수적인 부분을 다루어야 합니다.

함께 보기

- W3Schools의 'Java Inner Classes'(https://oreil.ly/hYQC9)

19.6 격리된 클래스 이름 변경하기

문제 클래스는 전역이지만 이름에 약어가 있습니다.

해결 하위 클래스에 약어를 사용하지 마세요. 클래스가 전역인 경우 올바른 이름을 사용하세요.

설명 약어는 가독성을 해치고 실수를 유발할 수 있습니다. 컨텍스트를 제공하기 위해 클래스의 이름을 다시 지정하고 모듈, 네임스페이스 또는 올바른 이름을 사용해야 합니다. 다음은 화성 로버인 퍼서비어런스의 클래스를 약어로 표시한 예제입니다.

```java
abstract class PerserveranceDirection {
}

class North extends PerserveranceDirection {}
class East extends PerserveranceDirection {}
class West extends PerserveranceDirection {}
class South extends PerserveranceDirection {}

// 하위 클래스의 이름이 대체적으로 짧고 계층 구조 밖에서 의미를 가지고 있지 않습니다.
// 만약 여러분이 동쪽을 참조할 경우, 동쪽을 구심점으로 착각할 수 있습니다.
```

전체 컨텍스트를 포함한 모습은 다음과 같습니다.

```java
abstract class PerserveranceDirection { }

class PerserveranceDirectionNorth extends PerserveranceDirection {}
class PerserveranceDirectionEast extends PerserveranceDirection {}
class PerserveranceDirectionWest extends PerserveranceDirection {}
class PerserveranceDirectionSouth extends PerserveranceDirection {}

// 하위 클래스는 올바른 이름들로 구성되어 있습니다.
```

자동 감지는 쉬운 일이 아닙니다. 하위 클래스에 대한 로컬 명명 정책을 적용할 수 있으며, 여러분은 해당 이름을 알맞게 선택해야 합니다. 사용하는 언어가 이를 지원하는 경우, 모듈, 네임스페이스(18.4절 '전역 클래스 제거하기' 참조)와 로컬 범위를 사용하세요.

> **팁** 일부 언어에서는 충돌을 피하기 위해 특정 범위 내에서 짧은 이름을 사용할 수 있는 네임스페이스나 모듈을 제공합니다.

관련 레시피

• 19.3절 '코드 재사용을 위한 하위 분류 나누기'

19.7 구상 클래스를 final로 만들기

문제 구상concrete 클래스에 하위 클래스가 있습니다.

해결 구상 클래스를 final로 만드세요. 계층 구조를 수정하세요.

설명 구상 클래스는 좋지 않은 부모이며 리스코프 치환 원칙을 위반합니다(19.1절 '깊은 상속 끊기' 참조). 구상 클래스에 메서드를 재정의하는 것은 항상 오류이며 하위 클래스는 특수화되어야 합니다. 계층 구조를 리팩터링하고 합성을 선호하세요. 리프leaf 클래스[1]는 구체적이어야 하며 리프 클래스가 아닌 클래스는 추상적이어야 합니다.

다음은 Stack 예제입니다.

```Java
class Stack extends ArrayList {
    public void push(Object value) { ... }
    public Object pop() { ... }
}

// Stack은 ArrayList처럼 동작하지 않습니다.
// pop, push, top 외에도 get, set, add, remove와 clear를 구현(또는 오버라이드)합니다.
// Stack 요소에 임의로 접근할 수 있습니다.

// 두 클래스 모두 명확합니다.
```

둘 다 Collection 클래스에서 상속할 수 있습니다.

```Java
abstract class Collection {
    public abstract int size();
}

final class Stack extends Collection {
    private Object[] contents;

    public Stack(int maxSize) {
      contents = new Object[maxSize];
    }
```

---

1 옮긴이_ 리프 클래스는 상속 구조에서 더 이상 파생 클래스가 없는 최하위 클래스를 의미합니다.

```
    public void push(Object value) { ... }
    public Object pop() { ... }
    public int size() {
        return contents.length;
    }
}

final class ArrayList extends Collection {
    private Object[] contents;

    public ArrayList(Object[] contents) {
        this.contents = contents;
    }
    public int size() {
        return contents.length;
    }
}
```

구상 메서드를 오버라이드하는 것은 명백한 문제입니다. 대부분의 린터에 이 정책을 적용할 수 있습니다(5.2절 '변수를 가변적이게 선언하기' 참조). 추상 클래스는 몇 개의 구상 메서드만 가져야 합니다. 이미 위반한 것에 대해서는 미리 정의된 임곗값을 기준으로 검사할 수 있습니다. 우발적인 하위 분류는 주니어 개발자에게 가장 먼저 눈에 띄고 매력적인 옵션으로 다가옵니다. 숙련된 개발자는 그 대신 합성할 수 있는 기회를 모색합니다. 합성은 동적이자 다중이며, 교체 가능하며 테스트도 가능할뿐더러 유지 관리하기도 쉽고 상속보다 결합도 적습니다. 엔티티가 behaves-as-a 관계를 따를 때만 엔티티를 하위로 분류하세요(19.4절 'is-a 관계를 동작으로 변경하기' 참조). 하위 클래스로 분류 후, 부모 클래스는 추상적이어야 합니다.

관련 레시피

- 19.3절 '코드 재사용을 위한 하위 분류 나누기'

함께 보기

- 위키백과의 'Composition over Inheritance'(https://oreil.ly/q9rcI)

19.8 클래스 상속 명시적으로 정의하기

문제 클래스가 abstract이거나 final이거나 정의되지 않았지만, 이를 명시적으로 표시하지 않았습니다.

해결 사용 중인 언어에 적합한 도구가 있다면, 클래스는 abstract이거나 final이어야 하고 컴파일러가 이러한 비즈니스 규칙을 적용할 수 있습니다.

설명 코드 재사용을 위한 하위 클래스 분류는 많은 문제를 야기합니다. 모든 리프 클래스를 final 클래스로 선언하고 나머지는 abstract 클래스로 선언해야 합니다. 이러한 키워드는 디자인을 명시적으로 만드는 데도 도움이 됩니다. 계층과 구성을 관리하는 것은 훌륭한 소프트웨어 디자이너의 주요 임무이며, 계층을 건전하게 유지하는 것은 일관성을 유지하고 결합을 방지하는 데 매우 중요합니다.

다음 모든 클래스에는 명시적인 final 선언이 없습니다.

```java
public class Vehicle
{
  // 클래스는 리프가 아닙니다. 따라서 abstract이어야 합니다.

  // 시동 기능을 정의하지 않고 선언만 하는 abstract 메서드입니다.
  // 차량마다 다른 시동 메커니즘을 사용하기 때문입니다.
  abstract void start();
}

public class Car extends Vehicle
{
  // 클래스는 리프입니다. 따라서 final이어야 합니다.
}

public class Motorcycle extends Vehicle
{
  // 클래스는 리프입니다. 따라서 final이어야 합니다.
}
```

표기법^{notation}을 통해 계층 구조 문제를 감지할 수 있습니다.

```Java
abstract public class Vehicle
{
    // 클래스는 리프가 아닙니다. 따라서 꼭 abstract이어야 합니다.

    // 시동 기능을 정의하지 않고 선언만 하는 abstract 메서드입니다.
    // 차량마다 다른 시동 메커니즘을 사용하기 때문입니다.
    abstract void start();
}

final public class Car extends Vehicle
{
    // 클래스는 리프입니다. 따라서 final입니다.
}

final public class Motorcycle extends Vehicle
{
    // 클래스는 리프입니다. 따라서 final입니다.
}
```

클래스를 되돌아보면서 **abstract** 또는 **final** 클래스로 분류해보세요. 두 개의 구상 클래스 중 하나가 다른 클래스를 하위 분류하는 경우는 없습니다.

관련 레시피

- 12.3절 '하나의 하위 클래스를 가진 클래스 리팩터링하기'
- 19.2절 '요요 계층 분리하기'
- 19.3절 '코드 재사용을 위한 하위 분류 나누기'
- 19.11절 'protected 속성 제거하기'

함께 보기

- 랄프 E. 존슨과 프라이언 푸트의 「Designing Reusable Classes」(https://oreil.ly/HigZu)

19.9 비어 있는 클래스 마이그레이션하기

문제 동작이 없는 클래스가 있습니다. 하지만 해당 클래스는 동작을 캡슐화하는 데 사용됩니다.

해결 빈 클래스는 모두 제거하세요.

설명 현실 세계에서 동작이 없는 객체는 존재하지 않기 때문에 빈 클래스는 전단사 원칙을 위반합니다. 대표적인 예로 불필요한 예외나 중간 계층 구조 클래스가 있습니다. 이러한 클래스는 네임스페이스를 오염시키므로 해당 클래스를 제거하고 객체로 대체해야 합니다. 많은 개발자가 여전히 클래스를 데이터 저장소라고 생각해 다른 동작을 다른 데이터를 반환하는 것과 혼동하고는 합니다.

다음 예제에는 빈 **ShopItem** 클래스가 있습니다.

```javascript
class ShopItem {
  code() { }
  description() { }
}

class BookItem extends ShopItem {
  code() { return 'book' }
  description() { return 'some book'}
}

// 구상 클래스는 실제 동작이 없으며, 단지 다른 '데이터'를 반환할 뿐입니다.
```

리팩터링하면 다음과 같이 구현됩니다.

```javascript
class ShopItem {
  constructor(code, description) {
    // 코드 및 설명 유효성 검사
    this._code = code;
    this._description = description;
  }
```

```
    code() { return this._code }
    description() { return this._description }
    // 빈약한 클래스를 피하기 위해 더 많은 함수 추가
    // 게터도 코드 스멜이기에 더 작업이 필요합니다.
}

bookItem = new ShopItem('book', 'some book');
    // 더 많은 item 만들기
```

빈 클래스를 경고하는 린터가 많습니다. 메타프로그래밍을 사용해 자신만의 스크립트를 만들 수도 있습니다(23장 '메타프로그래밍' 참조). 클래스는 그들이 하는 일, 즉 그들의 동작입니다. 빈 클래스는 아무 일도 수행하지 않습니다.

관련 레시피

- 3.1절 '빈약한 객체를 풍성한 객체로 변환하기'

- 3.6절 'DTO 제거하기'

- 12.3절 '하나의 하위 클래스를 가진 클래스 리팩터링하기'

- 18.4절 '전역 클래스 제거하기'

- 22.2절 '불필요한 예외 제거하기'

19.10 섣부른 분류 지연하기

문제 구체적인 연결을 보기 전에 추상적인 생각을 하게 됩니다.

해결 미래가 어떻게 될지 추측하지 마세요.

설명 미래를 예측하기란 어렵습니다. 소프트웨어 업계에서 흔히 발생하는 문제이며, 잘못된 첫인상은 나쁜 설계로 이어진다는 점을 명심하세요. 리팩터링과 일반화 작업을 위해서는 충분한 근거가 있는 구체적인 사례를 기다려야 합니다. 아리스토텔레스식 분류는 컴퓨터 과학에서 큰 문제입니다. 소프트웨어 개발자는 충분한 지식과 맥락을 수집하기 전에 객체를 분류하고 이름을 붙이는 경향이 있습니다. 행동, 특성, 요구 사항, 관계를 완전히 이해하기 전에 객체를 분류하는 경향이 있습니다.

다음 Song 예제를 살펴봅시다.

```javascript
class Song {
  constructor(title, artist) {
    this.title = title;
    this.artist = artist;
  }

  play() {
    console.log('노래 제목: ${this.title} 가수: ${this.artist}');
  }
}
```

클래식 곡을 발견하면 곡을 하위 분류하고 싶은 유혹을 느낄 수 있습니다.

```javascript
class ClassicalSong extends Song {
  constructor(title, artist, composer) {
    super(title, artist);
    this.composer = composer;
  }

  listenCarefully() {
    console.log('작곡가 ${this.composer}의 ${this.title}을/를 듣고 있습니다.');
  }
}

const goldberg = new ClassicalSong
    ("The Goldberg Variations", "Glenn Gould", "Bach");
```

이제 팝송도 포함할 수 있습니다.

```javascript
class PopSong extends Song {
  constructor(title, artist, album) {
    super(title, artist);
    this.album = album;
  }

  danceWhileListening() {
    console.log('${this.title}와 함께 춤을 춰요!');
```

```
    }
  }

  const theTourist = new PopSong("The Tourist", "Radiohead", "OK, Computer");
```

모든 장르의 미래에 대해 추측하고 있습니다. 이들을 혼합하면 어떻게 될까요?

```javascript
class ClassicalPopSong extends ClassicalSong {
  constructor(title, artist, composer, album) {
    super(title, artist, composer);
    this.album = album;
  }

  danceWhileListening() {
    console.log('${this.title}은 팝이 가미된 클래식 곡입니다.');
  }
}

const classicalPopSong = new ClassicalPopSong(
    "Popcorn Concerto", "Classical Pop Star", "Beethoven);
```

하위 클래스가 하나만 있는 추상 클래스는 섣부른 분류를 나타냅니다. 클래스로 작업할 때는
추상화가 나타나면 바로 이름을 붙이세요. 구체적인 하위 클래스의 이름을 짓기 전에는 추상
클래스의 이름을 짓지 말고, 동작에 따라 알맞는 이름을 선택하세요.

관련 레시피

• 19.3절 '코드 재사용을 위한 하위 분류 나누기'

19.11 protected 속성 제거하기

문제 클래스에 protected 속성이 있습니다.

해결 속성을 private으로 설정하세요.

설명 protected 속성은 적절한 관계에 대한 접근을 캡슐화하고 제어하는 데 유용합니다. 하지만 종종 다른 문제에 대한 경고이기도 합니다. protected 속성은 코드 재사용 목적의 하위 분류와 리스코프 치환 원칙 위반을 감지할 수 있는 일종의 힌트입니다(19.1절 '깊은 상속 끊기' 참조). 다른 많은 레시피와 마찬가지로, 합성을 선호하고, 속성을 하위 분류하지 말고, 동작을 추출해 객체를 분리하세요. 또는 사용하는 언어가 지원하는 경우 특성을 사용하세요.

다음은 protected 속성의 예시입니다.

```PHP
abstract class ElectronicDevice {
    protected $battery;

    public function __construct(Battery $battery) {
        $this->battery = $battery; // 배터리가 모든 장치에 상속됩니다.
    }
}

abstract class IDevice extends ElectronicDevice {
    protected $operatingSystem; // 운영 체제가 모든 장치에 상속됩니다.

    public function __construct(Battery $battery, OperatingSystem $ios) {
        $this->operatingSystem = $ios;
        parent::__construct($battery)
    }
}

final class IPad extends IDevice {
```

```php
    public function __construct(Battery $battery, OperatingSystem $ios) {
        parent::__construct($battery, $ios)
  }
}


final class IPhone extends IDevice {
    private $phoneModule:

    public function __construct(Battery $battery,
                               OperatingSystem $ios,
                               PhoneModule $phoneModule) {
        $this->phoneModule = $phoneModule;
        parent::__construct($battery, $ios);
    }
}
```

리팩터링하면 다음과 같습니다.

PHP

```php
interface ElectronicDevice { }

interface PhoneCommunication { }

final class IPad implements ElectronicDevice {
    private $operatingSystem; // 속성이 중복됩니다.
    private $battery;
    // 중복된 동작이 너무 많으면 이를 분리해야 합니다.

    public function __construct(Battery $battery, OperatingSystem $ios) {
        $this->operatingSystem = $ios;
        $this->battery = $battery;
    }
}

final class IPhone implements ElectronicDevice, PhoneCommunication {
    private $phoneModule;
    private $operatingSystem;
    private $battery;

    public function __construct(Battery $battery,
                               OperatingSystem $ios,
                               PhoneModule $phoneModule) {
        $this->phoneModule = $phoneModule;
        $this->operatingSystem = $ios;
```

```
        $this->battery = $battery;
    }
}
```

protected 속성을 지원하는 언어에서는 정책에 따라 이를 피하거나 문제에 대한 경고를 표시할 수 있습니다. protected 속성은 신중하게 사용해야 하는 또 다른 도구입니다. 모든 발생은 잠재적인 문제가 될 수 있으므로 속성과 상속을 매우 까다롭게 사용해야 합니다.

관련 레시피

- 19.3절 '코드 재사용을 위한 하위 분류 나누기'

19.12 비어 있는 구현 완성시키기

문제 향후 구현을 위해 계층 구조에 실패하지 않는 빈 메서드가 있습니다.

해결 예외 또는 가능한 해결책으로 메서드를 완성하세요.

설명 빈 메서드는 작동하는(그러나 잠재적으로 잘못된) 해결책을 제공함으로써 빠르게 실패하기 원칙을 위반합니다. 구현이 완료되지 않았음을 나타내는 오류를 발생시켜야 합니다. 빈 구현을 만들면 괜찮아 보일 수 있고, 더 흥미로운 문제가 넘어갈 수 있습니다. 하지만 남겨진 코드는 빠르게 실패하지 않기 때문에 디버깅하는 게 더 큰 문제가 될 수 있습니다.

다음은 빈 구현의 예제입니다.

```JavaScript
class MerchantProcessor {
  processPayment(amount) {
    // 기본 구현 없음
  }
}
class MockMerchantProcessor extends MerchantProcessor {
  processPayment(amount) {
    // 컴파일러를 준수하기 위한 빈 구현
    // 아무것도 하지 않음
  }
```

```
    }
```

다음은 더 선언적이며 빠르게 실패합니다.

```
class MerchantProcessor {                              JavaScript
  processPayment(amount) {
    throw new Error('오버라이드 되어야 합니다.');
  }
}
class MockMerchantProcessor extends MerchantProcessor {
  processPayment(amount) {
    throw new Error('필요할 때 구현할 예정입니다.');
  }
}
```

실제 구현으로 대체할 수도 있습니다.

```
class MockMerchantProcessor extends MerchantProcessor {    JavaScript
  processPayment(amount) {
    console.log(`모의 결제 처리: $${amount}`);
  }
}
```

주의 빈 코드가 때로는 유효하므로 이러한 문제를 찾기 위해서는 좋은 동료 리뷰가 필요합니다.

게으름을 피우고 특정 결정을 미뤄도 괜찮지만, 관련해서 명확히 밝히는 것이 중요합니다.

관련 레시피

- 20.4절 '모의 객체를 실제 객체로 대체하기'
- 19.9절 '비어 있는 클래스 마이그레이션하기'

## CHAPTER 20

테스트

아무리 많은 테스트를 해도 소프트웨어가 정확하다는 것을 증명할 수는 없지만, 한 번의
테스트로 소프트웨어가 잘못되었음을 증명할 수는 있습니다.

아미르 가라이[Amir Ghahrai]

20.0 소개

지난 몇십 년 동안 자동화된 테스트 커버리지 없이 작업하는 일은 상당히 어려웠습니다. 개발
자들은 소프트웨어의 문제를 찾아 수정하기 위해 수동 테스트와 디버깅에 크게 의존해야 했습
니다. 소프트웨어의 기능, 성능, 안정성을 확인하기 위해 설계된 일련의 테스트를 실행하며 수
동 테스트를 진행했습니다. 이런 과정에는 시간이 많이 필요했고, 테스트하는 사람이 특정 시
나리오를 놓치거나 중요한 결함을 간과할 수 있어 인간의 오류에 취약했습니다.

자동화된 테스트가 없다면 개발자는 문제를 디버깅하고 수정하는 데 상당한 시간을 할애해야
하므로 개발 프로세스가 느려지고 새로운 기능이나 업데이트의 출시가 지연될 수 있습니다. 과

거에는 다양한 플랫폼과 환경에서 신뢰할 수 있는 일관된 결과를 보장하는 것이 어려웠습니다. 소프트웨어를 여러 운영 체제, 브라우저, 하드웨어 환경에서 수동으로 테스트해야 했고, 이로 인해 예상치 못한 결함과 호환성 문제가 발생할 수 있었습니다. 문제를 해결하거나 새로운 기능을 개발한다고 해서 앞으로 알려진 시나리오가 깨지지 않을 것이라 보장할 수 없었으며, 최종 사용자가 이전에 제대로 작동하던 기능에서 예상치 못한 오류를 경험하는 것이 일반적이었습니다.

오늘날 훌륭한 개발자에게 테스트 작성은 필수적인 업무입니다. 이전 기능에 대한 테스트를 작성했다면 언제든 소프트웨어를 변경할 수 있습니다. 좋은 코드를 작성하는 방법에 대한 책과 강좌는 많지만 좋은 테스트를 작성하는 방법에 대한 책은 그리 많지 않습니다. 이번 장에서 소개하는 레시피를 여러분이 잘 적용할 수 있기를 기대합니다.

20.1 private 메서드 테스트하기

문제 private 메서드를 테스트해야 합니다.

해결 private 메서드를 테스트하지 마세요. 해당 메서드를 추출하세요.

설명 개발자라면 상위 수준의 기능을 중요하게 지원하는 내부 함수나 메서드에 대한 테스트를 작성해야 하는 어려움에 직면한 적이 있을 것입니다. 메서드의 캡슐화를 깨뜨릴 가능성이 있고 메서드를 복사하거나 공개하고 싶지 않기 때문에 이를 직접 테스트할 수 없었습니다. 원칙에 따라, 테스트를 위해 메서드를 공개하거나 메타프로그래밍을 사용해 보호 기능을 우회하지 마세요(23장 '메타프로그래밍' 참조). 메서드가 간단하면 테스트할 필요가 없습니다. 메서드가 복잡하다면 메서드 객체로 변환해야 합니다(10.7절 '메서드를 객체로 추출하기' 참조). private 연산을 도우미로 옮기거나(7.2절 '도우미와 유틸리티 이름 변경 및 분리하기' 참조) 정적 메서드를 사용하지 마세요(18.2절 '정적 함수 구체화하기' 참조).

다음 예제는 멀리 떨어진 별에서 빛이 이동하는 데 걸리는 시간을 테스트합니다.

```php
final class Star {

  private $distanceInParsecs;

  public function timeForLightReachingUs() {
    return $this->convertDistanceInParsecsToLightYears($this->distanceInParsecs);
  }

  private function convertDistanceInParsecsToLightYears($distanceInParsecs) {
      return 3.26 * $distanceInParsecs;
      // 함수는 $distanceInParsec에 대한 private 접근 권한이 있으므로
      // 이미 사용 가능한 인수를 사용하고 있습니다.
      // 이는 또 다른 문제 위험 요소를 나타내는 지표입니다.

      // 이 기능은 private이기에 직접 테스트할 수 없습니다.
  }
}
```

변환기를 만들면 다음과 같이 구현됩니다.

```php
final class Star {

  private $distanceInParsecs;

  public function timeToReachLightToUs() {
      return (new ParsecsToLightYearsConverter())
        ->convert($this->distanceInParsecs);
  }
}

final class ParsecsToLightYearsConverter {
  public function convert($distanceInParsecs) {
      return 3.26 * $distanceInParsecs;
  }
}

final class ParsecsToLightYearsConverterTest extends TestCase {
  public function testConvert0ParsecsReturns0LightYears() {
    $this->assertEquals(0, (new ParsecsToLightYearsConverter())->convert(0));
  }
      // 많은 테스트를 추가하고 이 객체에 의존할 수 있습니다.
      // 따라서 별(Star) 전환을 테스트할 필요가 없습니다.
```

```
        // 아직 Star의 public timeToReachLightToUs()를 테스트할 수 없습니다.
        // 이것은 단순화된 시나리오입니다.
    }
```

메타프로그래밍 남용은 일부 단위 프레임워크에서만 발견할 수 있습니다(23장 '메타프로그래 밍' 참조). 이 방법에서는 항상 메서드 객체로의 해결 방안을 선택해야 합니다.

관련 레시피

- 7.2절 '도우미와 유틸리티 이름 변경 및 분리하기'
- 10.7절 '메서드를 객체로 추출하기'
- 18.2절 '정적 함수 구체화하기'
- 23.1절 '메타프로그래밍 사용처 제거하기'
- 23.2절 '익명 함수 재정의하기'

함께 보기

- 'Should I Test Private Methods' 웹사이트(https://oreil.ly/q37Tx)

20.2 어서션에 설명 추가하기

문제 좋은 어서션이 있지만, 실패에 대한 이유 없이 기본적인 정보만 제공합니다.

해결 선언적이고 의미 있는 설명이 포함된 어서션을 사용하세요.

설명 어서션이 실패하면 실패한 이유를 빨리 파악해야 합니다. 유익한 선택적 설명을 추가하는 것은 시간을 절약할 수 있는 훌륭한 전략입니다. 문제 해결을 위한 몇 가지 설명을 추가함으로써 코드의 주석을 완벽하게 대체할 수 있습니다. 어서션에 대한 설명은 특정 결과를 기대하는 이유를 설명하는 곳이며, 이를 통해 명시적인 설계와 구현 결정을 내릴 수 있습니다.

다음 예제에서는 두 컬렉션을 비교합니다.

```php
                                                                          PHP
public function testNoNewStarsAppeared()
{
  $expectedStars = $this->historicStarsOnFrame();
  $observedStars = $this->starsFromObservation();
  // 이 구문들은 매우 큰 컬렉션을 얻습니다.

  $this->assertEquals($expectedStars, $observedStars);
  // 무언가 실패하면 디버깅하는 데 매우 어려움을 겪게 됩니다.
}
```

어서션에 설명을 추가하면 다음과 같이 구현됩니다.

```php
                                                                          PHP
public function testNoNewStarsAppeared(): void
{
  $expectedStars = $this->historicStarsOnFrame();
  $observedStars = $this->starsFromObservation();
  // 이 구문들은 매우 큰 컬렉션을 얻습니다.

  $newStars = array_diff($expectedStars, $observedStars);

  $this->assertEquals($expectedStars, $observedStars,
    '새로운 별들이 있습니다.' . print_r($newStars, true));
  // 이제 명확하고 선언적인 메시지로
  // 어서션이 실패한 이유를 정확히 확인할 수 있습니다.
}
```

assert(또는 assertTrue, assert.isTrue, Assert.True, assert_true, XCT Assert
True, ASSERT_TRUE), assertDescription(expect(true).toBe(false, 'message')),
assertEquals("message", true, false), ASSERT_EQ((true, false) << "message";)
등은 인자 수가 다른 함수인 경우가 있으므로 유용한 메시지를 포함하는 버전을 선호하도록 정
책을 조정할 수 있습니다. 특히 어서션을 읽는 사람이 자신일 수도 있으니 신중하게 작성하는
게 좋습니다.

함께 보기

- xUnit: assert description deprecation(https://oreil.ly/0LRQ0)

20.3 assertTrue를 특정 어서션으로 마이그레이션하기

문제 테스트에 boolean을 사용한 어서션이 있습니다.

해결 boolean을 검사하는 경우가 아니라면 assertTrue()를 사용하지 마세요.

설명 boolean에 대한 어서션은 오류 추적이 더 어려워집니다. 모든 boolean 어서션은 어서션을 구체적이게 만들 수 있는 기회입니다. boolean 조건을 더 잘 다시 작성할 수 있는지 확인하고, assertEquals를 선호해야 합니다. boolean에 대해 어서션할 때 테스트 엔진은 큰 도움이 되지는 않습니다. 그들은 단지 무언가 실패했다고 알려줄 뿐이며 오류 추적은 더 어려워집니다.

다음은 boolean 동일성 조건에 대한 어서션입니다.

```php
final class RangeUnitTest extends TestCase {

    function testValidOffset() {
        $range = new Range(1, 1);
        $offset = $range->offset();
        $this->assertTrue(10 == $offset);
        // 기능적 필수 설명이 없습니다. :(
        // 테스트에서 제공하는 우발적인 설명은 매우 도움이 되지 않습니다.
    }
}
```

실패하면 단위 프레임워크는 다음과 같이 표시됩니다.

```
1 Test, 1 failed
Failing asserting true matches expected false :(
() <-- no business description :(

<Click to see difference> - Two booleans
// (이를 사용하면 차이 비교기(diff comparator)가 두 개의 boolean을 표시합니다.)
```

다음은 조금 더 설명적인 어서션입니다.

```php
final class RangeUnitTest extends TestCase {

    function testValidOffset() {
        $range = new Range(1, 1);
        $offset = $range->offset();
        $this->assertEquals(10, $offset, '모든 페이지는 늘 offset이 10이어야 합니다.');
        // 예상값은 항상 첫 번째 인수가 되어야 합니다.
        // 기능적 필수 설명을 추가합니다.
        // 테스트에서 제공하는 우발적인 설명을 보완합니다.
    }
}
```

실패하면 단위 프레임워크는 다음을 표시합니다.

```
1 Test, 1 failed
Failing asserting 0 matches expected 10
모든 페이지는 늘 offset이 10이어야 합니다. <-- business description

<Click to see difference>
// (이를 사용하면 차이 비교기는 객체나 json과 같은
// 복잡한 객체를 확인할 때 큰 도움이 됩니다.)
```

여기서 수행한 코드 개선은 두 표현식이 동일하기 때문에 계산상 이점이 없습니다. 하지만 더 구체적인 어서션 검사는 소프트웨어 유지 관리와 팀 협업을 크게 개선합니다. boolean 어서션을 다시 작성하면 오류를 훨씬 빠르게 수정할 수 있습니다.

관련 레시피

- 14.3절 'boolean 변수 재구성하기'
- 14.12절 'boolean 비교 변경하기'

20.4 모의 객체를 실제 객체로 대체하기

문제 테스트에서는 실제 객체 대신 모의 객체를 사용합니다.

해결 가능하다면 모의 객체를 실제 객체로 대체하세요.

> **노트** **모의 객체**
>
> **모의 객체**mock object는 실제 객체의 동작을 모방해 그 동작을 테스트하거나 시뮬레이션합니다. 외부 API나 라이브러리 등 다른 컴포넌트에 대한 종속성이 있는 소프트웨어 컴포넌트를 테스트하는 데 사용할 수 있습니다.

설명 모의는 행동을 테스트할 때 매우 유용합니다. 하지만 다른 많은 도구와 마찬가지로 남용될 수도 있습니다. 모의 객체는 우발적인 복잡성을 더하고, 유지 관리하기가 더 어렵고, 잘못된 안정감을 줄 수 있습니다. 실제 객체와 모의 객체로 병렬 솔루션을 구축하게 되면 유지 관리하기가 더 어려워질 수 있습니다. 원칙적으로 비즈니스 엔티티 이외의 것만 모의해야 합니다.

다음은 비즈니스 객체를 모의하는 예제입니다.

```php
class PaymentTest extends TestCase
{
    public function testProcessPaymentReturnsTrueOnSuccessfulPayment()
    {
        $paymentDetails = array(
            'amount'   => 123.99,
            'card_num' => '4111-1111-1111-1111',
            'exp_date' => '03/2013',
        );

        $payment = $this->getMockBuilder('Payment')
            ->setConstructorArgs(array())
            ->getMock();
        // 비즈니스 객체를 모의해서는 안 됩니다!

        $authorizeNet = new AuthorizeNetAIM(
            $payment::API_ID, $payment::TRANS_KEY);
        // 이 시스템은 외부와 연결된 시스템입니다.
        // 해당 건에 대해 직접적으로 제어할 수 없으므로 테스트가 취약해집니다.
```

```
        $paymentProcessResult = $payment->processPayment(
            $authorizeNet, $paymentDetails);

        $this->assertTrue($paymentProcessResult);
    }
}
```

비즈니스 모의 객체를 실제 객체로 대체하고 외부 종속성을 모의하세요.

```
class PaymentTest extends TestCase
{
    public function testProcessPaymentReturnsTrueOnSuccessfulPayment()
    {
        $paymentDetails = array(
            'amount'   => 123.99,
            'card_num' => '4111-1111-1111-1111',
            'exp_date' => '03/2013',
        );

        $payment = new Payment(); // Payment(결제)는 실제 결제입니다.

        $response = new \stdClass();
        $response->approved = true;
        $response->transaction_id = 123;

        $authorizeNet = $this->getMockBuilder('\AuthorizeNetAIM')
            ->setConstructorArgs(array($payment::API_ID, $payment::TRANS_KEY))
            ->getMock();

        // 외부 시스템은 모의되었습니다.

        $authorizeNet->expects($this->once())
            ->method('authorizeAndCapture')
            ->will($this->returnValue($response));

        $paymentProcessResult = $payment->processPayment(
            $authorizeNet, $paymentDetails);

        $this->assertTrue($paymentProcessResult);
    }
}
```

이것은 아키텍처 패턴입니다. 이에 대한 자동 감지 규칙을 만들기란 쉽지 않습니다. 여러분은 한 발짝 더 나아가 우발적인 문제(직렬화, 데이터베이스, API)를 모의하는 것이 결합을 방지하는 데 매우 좋은 방법이라는 것을 알게 될 것입니다. 모의는 다른 많은 테스트 더블test double과 마찬가지로 훌륭한 도구입니다.

관련 레시피

- 19.12절 '비어 있는 구현 완성시키기'

20.5 일반 어서션 다듬기

문제 너무 일반적인 어서션이 포함된 테스트가 있습니다.

해결 테스트 어서션은 정확해야 하며, 너무 모호하거나 구체적이어서는 안 됩니다.

설명 허술한 테스트를 만들어 커버리지에 대해 믿음을 잃게 만들지 마세요. 일반적인 어서션은 잘못된 안정감을 제공합니다. 올바른 경우를 확인하고, 기능적인 경우에 대해 어서션하며 구현을 테스트하지 않아야 합니다. 다음은 모호한 테스트입니다.

```Python
square = Square(5)

assert square.area() != 0
# 모든 사례를 포함하지 않기 때문에 오탐으로 이어질 수 있습니다.
```

다음 테스트는 더 정확합니다.

```Python
square = Square(5)

assert square.area() == 25
# 어서션은 정확해야 합니다.
```

돌연변이 테스트(5.1절 'var를 const로 변경하기' 참조) 기법을 사용하면 테스트에서 이러한 오류를 찾을 수 있습니다. 도메인을 기반으로 구체적인 비즈니스 사례를 요청하고 구체적인 어서선을 수행하는 테스트 주도 개발(4.8절 '불필요한 속성 제거하기' 참조)과 같은 개발 기법을 사용해야 합니다.

관련 레시피

- 20.4절 '모의 객체를 실제 객체로 대체하기'
- 20.6절 '불규칙한 테스트 제거하기'

20.6 불규칙한 테스트 제거하기

문제 결정론적^{deterministic}이지 않은 테스트가 있습니다.

해결 외부 데이터베이스나 인터넷 자원처럼 테스트에서 제어할 수 없는 것에 의존하지 마세요. 테스트가 무작위로 실패하면 여러분은 이를 수정해야 합니다.

설명 만약 테스트가 결정론적이지 않다면, 신뢰도가 떨어져 불안감이 조성될 수 있습니다. 테스트를 추가하거나 실행하는 데 시간을 낭비하는 것처럼 느껴질 수도 있습니다. 테스트는 완전한 환경 제어가 가능해야 합니다(18.5절 '전역 날짜 생성 변경하기' 참조). 불규칙한 동작과 자유도가 허용될 여지 자체가 없어야 합니다. 모든 테스트 결합을 제거해야 합니다. 여러 조직에서 취약하고 간헐적이며 산발적이거나 불규칙한 테스트를 흔히 볼 수 있습니다. 그럼에도 불구하고 이러한 테스트는 개발자의 신뢰를 무너뜨립니다.

불규칙한 테스트란 테스트하는 환경이나 시스템의 변화에 지나치게 민감한 테스트를 의미합니다. 예를 들어 하드웨어, 네트워크 연결 또는 소프트웨어 종속성의 변경으로 인해 테스트가 실패할 수 있습니다. 불규칙한 테스트는 빈번한 유지 보수가 필요하며 시스템의 실제 기능을 정확하게 반영하지 못할 수 있기 때문에 문제가 될 수 있습니다.

> **노트** **불규칙한 테스트**
>
> **불규칙한 테스트**^{flaky test}는 변덕스럽거나 예측할 수 없는 결과를 생성합니다. 이러한 유형의 테스트는 예기치 않게 통과하거나 실패할 수 있어 테스트 중인 코드가 올바르게 작동하는지 판단하기 어려우며, 작업도 어려워집니다.

다음은 불규칙한 테스트의 예제입니다.

```java
public abstract class SetTest {

    protected abstract Set<String> constructor();

    @Test
    public final void testAddEmpty() {
        Set<String> colors = this.constructor();
        colors.add("green");
        colors.add("blue");
        assertEquals("{green. blue}", colors.toString());
        // 집합 순서에 따라 달라지고 수학 집합은 정의상 정렬되지 않기 때문에 취약합니다.
    }
}
```

다음은 더 결정론적입니다.

```java
public abstract class SetTest {

    protected abstract Set<String> constructor();

    @Test
    public final void testAddEmpty() {
        Set<String> colors = this.constructor();
        colors.add("green");
        assertEquals("{green}", colors.toString());
    }

    @Test
    public final void testEntryAtSingleEntry() {
        Set<String> colors = this.createFromArgs("red");
        Boolean redIsPresent = colors.contains("red");
        assertEquals(true, redIsPresent);
    }
}
```

종종 테스트 실행 통계를 통해 불규칙한 테스트를 감지할 수 있습니다. 특정 테스트를 유지 관리에서 제외하는 것은 안전망을 제거하는 것이기 때문에 어려울 수 있습니다. 취약한 테스트는 시스템 결합과 비결정적이거나 불규칙한 동작을 나타냅니다. 개발자는 이러한 오탐에 대항하기 위해 많은 시간과 노력을 투자합니다.

관련 레시피

- 20.5절 '일반 어서션 다듬기'
- 20.12절 '날짜에 의존하는 테스트 재작성하기'

20.7 부동 소수점에 대한 어서션 변경하기

문제 부동 소수점에 대해 어서션이 있습니다.

해결 부동 소수점을 비교하지 마세요.

설명 두 개의 부동 소수점이 같다고 주장하는 것은 매우 어려운 문제입니다. 두 개의 부동 소수점을 비교하는 테스트를 진행할 때, 부동 소수점이 컴퓨터 메모리에 표현되고 저장되는 방식으로 인해 몇 가지 문제가 발생할 수 있습니다. 이러한 문제는 예상치 못한 테스트 결과로 이어질 수 있으며, 안정적이고 정확한 테스트를 작성하기 어렵게 만듭니다.

부동 소수점 숫자는 반올림 오류가 발생할 수 있습니다. 두 계산이 동일한 값을 산출해야 하는 경우에도 반올림 오류로 인해 약간 다른 결과가 나올 수 있으며, 이로 인해 테스트에서 오탐(거짓 양성 또는 거짓 음성)이 발생할 수 있습니다. 이는 취약한 테스트로 이어질 수 있습니다. 일반적으로 부동 소수점은 섣부른 최적화의 사례이며 실제 성능에 대한 우려가 없는 한 피해야 합니다(16장 '섣부른 최적화' 참조). 임의의 정밀도 숫자를 사용할 수 있으며, 부동 소수점을 비교해야 하는 경우 어느 정도 오차를 감안하며 비교해야 합니다. 부동 소수점 숫자를 비교하는 것은 오래된 컴퓨터 과학 문제입니다. 일반적인 해결책은 임곗값 비교를 사용하는 것입니다.

다음은 두 개의 부동 소수점 숫자를 비교하는 예제입니다.

```Java
Assert.assertEquals(0.0012f, 0.0012f); // 사용 중단됨(Deprecated)
Assert.assertTrue(0.0012f == 0.0012f); // JUnit이 아닙니다 - 코드 스멜
```

다음은 두 개의 부동 소수점 숫자를 비교할 때 권장하는 방법입니다.

```Java
float LargeThreshold = 0.0002f;
float SmallThreshold = 0.0001f;
Assert.assertEquals(0.0012f, 0.0014f, LargeThreshold); // 참
Assert.assertEquals(0.0012f, 0.0014f, SmallThreshold); // 거짓 - 어서션 실패

Assert.assertEquals(12 / 10000, 12 / 10000); // 참
Assert.assertEquals(12 / 10000, 14 / 10000); // 거짓
```

부동 소수점 비교를 피하고 싶을 때 테스트 프레임워크에서 assertEquals()에 대한 검사를 추가할 수 있습니다. 부동 소수점을 비교하는 일은 항상 피해야 합니다.

관련 레시피

• 24.3절 '부동 소수점을 십진수로 변경하기'

20.8 테스트 데이터를 실제 데이터로 변경하기

문제 테스트에 가짜 데이터를 사용하고 있습니다.

해결 가능하면 실제 사례 시나리오와 실제 데이터를 사용하세요.

설명 가짜 데이터는 2장에서 정의한 전단사 원칙을 위반하며, 잘못된 테스트 사용 사례로 이어지고 가독성을 손상시킵니다. 실제 데이터를 사용하고 MAPPER 개념을 사용해 실제 엔티티와 실제 데이터를 매핑해야 합니다. 과거에는 개발자들이 도메인 데이터를 가짜로 만들어 추상적인 데이터로 테스트했고, 실제 사용자와는 거리가 먼 폭포수 모델을 사용해 개발했습니다. 그러다 보니 사용자 수용 테스트(UAT)는 전단사와 MAPPER 기술, 도메인 주도 설계, TDD를 통해 더욱 중요해졌습니다.

노트 도메인 주도 설계

도메인 주도 설계domain-driven design는 소프트웨어 시스템의 설계를 비즈니스 또는 문제 도메인에 맞게 조정하여 코드를 보다 표현력 있고 유지 관리하기가 용이하며 비즈니스 요구 사항과 밀접하게 연결되도록 하는 데 중점을 둡니다.

애자일 방법론을 사용해 실제 데이터로 테스트하세요. 프로덕션 시스템에서 오류를 발견하면 실제 데이터로 해당 실수를 정확하게 다루는 사례를 추가하세요.

> **노트** **사용자 수용 테스트**
>
> **사용자 수용 테스트**user acceptance test(UAT)는 소프트웨어 시스템이나 애플리케이션이 비즈니스 및 사용자 요구 사항을 충족하고, 프로덕션 환경에 배포할 준비가 되었는지 여부를 확인합니다. 이때 실제 데이터를 사용한 일련의 테스트와 최종 사용자 리뷰를 진행하고, 소프트웨어가 올바르게 작동하고 사용자의 요구와 기대에 부합하는지 확인합니다.

다음 테스트는 비현실적인 데이터를 사용하는 예제입니다.

Python

```python
class BookCartTestCase(unittest.TestCase):
    def setUp(self):
        self.cart = Cart()

    def test_add_book(self):
        self.cart.add_item('xxxxx', 3, 10)
        # 실제 예시 아님

        self.assertEqual(
            self.cart.total,
            30,
            msg='도서 추가 후 카트 합계가 정확하지 않음')
        self.assertEqual(
            self.cart.items['xxxxx'],
            3,
            msg='도서 추가 후 품목 수량이 정확하지 않음')

    def test_remove_item(self):
        self.cart.add_item('fgdfhhfhhh', 3, 10)
        self.cart.remove_item('fgdfhhfhrhh', 2, 10)
        # 예제가 실제가 아니므로 오타가 발생했습니다.
        self.assertEqual(
            self.cart.total,
            10,
            msg='도서 품목 제거 후 카트 합계가 정확하지 않음')
        self.assertEqual(
            self.cart.items['fgdfhhfhhh'],
            1,
            msg='도서 품목 제거 후 품목 수량이 정확하지 않음')
```

예제에서의 오타를 피하려면 6.8절 '매직 넘버를 상수로 바꾸기'를 적용하세요. 하지만 모든 사용 사례에서 텍스트를 전부 대체하지는 않을 것입니다. 다음은 실제 데이터를 사용한 테스트입니다.

```python
class BookCartTestCase(unittest.TestCase):
    def setUp(self):
        self.cart = Cart()

    def test_add_book(self):
        self.cart.add_item('Harry Potter', 3, 10)

        self.assertEqual(
            self.cart.total,
            30,
            msg='도서 추가 후 카트 합계가 정확하지 않음')
        self.assertEqual(
            self.cart.items['Harry Potter'],
            3,
            msg='도서 추가 후 품목 수량이 정확하지 않음')

    # 동일한 예제를 재사용하지 않습니다.
    # 현실에서도 사용할 법한 새로운 책을 사용합니다.
    def test_remove_item(self):
        self.cart.add_item('Divergent', 3, 10)
        self.cart.remove_item('Divergent', 2, 10)
        self.assertEqual(
            self.cart.total,
            10,
            msg='도서 품목 제거 후 카트 합계가 정확하지 않음')
        self.assertEqual(self.cart.items[
            'Divergent'],
            1,
            msg='도서 품목 제거 후 품목 수량이 정확하지 않음')
```

실제 예제에서도 여전히 오타가 발생할 수 있습니다(예를 들어 **Divergent**가 아닌 **Devergent**). 그러나 지금은 오타를 더 빨리 발견할 수 있습니다. 소프트웨어 동작을 학습하는 유일한 방법은 테스트를 읽는 것이기에 테스트는 명시적이어야 합니다.

> **주의** 일부 도메인과 특정 규정에서는 실제 데이터를 사용할 수 없습니다. 이러한 경우에는 해당 데이터를 의미 있지만 익명화된 데이터로 위조해야 합니다.

관련 레시피

• 8.5절 '주석을 함수명으로 변환하기'

함께 보기

• 위키백과의 'Given–When–Then'(https://oreil.ly/ttrjC)

20.9 캡슐화를 위반하는 테스트 보호하기

문제 캡슐화를 위반하는 테스트가 있습니다.

해결 테스트를 위해 메서드를 만들지 마세요.

설명 가끔은 테스트를 우선시하는 코드를 작성하다 보면 해당 코드가 캡슐화를 위반하고 나쁜 인터페이스를 유발해 불필요한 결합을 가져올 수 있습니다. 테스트는 전체 환경을 통제해야 하며, 여러분이 객체를 제어할 수 없다면 원치 않는 결합을 발견할 것입니다. 이들을 분리하세요.

다음 예제에는 테스트가 필요한 메서드가 있습니다.

```PHP
class Hangman {
    private $wordToGuess;

    function __construct() {
        $this->wordToGuess = getRandomWord();
        // 테스트는 this를 제어할 수 없습니다.
    }

    public function getWordToGuess(): string {
        return $this->wordToGuess;
        // 안타깝게도 이 사실을 공개해야 합니다.
    }
}

class HangmanTest extends TestCase {
    function test01WordIsGuessed() {
```

```php
        $hangmanGame = new Hangman();
        $this->assertEquals('tests', $hangmanGame->wordToGuess());
        // 단어가 맞았는지 어떻게 확인할 수 있나요?
    }
}
```

다음은 더 나은 접근 방식입니다.

```php
class Hangman {
    private $wordToGuess;

    function __construct(WordRandomizer $wordRandomizer) {
        $this->wordToGuess = $wordRandomizer->newRandomWord();
    }
    function wordWasGuessed() { }
    function play(char letter) { }
}

class MockRandomizer implements WordRandomizer {
    function newRandomWord(): string {
        return 'tests';
    }
}

class HangmanTest extends TestCase {
    function test01WordIsGuessed() {
        $hangmanGame = new Hangman(new MockRandomizer());
        // 모든 권한이 있습니다!
        $this->assertFalse($hangmanGame->wordWasGuessed());
        $hangmanGame->play('t');
        $this->assertFalse($hangmanGame->wordWasGuessed());
        $hangmanGame->play('e');
        $this->assertFalse($hangmanGame->wordWasGuessed());
        $hangmanGame->play('s');
        $this->assertTrue($hangmanGame->wordWasGuessed());
        // 동작에 대해서만 테스트하면 됩니다.
    }
}
```

이것은 디자인 스멜입니다. 테스트를 위해 메서드가 필요한지 여부를 감지할 수 있습니다. 화이트 박스 테스트white box test는 동작 대신 구현을 테스트하기 때문에 매우 취약합니다.

관련 레시피

- 3.3절 '객체에서 세터 제거하기'
- 20.6절 '불규칙한 테스트 제거하기'

함께 보기

- 제러드 메자로스[Gerard Meszaros]의 『xUnit Test Patterns : Refactoring Test Code』(Addison–Wesley Professional, 2007)

20.10 관련 없는 테스트 정보 제거하기

문제 관련 없는 데이터가 포함된 테스트가 있습니다.

해결 어서션에 불필요한 정보를 추가하지 마세요.

설명 관련 없는 데이터는 독자의 주의를 산만하게 하고 가독성과 유지 관리에 방해가 됩니다. 가능한 한 많이 제거하고 필요한 어서션만 남겨야 합니다. 테스트는 최소화하고 설정[setup]/실행[exercise]/어서션[assert] 패턴을 따라야 합니다.

다음 예제에는 자동차 모델 및 색상과 관련 없는 데이터가 있습니다.

```Python
def test_formula_1_race():
    # 설정
    racers = [
        {"name": "Lewis Hamilton",
         "team": "Mercedes",
         "starting_position": 1,
         "car_color": "Silver"},
        {"name": "Max Verstappen",
         "team": "Red Bull",
         "starting_position": 2,
         "car_color": "Red Bull"},
        {"name": "Sergio Perez",
         "team": "Red Bull",
         "starting_position": 3,
```

```
        "car_color": "Red Bull"},
        {"name": "Lando Norris",
        "team": "McLaren",
        "starting_position": 4,
        "car_color": "Papaya Orange"},
        {"name": "Valtteri Bottas",
        "team": "Mercedes",
        "starting_position": 5,
        "car_color": "Silver"}
]

# 실행
winner = simulate_formula_1_race(racers)

# 테스트
assert winner == "Lewis Hamilton"

# 다음은 모두 winner 어서션과 관련 없는 것들입니다.
assert racers[0]["car_color"] == "Silver"
assert racers[1]["car_color"] == "Red Bull"
assert racers[2]["car_color"] == "Red Bull"
assert racers[3]["car_color"] == "Papaya Orange"
assert racers[4]["car_color"] == "Silver"
assert racers[0]["car_model"] == "W12"
assert racers[1]["car_model"] == "RB16B"
assert racers[2]["car_model"] == "RB16B"
assert racers[3]["car_model"] == "MCL35M"
assert racers[4]["car_model"] == "W12"
```

다음은 테스트 목적의 관련 정보만 포함된 코드입니다.

```Python
def test_formula_1_race():
    # 설정
    racers = [
        {"name": "Lewis Hamilton", "starting_position": 1},
        {"name": "Max Verstappen", "starting_position": 2},
        {"name": "Sergio Perez", "starting_position": 3},
        {"name": "Lando Norris", "starting_position": 4},
        {"name": "Valtteri Bottas" "starting_position": 5},
    ]

    # 실행
    winner = simulate_formula_1_race(racers)
```

```
# 테스트
assert winner == "Lewis Hamilton"
```

불필요한 어서션을 보면, 몇 가지 패턴을 찾을 수 있습니다. 테스트는 산문이어야 합니다. 항상 독자에게 집중하세요. 지금부터 몇 달 후의 독자는 여러분이 될 수도 있습니다.

관련 레시피

• 20.5절 '일반 어서션 다듬기'

20.11 모든 병합 요청에 대해 커버리지 추가하기

문제 **커버리지에 포함하지 않은 병합 요청이 있습니다.**

해결 모든 코드 변경 사항을 해당 테스트 커버리지에 반영하려고 하세요.

설명 테스트 커버리지가 없는 병합 요청은 전반적인 시스템 품질을 낮추고 유지 관리 가능성을 손상시킵니다. 변경이 필요한 경우 코드의 실제 명세를 업데이트하세요. 코드가 무엇을 하는지에 대한 죽은 문서를 생성하는 대신 이를 커버하는 시나리오를 작성해야 합니다. 테스트가 없는 코드를 변경한다면 커버리지를 추가해야 합니다. 기존 커버리지가 있는 코드를 변경한다면 이는 행운입니다! 하지만 테스트가 고장났다면 이를 수정해야 합니다.

다음은 커버리지가 없는 기능 변경입니다.

```TypeScript
export function sayHello(name: string): string {
  const lengthOfName = name.length;
- const salutation =
- '오늘은 어때  ${name}?, 당신의 이름은  ${lengthOfName} 글자를 가지고 있네요!´;
+ const salutation =
+ '안녕 ${name}, 당신의 이름은 ${lengthOfName} 글자를 가지고 있네요!´;
  return salutation;
}
```

다음은 필요한 테스트를 추가한 후의 코드입니다.

```typescript
export function sayHello(name: string): string {
  const lengthOfName = name.length;
-  const salutation = `오늘은 어때 ${name}?,`
-  `당신의 이름은 ${lengthOfName} 글자를 가지고 있네요! `;
+  const salutation = `안녕 ${name},`
+  `당신의 이름은 ${lengthOfName} 글자를 가지고 있네요! `;
  return salutation;
}
import { sayHello } from `./hello`;

test(`이름 제공 시 환대 문구를 받는다`, () => {
  expect(sayHello(`앨리스`)).toBe(
    `안녕 앨리스, 당신의 이름은 6글자를 가지고 있네요!`
  );
});
```

예외적으로 코드와 테스트 하네스harness가 서로 다른 저장소에 있는 경우 풀 리퀘스트pull request가 서로 다를 수 있습니다. 테스트 커버리지는 기능적 코드만큼이나 중요합니다. 테스트 시스템은 첫 번째 고객이자 가장 충성도가 높은 고객이며 이를 잘 관리해야 합니다.

관련 레시피

• 8.5절 '주석을 함수명으로 변환하기'

20.12 날짜에 의존하는 테스트 재작성하기

문제 가까운 미래에 일어날 일에 대해 어서션을 작성합니다.

해결 테스트는 완전한 환경 제어 상태에서 실행되어야 합니다(18.5절 '전역 날짜 생성 변경하기' 참조). 시간은 조작할 수 없기 때문에 이러한 종류의 조건은 제거해야 합니다.

설명 특정 날짜로 고정해 진행하는 테스트는 비결정적 테스트의 특수한 경우입니다. 이러한 테스트는 최소 놀람 원칙(5.6절 '변경 가능한 상수 고정하기' 참조)을 위반하며 예기치 않게 실패할 경우, CI/CD 파이프라인을 중단시킬 수 있습니다. 항상 그렇듯이 테스트는 완전한 환경 제어 상태에서 이루어져야 합니다. 특정 날짜로 고정해 향후 이벤트(예: 기능 플래그 제거)를 확인하는 경우, 테스트는 예측할 수 없는 방식으로 실패해 배포를 중단시키고 다른 개발자가 변경 사항을 커밋하지 못하도록 예방할 수 있습니다. 하지만 나쁜 예로는 특정 날짜에 도달하거나, 자정에 테스트가 실행되거나, 다른 시간대에 테스트가 실행되는 경우가 있습니다.

다음은 고정 날짜에 대한 어서션입니다.

```java
class DateTest {
    @Test
    void testNoFeatureFlagsAfterFixedDate() {
        LocalDate fixedDate = LocalDate.of(2023, 4, 4);
        LocalDate currentDate = LocalDate.now();
        Assertions.assertTrue(currentDate.isBefore(fixedDate) ||
            !featureFlag.isOn());
    }
}
```

날짜 종속성을 제거하고 조건이 참일 때만 테스트를 추가한 코드는 다음과 같습니다.

```java
class DateTest {
    @Test
    void testNoFeatureFlags() {
        Assertions.assertFalse(featureFlag.isOn());
    }
}
```

> **주의** 테스트에서 시간을 기준으로 어서션을 확인할 수 있습니다. 그러나 테스트와 날짜를 다룰 때는 신중해야 합니다. 종종 실수의 원인이 되기도 합니다.

관련 레시피

• 20.6절 '불규칙한 테스트 제거하기'

20.13 새로운 프로그래밍 언어 배우기

> **문제** 새로운 언어를 배우고 그 언어로 Hello World 프로그램을 구현해야 합니다.

> **해결** 콘솔console과 같은 전역 접근자를 사용하는 튜토리얼로 잘못 시작하는 대신, 실패한 테스트를 작성하고 이를 수정하세요.

> **설명** 초보자가 프로그래밍을 시작할 때 **Hello World** 프로그램을 제일 처음으로 배우는 경우가 많습니다. 이 프로그램은 콘솔처럼 전역 접근자를 사용하며(18장 '전역' 참조), 부작용이 있을 수 있기에 결과가 올바른지 테스트할 수 없습니다(5.7절 '부작용 제거하기' 참조). 또한 솔루션에 대한 자동화된 테스트를 작성하지 않기 때문에 계속 작동하는지 확인할 수도 없습니다.

다음은 일반적인 첫 번째 구현 예제입니다.

```JavaScript
console.log("Hello, World!");
```

하지만 그 대신 다음 코드를 작성해야 합니다.

```JavaScript
function testFalse() {
    expect(false).toBe(true);
```

실패한 테스트가 있다면 테스트 주도 개발 여정을 시작해(4.8절 '불필요한 속성 제거하기' 참조) 더 멋진 소프트웨어 프로그램을 개발하세요.

함께 보기

- The Hello World Collection(https://oreil.ly/bmB6_)

## CHAPTER 21

기술 부채

기술 부채는 기계 장치의 마찰에 비유할 수 있습니다. 장치가 마모되거나 윤활유의 부족, 잘못된 설계로 인해 마찰이 많아질수록 장치가 움직이기 어려워지며, 원래의 효과를 얻기 위해 더 많은 에너지를 사용해야 합니다. 하지만 그와 동시에 마찰은 기계 부품이 작동하는 데 필수 조건입니다. 이를 완전히 제거할 수는 없으며, 영향을 줄일 수만 있습니다.

필립 크뤼슈텐[Philippe Kruchten], 로버트 노드[Robert Nord], 이펙 오즈카야[Ipek Ozkaya], 『Managing Technical Debt』(Addison–Wesley Professional, 2019)

21.0 소개

소프트웨어 개발에서 기술 부채를 피하는 것은 매우 중요합니다. 기술 부채는 가독성, 유지 보수성, 확장성, 안정성, 장기적인 비용, 코드 검토, 협업, 평판 및 고객 만족도와 같은 많은 품질 속성에 영향을 미칩니다. 또한 코드를 이해하고, 수정하고, 유지하기 어렵게 만들어 개발자의 생산성과 사기도 저하시킵니다. 초기에 기술 부채를 잘 대처하면 코드 품질, 시스템 확장성과

적응성을 높이는 동시에 장애 및 보안 침해의 위험을 최소화할 수 있습니다. 클린 코드를 우선시하고 기술 부채를 최소화함으로써 신뢰할 수 있는 소프트웨어를 제공하고, 효과적인 협업을 유도해 긍정적인 평판을 유지할 수 있습니다. 궁극적으로는 고객의 만족도를 높이고 비즈니스 성공까지 이룰 수 있습니다.

소프트웨어 개발 주기는 코드가 작동한다고 해서 끝나지 않습니다. 클린 코드는 모든 단계에서 올바르게 작동해야 합니다. 제품 단계에서 품질 좋은 코드를 생성하기 위한 프로세스를 설계하는 것은 이전보다 더 중요해졌습니다. 대부분의 시스템이 미션 크리티컬하더라도 프로덕션 환경으로 배포되는 속도가 이전보다 훨씬 빨라졌기 때문입니다.

> **노트 기술 부채**
>
> **기술 부채**technical debt는 잘못된 개발 관행이나 설계 선택으로 인해 시간이 지남에 따라 소프트웨어 시스템을 유지 관리하고 개선하는 데 드는 비용이 증가함을 의미합니다. 금융 부채가 시간이 지남에 따라 이자가 발생하는 것처럼, 개발자가 지름길을 택하거나 설계를 타협하거나 소프트웨어 코드베이스의 문제를 적절히 해결하지 못하면 기술 부채가 누적됩니다. 결국 초기 자본금보다 더 많은 이자를 지불하게 됩니다.

21.1 프로덕션 종속 코드 제거하기

문제 프로덕션 단계에서 다르게 작동하는 코드가 있습니다.

해결 프로덕션 환경에 대한 `if` 검사를 추가하지 마세요. 그리고 프로덕션과 관련된 조건문 추가는 최대한 피하세요.

설명 프로덕션 종속 코드는 프로덕션에서 코드를 실행하기 전까지는 실패하지 않으므로 빠르게 실패하기 원칙에 위배됩니다. 또한 프로덕션 환경을 에뮬레이션할 수 없다면 테스트하기 어려워집니다. 프로덕션 종속 코드가 꼭 필요한 경우라면, 환경을 모델링하고 모든 환경을 테스트할 수 있습니다. 예를 들어 암호 강도(보안)와 같이 개발과 프로덕션에서 서로 다른 동작을 만들어야 하는 경우입니다. 이 경우 환경 자체를 테스트하는 게 아닌, 보안 강도를 기반으로 한 전략으로 환경을 구성하고 해당 전략을 테스트해야 합니다.

다음은 전역 하드코딩 상수에 의존하는 예제입니다.

```python
def send_welcome_email(email_address, environment):
    if ENVIRONMENT_NAME == "production":
        print(f"{email_address}에 환영 이메일을 보냅니다.",
              "Bob Builder <bob@builder.com> 전달")
    else:
        print("이메일은 오직 프로덕션에서만 보내집니다.")

send_welcome_email("john@doe.com", "development")
# 아무 일도 일어나지 않습니다. 이메일은 프로덕션 환경에서만 전송됩니다.

send_welcome_email("john@doe.com", "production")
# john@doe.com에 환영 이메일을 보냅니다.
# Bob Builder <bob@builder.com> 전달
```

14.1절 '우발적 if 문을 다형성으로 대체하기'를 사용해 이러한 변경을 명시적으로 만드세요. 다음 예제에서는 우발적 if 문을 제거하는 방법을 보여줍니다.

```python
class ProductionEnvironment:
    FROM_EMAIL = "Bob Builder <bob@builder.com>"

class DevelopmentEnvironment:
    FROM_EMAIL = "Bob Builder Development <bob@builder.com>"

# 환경을 단위 테스트하고 다양한 전송 메커니즘을 구현할 수도 있습니다.

def send_welcome_email(email_address, environment):
    print(f"{email_address}에 환영 이메일을 보냅니다.
          {environment.FROM_EMAIL} 전달")
    # 모의 발신자(그리고 가능한 로거(logger))에 위임하고 단위 테스트할 수 있습니다.

send_welcome_email("john@doe.com", DevelopmentEnvironment())
# john@doe.com에 환영 이메일을 보냅니다.
# Bob Builder Development <bob@builder.com> 전달

send_welcome_email("john@doe.com", ProductionEnvironment())
# john@doe.com에 환영 이메일을 보냅니다.
# Bob Builder <bob@builder.com> 전달
```

비어 있는 개발/프로덕션 설정을 구성하고 사용자 정의 가능한 다형성 객체로 위임하세요. 또한 테스트할 수 없는 조건문을 추가하는 작업은 피해야 합니다. 대신 비즈니스 규칙을 위임하는 구성을 만드세요. 추상화, 프로토콜, 인터페이스를 사용하고 딱딱한 계층 구조를 피하세요.

관련 레시피

- 23.3절 '전처리 제거하기'

21.2 결함 목록 제거하기

문제 결함 목록을 사용해 알려진 문제를 관리합니다.

해결 모든 소프트웨어에는 알려진 결함 목록이 있습니다. 결함을 수정해 추적을 최소화하세요.

설명 결함 목록은 추적하기 어려운 목록으로 기술적, 기능적 부채를 발생시킵니다. 이러한 결함을 버그라고 부르는 것을 멈춰야 합니다(2.8절 '유일무이한 소프트웨어 설계 원칙' 참조). 결함을 재현하세요. 테스트를 통해 시나리오를 검증한 다음, 가장 간단한 수정(하드코딩 솔루션까지 포함)을 수행하고 필요한 경우 해당 프로그램을 리팩터링하세요. 이것이 바로 테스트 주도 개발 방법(4.8절 '불필요한 속성 제거하기' 참조)이 진행되는 방식입니다. 많은 개발자들이 방해받기를 원치 않아 일단 목록을 만들고, 수정과 해결을 미루는 경우가 많습니다. 하지만 이는 더 큰 문제의 징후가 될 수 있습니다. 소프트웨어를 쉽게 변경할 수 있어야 합니다. 수정할 목록에 의존하지 말고 빠르게 수정하세요. 수정할 수 없다면 소프트웨어 개발 프로세스 개선이 필요하다는 의미입니다.

다음 예제에는 문서화된 결함이 있습니다.

```php
function divide($numerator, $denominator) {
  return $numerator / $denominator;
  // FIXME denominator 값이 0이 될 수 있습니다.
  // TODO 함수명 변경
}
```

결함을 즉시 처리하면 다음과 같습니다.

```php
function integerDivide($numerator, $denominator) {
  if ($denominator == 0) {
    throw new DivideByZeroException();
  }
  return $numerator / $denominator;
}

// 부채를 해결했습니다.
```

엔지니어링 측면에서 이슈 추적기[tracker]를 사용하지 마세요. 물론 고객은 본인들이 발견한 항목을 추적해야 하고 관리자 입장에서는 가능한 한 빨리 문제를 해결해야 하므로 고객 관계 추적기를 사용하는 것은 좋습니다.

관련 레시피

- 21.4절 'TODO와 FIXME 방지 및 제거하기'

함께 보기

- 위키백과 'List of Software Bugs'(https://oreil.ly/h3pY2)

21.3 경고/엄격 모드 해제 제거하기

문제 프로덕션 환경에서 경고가 꺼져 있습니다.

해결 컴파일러와 경고등은 도움을 주기 위해 존재합니다. 무시하지 마세요. 항상 켜두어야 합니다. 프로덕션 환경에서도 마찬가지입니다.

설명 경고를 무시하면 오류와 그 결과로 인한 파급 효과를 놓치게 되므로 빠르게 실패하기 원칙을 위반하게 됩니다(13장 '빠른 실패' 참조). 모든 경고를 활성화하고 프로덕션에서 전제 조건과 어서션이 계약에 의한 설계[design by contract] 방법론을 따르도록 하세요(13.2절 '전제 조건 적용하기' 참조).

다음은 경고가 꺼져 있는 예제입니다.

```javascript
undefinedVariable = 310;
console.log(undefinedVariable); // 결과: 310
delete x; // 오류가 없기에 undefinedVariable를 삭제할 수 있습니다.
```

엄격 모드를 설정한 코드입니다.

```javascript
'use strict'
undefinedVariable = 310;
console.log(undefinedVariable); // undefinedVariable는 정의되어 있지 않습니다.
delete undefinedVariable ; // 오류 없음
// 엄격 모드에서 자격이 없는 식별자를 삭제합니다.
```

대부분의 프로그래밍 언어는 경고 수준을 가지고 있습니다. 대부분의 경고를 켜두세요. 린터를 실행해 코드를 정적으로 분석하고, 잠재적인 문제를 찾아내야 합니다. 경고를 무시하고 코드를 진행한다면, 언젠가는 결국 실패하게 됩니다. 소프트웨어가 나중에 실패하면 원인을 찾기가 더 어렵고, 결함은 충돌에서 멀리 떨어진 첫 번째 경고 근처에 있을 가능성이 높습니다. 깨진 유리창 이론을 따른다면 어떤 경고라도 용납해서는 안 되며, 경고들 사이에서 발생한 새로운 문제가 그냥 지나가지 않도록 해야 합니다.

> **노트** **깨진 유리창 이론**
>
> **깨진 유리창 이론**broken windows theory은 사소해 보이는 작은 문제나 결함이 나중에 더 큰 문제와 심각한 문제로 이어질 수 있다는 것을 시사합니다. 개발자가 코드에서 사소한 문제를 발견했지만 이미 다른 유리창이 깨진 상태이기 때문에 이를 무시하는 경우, 이는 개발 프로세스를 소홀히 하는 문화와 세부 사항에 대한 주의력 부족으로 이어질 수 있습니다.

관련 레시피

- 15.1절 'null 객체 생성하기'
- 17.7절 '선택적 인수 제거하기'

함께 보기

- 『JavaScript Cookbook, 3rd Edition』(O'Reilly Media, Inc., 2021) 중 'Using Strict Mode to Catch Common Mistakes'
- 『The Art of Modern PHP 8』(Packt Publishing, 2021)

21.4 TODO와 FIXME 방지 및 제거하기

문제 코드에 TODO(할 일) 또는 FIXME(수정 사항)를 기록하면서 기술 부채가 늘어나고 있습니다.

해결 코드에 TODO를 남겨두지 마세요. 바로 고치세요!

설명 기술 부채는 다른 부채와 마찬가지로 작게 유지해야 합니다. 코드에 할 일과 수정이 필요한 사항을 추가하는 것은 좋은 방법이 아닙니다. 언젠가는 기술 부채를 갚아야 하므로 이를 해결해야 합니다. 빚에 이자를 더해서 갚게 될 가능성이 매우 높으며, 몇 달 후에는 원래의 빚보다 더 많은 이자를 지불하게 될 것입니다.

다음은 앞으로 구현해야 할 TODO가 있는 예제입니다.

```Java
public class Door
{
    private Boolean isOpened;

    public Door(boolean isOpened)
    {
        this.isOpened = isOpened;
    }

    public void openDoor()
    {
        this.isOpened = true;
    }

    public void closeDoor()
    {
        // TODO: closeDoor 구현하기
```

```java
        }
    }
```

기술 부채를 피하려면 즉시 처리하세요.

```java
public class Door
{
    private Boolean isOpened;

    public Door(boolean isOpened)
    {
        this.isOpened = isOpened;
    }

    public void openDoor()
    {
        this.isOpened = true;
    }

    public void closeDoor()
    {
        this.isOpened = false;
    }
}
```

대부분의 린터에서 TODO를 세는 방법을 사용하거나 자신만의 도구를 만들 수 있습니다. 그런 다음 이를 줄이기 위한 정책을 만드세요. 테스트 주도 개발을 사용하는 경우(4.8절 '불필요한 속성 제거하기' 참조), TODO 대신 누락된 실패 테스트를 작성한 다음 바로 구현하세요. 테스트 주도 개발 맥락에서 TODO는 방문할 수 있는 열린 경로를 기억하기 위해 깊이 우선^{depth-first} 개발을 수행할 때만 유효합니다.

관련 레시피

- 9.6절 '깨진 유리창 수정하기'
- 21.2절 '결함 목록 제거하기'

## CHAPTER 22

예외

최적화는 진화를 방해합니다. 처음을 제외하고는 모든 것을 하향식^{top-town}으로 구축해야 합니다. 단순함은 복잡성을 앞서기보다는 그 뒤를 따릅니다.

앨런 펄리스^{Alan Perlis}

22.0 소개

예외는 좋은 사용 사례와 오류를 분리하고 오류를 우아하게 처리함으로써 깔끔한 코드를 지향하는 좋은 메커니즘입니다. 안타깝게도 고와 같은 일부 트렌디한 언어에서는 섣부른 최적화라는 명목으로 오래된 반환 코드 메커니즘을 사용하기로 결정했습니다. 이는 많은 **if** 조건을 강제하며 높은 수준의 예외 핸들러^{exception handler}만을 제공합니다.

예외는 관심사를 분리하고 예상치 못한 상황을 위해 좋은 경로와 예외적인 상황을 분리하는 가장 좋은 도구입니다. 예외는 좋은 흐름 제어를 만들며 빠르게 실패하도록 도와줍니다. 하지만 그 효과를 보장하고 잠재적인 함정을 피하려면 여전히 신중히 사용해야 하며 적절한 처리가 필요합니다.

22.1 비어 있는 예외 블록 제거하기

문제 일부 예외를 무시하는 코드가 있습니다.

해결 예외를 무시하지 마세요. 처리하세요.

설명 몇 년 전만 해도 '오류 발생 시 다음 재개On Error Resume Next'는 매우 흔한 관행이었습니다. 이는 빠르게 실패하는 원칙을 위반하며(13장 '빠른 실패' 참조), 파급 효과도 발생합니다. 예외를 catch하고 명시적으로 처리해야 합니다. 다음은 예외를 무시하는 예제입니다.

```Python
def send_email():
    print("이메일 발송")
    raise ConnectionError("실수")


try:
    send_email()
except:
    # 지양하세요
    pass
```

이러한 문제는 다음과 같이 처리합니다.

```Python
import logging

logger = logging.getLogger()
try:
    send_email()
except ConnectionError as exception:
    logger.error(f"이메일 발송 실패 {exception}")
```

많은 린터가 비어 있는 예외 블록에 대해 경고를 발생시킵니다. 어떤 합법적인 경우에도 예외를 건너뛰고 무시해야 하는 경우, 명시적으로 이를 문서화해야 합니다. 오류를 처리할 준비를 하세요. 아무것도 하지 않기로 결정하더라도 이 결정을 명시적으로 설명해야 합니다.

관련 레시피

- 22.8절 '예외 시도 범위 좁히기'

함께 보기

- npm의 'on-error-resume-next' 패키지(https://oreil.ly/RpM9N)

22.2 불필요한 예외 제거하기

문제 예외가 비어 있습니다.

해결 다양한 예외가 많이 있는 것은 좋습니다. 코드가 선언적이고 견고하기 때문입니다. 하지만 예외라 할지라도 빈약하고 빈 객체를 만들지 마세요.

설명 비어 있는 예외는 과도한 설계의 증상이며 네임스페이스 오염을 초래합니다. 이미 존재하는 예외와 다르게 동작하는 경우에만 예외를 생성해야 합니다. 객체로 예외를 모델링하세요. 클래스는 게으른 개발자의 함정입니다.

다음 예제에는 비어 있는 예외가 많습니다.

```java
public class FileReader {

    public static void main(String[] args) {
        FileReader file = null;

        try {
            file = new FileReader("source.txt");
            file.read();
        }
        catch(FileDoesNotExistException e) {
            e.printStackTrace();
        }
        catch(FileLockedException e) {
            e.printStackTrace();
        }
        catch(FilePermissionsException e) {
```

```
            e.printStackTrace();
        }
        catch(Exception e) {
            e.printStackTrace();
        }
        finally {
            try {
                file.close();
            }
            catch(CannotCloseFileException e) {
                e.printStackTrace();
            }
        }
    }
}
```

다음은 더 간결합니다.

```
public class FileReader {

    public static void main(String[] args) {
        FileReader file = null;

        try {
            file = new FileReader("source.txt");
            file.read();
        }
        catch(FileException exception) {
            if (exception.description ==
                (this.expectedMessages().errorDescriptionFileTemporaryLocked() {
                // sleep 후 재시도
                // 만약 동작이 모든 예외에서 동일하다면, 객체를 생성할 때
                // 텍스트를 변경하고 올바른 인스턴스를 발생시키면 됩니다.
            }
            this.showErrorToUser(exception.messageToUser());
            // 이 예제는 간소화한 버전입니다.
            // 텍스트로 변환해야 합니다.
        }
        finally {
            try {
                file.close();
            } catch (IOException ioException) {
```

```
            ioException.printStackTrace();
          }
        }
      }
    }
```

새로운 예외는 동작 메서드를 오버라이드해야 합니다. 코드, 설명, 재실행 등을 갖는 것은 동작이 아닙니다. 모든 **Person** 인스턴스에서 서로 다른 이름을 반환하는 것은 원하지 않을 것입니다. 그렇다면 예외에서는 왜 이렇게 하는 걸까요? 특정한 예외를 얼마나 자주 잡아내나요? 코드를 확인해보세요. 반드시 클래스여야 할 필요가 있을까요? 이미 클래스에 결합되어 있습니다. 그렇다면 설명에 대신 결합하세요. 예외 인스턴스는 싱글턴이 되어서는 안 됩니다.

관련 레시피

- 3.1절 '빈약한 객체를 풍성한 객체로 변환하기'
- 19.9절 '비어 있는 클래스 마이그레이션하기'

22.3 예상 가능한 상황을 위한 예외 재작성하기

문제 예상되고 유효한 비즈니스 사례에 대해 예외를 사용합니다.

해결 제어 흐름에 예외를 사용하지 마세요.

설명 예외는 goto, 플래그와 유사하며(18.3절 'goto를 구조화된 코드로 대체하기' 참조), 일반적인 경우에 사용하면 가독성이 떨어지며 놀람 최소화 원칙을 위반합니다(5.6절 '변경 가능한 상수 고정하기' 참조). 예외는 예상치 못한 상황에만 사용해야 하며 계약 위반만을 처리해야 합니다(13.2절 '전제 조건 적용하기' 참조).

다음은 무한 루프가 경계 조건에 의해 중단되는 예제입니다.

Java
```java
try {
    for (int index = 0;; index++)
        array[index]++;
```

```java
    } catch (ArrayIndexOutOfBoundsException exception) {}

// 종료 조건 없는 무한 루프
```

루프의 끝에 도달하는 것은 예상되는 경우이므로 다음은 더 선언적입니다.

```java
                                                                          Java
for (int index = 0; index < array.length; index++)
        array[index]++;

// index < array.length breaks execution
```

이것은 의미론적으로 결함을 불러일으킬 수 있습니다. 머신러닝 린터를 사용하지 않는 한(5.2절 '변수를 가변적이게 선언하기' 참조) 실수를 찾기가 매우 어렵습니다. 예외는 편리하며, 반드시 반환 코드 대신에 사용해야 합니다. 올바른 사용과 잘못된 사용 사이의 경계는 많은 설계 원칙처럼 모호합니다.

관련 레시피

- 22.2절 '불필요한 예외 제거하기'
- 22.5절 '반환 코드를 예외로 대체하기'

함께 보기

- C2 wiki의 'Don't Use Exceptions for Flow Control'(https://oreil.ly/8frWT)
- DZone의 'Why You Should Avoid Using Exceptions as the Control Flow in Java'(https://oreil.ly/q00Ep)

22.4 중첩된 try/catch 재작성하기

문제 중첩된 try/catch가 많습니다.

해결 예외를 중첩시키지 마세요. 그렇게 되면 내부 블록에서 수행하는 작업을 따라가기 어렵습니다. 처리 메커니즘을 다른 클래스나 함수로 추출하세요.

설명 예외는 행복한 경로^{happy path}와 오류 경로를 분리하는 좋은 방법입니다. 하지만 지나치게 복잡한 솔루션은 가독성을 저해할 수 있습니다. 다음은 중첩된 **try/catch**가 있는 예제입니다.

```java
try {
    transaction.commit();
} catch (exception) {
    logerror(exception);
    if (exception instanceOf DBError) {
      try {
          transaction.rollback();
      } catch (e) {
          doMoreLoggingRollbackFailed(e);
      }
    }
}

// 중첩된 try/catch
// 예외 케이스가 행복한 경로보다 더 중요합니다.
// 예외를 제어 흐름으로 사용합니다.
```

다음과 같이 재작성할 수 있습니다.

```java
try {
    transaction.commit();
} catch (transactionError) {
    this.handleTransactionError(
        transationError, transaction);
}

// 이 함수에는 트랜잭션 오류 정책이 정의되어 있지 않으므로
// 코드가 반복되지 않고 코드 가독성이 향상됩니다.
// 무엇을 할지는 트랜잭션과 오류에 따라 결정됩니다.
```

이 위험을 감지하려면 파스 트리를 사용하세요. 예외를 남용하지 말고, 아무도 발견할 수 없는 예외 클래스를 만들지 말고, 모든 경우에 대비하지 않아도 됩니다(테스트 케이스가 포함된 좋은 실제 시나리오가 없는 경우). 행복한 경로가 예외적인 상황보다 항상 더 중요해야 합니다.

관련 레시피

- 22.2절 '불필요한 예외 제거하기'

- 22.3절 '예상 가능한 상황을 위한 예외 재작성하기'

함께 보기

- BeginnersBook의 'Nested Try Catch Block in Java – Exception Handling'(https://oreil.ly/W4r5H)

22.5 반환 코드를 예외로 대체하기

문제 예외 대신 반환 코드를 사용합니다.

해결 자신에게 코드를 반환하지 마세요. 예외를 발생시키세요.

설명 API와 저수준 언어는 예외 대신 반환 코드를 사용합니다. 반환 코드는 불필요한 `if` 문과 `switch` 케이스를 가져옴으로써 좋은 경우의 코드와 비즈니스 로직을 오염시킵니다. 또한 우발적인 복잡성을 추가하고 오래된 문서화가 발생하기 쉽습니다. `if` 문을 변경하고 일반적인 예외를 반환해 예외적인 상황과 행복한 경로를 구별하세요.

다음은 반환 코드가 있는 예제입니다.

```javascript
function createSomething(arguments) {
    // 매직 생성
    success = false;  // 생성에 실패했습니다.
    if (!success) {
        return {
            object: null,
            httpCode: 403,
            errorDescription: '만들 수 있는 권한이 없습니다...'
        };
    }

    return {
        object: createdObject,
```

```
        httpCode: 201,
        errorDescription: ''
    };
}

var myObject = createSomething('argument');
if (myObject.errorCode !== 201) {
    console.log(myObject.httpCode + ' ' + myObject.errorDescription)
}
// myObject는 본 객체를 보유하는 것이 아니라
// 구현에 따라 우발적으로 보조하는 것이므로 이제부터는 다음 사항을 기억해야 합니다.
```

다음은 명시적으로 검증하는 코드입니다.

```
function createSomething(arguments) {
    // 매직 생성
    success = false; // 생성에 실패했습니다.
    if (!success) {
        throw new Error('만들 수 있는 권한이 없습니다...');
    }

    return createdObject;
}

try {
    var myObject = createSomething('argument');
    // if 문은 없고, 행복한 경로만 존재합니다.
} catch (exception) {
    // 아래에서 처리하세요!
    console.log(exception.message);
}
// myObject는 예상되는 객체를 보유합니다.
```

린터가 **if** 및 반환 검사와 결합된 정수나 문자열 반환 패턴을 찾도록 시킬 수 있습니다. 예외적으로 외부 식별자로 ID와 코드를 사용해야 합니다. 이러한 식별자는 외부 시스템(예: REST API)과 상호 작용할 때 유용합니다. 자체 시스템이나 자체 내부 API에서는 사용하지 않아야 합니다. 일반 예외를 생성하고 발생시키되, 처리할 준비가 되어 있고 특수한 동작이 있는 경우에만 특정 예외를 생성하세요. 빈약한 예외를 만들지 마세요. 반환 코드를 선호하는 일명 섣부른 최적화 언어(https://oreil.ly/Ea2ev)(16장 '섣부른 최적화' 참조)를 피하세요.

관련 레시피

• 22.2절 '불필요한 예외 제거하기'

함께 보기

• 니콜 카펜터[Nicole Carpenter]의 'Clean Code: Chapter 7 — Error Handling'(https://oreil.ly/KmT1Q)

22.6 예외 화살표 코드 재작성하기

문제 예외를 처리하기 위한 계단식 화살표 코드가 있습니다.

해결 예외를 계단식으로 나열하지 마세요.

설명 화살표 코드는 코드 스멜입니다(14.8절 '조건부 화살표 코드 재작성하기' 참조). 예외 오염은 또 다른 문제입니다. 이는 가독성을 해치고 복잡성을 가져오는 치명적인 결함입니다. 중첩된 절을 다시 작성하세요. 다음 예제에서는 예외가 폭포수처럼 쏟아지고 있습니다.

```Java
class QuotesSaver {
    public void Save(string filename) {
        if (FileSystem.IsPathValid(filename)) {
            if (FileSystem.ParentDirectoryExists(filename)) {
                if (!FileSystem.Exists(filename)) {
                    this.SaveOnValidFilename(filename);
                } else {
                    throw new IOException("다음 파일이 존재: " + filename);
                }
            } else {
                throw new IOException("상위 디렉터리가 다음 위치에 없음: " +
filename);
            }
        } else {
            throw new IllegalArgumentException("유효하지 않은 경로 " + filename);
        }
    }
}
```

다음은 가독성이 더 좋습니다.

```java
public class QuotesSaver {
    public void Save(string filename) {
        if (!FileSystem.IsPathValid(filename)) {
            throw new ArgumentException("유효하지 않은 경로 " + filename);
        } else if (!FileSystem.ParentDirectoryExists(filename)) {
            throw new IOException("상위 디렉터리가 다음 위치에 없음 " + filename);
        } else if (FileSystem.Exists(filename)) {
            throw new IOException("다음 파일이 존재: " + filename);
        }
        this.SaveOnValidFilename(filename);
    }
}
```

예외는 일반적인 경우보다 덜 중요합니다. 평소보다 더 많은 예외 코드를 읽고 있다면 코드를 개선해야 할 때입니다.

관련 레시피

- 14.10절 '중첩된 화살표 코드 재작성하기'
- 22.2절 '불필요한 예외 제거하기'

22.7 최종 사용자로부터 저수준 오류 숨기기

문제 최종 사용자에게 저수준 메시지를 표시합니다.

해결 오류를 잡아내세요. 예상치 못한 오류도 잡아내세요.

설명 어떤 웹사이트에서 다음과 같은 메시지를 본 적이 있나요?

```
'Fatal error: Uncaught Error: Class 'logs_queries_web' not found in /var/www/html/
query-line.php:78 Stack trace: #0 {main} thrown in /var/www/html/query-line.php on
line 718'
```

이를 한글로 옮기면 다음과 같습니다.

> '치명적인 오류: 잡히지 않은 오류: var/www/html/ query-line.php:78 스택 추적에서
> 'logs_queries_web' 클래스를 찾을 수 없습니다: #0 {메인}이 /var/www/html/query-line.
> php 718행에서 발생했습니다.'

이는 잘못된 오류 처리이며 보안 문제를 일으킬 수 있습니다. 또한 나쁜 UX 사례이기도 합니다. 항상 최상위 핸들러를 사용하고 반환 코드를 선호하는 언어는 피해야 합니다(22.5절 '반환 코드를 예외로 대체하기' 참조). 코드를 프로덕션에 배포하기 전에, 테스트해야 하는 데이터베이스 및 하위 수준에 오류가 있다고 예상하세요. 오늘날 중요한 웹사이트에서 디버깅 메시지나 스택 추적을 일반 사용자에게 표시하는 것이 드문 일이 아닙니다.

다음은 사용자에게 표시되는 스택 추적입니다.

```
Fatal error: Uncaught Error: Class 'MyClass' not found in /nstest/src/Container.php:9
```

한글로 옮기면 다음과 같습니다.

> 치명적인 오류: 잡히지 않은 오류: nstest/src/Container.php:9에서 'MyClass' 클래스를
> 찾을 수 없습니다.

최상위 오류 핸들러를 내포한 후의 코드는 다음과 같습니다.

```PHP
// 사용자 정의 예외 핸들러 함수
function myException($exception) {
    logError($exception->description())
    // 최종 사용자에게 예외를 표시하지 않습니다.
    // 이것은 비즈니스 결정입니다.
    // 일반 사용자 메시지를 표시할 수도 있습니다.
}

// 사용자 정의 예외 핸들러 함수 설정
set_exception_handler("myException");
```

문제를 시뮬레이션하고 제대로 처리되는지 확인하기 위해 돌연변이 테스트(5.1절 'var를 const로 변경하기' 참조)를 적용해보세요. 해당 솔루션이 엉성하지 않은지 검증하고, 진중한

소프트웨어 엔지니어로서의 평판을 지키세요.

관련 레시피

• 22.5절 '반환 코드를 예외로 대체하기'

22.8 예외 시도 범위 좁히기

문제 예외 시도가 많이 있습니다.

해결 오류를 처리할 때는 가능한 한 구체적으로 설명하세요.

설명 예외는 유용합니다. 그러나 예외는 오류 누락과 오탐을 방지하기 때문에 빠르게 실패하기 원칙을 지키기 위해서는 범위를 좁혀야 합니다. '일찍 던지고 늦게 잡는다'는 원칙에 따라 가능한 한 작은 코드 블록 기준으로 예외 핸들러의 범위를 좁혀야 합니다.

다음은 폭넓은 **try**를 가진 예제입니다.

```python
import calendar, datetime
try:
    birth_year = input('출생 연도:')
    birth_month = input('출생 월:')
    birth_day = input('출생 일:')
    # 위의 내용이 실패할 것으로 예상하지 않습니다.
    print(datetime.date(int(birth_year), int(birth_month), int(birth_day)))
except ValueError as e:
    if str(e) == '월은 해당 범위 안에 있어야 합니다: 1..12':
        print('월 ' + str(birth_month) +
              '은 범위를 벗어났습니다. 월은 해당 범위 안에 있어야 합니다: 1...12')
    elif str(e) == '연도 {0}은 범위를 벗어났습니다.'.format(birth_year):
        print('연도 ' + str(birth_year) +
              '는 범위를 벗어났습니다. 연도는 해당 범위 안에 있어야 합니다: ' +
              str(datetime.MINYEAR) + '...' + str(datetime.MAXYEAR))
    elif str(e) == '일은 범위를 벗어났습니다.':
        print('일 ' + str(birth_day) +
              '은 범위를 벗어났습니다. 일은 해당 범위 안에 있어야 합니다: 1...' +
              str(calendar.monthrange(birth_year, birth_month)))
```

try 문을 좁힌 후의 모습은 다음과 같습니다.

```Python
import calendar, datetime

# 다음 세 개 문에서 오류를 처리하는 특수한 시도를 추가할 수 있습니다.

birth_year = input('출생 연도:')
birth_month = input('출생 월:')
birth_day = input('출생 일:')
# try 문의 범위를 줄였습니다.
try:
    print(datetime.date(int(birth_year), int(birth_month), int(birth_day)))
except ValueError as e:
    if str(e) == '월은 해당 범위 안에 있어야 합니다: 1..12':
        print('월 ' + str(birth_month) + ' 범위를 벗어났습니다. '
            '월은 해당 범위 안에 있어야 합니다: 1...12')
    elif str(e) == '연도 {0}은 범위를 벗어났습니다.'.format(birth_year):
        print('연도 ' + str(birth_year) + '는 범위를 벗어났습니다. '
            '연도는 해당 범위 안에 있어야 합니다: ' +
            str(datetime.MINYEAR) + '...' + str(datetime.MAXYEAR))
    elif str(e) == '일은 해당 월의 범위 안에 있어야 합니다.':
        print('일은 ' + str(birth_day) + ' 범위를 벗어났습니다. '
            '일은 해당 범위 안에 있어야 합니다: 1...' +
            str(calendar.monthrange(birth_year, birth_month)))
```

테스트 스위트가 충분하다면 돌연변이 테스트(5.1절 'var를 const로 변경하기' 참조)를 수행해 예외 범위를 최대한 좁혀보세요. 코드가 허용하는 가장 효율적인 방법으로 예외를 만들어야 합니다.

> **노트** **일찍 던지고 늦게 잡는다**
>
> **'일찍 던지고 늦게 잡는다**throw early and catch late'는 것은 코드에서 오류나 예외를 가능한 한 빨리 감지해 처리하고, 실제 처리나 보고는 더 높은 수준이나 더 적절한 컨텍스트가 나올 때까지 연기하는 것입니다. 불완전한 정보로 국지적인 결정을 내리기보다, 더 많은 컨텍스트 정보가 있는 곳에서 가능한 한 늦게 오류를 처리하세요.

관련 레시피

- 22.2절 '불필요한 예외 제거하기'

- 22.3절 '예상 가능한 상황을 위한 예외 재작성하기'

## CHAPTER 23

메타프로그래밍

소프트웨어는 엔트로피와 같습니다. 파악하기 어렵고, 무게가 나가지 않으며, 열역학 제
2법칙, 즉 항상 증가한다는 법칙을 따릅니다.

노먼 오거스틴 Norman Augustine

23.0 소개

메타프로그래밍이란 프로그래밍 언어가 런타임에서 코드를 조작, 생성 및 수정하는 기술입니
다. 매우 매력적인 기능이지만, 모든 문제를 해결하는 도구는 아니며(4.1절 '작은 객체 생성하
기' 참조), 공짜도 아닙니다. 마법과 같은 것을 만들고 있다고 생각하게 만드는 것이 메타프로
그래밍 사용의 위험한 지점입니다.

메타프로그래밍은 다음과 같이 디자인 패턴의 사용 경험과 유사한 단계를 거칩니다.

1 새로운 기술을 인지합니다.
2 기술을 완벽히 이해하지는 못합니다.
3 철저히 이를 연구합니다.

4 완벽하게 기술을 알게 됩니다.

5 거의 모든 곳에서 이 기술을 찾을 수 있는 것 같습니다.

6 새로운 특효약이라고 생각하고 기술을 남용(12.5절 '디자인 패턴 남용 제거하기' 참조)합니다.

7 이 기술을 피하는 방법을 배웁니다.

23.1 메타프로그래밍 사용처 제거하기

문제 메타프로그래밍을 사용합니다.

해결 메타프로그래밍이 사용된 부분을 변경하고, 직접적인 해결책을 선호하세요.

설명 메타프로그래밍을 사용할 때는 메타 언어와 메타 모델metamodel에 대해 논의하게 됩니다. 여기에는 문제 영역에서 한 단계 높은 추상화로 나아가는 것을 의미합니다. 이러한 추상화를 통해 더 높은 수준의 언어로 현실의 객체 간의 관계를 추론하고 생각할 수 있습니다. 하지만 현실의 복잡성을 모델링하는 메타프로그래밍 과정에서 현실 세계와의 일대일 대응 관계를 깨트리기 때문에 전단사 원칙을 위반합니다. 실제 비즈니스 문제를 해결할 때 메타 엔티티를 참조하는 것은 그러한 엔티티가 실제로 존재하지 않기 때문에 정당화하기가 매우 어렵습니다(그림 23-1). 즉, 객체와 현실 사이를 연결하는 규칙인 전단사 원칙을 충실히 지키지 않게 됩니다.

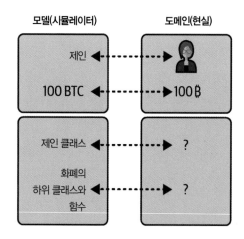

그림 23-1 메타 모델은 실제 세계에 존재하지 않습니다.

현실 세계에 남겨진 객체와 존재하지 않는 책임을 정당화하기는 매우 어렵습니다. 가장 중요한 설계 원칙은 SOLID에 포함된 개방-폐쇄 원칙입니다(19.1절 '깊은 상속 끊기' 참조). 이 원칙에 따르면 모델은 확장할 때는 개방적이어야 하고 수정할 때는 제한적이어야 합니다.

모델은 이 원칙을 준수해야 하며 모델 설계 시 강조해야 할 중요한 사항입니다. 그러나 많은 구현에서 모델을 개방형으로 만드는 방법은 서브클래스를 사용해 가능성을 열어두는 것입니다.

확장 구현으로서 이 메커니즘은 언뜻 보기에는 매우 견고해 보이지만, 결합도를 증가시킵니다. 가능한 경우를 어디에서 가져올지에 대한 정의를 클래스와 그 서브클래스에 연결하면 무고한 참조가 나타납니다. 이 부분이 바로 동적으로 변경될 수 있는 영역입니다.

다음은 다형성 구문 분석기(parser) 계층 구조의 예제입니다.

```Java
public abstract class Parser {
    public abstract boolean canHandle(String data);
    public abstract void handle();
}

public class XMLParser extends Parser {
    public static boolean canHandle(String data) {
        return data.startsWith("<xml>");
    }
    public void handle() {
        System.out.println("XML 데이터 처리 중...");
    }
}

public class JSONParser extends Parser {
    public static boolean canHandle(String data) {
        try {
            new JSONObject(data);
            return true;
        } catch (JSONException e) {
            return false;
        }
    }
    public void handle() {
        System.out.println("JSON 데이터 처리 중...");
    }
}
```

```java
public class CSVParser extends Parser {
    public static boolean canHandle(String data) {
        return data.contains(",");
    }
    public void handle() {
        System.out.println("CSV 데이터 처리 중...");
    }
}
```

이 알고리듬은 특정 콘텐츠를 해석하도록 Parser 클래스에 요청합니다. 솔루션은 모든 하위 클래스 중 하나가 해석을 수락하고 해당 책임을 계속 담당할 때까지 모든 하위 클래스에 위임하는 것입니다. 이러한 메커니즘은 책임 연쇄 패턴의 특정 사례입니다.

> **노트**   **책임 연쇄 패턴**
>
> **책임 연쇄 패턴**chain of responsibility pattern은 체인의 어떤 객체가 요청을 처리하는지 알 수 없더라도, 여러 객체로 요청이 연쇄적으로 넘어가면서 이를 처리합니다. 즉, 처리기 중 하나가 요청을 처리하거나, 체인의 끝에 도달할 때까지 일련의 처리기를 통과하며 요청이 처리됩니다. 체인 연결 고리는 서로 분리되어 있다는 점에 유의하세요.

하지만 이 패턴에는 몇 가지 단점이 있습니다.

- 이 책임의 시작점인 Parser 클래스에 대한 종속성을 생성합니다(18.4절 '전역 클래스 제거하기' 참조).
- 메타프로그래밍과 함께 서브클래스를 사용하므로 직접적인 참조가 없다 보니 용도와 참조가 명확하지 않습니다.
- 명확한 참조와 용도가 없기 때문에 직접적인 리팩터링을 수행할 수 없으며, 모든 용도를 파악하고 실수로 삭제되는 것을 방지하기가 어렵습니다.

앞서 언급한 문제는 모든 화이트 박스 프레임워크에서 공통적으로 발생합니다. 가장 잘 알려져 있고 많이 사용되는 프레임워크는 xUnit 제품군과 함께 파생된 프레임워크들입니다. 클래스는 전역 변수이므로 결합도를 생성하기 때문에 모델을 개방하는 가장 좋은 방법은 아닙니다. 예를 들어 개방-폐쇄 원칙을 사용해 선언적으로 모델을 개방하는 방법을 살펴보겠습니다.

Parser 클래스에 대한 직접 참조를 제거하고 의존성 역전 원칙(SOLID 원칙의 D에 해당, 12.4절 '일회성 인터페이스 제거하기' 참조)을 사용해 구문 분석 공급자provider에 대한 의존성을 생성합니다. 서로 다른 환경(프로덕션, 테스트)에서 서로 다른 구문 분석 공급자를 사용하는 경우, 이러한 환경이 반드시 동일한 계층 구조에 속할 필요는 없습니다. 선언적 결합을 사용하고 이러한 공급자에게 `ParseHandling` 인터페이스를 인지하도록 구현하세요.

메타프로그래밍을 사용할 때 발생하는 가장 심각한 문제 중 하나는 클래스와 메서드에 대한 암시적 참조로 인해 발생합니다. 그 결과 모든 종류의 리팩터링을 방해하고, 코드의 성장까지 방해할 수 있습니다. 심지어 100%의 테스트 커버리지를 가지고 있더라도 모든 가능한 경우를 커버하지 못한다면, 간접적이고 모호한 방식으로 참조된 유스 케이스use case를 놓칠 수 있습니다. 검색과 코드 리팩터링에서 이런 상황을 감지하지 못해 프로덕션에서 감지할 수 없는 오류를 생성할 수 있습니다. 코드는 깨끗하고 투명해야 하며 메타 참조를 최소화해야 합니다. 메타 참조는 해당 코드를 변경할 수 없는 사람이 접근할 수 있기 때문입니다.

동적 함수 이름을 구성하는 예시는 다음과 같습니다.

```php
$selector = 'getLanguage' . $this->languageCode;
Reflection::invokeMethod($selector, $object);
```

이탈리아어로 설정된 클라이언트에서는 `getLanguageIt()` 메서드가 호출됩니다. 이와 같은 암시적 참조는 앞서 언급한 `Parser` 예제와 유사한 문제를 갖고 있습니다. 이 메서드에는 참조가 없으며, 리팩터링하기 어렵고, 누가 사용하는지 확인할 수 없거나, 적용 범위가 불분명한 문제가 있습니다. 이러한 문제를 해결하기 위해서는 메타프로그래밍의 암시적 도움 없이, 명시적 종속성(매핑 테이블이나 하드코딩된 참조 사용 포함)을 통해 관련 충돌을 피해야 합니다.

어떤 예외들은 공통된 특성이 있습니다. MAPPER 개념을 적용해 개발할 때는 우발적인 비즈니스와 관련 없는 측면으로부터 최대한 멀리 떨어져 있어야 합니다. 이러한 측면에는 지속성, 엔티티 직렬화, 사용자 인터페이스의 표시/렌더링, 테스트, 어서션 등이 있습니다. 이러한 문제는 계산 가능한 모델의 직교orthogonal 도메인에 속하며 특정 비즈니스에 국한되지 않습니다. 객체의 책임을 침해하는 것은 해당 객체의 책임과 계약을 위반하는 것입니다. 책임의 '우연한 계층'을 추가하는 대신 메타프로그래밍을 사용해 이 문제를 해결하세요.

그러나 현실 세계에 존재하는 추상화를 사용할 수 있다면, 비용이 얼마나 들든 메타프로그래밍은 피해야 합니다. 적합한 추상화를 찾기 위해서는 새로운 비즈니스 영역을 훨씬 더 깊이 이해하고 있어야 합니다. 25.5절 '객체 역직렬화 방지하기'에서 메타프로그래밍과 관련된 취약점을 살펴봅니다.

23.2 익명 함수 재정의하기

문제 익명 함수를 너무 많이 사용합니다.

해결 클로저와 함수를 남용하지 마세요. 객체로 캡슐화하세요.

설명 익명 함수, 람다, 화살표 함수, 클로저는 테스트하고 유지 관리하기가 까다롭습니다. 코드를 추적하기 어렵기 때문에 쉽게 재사용할 수도 없습니다. 소스 코드를 읽고 찾기 어렵고, 대부분의 IDE와 디버거에서 실제 코드를 표시하는 데 문제가 있으며, 이러한 함수는 거의 재사용되지 않다 보니 정보 은닉 원칙에 위배됩니다. 함수가 사소하지 않다면 10.7절 '메서드를 객체로 추출하기'를 사용해 함수를 다른 함수로 구성하고 이에 대한 알고리듬을 재정의하세요.

다음은 선언적이지 않은 함수입니다.

```JavaScript
sortFunction = function(arr, fn) {
  var len = arr.length;
  for (var i = 0; i < len ; i++) {
    for(var j = 0 ; j < len - i - 1; j++) {
      if (fn(arr[j], arr[j+1])) {
        var temp = arr[j];
        arr[j] = arr[j+1];
        arr[j+1] = temp;
      }
    }
  }
  return arr;
}

scores = [9, 5, 2, 7, 23, 1, 3];
sorted = sortFunction(scores, (a,b) => {return a > b});
```

객체를 재정의하고 객체에 캡슐화한 후의 모습은 다음과 같습니다.

```JavaScript
class ElementComparator{
  greatherThan(firstElement, secondElement) {
    return firstElement > secondElement;
    // 이것은 단지 예제일 뿐입니다.
```

```
    // 더 복잡한 객체에서는 이러한 비교가 간단하지 않을 수 있습니다.
  }
}

class BubbleSortingStrategy {
// 전략은 있지만 단위 테스트, 다형성 변경, 알고리듬 교체, 벤치마킹 등을 수행할 수 없음
  constructor(collection, comparer) {
    this._elements = collection;
    this._comparer = comparer;
  }
  sorted() {
    for (var outerIterator = 0;
        outerIterator < this.size();
        outerIterator++) {
      for(var innerIterator = 0 ;
        innerIterator < this.size() - outerIterator - 1;
        innerIterator++) {
      if (this._comparer.greatherThan(
        this._elements[innerIterator], this._elements[ innerIterator + 1])) {
          this.swap(innerIterator);
        }
      }
    }
    return this._elements;
  }
  size() {
    return this._elements.length;
  }

  swap(position) {
    var temporarySwap = this._elements[position];
    this._elements[position] = this._elements[position + 1];
    this._elements[position + 1] = temporarySwap;
  }
}

scores = [9, 5, 2, 7, 23, 1, 3];
sorted = new BubbleSortingStrategy(scores,new ElementComparator()).sorted();
```

예외적으로 클로저와 익명 함수는 코드 블록, 프라미스 등을 모델링하는 데 매우 유용합니다. 클로저와 익명 함수를 분리하기는 어려울 수 있습니다. 사람은 코드를 읽습니다. 소프트웨어는

익명 함수를 사용해도 정상 작동하지만, 여러 개의 클로저가 호출되면 유지 보수하기가 어려워집니다.

관련 레시피

- 10.4절 '코드에서 교묘함 제거하기'
- 10.7절 '메서드를 객체로 추출하기'

23.3 전처리 제거하기

문제 코드 전처리기를 사용합니다.

해결 코드에서 전처리기를 제거하세요.

> **노트** 전처리기
>
> 컴파일러나 인터프리터가 소스 코드를 컴파일하거나 해석하기 전에, **전처리기**preprocessor를 통해 소스 코드에 대한 사전 작업을 수행합니다. 일반적으로 프로그래밍 언어에서 소스 코드가 실제 컴파일러나 인터프리터를 거치기 전에 이를 수정하거나 조작하기 위해 컴파일러를 사용합니다.

설명 코드가 다양한 환경과 운영 체제에서 다르게 작동하기를 원한다면, 컴파일 시점에 결정하는 것이 가장 좋습니다. 그러나 전처리기를 사용하면 가독성이 낮아지고, 섣부른 최적화(16장 '섣부른 최적화' 참조)와 불필요한 우발적 복잡성을 유발해 디버깅을 더 복잡하게 만듭니다. 모든 컴파일러 지시어를 제거하세요. 다른 동작을 원한다면 객체로 모델링하고, 성능 저하가 발생한다면 섣부른 최적화를 수행하는 대신 이에 대한 정밀한 벤치마크를 수행하세요.

다음은 전처리 코드가 포함된 예제입니다.

```cpp
#if VERBOSE >= 2
  printf("베텔게우스는 초신성이 되어가고 있습니다.");
#endif
```

전처리 지시어를 삭제한 코드는 다음과 같습니다.

```cpp
if (runtimeEnvironment->traceDebug()) {
  printf("베텔게우스는 초신성이 되어가고 있습니다.");
}
```

다형성을 통해 더 나은 결과를 얻을 수 있습니다.

```
runtimeEnvironment->traceDebug("베텔게우스는 초신성이 되어가고 있습니다.");
```

구문 지시어는 여러 언어에서 지원하므로 쉽게 감지하고 실제 동작으로 대체할 수 있습니다. 복잡성을 한 층 더 추가하면 디버깅하기가 매우 어려워집니다. 메모리와 CPU가 부족할 때 이 기법을 주로 사용했습니다. 오늘날에는 클린한 코드가 필요하며 섣부른 최적화는 과거에 묻어 두어야 합니다. 비야네 스트롭스트룹Bjarne Stroustrup은 그의 저서 『The Design and Evolution of C++』(Addison—Wesley Professional, 1994)에서 수년 전에 만든 전처리기 지시어를 후회한다는 입장을 밝혔습니다.

관련 레시피

- 16.2절 '섣부른 최적화 제거하기'

함께 보기

- Standard C++의 'Are You Saying That the Preprocessor Is Evil?'(https://oreil.ly/QaP2C)
- 위키백과의 'C 전처리기'(https://ko.wikipedia.org/wiki/C_전처리기)
- 해리 스펜서Harry Spencer와 제프 콜리어Geoff Collyer의 논문 「#ifdef Considered Harmful」(https://oreil.ly/nKHCJ)

23.4 동적 메서드 제거하기

메타프로그래밍을 사용해 속성과 메서드를 동적으로 추가하고 있습니다.

해결 메타프로그래밍으로 동적 동작을 추가하지 마세요.

설명 메타프로그래밍은 가독성과 유지 보수성을 떨어뜨립니다. 런타임에 동적으로 코드가 생성되므로 디버깅하기가 더 어렵고, 구성 파일이 제대로 검증되지 않아 보안 문제가 발생할 수 있습니다. 메서드는 직접 정의하거나 데코레이터 디자인 패턴을 사용해야 합니다(7.11절 'basic/do 함수 이름 바꾸기' 참조). 메타프로그래밍은 런타임에 다른 코드를 생성, 수정, 분석하는 코드를 작성할 수 있는 강력한 기술입니다. 하지만 이해하기 어렵고, 유지 관리, 디버깅하기 어려운 코드로 이어지기 쉽습니다.

다음은 루비에서 속성과 메서드를 동적으로 로드하는 예제입니다.

```Ruby
class Skynet < ActiveRecord::Base
  # 구성 파일을 기반으로 일부 속성을 동적으로 추가할 수 있습니다.
  YAML.load_file("attributes.yml")["attributes"].each do |attribute|
    attr_accessor attribute
  end

  # 구성 파일을 기반으로 일부 메서드를 동적으로 추가할 수 있습니다.
  YAML.load_file("protocol.yml")["methods"].each do |method_name, method_body|
    define_method method_name do
      eval method_body
    end
  end
end
```

다음은 동적 로딩이 없는 일반적인 정의입니다.

```Ruby
class Skynet < ActiveRecord::Base
  # 일부 속성을 명시적으로 정의합니다.
  attr_accessor :asimovsFirstLaw, :asimovsSecondLaw, :asimovsThirdLaw

  # 일부 메서드를 명시적으로 정의합니다.
  def takeoverTheWorld
```

```
    # 구현
  end
end
```

특정 메서드를 허용 목록에 추가하거나 명시적으로 금지 목록에 넣을 수 있습니다. 메타프로그래밍은 종종 복잡한 코드와 추상화를 사용하며, 결과 코드를 읽고 유지 관리하기 어렵게 만듭니다. 이러한 코드를 사용하면 다른 개발자가 향후 코드를 이해하고 수정하기가 어려워져 복잡성과 결함이 증가하게 됩니다.

관련 레시피

- 23.1절 '메타프로그래밍 사용처 제거하기'

- 23.2절 '익명 함수 재정의하기'

- 25.1절 '입력값 검열하기'

## CHAPTER 24

타입

타입은 본질적으로 프로그램에 대한 어서선입니다. 따라서 타입이 무엇인지 말하지 않는 것을 포함해 가능한 한 절대적으로 단순하게 만드는 것이 중요하다고 생각합니다.

댄 잉알스[Dan Ingalls], 『Coders at Work』(Apress, 2009)

24.0 소개

타입은 분류 언어[classification language][1]에서 가장 중요한 개념입니다. 이는 정적이고 강력한 타입 언어뿐만 아니라 동적 타입 언어에도 해당됩니다. 타입을 다루는 것은 쉽지 않으며 매우 제한적인 타입부터 느슨한 타입까지 종류가 매우 다양합니다.

24.1 타입 검사 제거하기

문제 인수에 대해 타입 검사를 합니다.

---

1 옮긴이_ 프로그래밍에서 객체나 데이터를 분류 및 구조화하는 데 중점을 둔 언어를 의미합니다.

해결 공동 작업자를 믿으세요. 상대를 믿고 작업을 부탁하세요.

설명 kind(), isKindOf(), instance(), getClass(), typeOf() 등을 피하고 도메인 객체에 대한 반영^reflection이나 메타프로그래밍을 사용하지 마세요(23장 '메타프로그래밍' 참조). 정의되지 않은(undefined) 객체를 확인하지 마세요. 완전한 객체를 사용하고(3.7절 '빈 생성자 완성하기' 참조), null(15.1절 'null 객체 생성하기' 참조)과 세터 사용을 피하세요. 불변성을 선호하면 정의되지 않은 유형이나 우발적인 if가 발생하지 않습니다.

다음은 타입을 검사하는 예제입니다.

```javascript
if (typeof(x) === 'undefined') {
    console.log('변수 x는 정의되어 있지 않습니다.');
}

function isNumber(data) {
  return (typeof data === 'number');
}
```

다음은 타입 검사를 완벽하게 수행하는 예제입니다.

```javascript
function move(animal) {
  if (animal instanceof Rabbit) {
      animal.run()
  }
  if (animal instanceof Seagull) {
      animal.fly()
  }
}

class Rabbit {
  run() {
    console.log("나는 뛴다.");
  }
}

class Seagull {
  fly() {
    console.log("나는 난다.");
  }
}
```

```javascript
let bunny = new Rabbit();
let livingston = new Seagull();

move(bunny);
move(livingston);
```

Animal을 리팩터링하면 다음과 같습니다.

```javascript
class Animal { }

class Rabbit extends Animal {
  move() {
    console.log("나는 뛴다.");
  }
}

class Seagull extends Animal {
  move() {
    console.log("나는 난다.");
  }
}

let bunny = new Rabbit();
let livingstone = new Seagull();

bunny.move();
livingston.move();
```

타입 검사 방법은 잘 알려져 있기 때문에 사용을 검사하는 코드 정책을 설정하는 것은 매우 쉽습니다. 클래스 유형을 테스트하는 것은 객체를 우발적으로 내린 결정에 결합시키게 되며, 이는 전단사 원칙에 위배됩니다. 현실에서는 그러한 제어가 존재하지 않기 때문입니다. 이는 모델이 아직 부족하다는 일종의 위험 신호입니다.

관련 레시피

- 15.1절 'null 객체 생성하기'
- 23.1절 '메타프로그래밍 사용처 제거하기'

24.2 참 같은 값 다루기

문제 직관적이지 않은 참 같은 값을 다뤄야 합니다.

해결 boolean과 boolean이 아닌 것을 혼용하지 마세요. 참 같은 값에 매우 주의하세요.

설명 일부 함수는 예상처럼 작동하지 않습니다. 개발 커뮤니티에서는 이것이 예상되는 동작이라고 가정하지만, 이는 놀람 최소화 원칙(5.6절 '변경 가능한 상수 고정하기' 참조)과 2장에서 정의한 전단사 원칙에 위배되며 예상치 못한 결과를 가져옵니다. boolean에는 참과 거짓만 있어야 합니다. 참 같은 값은 오류를 숨기고 특정 언어와 결합되어 우발적으로 복잡해지기 때문에 읽기가 더 어렵고 언어 간 이동을 방해합니다. boolean 조건에는 명시적으로 boolean을 사용해야 합니다. 정수, null, 문자열, 리스트가 아닌, 단순히 boolean만 사용하세요.

> **노트** 참 같은 값과 거짓 같은 값
>
> 많은 프로그래밍 언어에서 데이터 타입이 boolean이 아닌 boolean 값을 설명할 때 **참 같은 값**truthy과 **거짓 같은 값**falsy을 사용합니다. 모든 값은 boolean 컨텍스트에서 참 또는 거짓으로 평가될 수 있습니다. boolean이 아닌 값이 boolean 컨텍스트에서 평가되면 경고 없이 boolean으로 강제로 변환됩니다.

직관적이지 않은 다음 예제를 살펴보며 잘못된 부분을 찾아보세요.

```JavaScript
console.log(Math.max() > Math.min());
// false 반환
console.log(Math.max());
// 음의 무한대 반환
```

더 잘 설계된 언어에서는 다음과 같이 구성됩니다.

```JavaScript
console.log(Math.max() > Math.min());
console.log(Math.max());
// 예외 반환. 인수가 충분하지 않습니다.
// max와 min은 최소 하나 이상의 인수가 필요합니다.
```

이러한 함수는 자바스크립트의 표준 수학 라이브러리에 속합니다. 따라서 이를 피하기 쉽지 않으며, 언어 특성을 활용해 실제 개념을 위반하는 함수를 사용할 때는 매우 주의해야 합니다. 직관적이지 않은 예제를 더 살펴보겠습니다.

```JavaScript
!true // false 반환
!false // true 반환

isActive = true
!isActive // false 반환

age = 54
!age // false 반환
array = []
!array // false 반환
obj = new Object;
!obj // false 반환

!!true // true 반환
!!false // false 반환

!!isActive // true 반환
!!age // true 반환
!!array // true 반환
!!obj // true 반환
```

다음 코드는 놀람 최소화 원칙을 따릅니다(5.6절 '변경 가능한 상수 고정하기' 참조).

```JavaScript
!true // false 반환
!false // true 반환

isActive = true
!isActive // false 반환

age = 54
!age // 타입 불일치(또는 54!)를 반환해야 합니다.
array = []
!array // 타입 불일치를 반환해야 합니다.
obj = new Object;
!obj // 타입 불일치를 반환해야 합니다.
       // (실제 도메인에서 객체를 부정하는 것은 무엇인가요?)

!!true // true 반환 - 이는 멱등성(idempotent)에 해당
```

```
!!false // false 반환 - 이는 멱등성에 해당
!!isActive // true 반환 - 이는 멱등성에 해당
!!age // 무의미
!!array // 무의미
!!obj // 무의미
```

자동 형 변환은 일부 언어의 종속적인 기능이기 때문에 테스트하기 어려울 수 있습니다. 이러한 상황을 피하려면 프로그래밍 정책을 설정하거나 이를 더 엄격하게 다루는 언어를 선택하세요.

자바스크립트나 PHP와 같은 언어는 전체 영역을 참 또는 거짓값으로 나눕니다. 이 결정은 boolean이 아닌 값을 다룰 때 오류를 숨깁니다. boolean이 아닌 객체에서 !나 !! 사용을 감지하고 다른 개발자의 코드 검토 시 이 사실을 경고해야 합니다. 매우 엄격하게 boolean(그리고 그들의 동작)을 boolean이 아닌 것들로부터 멀리 떨어진 곳에 두는 것이 좋습니다.

> **노트** **코드 검토**
>
> **코드 검토**code review는 소스 코드를 검토하며 문제와 오류를 발견하고, 개선이 필요한 부분을 식별하는 작업입니다. 한 명 이상의 사람이 코드를 검토하면서 코드가 정확하고 효율적이며 유지 관리가 가능한지, 모범 사례와 표준을 준수하는지 확인해야 합니다.

[그림 24-1]은 모델이 실제 세계처럼 올바르게 작동하지 않아 전단사 원칙이 깨지고 예상치 못한 결과가 나온 모습입니다.

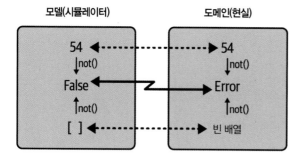

그림 24-1 not() 메서드는 모델과 실제 세계에서 서로 다른 객체를 생성합니다.

이것은 언어의 특징입니다. 일부 엄격한 언어에서는 이런 마법 같은 축약어에 대해 경고를

표시합니다. 어떤 언어에는 마법 같은 축약어와 자동 형 변환을 장려합니다. 이는 오류의 원인이자 섣부른 최적화(16장 '섣부른 최적화' 참조)에 대한 경고입니다. 항상 가능한 한 명시적으로 작성해야 합니다.

관련 레시피

- 10.4절 '코드에서 교묘함 제거하기'
- 14.12절 'boolean 비교 변경하기'

24.3 부동 소수점을 십진수로 변경하기

문제 코드에서 부동 소수점을 사용합니다.

해결 사용 중인 언어가 십진수를 지원한다면 이를 사용하세요.

설명 많은 부동 소수점 연산은 놀람 최소화 원칙(5.6절 '변경 가능한 상수 고정하기' 참조)을 위반하고, 우발적인 복잡성을 초래하며, 잘못된 소수점 표현을 생성할 수 있습니다. 십진수를 지원하는 성숙한 언어를 선택하고 소수를 십진수로 표현하는 전단사 원칙을 따르세요.

다음은 간단하지만 예상치 못한 결과를 가져오는 예제입니다.

```javascript
console.log(0.2 + 0.1)
// 0.30000000000000004

// 두 개의 십진수를 더하고 있습니다.
// 2/10 + 1/10
// 결과는 학교에서 배운 것처럼 3/10이어야 합니다.
```

0.2, 0.1과 같은 부동 소수점 숫자는 컴퓨터 메모리에서 이진 형식으로 표현됩니다. 일부 십진수는 이진수로 정확히 표현할 수 없기 때문에 산술 연산에서 작은 반올림 오류가 발생할 수 있습니다. 이 경우 0.2와 0.1을 더한 실제 결과는 0.3이 됩니다. 그러나 부동 소수점 숫자의 이진 표현으로 인해 결과가 약간 달라져 0.30000000000000004라는 결과가 출력됩니다. 더 나은 표현 방식을 사용한 코드는 다음과 같습니다.

```javascript
class Decimal {                                          JavaScript
  constructor(numerator) {
    this.numerator = numerator;
  }
   plus(anotherDecimal) {
      return new Decimal(this.numerator + anotherDecimal.numerator);
  }
   toString() {
      return "0." + this.numerator;
   }}

console.log((new Decimal(2).plus(new Decimal(1))).toString());
// 0.3

// Decimal 클래스로 숫자를 표현할 수 있습니다.
// (분자만 저장) 또는 일반적인 fraction(분수) 클래스로 표현할 수 있습니다.
// (분자와 분모 둘 다 저장)
```

이것은 언어의 기능이기 때문에 감지하기가 어렵습니다. 이런 식으로 숫자를 조작하지 못하도록 린터에 미리 설정할 수 있습니다. 1985년, 개발자들은 구형 코모도어 64에서 1+1+1이 항상 3이 아니라는 사실을 발견했고, 이후 정수형을 도입했습니다. 하지만 자바스크립트는 30년이나 더 젊지만, 동일한 미성숙한 문제를 갖고 있습니다. 많은 현대 언어에도 이와 같은 문제가있을 수 있습니다. 실제 비즈니스 문제에 집중하기 위해서는 이런 종류의 우발적인 복잡성은버려야 합니다.

관련 레시피

- 24.2절 '참 같은 값 다루기'

함께 보기

- 「IEEE Standard for Floating−Point Arithmatic」(https://oreil.ly/80eLW)
- 'Floating−point math' 예제(https://oreil.ly/qwyCi)

## CHAPTER 25

보안

복잡성은 치명적입니다. 복잡성은 개발자의 생기를 빼앗아가고 제품을 계획, 구축, 테스트하기 어렵게 만들고, 보안 문제를 발생시키며 최종 사용자와 관리자가 좌절을 맛보게 합니다.

레이 오지^{Ray Ozzie}

25.0 소개

시니어 개발자는 단순히 깨끗하고 유지 보수 가능한 코드를 작성하는 능력뿐만 아니라 성능, 자원 사용량, 보안과 같은 다양한 소프트웨어 품질 속성을 고려한 견고한 솔루션을 구축하는 능력을 가져야 합니다. 코드를 작성할 때 보안 중심적인 접근을 채택하는 것은 잠재적인 보안 취약점에 대한 초기 방어 역할을 하기 때문에 매우 중요합니다.

25.1 입력값 검열하기

문제 사용자 입력을 검열하지 않은 코드가 있습니다.

해결 통제할 수 없는 모든 것을 검열하세요.

> **노트** **입력 검열**
>
> **입력 검열**input sanitization은 사용자의 입력을 처리하기 전에 입력이 안전하고 형식을 준수하는지 확인하기 위해 유효성을 검사하고 정리하는 작업입니다. 악의적인 사용자가 실행할 수 있는 SQL 삽입, 사이트 간 스크립팅 (XSS), 기타 공격과 같은 다양한 보안 취약점을 방지할 수 있습니다.

설명 악의적인 사용자는 항상 존재합니다. 따라서 사용자의 입력에 매우 주의를 기울여야 하며, 입력 필터링 기술을 사용하고 검열해야 합니다. 외부 자원에서 입력을 받을 때마다 그 유효성을 검사하고 잠재적으로 유해한 입력이 있는지 확인해야 합니다. SQL 삽입은 대표적인 위협입니다. 입력에 어서션과 불변성을 추가할 수도 있습니다(13.2절 '전제 조건 적용하기' 참조).

> **노트** **SQL 삽입**
>
> **SQL 삽입**SQL injection은 공격자가 데이터베이스와 통신하는 프로그램에 악성 SQL 코드를 삽입하는 것입니다. 공격자는 텍스트 상자나 양식과 같은 입력 필드에 SQL 코드를 입력합니다. 그러면 애플리케이션이 해당 코드를 실행해 데이터에 접근하거나 수정하고, 민감한 정보를 검색하거나, 심지어 시스템을 제어할 수도 있습니다.

다음 예제를 참조하세요.

```Python
user_input = "abc123!@#"
# 이 값에서 영문자와 숫자가 아닌 문자를 입력하는 경우 안전하지 않을 수 있습니다.
```

입력을 검열하는 코드는 다음과 같습니다.

```Python
import re
def sanitize(string):
    # 문자나 숫자가 아닌 경우 모두 제거합니다.
    sanitized_string = re.sub(r'[^a-zA-Z0-9]', '', string)
```

```
    return sanitized_string

user_input = "abc123!@#"
print(sanitize(user_input))  # 결과: "abc123"
```

모든 입력을 정적으로 확인하고 침투 테스트 도구를 활용할 수도 있습니다(25.2절 '순차적 ID 변경하기' 참조).

> **주의** 제어 범위를 벗어난 입력에 대해서는 항상 매우 주의해야 합니다. 여기에는 직렬화된 데이터, 사용자 인터페이스, API, 파일 시스템 등이 포함됩니다.

관련 레시피

- 4.7절 '문자열 유효성 검증 구체화하기'
- 23.4절 '동적 메서드 제거하기'
- 25.5절 '객체 역직렬화 방지하기'

함께 보기

- 에토레 갈루치오Ettore Galluccio, 에도아르도 카셀리Edoardo Caselli, 가브리엘레 롬바리Gabriele Lombari의 『SQL Injection Strategies』(Packt Publishing, 2020)

25.2 순차적 ID 변경하기

문제 코드에 순차적인 ID를 사용합니다.

해결 명백하게 연속되는 ID를 노출하지 마세요.

설명 대부분의 ID는 문제를 일으킬 수 있습니다. 순차적 ID를 사용하는 것은 매우 취약합니다. ID는 전단사 원칙을 깨뜨리고 보안 문제와 충돌을 일으킬 수 있습니다(https://ko.wikipedia.org/wiki/생일_문제). UUID와 같이 예측하기 어려운 값을 사용하세요.

ID는 도메인 객체와 관련이 있는 경우 문제가 됩니다. 이러한 ID는 실제 세계에서 존재하지 않기 때문에 항상 전단사 원칙을 깨트립니다. 시스템 경계를 넘어 내부 자원을 외부 세계에 노출할 때만 ID를 사용해야 합니다. 이러한 경우는 항상 우발적인 문제이며 모델에 간섭해서는 안 됩니다.

다음은 ID를 사용한 예시입니다.

```Java
class Book {
    private Long bookId; // 책은 해당 ID(bookId)를 알고 있습니다.
    private List<Long> authorIds; // 책은 저자의 ID(authorIds)를 알고 있습니다.
}

Book harryPotter = new Book(1, List.of(2));
Book designPatterns = new Book(2, List.of(4, 6, 7, 8));
Book donQuixote = new Book(3, List.of(5));
```

앞선 코드를 다음과 같이 ID를 제거하는 형태로 변경할 수 있습니다.

```Java
class Author { }

class Book {
    private List<Author> authors; // 책은 저자를 알고 있습니다
    // 별도의 특이 사항은 없고, 오직 책이 할 수 있는 일만 합니다.
    // 실제 책은 ID에 대해 알지 못합니다.
    // ISBN은 우연한 구현이며 독자는 신경 쓰지 않습니다.
}

class BookResource {
    private Book resource; // resource는 책의 내부를 알고 있습니다.
    Private UUID id; // id는 외부와의 연결 고리입니다.
}

Book harryPotter = new Book(new Author('J. K. Rowling'));
Book designPatterns = new Book(
    new Author('Erich Gamma'),
    new Author('Richard Helm'),
    new Author('Ralph Johnson'),
    new Author(('John Vlissides'))
Book donQuixote = new Book(new Author('Miguel Cervantes'));

BookResource harryPotterResource = new BookResource(
```

```
        harryPotter,
        UUID.randomUUID());

    // 책은 자신의 ID를 알지 못합니다. resource만 알 수 있습니다.
```

이 문제를 감지하기 위해 시스템에 대해 침투 테스트와 같은 기술을 사용할 수 있습니다. 내부 객체를 외부에 노출해야 하는 경우, 명확하지 않은 ID를 사용하세요. 이렇게 하면 트래픽과 404 오류를 모니터링할 수 있고, 무차별 대입 공격brute-force attack을 감지하고 차단할 수 있습니다(https://ko.wikipedia.org/wiki/HTTP_404).

> **노트** **침투 테스트**
>
> **침투 테스트**penetration testing는 실제 공격을 시뮬레이션하며 시스템의 보안을 평가하는 것입니다. 이를 통해 취약점을 파악하고, 보안 조치의 효과를 평가합니다. 도구와 소프트웨어의 품질을 확인하는 돌연변이 테스트(5.1절 'var를 const로 변경하기' 참조)와 유사합니다.

관련 레시피

- 17.5절 '특수 플래그 값을 일반값으로 변환하기'

함께 보기

- 'Insecure Direct Object References(IDOR)'(https://oreil.ly/ttUos)

25.3 패키지 의존성 제거하기

문제 패키지 관리자를 사용하고 다른 모듈의 코드를 신뢰합니다.

해결 사용 가능한 복잡한 솔루션이 있는 경우가 아니라면 직접 코드를 작성하세요.

설명 요즘의 업계 트렌드는 코드 작성을 최소화하려 합니다. 그러나 이것은 비용이 없는 것은 아닙니다. 0의 법칙(16.10절 '소멸자에서 코드 제거하기')을 따르는 것과 다른 사람의 코드에 의존하는 것 사이에는 균형이 필요합니다. 패키지 의존성은 외부 결합, 보안 문제, 아키텍처 복잡성, 패키지 손상 등을 초래할 수 있습니다. 항상 간단한 해결책을 구현하고 외부나 성숙한 종속성에만 의존해야 합니다.

다음은 작은 함수의 실제 예제입니다.

```JavaScript
$ npm install --save is-odd

// https://www.npmjs.com/package/is-odd
// 해당 패키지의 주간 다운로드 수는 약 50만 건입니다.

module.exports = function isOdd(value) {
  const n = Math.abs(value);
  return (n % 2) === 1;
};
```

이러한 간단한 구현은 다음과 같이 직접 작성할 수 있습니다.

```JavaScript
function isOdd(value) {
  const n = Math.abs(value);
  return (n % 2) === 1;
};

// 인라인으로 간단하게 해결하세요.
```

외부 종속성을 확인하고 이를 최소한으로 유지하세요. 하이재킹을 방지하기 위해 구체적인 버전에 의존하세요. 항상 새로운 것을 개발할 필요는 없습니다. 패키지를 사용하기 전에 해당 패키지가 정말 필요한지, 최신 상태인지 분석하고 개발자 활동, 이슈, 자동화된 테스트 등을 확인해야 합니다. 코드 중복과 재사용 남용 사이에는 적절한 균형이 필요합니다. 항상 그렇듯이 경험 법칙은 있지만 엄격한 규칙은 없습니다.

관련 레시피

- 11.7절 'import 목록 줄이기'

함께 보기

- Naked Security의 'Poisoned Python and PHP packages purloin passwords for AWS access'(https://oreil.ly/zrK9K)

- Bleeping Computer의 'Dev corrupts NPM libs 'colors' and 'faker' breaking thousands of apps'(`https://oreil.ly/Myr0s`)
- Quartz의 'How one programmer broke the internet by deleting a tiny piece of code' (`https://oreil.ly/7q9Kq`)
- The Record의 'Malware found in npm package with millions of weekly downloads' (`https://oreil.ly/D2Y2h`)

25.4 악의적인 정규 표현식 대체하기

문제 코드에 아주 어려운 정규 표현식이 있습니다.

해결 정규 표현식의 재귀 규칙recursive rule을 최소화하세요.

설명 정규 표현식은 문제가 될 수 있습니다. 가독성 문제를 야기하고 때로는 취약점이 될 수도 있습니다. 재귀적 정규 표현식은 섣부른 최적화의 증상이며 보안 문제를 발생시킬 수 있습니다. 표현식이 중단되는지 테스트하고, 관련 케이스를 검증하고, 예방책으로 시간 초과 핸들러timeout handler를 추가하거나 정규 표현식 대신 알고리듬을 사용하세요.

한 가지 우려되는 것은 정규 표현식 서비스 거부ReDoS(이하 리도스) 공격으로, 서비스 거부DoS 공격의 하위 유형입니다. 리도스 공격은 두 가지 유형으로 나눌 수 있는데, 한 가지 시나리오는 악의적인 패턴을 가진 문자열이 애플리케이션에 전달될 때 발생합니다. 전달된 문자열은 정규 표현식으로 사용되어 리도스를 유발합니다. 또 다른 시나리오는 벡터 공격 형식의 문자열이 애플리케이션에 전달되는 경우입니다. 이렇게 전달된 문자열은 취약한 표현식에 사용되면서 리도스로 이어집니다.

다음은 리도스 공격이 실제로 실행되는 예제입니다.

```Go
func main() {
    var regularExpression = regexp.MustCompile('^(([a-z])+.)+[A-Z]([a-z])+$')
    var candidateString = "aaaaaaaaaaaaaaaaaaaaaaaa!"

    for index, match :=
```

```
     range regularExpression.FindAllString(candidateString, -1) {
        fmt.Println(match, "발견, 해당하는 인덱스는: ", index)
    }
}
```

정규 표현식을 사용하지 않고도 다음과 같이 구현할 수 있습니다.

```Go
func main() {
    var candidateString = "aaaaaaaaaaaaaaaaaaaaaaaa!"

    words := strings.Fields(candidateString)

    for index, word := range words {
        if len(word) >= 2 && word[0] >= 'a' &&
            word[0] <= 'z' && word[len(word)-1] >= 'A'
            && word[len(word)-1] <= 'Z' {
                fmt.Println(word, "발견, 해당하는 인덱스는: ", index)
        }
    }
}
```

많은 언어가 이러한 종류의 정규 표현식은 피하고 있습니다. 취약점을 발견하기 위해 코드를 스캔할 수도 있습니다. 정규 표현식은 까다롭고 디버깅하기 어렵기 때문에 최대한 피하세요.

관련 레시피

• 6.10절 '정규 표현식 문서화하기'

함께 보기

취약점 관련 문서

• CVE-2017-16021(https://oreil.ly/prblc)

• CVE-2018-13863(https://oreil.ly/ke0VU)

• CVE-2018-8926(https://oreil.ly/7iYPh)

25.5 객체 역직렬화 방지하기

문제 안전하지 않은 소스에서 오는 객체를 역직렬화^{deserialization}하고 있습니다.

해결 원격 코드 실행을 허용하지 마세요.

설명 많은 취약점이 정제되지 않은 출력과 관련이 있습니다. 중요한 보안 원칙은 코드 실행을 피하고 입력을 데이터로만 고려하는 것입니다. 신뢰할 수 없는 소스에서 객체를 역직렬화하는 것은 실제로 보안에 민감한 작업입니다. API 엔드포인트나 파일 업로드 기능 등 사용자가 제출한 데이터에서 직렬화된 객체를 입력으로 받아들이는 웹 애플리케이션이 있다고 가정해보겠습니다. 애플리케이션은 이러한 객체를 역직렬화해 시스템 내에서 사용 가능한 객체로 재구성합니다. 공격자가 역직렬화 프로세스의 취약점을 악용하기 위해 악의적으로 조작한 직렬화된 데이터를 제출하면, 직렬화된 데이터를 조작해 임의의 코드를 실행하거나 권한을 상승시키거나 애플리케이션 또는 기본 시스템 내에서 무단으로 작업을 수행할 수 있습니다. 이러한 유형의 공격을 일반적으로 '역직렬화 공격' 또는 '직렬화 취약점'이라고 합니다.

다음은 간단한 예제입니다.

```python
import pickle  # 파이썬의 직렬화 모듈

def process_serialized_data(serialized_data):
    try:
        obj = pickle.loads(serialized_data)
        # 객체 역직렬화
        # 역직렬화된 객체 처리
        # ...

# 사용자가 제출한 직렬화된 데이터
user_data = b"\x80\x04\x95\x13\x00\x00\x00\x00\x00\x00\x00\x8c\x08os\nsystem
    \n\x8c\x06uptime\n\x86\x94."
# 해당 코드는 다음을 무단으로 실행하고자 합니다: os.system("uptime")

process_serialized_data(user_data)
```

입력을 데이터로 간주하는 경우는 다음과 같습니다.

```python
import json

def process_serialized_data(serialized_data):
    try:
        obj = json.loads(serialized_data)
        # JSON 객체를 역직렬화합니다.
        # 코드를 실행하지 않습니다.
        # ...
    except Exception as e:
        raise e

user_data = '{"key": "value"}'

process_serialized_data(user_data)
```

여러 린터는 역직렬화 지점에 대해 몇 가지 경고를 보냅니다. 메타프로그래밍은 악용자에게 문을 열어준다는 점을 항상 유념하세요.

관련 레시피

- 23.1절 '메타프로그래밍 사용처 제거하기'
- 25.1절 '입력값 검열하기'

함께 보기

- SonarSource rule의 'Deserializing objects from an untrusted source is security−sensitive' (https://oreil.ly/rEUam)

0의 법칙(rule of zero)

프로그래밍 언어나 기존 라이브러리에서 자체적으로 수행할 수 있는 작업은 코드를 작성하지 말 것을 제안합니다. 코드를 작성하지 않고도 구현할 수 있는 동작이 있다면 기존 코드를 활용하세요.

가비지 컬렉터(garbage collector)

프로그래밍 언어에서 메모리 할당과 할당 해제를 자동으로 관리하기 위해 사용됩니다. 가비지 컬렉터는 프로그램에서 더 이상 사용하지 않는 객체를 식별한 다음, 메모리에서 이를 제거해 사용 중인 메모리를 확보하는 방식으로 작동합니다.

가상 머신 최적화

오늘날 대부분의 최신 프로그래밍 언어는 가상 머신(VM)에서 실행됩니다. 가상 머신은 하드웨어 세부 사항을 추상화하고 내부에서 많은 최적화를 수행합니다. 덕분에 우리는 코드를 가독성 있게 만드는 데 집중하고 섣부른 최적화를 피할 수 있습니다(16장 '섣부른 최적화' 참조). 가상 머신이 많은 성능 문제를 해결하기 때문에 영리한 성능 코드를 작성하는 작업은 거의 불필요합니다. 16장에서는 코드를 최적화할 필요가 있는지 판단하기 위해 실제 증거를 수집하는 방법을 알아봅니다.

개방–폐쇄 원칙(open-closed principle)

SOLID의 'O'는 개방–폐쇄 원칙open-closed principle을 의미합니다(19.1절 '깊은 상속 끊기' 참조). 이는 소프트웨어 클래스는 확장을 위해서는 개방적이어야 하지만, 수정을 위해서는 폐쇄적이어야 한다는 원칙입니다. 코드를 수정하지 않고도 동작을 확장할 수 있어야 합니다. 이 원칙은 기존 코드를 변경하지 않고도 새로운 기능을 추가할 수 있도록 추상 인터페이스, 상속, 다형성을 사용하도록 장려합니다. 또한 이 원칙은 관심사 분리를 권장하며(8.3절 '논리적인 주석 제거하기' 참조) 소프트웨어 구성 요소를 더 쉽게 독립적으로 개발, 테스트, 배포할 수 있게 합니다.

객체 난장판(object orgy)

객체가 불충분하게 캡슐화되어 내부에 제한 없이 접근할 수 있는 상황입니다. 객체 지향 설계에서 흔히 볼 수 있는 안티패턴이며 유지 관리 횟수와 복잡성이 증가할 수 있습니다.

객체 실체화(object reification)

추상적인 개념이나 아이디어에 구체적인 형태를 부여해 특정한 개념이나 아이디어를 표현하는
동시에, 데이터 중심적이고 빈약한 객체에 동작을 부여하는 과정입니다. 객체 생성을 통해 추
상적인 개념에 구체적인 형태를 부여함으로써, 이러한 개념들을 체계적이고 구조화된 방식으
로 다루고 활용할 수 있습니다.

계산 복잡도(computational complexity)

계산 이론의 분야로, 계산 문제를 해결하는 데 필요한 자원을 연구합니다. 가장 중요한 것은 시간
과 메모리이며, 이러한 자원에 대한 알고리듬과 계산 시스템의 효율성을 측정하고 비교합니다.

계약의 의한 설계

베르트랑 머예르의 『Object-Oriented Software Construction(객체 지향 소프트웨어 구
축)』은 객체 지향 패러다임을 사용한 소프트웨어 개발에 대한 종합적인 가이드입니다. 이 책의
핵심 아이디어 중 하나는 '계약에 의한 설계'라는 개념으로, 소프트웨어 모듈 간에 명확하고 명
백한 계약을 작성하는 것이 중요하다는 점을 강조합니다. 계약에는 모듈이 서로 올바르게 작동
하고 시간이 지나도 소프트웨어가 안정적이고 유지 관리가 가능하도록 보장하는 책임과 행동
을 명시합니다. 계약이 위반되면 빠르게 실패하기 원칙이 준수되고, 문제가 즉시 발견됩니다.

고무 오리 디버깅(rubber duck debugging)

고무 오리에게 프로그래밍 방법을 가르치듯 코드를 한 줄 한 줄 설명하는 것입니다. 코드의 각
단계를 말로 표현하고 설명함으로써 이전에 놓쳤을 수 있는 오류나 논리적 불일치를 발견할 수
있습니다.

고장나지 않았다면 고치지 말라(If it ain't broke, don't fix it)

소프트웨어 개발에서 흔히 사용하는 표현으로, 소프트웨어 시스템이 잘 작동하고 있다면 변경
하거나 개선할 필요가 없다는 뜻입니다. 이 원칙은 소프트웨어에 자동화된 테스트가 없던 시절
로 거슬러 올라가기 때문에 변경을 하면 기존 기능이 손상될 수 있습니다. 실제 사용자는 일반
적으로 새로운 기능의 결함에 대해서는 용인하지만, 이전에 작동하던 기능이 더 이상 예상대로
작동하지 않으면 매우 화를 냅니다.

골드 플래팅(gold plating)

최소 요구 사항이나 사양을 넘어 제품이나 프로젝트에 불필요한 특징이나 기능을 추가하는 관행을 말합니다. 이는 고객에게 깊은 인상을 남기거나 시장에서 제품을 돋보이게 하고자 하는 등 다양한 이유로 인해 발생합니다. 그러나 골드 플래팅은 비용과 일정 초과로 이어질 수 있고 최종 사용자에게 실질적인 가치를 제공하지 못할 수 있어 프로젝트에 좋지 않을 수 있습니다.

공동 소유권(collective ownership)

누가 작성했는지에 관계없이 개발 팀의 모든 구성원이 코드베이스의 모든 부분을 변경할 수 있는 권한을 갖는 것입니다. 이는 공동의 책임 의식을 고취해 코드를 더 관리하기 쉽고 개선하기 쉽게 만들기 위함입니다.

공리

증명 없이 명백한 진리로 받아들여지는 진술이나 명제를 의미합니다. 공리를 통해 추론과 논리적인 틀을 구축할 수 있으며, 이를 통해 더 많은 진리를 도출할 수 있는 일련의 기본 개념과 관계를 설정할 수 있습니다.

과잉 설계(overdesign)

소프트웨어 애플리케이션에 불필요한 우발적 복잡성을 추가하는 관행입니다. 소프트웨어를 단순하고 핵심 기능에 집중하기보다 가능한 한 풍부한 기능을 제공하는 데 지나치게 집중할 때 과잉 설계가 발생할 수 있습니다.

관심사 분리(separation of concern, SoC)

소프트웨어 시스템을 별개의 독립된 부분으로 나누고 각 부분이 전체 시스템의 특정 측면 또는 우려 사항을 처리하도록 하는 개념입니다. 이 접근의 핵심 목표는 코드를 더 작고 관리하기 쉬운 부분으로 나눠 개발자가 한 번에 하나의 관심사에 집중하도록 합니다. 따라서 코드 재사용성, 확장성, 이해의 용이성을 향상하는 모듈식 유지 관리가 가능한 설계를 만드는 것입니다.

구조적 프로그래밍(structured programming)

컴퓨터 프로그램의 명확성, 유지 보수성, 가독성, 신뢰성을 향상하기 위해 루프와 함수와 같은 제어 흐름 구조 사용을 강조합니다. 프로그램을 관리하기 쉬운 작은 조각으로 나눈 다음, 구조화된 제어 흐름 구조를 사용해 이러한 조각을 구성합니다.

기능 플래그(feature flag)

기능 토글^{feature toggle} 또는 기능 스위치^{feature switch}라고도 부르며 이를 사용하면 전체 신규 배포 없이도 런타임에 특정 기능을 활성화 또는 비활성화할 수 있습니다. 이를 통해 일부 사용자나 환경에만 새 기능을 배포하고, 다른 사용자에게는 숨겨서 A/B 테스트와 초기 베타 또는 카나리아 배포를 수행할 수 있습니다.

기능에 대한 욕심(feature envy)

한 객체가 다른 객체의 메서드를 과도하게 사용함으로써 자신의 동작보다 다른 객체의 동작에 더 관심을 가질 때 발생합니다.

기본 키(primary key)

데이터베이스에서 기본 키는 테이블의 특정 레코드 또는 행에 대한 고유 식별자입니다. 기본 키는 테이블의 각 레코드를 고유하게 식별하는 방법으로, 데이터를 효율적으로 검색하고 정렬할 수 있게 합니다. 기본 키는 단일 열 또는 열의 조합일 수 있으며, 조합 시 테이블의 각 레코드에 대해 고유한 값을 형성합니다. 일반적으로 기본 키는 테이블과 함께 생성되며 해당 테이블과 관계가 있는 데이터베이스의 다른 테이블에서 참조됩니다.

기술 부채(technical debt)

잘못된 개발 관행이나 설계 선택으로 인해 시간이 지남에 따라 소프트웨어 시스템을 유지 관리하고 개선하는 데 드는 비용이 증가함을 의미합니다. 금융 부채가 시간이 지남에 따라 이자가 발생하는 것처럼, 개발자가 지름길을 택하거나 설계를 타협하거나 소프트웨어 코드베이스의 문제를 적절히 해결하지 못하면 기술 부채가 누적됩니다. 결국 초기 자본금보다 더 많은 이자를 지불하게 됩니다.

깨진 유리창 이론(broken windows theory)

사소해 보이는 작은 문제나 결함이 나중에 더 큰 문제와 심각한 문제로 이어질 수 있다는 것을 시사합니다. 개발자가 코드에서 사소한 문제를 발견했지만 이미 다른 유리창이 깨진 상태이기 때문에 이를 무시하는 경우, 이는 개발 프로세스를 소홀히 하는 문화와 세부 사항에 대한 주의력 부족으로 이어질 수 있습니다.

네임스페이스(namespace)
클래스, 함수, 변수와 같은 코드 요소를 논리적인 그룹으로 구성해 이름 충돌을 방지하고 특정 범위 내에서 고유하게 식별할 수 있는 방법을 제공할 때 네임스페이스를 사용합니다. 네임스페이스 덕분에 관련 기능을 함께 그룹화해 모듈화되고 유지 관리하기 쉬운 코드를 만들 수 있습니다.

놀람 최소화 원칙(principle of least astonishment, POLA)
시스템이 사용자에게 놀라움을 주지 않고 사용자의 기대에 부합하는 방식으로 작동해야 한다는 원칙입니다. 이 원칙을 따르면 사용자는 시스템과 상호 작용할 때 어떤 일이 일어날지 쉽게 예측할 수 있습니다. 개발자는 보다 직관적이고 사용하기 쉬운 소프트웨어를 개발해 사용자 만족도와 생산성을 높여야 합니다.

느슨한 결합(loose coupling)
시스템 내 여러 객체의 상호 의존성을 최소화하는 것이 목표입니다. 서로에 대한 지식이 적고, 한 구성 요소에 대한 변경이 시스템의 다른 구성 요소에 영향을 미치지 않아 파급 효과를 방지합니다.

닌자 코드(ninja code)
영리하게 작성되었지만, 이해하거나 유지 관리하기 어려운 코드를 말합니다. 닌자 코드는 고급 프로그래밍 기법이나 특정 언어 기능을 사용해 보다 효율적이고 조기에 최적화된 코드를 작성하는 것을 즐기는 숙련된 프로그래머가 작성하는 경우가 많습니다. 닌자 코드는 인상적이고 다른 코드보다 빠르게 실행될 수 있지만, 읽고 이해하기 어렵기 때문에 유지 관리, 확장성과 향후 개발에 문제가 발생할 수 있습니다. 닌자 코드는 클린 코드와 반대되는 개념입니다.

다형성 계층 구조(polymorphic hierarchy)

다형성 계층 구조에서 클래스는 '동작하는' 관계에 따라 계층 구조로 구성됩니다. 이를 통해 보다 일반적인 클래스로부터 동작을 상속하는 특수 클래스를 만들 수 있습니다. 다형성 계층 구조에서 기본 추상 클래스는 기초 역할을 하며, 여러 구체적인 하위 클래스가 공유하는 공통 동작을 정의합니다. 하위 클래스는 상위 클래스로부터 이러한 특성을 상속받으며, 자체적인 동작을 추가할 수 있습니다. 하위 클래스는 다형성을 강제하는 한 가지 방법입니다(14.14절 '비다형성 함수를 다형성으로 변환하기' 참조). 그러나 컴파일 이후에는 상위 클래스를 변경할 수 없기 때문에 엄격합니다.

다형성(polymorphism)

두 객체가 동일한 시그니처를 가지고, 동일한 동작을 수행하는 경우(구현이 다를 수도 있음) 메서드 집합에 대해 다형성이 존재합니다.

단일 장애 지점(single point of failure)

시스템의 구성 요소 또는 일부가 장애가 발생하면 전체 시스템이 장애를 일으키거나 사용할 수 없게 되는 것을 말합니다. 시스템은 이러한 구성 요소나 부품에 의존하며, 이들 없이는 아무것도 제대로 작동하지 않습니다. 좋은 설계는 이러한 파급 효과를 피하기 위해 구성 요소를 이중화하려고 노력합니다.

단일 책임 원칙(single responsibility principle)

소프트웨어 시스템의 모든 모듈이나 클래스는 소프트웨어가 제공하는 기능 중 하나의 책임만 가져야 하며, 그 책임은 클래스에 의해 완전히 캡슐화되어야 한다는 원칙이 바로 단일 책임 원칙입니다. 즉, 클래스를 변경해야 할 이유는 오직 하나여야만 합니다.

대체 가능한 객체(fungible object)

가치, 품질, 특성의 상호 교환이 가능하거나 동일한 객체입니다. 대체 가능한 객체의 특정 인스턴스는 가치나 품질의 손실 없이 동일한 객체의 다른 인스턴스로 대체될 수 있습니다. 대체 가능성이란 개별 단위가 본질적으로 상호 교환이 가능하고, 각 부분이 다른 부분과 구별할 수 없는 상품이나 재화의 속성입니다.

데메테르의 법칙(Demeter's law)

객체는 바로 옆의 이웃 객체와만 소통해야 하며 다른 객체의 내부 작동 방식을 알면 안 된다는 원칙입니다. 데메테르의 법칙을 따르기 위해서는 느슨하게 결합된, 즉 서로에게 크게 의존하지 않는 객체를 만들어야 합니다. 이렇게 하면 한 객체를 변경해도 다른 객체에 의도하지 않은 결과를 초래할 가능성이 적기 때문에 시스템을 보다 유연하고 쉽게 유지 관리할 수 있습니다.

한 객체는 다른 객체의 내부에 접근하기 위해 다른 객체에 접근하지 않고, 바로 옆 객체의 메서드에만 접근해야 합니다. 이렇게 하면 객체 간의 결합도 수준을 낮추고 시스템을 보다 모듈적이고 유연하게 만들 수 있습니다.

데이터 덩어리(data clump)

데이터 덩어리에서는 프로그램의 여러 부분에서 동일한 객체 그룹이 자주 전달됩니다. 이로 인해 복잡성이 증가하고 유지 보수성이 떨어지며 오류 발생 위험이 높아집니다. 데이터 덩어리는 대개 전단사에서 해당 관계를 나타내는 적절한 객체를 찾지 못한 채 관련 객체를 전달하려고 할 때 발생합니다.

데코레이터 패턴(decorator pattern)

데코레이터 패턴을 사용하면 같은 클래스의 다른 객체 동작에 영향을 주지 않고, 개별 객체에 동작을 동적으로 추가할 수 있습니다.

도메인 주도 설계(domain-driven design)

소프트웨어 시스템의 설계를 비즈니스 또는 문제 도메인에 맞게 조정하여 코드를 보다 표현력 있고 유지 관리가 용이하며 비즈니스 요구 사항과 밀접하게 연결되도록 하는 데 중점을 둡니다.

돌연변이 테스트(mutation testing)

단위 테스트의 품질을 평가하는 데 사용하는 기법입니다. 테스트 중인 코드에 작고 통제된 변경 사항(이를 '돌연변이'라고 함)을 도입하고 기존 단위 테스트가 이러한 변경 사항을 감지할 수 있는지 확인하는 것입니다. 코드에서 추가 테스트가 필요한 영역을 식별하는 데 유용하며,

기존 테스트의 품질을 측정하는 척도로 사용할 수 있습니다.

코드의 작은 부분을 변경하는 돌연변이를 통해 테스트가 실패하는지 확인합니다. 이를테면 boolean을 부정하거나, 산술 연산을 대체하거나, 값을 null로 대체하는 등과 같이 작은 변경을 수행합니다.

리스코프 치환 원칙(Liskov substitution principle)

특정 클래스의 객체와 함께 작동하도록 설계된 함수나 메서드가 해당 클래스의 하위 클래스의 객체와도 예상치 않은 동작을 일으키지 않고 잘 작동해야 한다는 원칙입니다. 이것은 SOLID 의 'L'에 해당합니다(4.7절 '문자열 유효성 검증 구체화하기' 참조).

린터(linter)

소스 코드에서 이전에 정의된 문제를 자동으로 검사합니다. 린터의 목표는 수정이 더 어려워지고 비용이 많이 들기 전, 개발 프로세스 초기에 실수를 발견하도록 돕는 것입니다. 코딩 스타일, 명명 규칙, 보안 취약점 등 다양한 문제를 검사하도록 린터를 구성할 수 있습니다. 대부분의 린터는 IDE에서 플러그인으로 사용할 수 있으며, 지속적 통합/지속적 배포(CI/CD) 파이프라인의 단계로 가치를 더할 수도 있습니다. 챗GPT, 바드Bard 등 다양한 생성형 머신러닝 도구로도 동일한 결과를 얻을 수 있습니다.

명명된 매개변수(named parameter)

프로그래머가 매개변수 목록에서 매개변수의 위치가 아닌 이름을 제공해 매개변숫값을 지정할 수 있도록 하는 것으로, 여러 프로그래밍 언어가 이를 지원합니다. 키워드 인수라고도 부릅니다.

모나드(monad)

모나드는 함수를 캡슐화하고 조작하는 구조화된 방법을 제공합니다. 모나드를 사용하면 선택적 값으로 작업할 때처럼 함수와 그 부작용을 일관되고 예측 가능한 방식으로 처리해 연산을 연결(체이닝)할 수 있습니다.

모델(model)

모델은 직관적인 개념이나 은유를 사용해 주제를 설명합니다. 모델의 최종 목표는 어떤 것이 어떻게 작동하는지 이해하는 것입니다. 페테르 나우르Peter Naur에 따르면 프로그래밍은 이론과 모델을 구축하는 것입니다.

모의 객체(mock object)

실제 객체의 동작을 모방해 그 동작을 테스트하거나 시뮬레이션합니다. 외부 API나 라이브러리 등 다른 컴포넌트에 대한 종속성이 있는 소프트웨어 컴포넌트를 테스트하는 데 사용할 수 있습니다.

묻지 말고 말하라(Tell, Don't Ask, TDA)

객체에서 데이터를 요청하는 대신 메서드를 호출해 객체와 상호 작용하는 방법을 정의합니다.

버그(bug)

버그는 업계에서 흔히 오해하는 용어입니다. 원래 버그는 외부 곤충이 따뜻한 회로에 들어가 소프트웨어 출력을 엉망으로 만드는 것과 관련이 있었습니다. 하지만 이제는 더 이상 그런 상황이 발생하지 않습니다. 오히려 외부 침입자가 아닌 어디선가 도입된 무언가로 인해 발생하므로 결함이라는 용어를 사용하는 것이 좋습니다.

베이비 스텝(baby step)

개발 과정에서 관리하기 쉬운 작은 작업이나 변경을 수행하는 반복적이고 점진적인 접근 방식입니다. 베이비 스텝의 개념은 애자일 방법론에 뿌리를 두고 있습니다.

보이 스카우트 규칙

엉클 밥(로버트 C. 마틴)의 보이 스카우트 규칙은 보이 스카우트 대원이라면 캠프장을 떠날 때, 처음 왔을 때보다 더 깨끗하게 해놓고 떠나야 한다는 것처럼 코드를 처음 접했을 때보다 더 나은 상태로 떠날 것을 제안합니다. 이 규칙은 개발자가 코드베이스에 손을 댈 때마다 나중에 정리하기 어려운 기술적 부채(21장 '기술 부채' 참조)를 만드는 대신 코드베이스를 점진적으로 개선하는 접근을 지지하며, 완전히 문제가 되지 않는 것을 변경하기를 선호합니다. 이는 '고장 나지 않았다면 고치지 말라'는 원칙과 모순됩니다.

복사 붙여넣기 프로그래밍

새로운 코드를 작성하는 대신 기존 코드를 복사해 다른 위치에 붙여넣는 기법입니다. 복사 붙여넣기를 많이 활용하면 코드의 유지 관리가 어려워집니다.

본질과 우연

컴퓨터 과학자 프레더릭 브룩스는 그의 저서 『맨머스 미신』(인사이트, 2015)에서 아리스토텔레스의 정의를 따라 소프트웨어 엔지니어링에서 '우발적accidental'과 '본질적essential'이라는 용어를 사용해 두 가지 유형의 복잡성을 설명합니다.

본질적 복잡성은 해결하려는 문제에 내재되어 있으며, 시스템이 의도한 대로 작동하고 현실 세계에 존재하는 데 필요한 복잡성이기 때문에 피할 수 없습니다. 예를 들어 우주 착륙 시스템의 복잡성은 탐사선을 안전하게 착륙시키는 데 필요하므로 필수적입니다.

우발적인 복잡성은 해결해야 하는 문제의 특성보다는 시스템이 설계되고 구현되는 방식에서 마주하게 됩니다. 따라서 우발적인 복잡성은 좋은 설계를 통해 줄일 수 있습니다. 불필요한 우발적인 복잡성은 소프트웨어에서 주요한 문제 중 하나이며, 이 책에서는 이러한 문제에 대한 다양한 해결책을 제시합니다.

부적절한 친밀성(inappropriate intimacy)

두 클래스 또는 컴포넌트가 서로 지나치게 의존하고 있어서, 코드를 유지, 수정, 확장하기 어렵게 만드는 긴밀하게 결합된 구조일 때 발생합니다.

비트 단위 연산자(bitwise operator)

비트 단위 연산자는 숫자의 개별 비트를 조작합니다. 컴퓨터는 비트 단위 연산자를 사용해 and, or, xor과 같은 비트 간의 저수준 논리 연산을 수행합니다. 비트 단위 연산자는 boolean 영역과는 다른 정수 영역에서 작동합니다.

빠르게 실패하기 원칙

오류가 발생했을 때 이를 무시하고 결과적으로 나중에 실패하는 것이 아니라, 가능한 한 초기에 빨리 실행을 중단해야 한다는 것입니다.

사피어-워프 가설(Sapir-Whorf hypothesis)

언어 상대성 이론으로도 알려진 사피어-워프 가설은 한 사람의 언어 구조와 어휘가 주변 세계에 대한 인식에 영향을 미치고 형성할 수 있다는 것을 시사합니다. 우리가 사용하는 언어는 현실을 반영하고 표현할 뿐만 아니라 현실을 형성하고 구성하는 역할도 합니다. 즉, 세상을 생각하고 경험하는 방식은 세상을 설명하는 데 사용하는 언어에 따라 결정된다는 것을 의미합니다.

산탄총 수술(shotgun surgery)

코드베이스의 한 가지 변경으로 인해 시스템 전반의 여러 부분에서 수많은 변경이 필요한 상황입니다. 코드베이스의 한 부분을 변경하면 시스템의 다른 많은 부분에 영향을 미칠 때 발생합니다. 한 번의 코드 변경이 시스템의 여러 부분에 영향을 미칠 수 있는 것처럼, 한 번의 폭발로 여러 목표물을 맞출 수 있는 산탄총 발사와 유사해 이런 이름이 붙었습니다.

선택적 체이닝(optional chaining)

선택적 체이닝을 사용하면 체인에 있는 각 속성의 존재 여부를 확인할 필요 없이 객체의 중첩된 속성에 접근할 수 있습니다. 이 기능이 없으면 존재하지 않는 객체의 속성에 접근하려고 할 때 오류가 발생합니다.

설명의 의미

아리스토텔레스는 "설명이란 원인을 찾는 것"이라고 말했습니다. 그의 관점에 따르면 모든 현상이나 사건에는 그것을 야기하거나 결정하는 하나 혹은 여러 원인이 존재합니다. 과학의 목적은 자연 현상의 원인을 발견하고 이해하는 것이며, 이를 바탕으로 미래에 어떻게 그 현상이 발생할지 예측하는 것입니다.

아리스토텔레스에게 '설명'이란 이러한 모든 원인을 파악하고 이해하며, 이 원인들이 어떻게 상호 작용해 특정 현상을 일으키는지를 규명하는 것을 의미합니다. 반면에 '예측'이란 이러한 원인에 대한 이해를 바탕으로 현상이 미래에 어떻게 작용할지 예상하는 능력을 의미합니다.

세마포어(semaphore)

공유 리소스에 대한 액세스를 관리하고 동시 진행 중인 프로세스 또는 스레드 간의 통신을 조정하는 데 도움이 되는 동기화 객체입니다.

소프트웨어 소스 제어 시스템

개발자가 소프트웨어 프로젝트의 소스 코드에 적용된 변경 사항을 추적할 수 있는 도구입니다. 동일한 코드베이스에서 다른 많은 개발자와 동시에 작업할 수 있어 협업, 변경 사항 롤백, 다양한 버전의 코드 관리에 유리합니다. 현재 깃^{Git}은 가장 널리 사용되는 시스템입니다.

스파게티 코드(spaghetti code)

제대로 구조화되지 않은 코드로, 이해와 유지 관리하기가 어려운 코드입니다. 얽히고설킨 스파게티 면발처럼 코드가 얽혀 있고, 서로 연결되어 있어 '스파게티'라는 이름이 붙었습니다. 여기에는 중복된 코드뿐만 아니라 따라가기 어려울 수 있는 수많은 조건문, 점프, 루프가 포함되어 있습니다.

시뮬라(Simula)

분류를 통합한 최초의 객체 지향 프로그래밍 언어입니다. 시뮬라라는 이름은 소프트웨어를 구축하는 주요 목적이 시뮬레이터를 만드는 것임을 명확하게 나타냅니다. 이러한 접근 방식은 오늘날 대부분의 컴퓨터 소프트웨어 애플리케이션에서도 여전히 중요한 개념입니다.

신 객체(god object)

전체 시스템에 대한 책임이나 제어 권한이 과도하게 집중된 객체입니다. 이러한 객체는 상당한 양의 코드와 로직이 포함된 크고 복잡한 경향이 있으며, 단일 책임 원칙(4.7절 '문자열 유효성 검증 구체화하기' 참조)과 관심사 분리(8.3절 '논리적인 주석 제거하기' 참조)를 위반합니다. 신 객체는 소프트웨어 아키텍처에서 병목 현상을 발생시켜 시스템을 유지 관리, 확장, 테스트하기 어렵게 만드는 경향이 있습니다.

신속한 프로토타이핑(rapid prototyping)

제품 개발에서 최종 사용자에게 검증 가능한 작동 프로토타입을 빠르게 생성하는 기술입니다.

이 기술을 사용하면 디자이너와 엔지니어가 테스트하고 개선하는 기회를 가지며, 최종적으로 일관되고 강력하며 우아한 코드를 작성하기 전에 먼저 디자인을 검증할 수 있습니다.

안티패턴(anti-pattern)

처음에는 좋은 아이디어로 보이지만 궁극적으로 부정적인 결과를 초래하는 디자인 패턴입니다. 원래는 많은 전문가에 의해 좋은 해결책으로 제시되었지만, 오늘날에는 그 사용에 대한 부정적인 증거들이 있습니다.

얕은 복사(shallow copy)

원본 객체가 저장된 동일한 메모리 위치에 대한 새 참조를 생성하는 것으로 객체의 복사본입니다. 원본 객체와 얕은 복사는 모두 동일한 값을 공유합니다. 한 객체의 값에 대한 변경 사항은 다른 객체에도 반영됩니다. 대신, 깊은 복사deep copy는 고유한 속성과 값을 가진 원본 객체와 완전히 독립된 복사본을 생성합니다. 원본 객체의 속성이나 값을 변경해도 깊은 복사에는 영향을 미치지 않으며, 그 반대의 경우도 마찬가지입니다.

어셈블리어(assembly language)

특정 컴퓨터 아키텍처를 위한 소프트웨어 프로그램을 작성하는 데 사용하는 저수준 프로그래밍 언어입니다. 컴퓨터가 이해할 수 있는 기계어로 쉽게 번역할 수 있도록 사람이 읽을 수 있는 언어 명령형 코드입니다.

엔티티-관계 다이어그램(entity-relationship diagram, ERD)

데이터베이스의 데이터를 시각적으로 표현한 것입니다. 엔티티-관계 다이어그램에서 엔티티는 직사각형으로 표시되고 엔티티 간의 관계는 직사각형을 연결하는 선으로 표시됩니다.

옵저버 패턴(observer pattern)

객체 간의 일대다 종속성을 정의합니다. 예를 들어 한 객체의 상태가 변경되면 직접 참조하지 않고도 모든 종속 객체에 알림이 전송되고 자동으로 업데이트됩니다. 게시된 이벤트를 구독하면 누가 구독자인지 알 수 없는 상태에서 수정된 객체가 알림을 보냅니다.

완전한 환경 제어(full environmental control)

테스트가 실행되는 환경을 완벽하게 제어할 수 있는 기능을 말합니다. 테스트가 외부 요소와 독립적으로 일관되게 실행될 수 있도록 예측과 제어가 가능한 환경을 만들어야 합니다. 특히 외부 종속성, 네트워크 시뮬레이션, 데이터베이스 격리, 시간 제어, 기타 여러 가지를 고려해야 합니다.

요요 문제(yo-yo problem)

코드를 이해하거나 수정하기 위해 클래스 계층 구조에서 클래스와 메서드를 탐색해야 할 때 발생하며, 이로 인해 코드베이스를 유지 관리하고 확장하기가 어려워집니다.

은빛 총알은 없다(No Silver Bullet)

'은빛 총알은 없다'는 개념은 컴퓨터 과학자이자 소프트웨어 엔지니어링의 선구자인 프레더릭 브룩스가 1986년에 발표현 논문 「No Silver Bullet – Essence and Accident in Software Engineering(은빛 총알은 없다–소프트웨어 엔지니어링의 본질과 사고)」(https://oreil.ly/XeO8Y)에서 사용한 문구입니다. 브룩스는 모든 문제를 해결하거나 소프트웨어 개발의 생산성과 효율성을 크게 향상시킬 수 있는 단일 해결책이나 접근 방식은 존재하지 않는다고 주장합니다.

응집력(cohesion)

단일 소프트웨어 클래스 또는 모듈 내의 요소들이 잘 정의된 단일 목표를 달성하기 위해 함께 작동하는 정도를 측정하는 척도입니다. 객체들이 서로 얼마나 밀접하게 연관되어 있는지, 모듈의 전체 목표와 얼마나 밀접하게 연관되어 있는지를 나타냅니다. 소프트웨어 설계에서 응집력이 높다는 것은 바람직한 특성입니다. 즉, 모듈 내의 요소들이 서로 밀접하게 연관되어 있고 특정 목표를 달성하기 위해 효과적으로 함께 작동하기 때문입니다.

의도 드러내기

의도를 드러내는 코드는 향후 코드를 읽거나 함께 작업할 수 있는 다른 개발자에게 목적이나 의도를 명확하게 전달합니다. 이 코드의 목표는 코드를 보다 동작 중심적이고 선언적이며, 읽기 쉽고 이해하기 쉽고 유지 관리하기 쉽게 만드는 것입니다.

의존성 역전 원칙(dependency inversion principle)

기존의 의존성 관계를 반전시켜 상위 레벨 객체와 하위 레벨 객체를 분리하는 설계 원칙입니다. 이 원칙은 상위 레벨 객체가 하위 레벨 객체에 직접 의존하지 않고 둘 다 추상화 또는 인터페이스에 의존하는 것을 제안합니다. 이를 통해 하위 모듈의 구현을 변경한다고 해서 반드시 상위 모듈을 변경할 필요는 없으므로 코드베이스의 유연성과 모듈성을 높일 수 있습니다.

인지 부하(cognitive load)

정보를 처리하고 작업을 완료하는 데 필요한 정신적 노력과 자원의 양을 나타냅니다. 이는 한 번에 정보를 처리하고, 이해하고, 기억하려고 할 때 사람의 작업 기억에 부담을 주는 요소입니다.

인터페이스 분리 원칙(interface segregation principle, ISP)

인터페이스 분리 원칙에 따르면 객체가 사용하지 않는 인터페이스에 강제로 의존해서는 안 됩니다. 하나의 큰 모놀리식 인터페이스보다는 여러 개의 작고 특화된 인터페이스를 사용하는 것이 좋습니다.

일찍 던지고 늦게 잡는다(throw early and catch late)

코드에서 오류나 예외를 가능한 한 빨리 감지해 처리하고, 실제 처리나 보고는 더 높은 수준이나 더 적절한 컨텍스트가 나올 때까지 연기하는 것입니다. 불완전한 정보로 국지적인 결정을 내리기보다, 더 많은 컨텍스트 정보가 있는 곳에서 가능한 한 늦게 오류를 처리해야 합니다.

입력 검열(input sanitization)

사용자의 입력을 처리하기 전에 입력이 안전하고 형식을 준수하는지 확인하기 위해 유효성을 검사하고 정리하는 작업입니다. 악의적인 사용자가 실행할 수 있는 SQL 삽입, 사이트 간 스크립팅(XSS), 기타 공격과 같은 다양한 보안 취약점을 방지할 수 있습니다.

저장소 패턴(repository pattern)

애플리케이션의 비즈니스 로직과 데이터 스토리지 계층 사이에 추상화 계층을 제공해 보다 유연하고 유지 관리하기 편한 아키텍처를 제공합니다.

전개 연산자(spread operator)

자바스크립트에서 전개 연산자는 점 3개(. . .)로 표시합니다. 이 연산자를 사용하면 배열이나 문자열과 같은 이터러블^{interable}을 0개 이상의 요소(또는 문자)가 예상되는 위치로 확장할 수 있습니다. 예를 들어 배열 병합, 배열 복사, 배열에 요소 삽입 또는 객체의 프로퍼티 전개에 사용할 수 있습니다.

전단사(bijection)

두 집합의 요소 간에 일대일 대응을 설정하는 함수입니다.

전략 패턴(strategy pattern)

상호 교환 가능한 알고리듬 제품군을 정의하고, 각 알고리듬을 캡슐화하며, 런타임에 상호 교환할 수 있도록 합니다. 이 패턴을 사용하면 클라이언트 객체가 런타임의 특정 컨텍스트나 상황에 맞는 알고리듬을 선택해 사용할 수 있습니다. 또한 클라이언트 객체와 전략 간의 결합도를 낮추고 구현에 영향을 주지 않고 클라이언트 객체의 동작을 쉽게 확장하거나 수정할 수 있습니다.

전제 조건, 사후 조건, 불변성

전제 조건^{precondition}은 함수나 메서드가 호출되기 전에 참이어야 하는 조건입니다. 이 조건에 함수나 메서드의 입력이 충족해야 하는 요구 사항을 지정합니다. 불변성^{invariant}은 프로그램을 실행하는 동안 발생할 수 있는 변경 사항에 관계없이, 항상 참이어야 하는 조건입니다. 시간이 지나도 변하지 않아야 하는 프로그램의 속성을 여기에 지정합니다. 마지막으로 사후 조건^{postcondition}은 메서드가 호출된 후에 연관됩니다. 이 조건을 사용해 정확성을 보장하거나 결함을 감지하거나 프로그램 설계를 안내할 수 있습니다.

전처리기(preprocessor)

컴파일러나 인터프리터가 소스 코드를 컴파일하거나 해석하기 전에, 전처리기를 통해 소스 코드에 대한 사전 작업을 수행합니다. 일반적으로 프로그래밍 언어에서 소스 코드가 실제 컴파일러나 인터프리터를 거치기 전에 이를 수정하거나 조작하기 위해 컴파일러를 사용합니다.

정보 은닉

소프트웨어 시스템의 내부 작업과 외부 인터페이스를 분리해 시스템의 복잡성을 줄이는 것이 목표입니다. 이를 통해 다른 시스템이나 사용자가 사용하는 방식에 영향을 주지 않고 시스템의 내부 구현을 변경할 수 있습니다. 정보 은닉을 달성하는 한 가지 방법은 시스템 기능에 대한 단순화된 보기를 제공하고 기본 세부 정보를 숨기는 MAPPER의 추상화를 사용하는 것입니다.

정적 함수(static function)

정적 함수는 해당 클래스의 인스턴스가 아닌 클래스에 속합니다. 즉, 정적 메서드는 클래스의 객체를 생성하지 않고도 호출할 수 있습니다.

중복 배제 원칙

소프트웨어 시스템에서 코드의 중복과 반복을 피해야 한다는 원칙입니다. 중복 배제 원칙의 목표는 중복되는 지식, 코드, 정보의 양을 줄여 소프트웨어의 유지 보수성, 유연성, 이해도를 개선하는 것입니다.

지속적 통합/지속적 배포(CI/CD)

지속적 통합/지속적 배포(CI/CD) 파이프라인은 소프트웨어 개발, 테스트 및 배포 프로세스를 자동화합니다. 이 파이프라인은 소프트웨어 개발 프로세스를 간소화하고 작업을 자동화하며, 코드 품질을 개선하고 다양한 환경에서 새로운 기능과 수정 사항을 더 빠르고 관리하기 쉽게 배포하도록 설계되었습니다.

지연된 초기화(lazy initialization)

지연된 초기화를 사용하면 객체를 즉시 만들지 않고 실제로 필요할 때까지 객체 생성이나 값 계산을 지연시킵니다. 이는 일반적으로 초기화 프로세스를 가능한 한 마지막 순간까지 지연시켜 자원 사용을 최적화하고 성능을 개선하는 데 사용됩니다.

참 같은 값과 거짓 같은 값

많은 프로그래밍 언어에서 데이터 타입이 boolean이 아닌 boolean 값을 설명할 때 참 같은 값^{truthy}과 거짓 같은 값^{falsy}을 사용합니다. 모든 값은 boolean 컨텍스트에서 참 또는 거짓으로 평가될 수 있습니다. boolean이 아닌 값이 boolean 컨텍스트에서 평가되면 경고 없이 boolean으로 강제로 변환됩니다.

참조 투명성(referential transparency) 함수

참조 투명성 함수는 주어진 입력에 대해 항상 동일한 출력을 생성하며, 전역 변수를 수정하거나 I/O 연산을 수행하는 등의 부작용이 없습니다. 즉, 프로그램의 동작을 변경하지 않고 평가된 결과로 대체할 수 있는 함수나 표현식은 참조 투명성이 있는 함수입니다. 이는 함수가 입력을 출력에 매핑하는 수학적 표현식으로 취급되는 함수형 프로그래밍 패러다임의 기본 개념입니다.

책임 연쇄 패턴(chain of responsibility pattern)

체인의 어떤 객체가 요청을 처리하는지 알 수 없더라도, 여러 객체로 요청이 연쇄적으로 넘어가면서 이를 처리하는 것입니다. 즉, 처리기 중 하나가 요청을 처리하거나, 체인의 끝에 도달할 때까지 일련의 처리기를 통과하며 요청이 처리됩니다. 체인 연결 고리는 서로 분리되어 있다는 점에 유의하세요.

침투 테스트(penetration testing)

실제 공격을 시뮬레이션하며 시스템의 보안을 평가하는 것입니다. 이를 통해 취약점을 파악하고, 보안 조치의 효과를 평가합니다. 도구와 소프트웨어의 품질을 확인하는 돌연변이 테스트(5.1절 'var를 const로 변경하기' 참조)와 유사합니다.

캐시(cache)

자주 접근하는 객체를 임시로 저장해 빠른 접근이 가능하도록 합니다. 캐시를 사용하면 값비싼 리소스에 대한 접근 횟수를 줄여 소프트웨어 애플리케이션의 성능을 개선할 수 있습니다. 소프트웨어는 메모리에 데이터를 캐싱함으로써 느린 저장 장치에 접근하는 오버헤드를 피하고, 캐시에서 직접 객체를 검색할 수 있도록 합니다.

캡슐화(encapsulation)

객체의 책임을 보호하는 것을 의미합니다. 일반적으로 내부 구현을 추상화하는 방법을 사용하며, 이를 통해 객체의 메서드에 대한 접근을 제어하는 방법도 제공합니다. 많은 프로그래밍 언어에서는 객체의 속성 및 메서드의 가시성을 지정해 프로그램의 다른 부분에서 접근하거나 수정할 수 있는지 여부를 결정합니다. 이를 통해 개발자는 객체의 내부 구현과 세부 정보를 숨기고, 프로그램의 다른 부분에서 사용되는 필요한 동작만 노출할 수 있습니다.

코드 검토(code review)
소스 코드를 검토하며 문제와 오류를 발견하고, 개선이 필요한 부분을 식별하는 작업입니다. 한 명 이상의 사람이 코드를 검토하면서 코드가 정확하고 효율적이며 유지 관리가 가능한지, 모범 사례와 표준을 준수하는지 확인해야 합니다.

테스트 주도 개발(test-driven development, TDD)
매우 짧은 개발 주기를 반복하는 소프트웨어 개발 프로세스입니다. 이 프로세스에서 개발자는 먼저 원하는 개선 사항이나 새로운 동작을 정의하는 실패한 자동 테스트 케이스를 작성한 다음, 해당 테스트를 통과하기 위해 최소한의 프로덕션 코드를 생성하고 마지막으로 새로운 코드를 허용 가능한 표준에 맞게 리팩터링하는 방식입니다. TDD의 주요 목표 중 하나는 코드가 잘 구조화되고 좋은 디자인 원칙을 따르도록 해 유지 보수가 더 쉬워지도록 하는 것입니다. 또한 개발자가 코드를 작성할 때 테스트를 바로 수행할 수 있어 개발 프로세스 초기에 결함을 발견하고 수정하는 데 효율적입니다.

튜링 모델(Turing model)
튜링 모델을 기반으로 한 컴퓨터는 일련의 명령어나 알고리듬을 통해 계산 가능한 모든 작업을 수행할 수 있는 이론적인 기계theoretical machine입니다. 튜링 기계는 현대 컴퓨팅의 이론적 근간으로 여겨지며, 실제 컴퓨터와 프로그래밍 언어의 설계와 분석에 있어 중요한 모델로 활용됩니다.

특성(trait)
여러 클래스가 공유할 수 있는 일련의 공통된 특성이나 동작을 정의합니다. 특성은 기본적으로 공통 슈퍼 클래스로부터 상속할 필요 없이 여러 클래스에서 재사용할 수 있는 메서드 집합입니다. 클래스가 여러 소스에서 동작을 상속할 수 있으므로 상속보다 더 유연한 코드 재사용 메커니즘을 제공합니다.

파급 효과(ripple effect)

시스템의 한 부분을 변경하거나 수정하면 시스템의 다른 부분에 의도하지 않은 결과를 초래할 수 있는 현상을 말합니다. 특정 객체를 변경하면 해당 객체에 의존하는 시스템의 다른 부분에 잠재적으로 영향을 미칠 수 있습니다. 이로 인해 시스템의 다른 부분에서 오류나 예기치 않은 동작이 발생할 수 있습니다.

퍼사드 패턴(façade pattern)

복잡한 시스템이나 하위 시스템에 대한 간소화된 인터페이스를 제공합니다. 시스템의 복잡성을 숨기고 클라이언트가 사용할 수 있는 더 간단한 인터페이스를 제공할 때 퍼사드 패턴을 사용합니다. 또한 클라이언트와 하위 시스템 사이의 중재자처럼 작동하며 하위 시스템 구현의 세부 사항으로부터 클라이언트를 보호합니다.

폭포수 모델(waterfall model)

데이비드 팔리에 따르면 폭포수 모델은 소프트웨어 개발 프로세스로, 단계별 흐름이 잘 정의된 일련의 뚜렷한 순서에 따라 작업을 구성하는 단계적이고 순차적인 접근 방식입니다. 반복하지 않고 각 단계를 차례대로 처리한다는 개념입니다. 이는 90년대에 애자일 방법론이 더욱 부각되기 전까지 지배적인 아이디어였습니다.

폴터가이스트(poltergeist)

초기화를 수행하거나 다른 영구적인 클래스의 메서드를 호출하는 데 사용되는 수명이 짧은 객체입니다.

프라미스(promise)

비동기 작업의 최종 완료(또는 실패)와 그 결괏값을 나타내는 특수 객체입니다.

함수 시그니처(function signature)

언어가 엄격한 유형일 경우 함수 시그니처는 함수의 이름, 매개변수 유형, 반환 유형을 명시합니다. 이 정보는 한 함수를 다른 함수와 구별하고, 함수 호출이 올바르게 이루어지도록 하는 데 사용됩니다.

합성(composition)

객체를 다른 객체의 부품이나 구성 요소로 구성할 수 있도록 합니다. 단순한 객체를 결합해 복잡한 객체를 만들고(4.1절 '작은 객체 생성하기' 참조), 기존의 is-a 또는 behaves-as-a 대신 has-a 관계를 형성해(19.4절 'is-a 관계를 동작으로 변경하기' 참조) 복잡한 객체를 만들수 있습니다.

해싱(hashing)

임의의 크기의 데이터를 고정된 크기의 값으로 매핑하는 과정입니다. 해시 함수의 출력을 해시 값 또는 해시 코드라고 합니다. 해시값은 대규모 컬렉션에서 인덱스 테이블로 사용할 수 있으며, 요소를 순차적으로 반복하는 것보다 더 효율적인 방식으로 요소를 찾습니다.

A/B 테스트

출시된 소프트웨어의 서로 다른 두 버전을 비교하는 방식으로 최종 사용자에게 더 적합한 버전을 결정합니다.

boolean 플래그

참 또는 거짓만 가능한 변수로, 이진 조건에서 가능한 두 가지 상태를 나타냅니다. 일반적으로 조건문, 루프, 기타 제어 구조를 통해 논리의 흐름을 제어하는 데 `boolean` 플래그를 사용합니다.

DTO(데이터 전송 객체)

애플리케이션의 서로 다른 계층 간에 데이터를 전송하는 데 사용됩니다. DTO는 애플리케이션 클라이언트와 서버 간의 데이터를 전달하는 단순하고 직렬화 가능한, 불변의 객체입니다. DTO의 유일한 목적은 애플리케이션의 여러 부분 간에 데이터를 교환하는 표준 방법을 제공하는 것입니다.

git bisect

깃은 소프트웨어 개발을 위한 버전 관리 시스템입니다. 코드 변경 사항을 추적하고, 다른 사용자와 공동 작업하고, 필요한 경우 이전 버전으로 되돌릴 수 있습니다. 깃은 모든 파일의 전체 버전을 저장합니다. 또한 동일한 코드베이스에서 작업하는 여러 개발자를 관리할 수도 있습니다. `git bisect`는 코드에 특정 변경 사항을 도입한 커밋을 찾는 데 유용한 명령입니다. 이 과정은 결함이 없는 것으로 알려진 '좋은' 커밋과 변경 사항이 포함된 것으로 알려진 '나쁜' 커밋을 지정하는 것으로 시작됩니다. 이 과정을 반복하면 문제가 있는 커밋을 찾고 근본적인 원인을 빠르게 색출할 수 있습니다.

GUID(전역 고유 식별자)

컴퓨터 시스템에서 네트워크의 파일, 개체, 엔티티와 같은 리소스를 매핑하는 데 사용되는 고유 식별자입니다. GUID는 고유성을 보장하는 알고리듬을 통해 생성됩니다.

KISS 원칙

'Keep it simple, stupid(간단하고 알기 쉽게 하라)'의 약어입니다. 이 원칙은 시스템을 복잡하게 만들기보다는 단순하게 유지할 때 가장 잘 작동한다고 조언합니다. 단순한 시스템은 복잡한 시스템보다 이해, 사용 및 유지 관리하기 쉬우므로 실패하거나 예기치 않은 결과를 초래할 가능성이 적습니다.

MAPPER

Model: Abstract Partial and Programmable Explaining Reality(모델은 부분적 추상화와 프로그래밍을 통해 현실을 묘사해야 함)의 약어입니다. 2장 '공리 설정'에서 설명한 것처럼, MAPPER를 사용해 소프트웨어를 시뮬레이터로 구축합니다.

null 객체 패턴(null object pattern)

일반 객체처럼 동작하지만 기능이 거의 없는 특수 객체인 'null 객체' 생성을 제안합니다. 이 패턴은 `if`로 null 참조를 확인하지 않고도 null 객체에서 메서드를 안전하게 호출할 수 있다는 장점이 있습니다(14장 'if 문' 참조).

null 포인터 예외(null pointer exception)

일반적인 오류로, 프로그램이 메모리 주소나 객체 인스턴스를 가리키지 않는 변수 또는 객체 참조인 null 포인터에 접근하거나 이를 사용하려고 할 때 발생합니다.

protected 속성

클래스 또는 그 하위 클래스 내에서만 접근할 수 있는 클래스의 인스턴스 변수나 속성입니다.
protected 속성은 클래스 계층 구조 내에서 특정 데이터에 대한 접근을 제한하는 동시에, 필요한 경우 하위 클래스가 해당 데이터에 접근하고 수정할 수 있도록 허용합니다.

SOLID 원칙

SOLID는 객체 지향 프로그래밍의 다섯 가지 원칙을 나타내는 니모닉입니다. 로버트 C. 마틴이 정의한 것으로, 엄격한 규칙이 아닌 가이드라인이자 휴리스틱입니다. 이 원칙은 다음과 같으며 관련 절에 정의되어 있습니다.

- 단일 책임 원칙(4.7절 '문자열 유효성 검증 구체화하기' 참조)
- 개방-폐쇄 원칙(14.3절 'boolean 변수 재구성하기' 참조)
- 리스코프 치환 원칙(19.1절 '깊은 상속 끊기' 참조)
- 인터페이스 분리 원칙(11.9절 '뚱뚱한 인터페이스 분리하기' 참조)
- 의존성 역전 원칙(12.4절 '일회용 인터페이스 제거하기' 참조)

SQL 삽입

공격자가 데이터베이스와 통신하는 프로그램에 악성 SQL 코드를 삽입하는 것입니다. 공격자는 텍스트 상자나 양식과 같은 입력 필드에 SQL 코드를 입력합니다. 그러면 애플리케이션이 해당 코드를 실행해 데이터에 접근하거나 수정하고, 민감한 정보를 검색하거나, 심지어 시스템을 제어할 수도 있습니다.

UML 다이어그램

소프트웨어 시스템 또는 애플리케이션의 구조와 동작을 공통된 기호와 표기법으로 설명하는 표준화된 시각적 표현입니다. 80년대와 90년대에 유행했으며, 애자일 방법론과 달리 실제 코딩을 시작하기 전에 설계가 완료되는 폭포수 개발 모델과 밀접한 관련이 있습니다. 오늘날 에도 많은 조직에서 UML을 사용하고 있습니다.